全国修士設計展
全国修士論文展
プロジェクト展
連続講演会「建築家を語る」

トウキョウ建築コレクション2011

トウキョウ建築コレクション2011実行委員会編

建築資料研究社／日建学院

トウキョウ建築コレクション2011

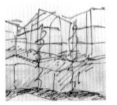

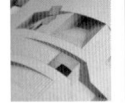

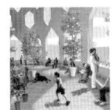

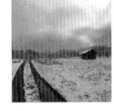

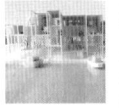

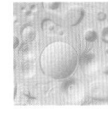

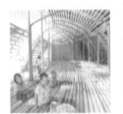

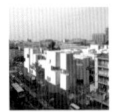

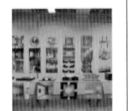

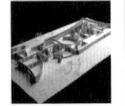

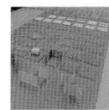

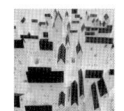

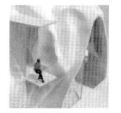

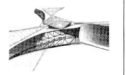

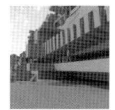

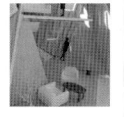

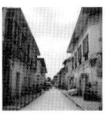

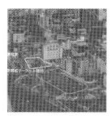

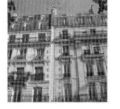

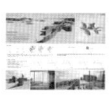

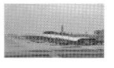

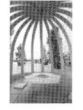

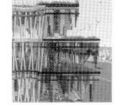

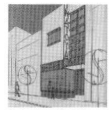

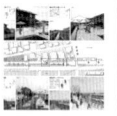

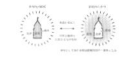

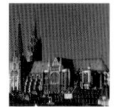

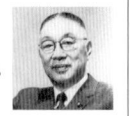

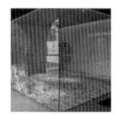

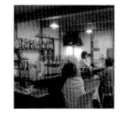

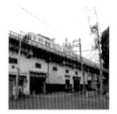

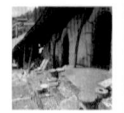

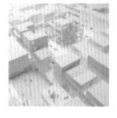

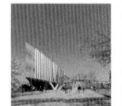

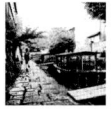

協賛 株式会社 梓設計 / 安藤建設株式会社 / エーアンドエー株式会社 / 株式会社 NTTファシリティーズ / 株式会社 大林組 / 鹿島建設株式会社 / 株式会社 佐藤総合計画 / 三協立山アルミ株式会社 / 清水建設株式会社
積水ハウス株式会社 / 株式会社 総合資格 / 大成建設株式会社 / 株式会社 竹中工務店 / 田島ルーフィング株式会社 / 戸田建設株式会社 / 西松建設株式会社 / 株式会社 日建設計 / 日新工業株式会社 / 株式会社 日本設計
株式会社 乃村工藝社 / 前田建設工業株式会社 / 株式会社 三菱地所設計

後援 UIA2011 東京大会 日本組織委員会 / 株式会社 新建築社 / 社団法人 東京建築士会 / 社団法人日本建築家協会 / 社団法人日本建築学会 / 社団法人 建築業協会 / 社団法人 日本建築士会連合会

協力 株式会社 鹿島出版会 / 清野運送有限会社 / 代官山ヒルサイドテラス

特別協力 株式会社 建築資料研究社　敬称略50音順

建築資料研究社 日建学院 総合資格学院 三菱地所設計 株式会社乃村工藝社

登録web http://www.tkc-net.org/

twitter @TKC2011_

トウキョウ建築コレクション 2011 実行委員会　〒169-8555 東京都新宿区大久保 3-4-1 55-N-806 古谷誠

「トウキョウ建築コレクション2011」企画概要

全国の修士学生による修士設計・修士論文を集め、日本初の全国規模の修士設計・論文展を行なった2007年以後、企画を継続、発展させながら「トウキョウ建築コレクション」は今年で5年目を迎えることができました。

「トウキョウ建築コレクション」は初年度から一貫して「修士学生の研究をもとに、建築学における分野を超えた議論の場をつくり出し、建築業界のみならず社会一般に向けて成果を発信していくこと」を目標としてきました。また、その成果は書籍化することを前提に活動しており、本展覧会が今後も長期にわたり継続していくことで時代性をもった「コレクション」が集積され「アーカイブ」としての価値をもつことで、建築教育の発展に寄与してゆける展覧会に成長していくことを目指しています。

開催5周年に際して——「建築家とは何か?」

5周年となる今年は、「建築家とは何か?」というテーマを掲げ、「全国修士設計展」「全国修士論文展」「プロジェクト展」「連続講演会『建築家を語る』」の4つの企画を構築しました。

ここでは、審査員の先生方はもちろんのこと、出展者一人ひとり、さらには運営に携わる我々を含めた建築に携わるすべての人々を「建築家」と捉えることで、建築と社会との関係について再考する機会となることを目指しました。

現在、多岐にわたる「建築家」の職能が、実社会とどのような関係を築いているのかという視点を「建築家とは何か?」というテーマに託すことで、建築界の担う可能性について新たな視座を獲得していきたいと考えています。

東5th　トウキョウ建築コレクション2011実行委員一同

全国修士設計展

「全国修士設計展」開催概要

「全国修士設計展」は全国から一同に修士設計を集め、審査員による1次審査で選ばれた18点の作品を展示、公開審査会を行いました。3月1日(火)から3月6日(日)のヒルサイドフォーラムでの展示に加え、3月5日(土)に建築設計の第一線で活躍されている建築家の方々をお招きして公開審査会(2次審査)を開催しました。

「トウキョウ建築コレクション2011」を通じてのテーマである「建築家とは何か?」は「全国修士設計展」においては出展者それぞれによって、さまざまな捉え方ができます。一方で、建築をとりまく状況が大きく変化しているこの時代に、芸術性はもとより、社会性、批評性、独自性など修士設計に求められるものは多岐にわたります。今後、社会人として建築に携わる参加者たちのそれぞれが考える「建築家とは何か?」ということの顕れである修士設計を、多角的な評価軸からクリティーク、ディスカッションすることを通して、建築設計の新たな可能性を感じていただくことを目的とします。

全国修士設計展 審査員紹介

伊東豊雄 いとう・とよお

1941年生まれ。近作に「多摩美術大学図書館(八王子キャンパス)」「座・高円寺」「トーレス・ポルタ・フィラ」(スペイン)など。現在「今治市伊東豊雄建築ミュージアム」「台中メトロポリタンオペラハウス」(台湾)などのプロジェクトが進行中。日本建築学会賞作品賞、ヴェネツィア・ビエンナーレ「金獅子賞」、王立英国建築家協会(RIBA)ロイヤルゴールドメダル、朝日賞、高松宮殿下記念世界文化賞など受賞多数。

大野秀敏 おおの・ひでとし

1949年岐阜県生まれ。東京大学大学院修士課程修了。槇総合計画事務所、東京大学助手、同大学助教授を経て、現在東京大学大学院教授を務める。著作に『香港超級都市 Hong Kong:Alternative Metropolis』(1992)、『建築のアイデアをどのようにまとていくか?』(2000)、『ファイバーシティ／東京2050』(2006)、『シュリンキング・ニッポン――縮小する都市の未来戦略』(2008)ほか。作品に「東京大学数物連携宇宙研究機構棟」など。

手塚貴晴 てづか・たかはる

1964年東京都生まれ。1987年武蔵工業大学卒業。1990年ペンシルバニア大学大学院修了。1990-94年リチャード・ロジャース・パートナーシップ・ロンドン勤務。1994年手塚建築研究所を手塚由比と共同設立。1996-2003年武蔵工業大学専任講師。2003年より武蔵工業大学准教授を務める。2005-06年ザルツブルグ・サマーアカデミー教授。2006年UCバークレー客員教授。2009年より東京都市大学教授。

長谷川逸子 はせがわ・いつこ

静岡県生まれ。1979年長谷川逸子・建築計画工房(株)設立、主宰。1986年日本建築学会賞、日本文化デザイン賞受賞。早稲田大学、東京工業大学、九州大学等の非常勤講師、米国ハーバード大学客員教授を務め、現在は関東学院大学大学院客員教授。1997年王立英国建築家協会(RIBA)名誉会員。2000年第56回日本芸術院賞受賞。公共建築賞受賞。2001年ロンドン大学名誉学位賞授与。2006年アメリカ建築家協会(AIA)名誉会員。

古谷誠章 ふるや・のぶあき

1955年東京都生まれ。1978年早稲田大学理工学部建築学科卒業。1980年同大学大学院修士課程修了。1983年早稲田大学助手。1986年近畿大学講師。1986-87年文化庁芸術家在外研修員(マリオ・ボッタ事務所)。1990年近畿大学工学部助教授。1994年早稲田大学理工学部助教授、NASCA設立(共同:八木佐千子)。1996年より早稲田大学教授。2002年より韓国・キョンヒ大学客員教授を務める。

山本理顕 やまもと・りけん

1945年生まれ。1968年日本大学理工学部建築学科卒業。1971年東京藝術大学大学院美術研究科建築専攻修了。1973年山本理顕設計工場設立。2007-11年横浜国立大学大学院教授。近年の主な作品として、「横須賀美術館」「福生市庁舎」など。最近の著書に『地域社会圏モデル』(INAX出版)など。

六鹿正治 ろくしか・まさはる

1948年京都市出身。1971年東京大学工学部建築学科卒業。1973年同大学大学院修士課程修了。1975年プリンストン大学建築都市計画学部修士課程修了。エーブレス・シュワルツ都市計画事務所、槇総合計画事務所を経て、1978年より日本設計勤務。2001年同社副社長に就任。2006年より同社代表取締役社長を務める。

五十音順

空本

空間の形と姿
The Space of the Figure and Shape

建築を思考することと実際の建築を建てることのあいだに位置づけられる空間の提案である。平面に穿たれた幾何学的な形象は、本という形式を与えられることによって連続性を獲得し、視触覚的な体感性を伴う空本となる。

Name:
水野悠一郎
Mizuno Yuichiro

University:
東京藝術大学大学院
美術研究科　建築専攻
ヨコミゾマコト研究室

Interview

Q:トウキョウ建築コレクションに参加しての感想
作品上、人に本を開き、ページを捲ってもらうことで広がるものなので、たくさんの人と接し、空本を通して、意見をいただくことは多くのことを学ぶ機会となりました。

Q:大学や大学院での活動や研究内容
形が生み出す空間や空間の接点、つながりの様について、また手で触れられないものを手で触れるということについて考えていました。

Q:修士修了後の進路や展望
スイスのD. Jüngling und A. Hagmann設計事務所。修了制作での経験や創作を糧に実際の建築に向かえたらと思います。

本の中には人間の想像力を借りることで物理的なもの以上に大きな広がりを感じ、シークエンスやストーリーにより、人は記号の羅列や図像に想像を膨らませる。

空本(本の中にカット・アウトを施したもの)は空間を創造するためのソースであり、また伝達、表現の媒体でもある。本の中に記述された空間にページを捲ることで触れ、移動することにより、視覚と触覚がリンクし、空間を読み解くきっかけとなる。

この空本を用いた空間の創造は11冊の空本を読み解き、組み合わせることで、常に新たな想像を喚起させ、触発するものとして、多様な空間構成を秘めたプロトタイプである。

これらは本の中のページを一枚一枚手の中で捲るように読み取ることでつくられた空間であり、いわゆるホワイト・キューブのような空間の形にさらに体感や移動といった要素や時間を含めた新たな空間の姿との出会いを期待して。

polygonal space

公差(初項に1を加えることでもたらされる正3角形から正33角形までの様態を記述した本)と、転開(回転による次への連続的展開を記述した本)の空本と、またページを捲ることで生じるねじれを用いて空間化する。

カタチの集積が連続して、展開することで、常に一部であり、また全体としての連続性をもち合わせた形と姿による空間。

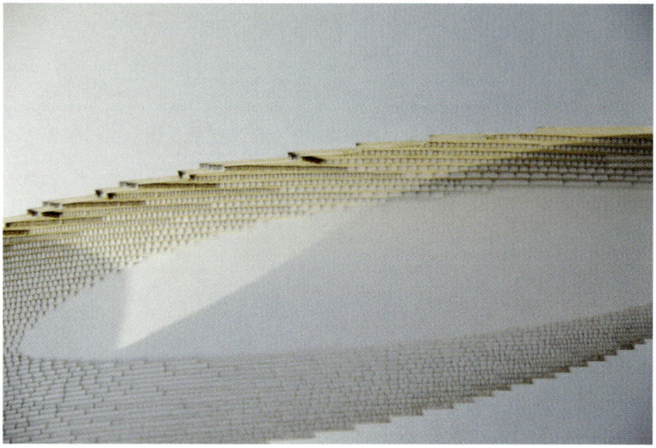

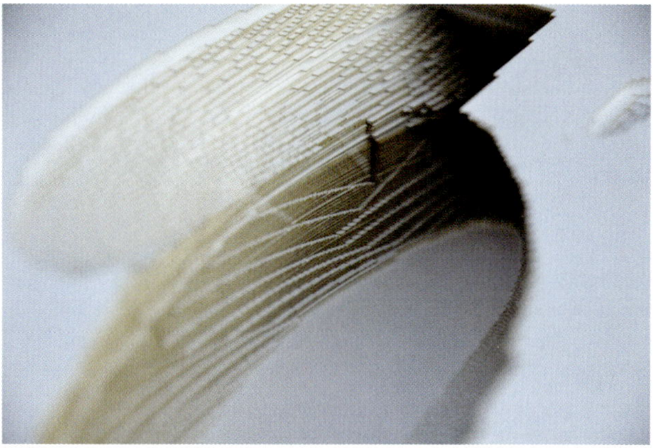

complex cube

交錯（合流、分岐をしながら変容する様子を記述した本）、錯綜（衝突、貫入を繰り返し密接に絡み合うことで連続し展開していく様子を記述した本）、平行像（同時多焦点的に変形していく図像を示した本）の空本を組み合わせることで空間化されたモデル。

内部空間は常に一部分しか感じ取ることはできないが空間同士の突然の衝突、貫入を繰り返すことで絡み合い、分岐、合流しながらひとつにつながっている。

空間を移動し、読み解きながら部分、部分を紡ぎ合わせることで全体の空間の姿となる。

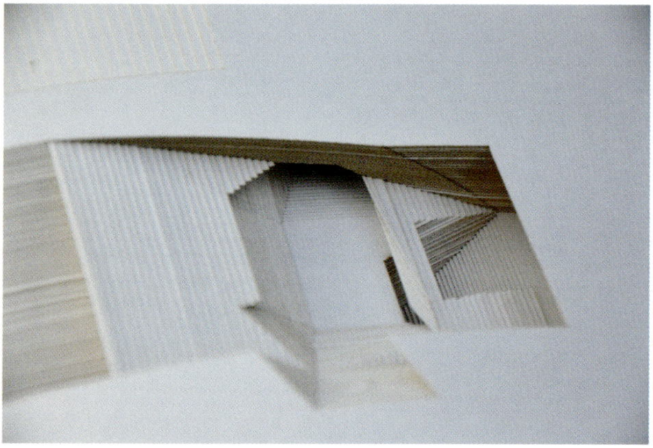

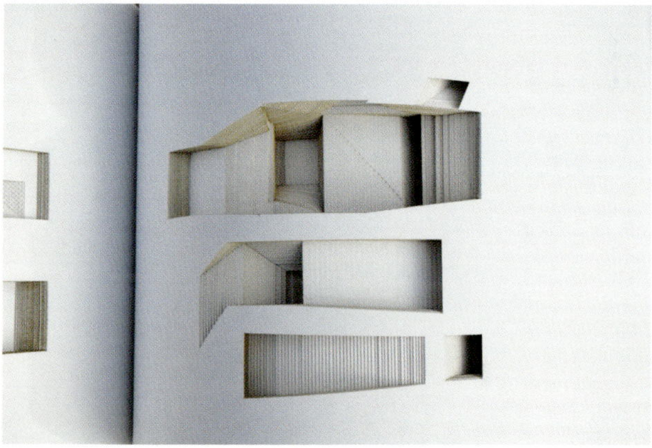

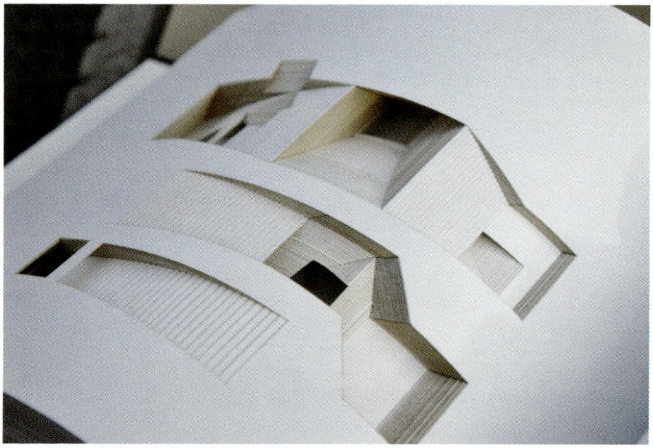

materialized light

Materialized light　2−12
連関（ふたつの矩形が12の矩形にいたるまでの変容を記述した本）の空本を開口部へと応用したモデル。
　ふたつの矩形が12の矩形に変容する姿に光の要素を加えることで、光を取り込み、光の流れや様相を操作する。

転開

微差

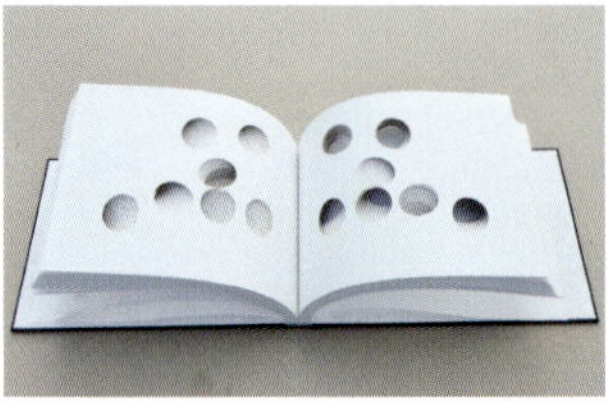

連関

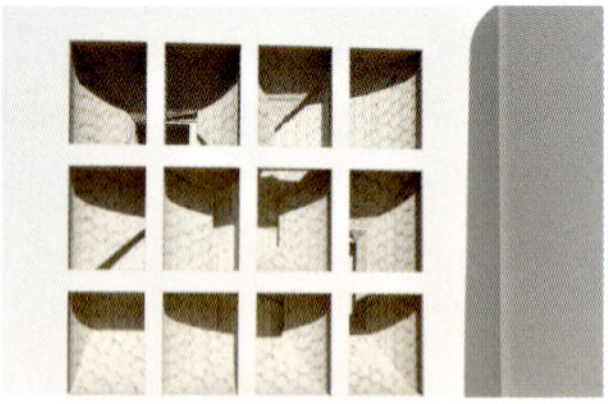

歪曲

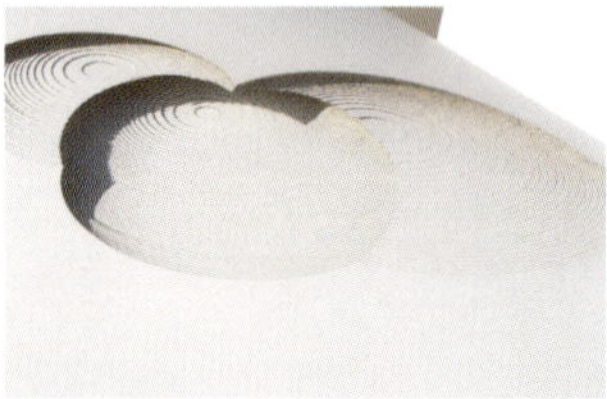

平行像

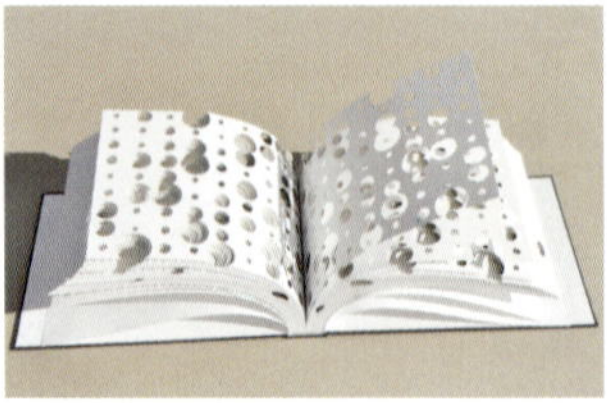

回遊

観点

間性

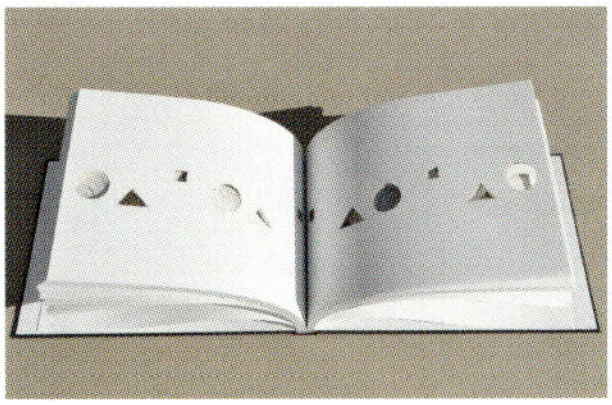

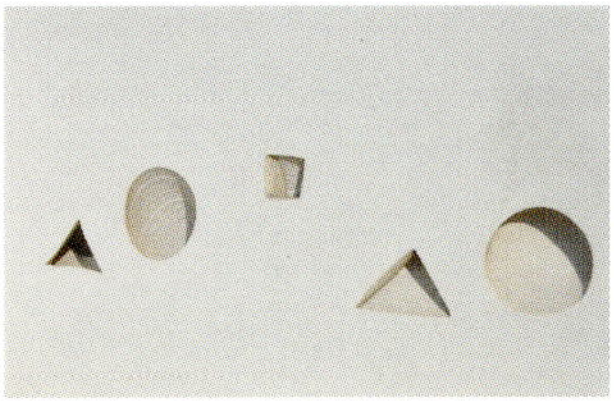

交錯

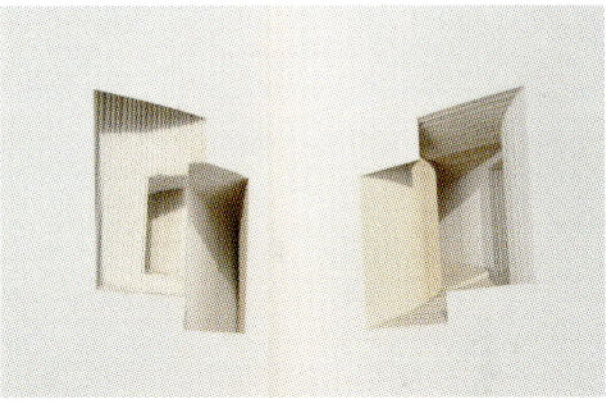

公差

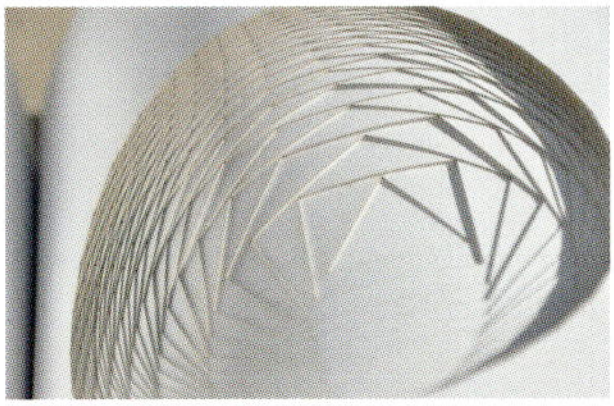

錯綜

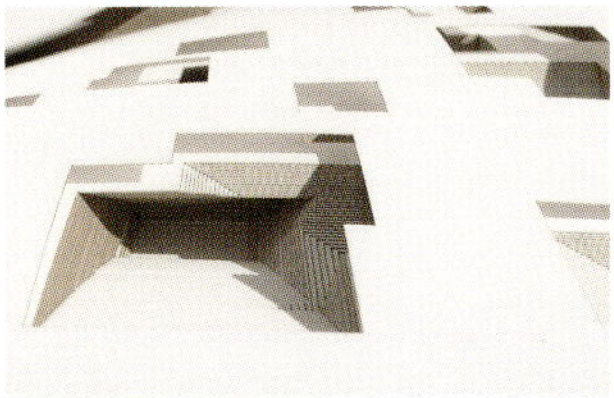

審査員コメント

水野悠一郎／空本 空間の形と姿 The Space of the Figure and Shape

審査員コメント＠巡回審査

伊東：これすごいね。あなたにとってこの本をつくることが、どういう意味をもつのかもっとはっきりするといいのだけれど。たとえば、建築よりも豊かなものなのですか?

水野：いえ、そうではありません。普段からパソコンは必要なツールとしてありますが、パソコンのようなブラックボックスからつくられたものに対して感覚的に触れたり、自分が反応することはできないか。なんとか重みを感じ、肌で触れることができるものをつくれないかとはじめたものです。

山本：これは本なの?

水野：モデルとドローイングの間のようなもので、スタディの過程として捉えることもできます。

山本：どうやってつくったの?

水野：レーザーカッターで1枚1枚くり抜いています。

手塚：かっこいいけど建築では食えないかもしれない。

山本：だいじょうぶだよ。こういうセンスをもっていれば、建築家になれるよ。いいね。

手塚：ですよね。空間がそのまま本として表現されるのは初めて見たな。

山本：いまはうまく説明できないのだけれども、なぜこれがよいのかを説明したいな。

大野：こういうことをやった人は過去にいるの?

水野：本を切り抜くという行為自体は昔からあるもので、特別新しいわけではないですけれど、創作の過程に使った人は、今までになかったと思います。

大野：任意の場所で断面が見られるおもしろさがあって、空間体験に似ていながら、独特の体験ができて、すごくおもしろい。ただ、こんなに完成度の高いものをつくってしまった後で、建築をつくる気がするだろうか?

水野：いや、しますもちろん。そのための作品です。これは今後の糧というか、自分が考えていくための蓄積だと考えています。

六鹿：一個の問題を解決したというよりも、手法、あるいはメディアの提案をしたということなんだね。そしてデジタルなツールでつくられたものをアナログ化した感じもするしおもしろいね。

審査員コメント＠公開審査

古谷：モチーフを操作した「小さな本」と、それを総合化して空間化した「大きな本」の2種類がありました。

山本：本という形式を借りることで物語があると思わせることに成功している。

古谷：一方的に受信するだけという印象あるが、実は本を読むことは自分でページを捲るアクティヴな行為です。たとえば、読み返したときにページ順に読まないこともあるわけですから、インタラクティヴな側面もある。そういうことを自覚して本の形になったはずです。

大野：ふつう模型はつくり手が断面の位置を一方的に決めているけど、これは受け手が見る断面を選択できるので、さまざまな空間が現出する。ただやはり、この本のスタイルから生み出された建築が見たかった。

伊東：山本さんがこの作品をそんなにまで称賛するのは不可解。最近の若い優れた建築家たちが美術館でインスタレーションを行なっており、たしかにきれいなんですが、それらを建築と呼ぶことに違和感があるんですよ。実は建築をやりたくないのではないかと思って彼らにはいつも議論をふっかけるんです。たしかにいろいろなことを度外視してこの本は魅力的だと思える。でも建築にいきたくないというところからスタートしてはいないかと。

山本：実際の建築にたどりつかない表現が、なぜこんなにわくわくするのかというと、物語があるからなのではないかと考えたんです。文字は書いていないけど、空間が描かれている。それがある種の物語のように見える。本という形式と空間を結びつけたその発見はすごいと思う。

伊東：一方で、この本が建築になってしまったらそのまま大きいほうの作品のようになってしまうんじゃないかという気がしてならない。巨大模型(「大きな本」)はないほうがよかったのではないか。

山本：そのとおりですね。大きい模型が完成形といわれると疑問があります。

長谷川：私はこのレーザーカッターで切っていく作業を通じて、空間とか、開口とか、建築のさまざまな要素が生まれ、建築のはじまりが見える感じがしました。リアルな建築よりも、空間の動き、重なり、移動が見え、しかも原初的な感じがして、とっても評価したい感じがした。ここで行われている操作の結果かなと思って見ていました。

伊東豊雄賞

Cathedral for Social Activities

市民活動の集積が生みだす新しい公共的な建築の提案

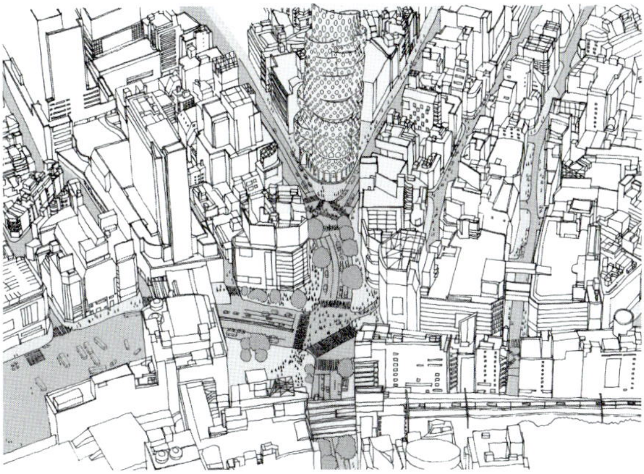

広場のような空間では機能はなくとも人々が自由に場所を発見することができる。さまざまな目的の人が集うことのできる場を、渋谷の駅前を敷地とし、中世ヨーロッパにおいて市民より建設された大聖堂をヒントに、キリスト教的な垂直性ではなく、水平な広がりとしてらせん状に上昇していく空間を構想した。

Name:
山田明子
Yamada Meiko

University:
東京工業大学大学院
理工学研究科　建築学専攻
塚本由晴研究室

Interview

Q:トウキョウ建築コレクションに参加しての感想

巡回審査の場面ではプレゼンテーション時よりも直接審査員の方と話すことができ、意見も直接いただけて、一番おもしろかった。

Q:大学や大学院での活動や研究内容

学部は美術大学にいました。留学していたヘルシンキや東工大の研究室では実践的な設計過程を学びながら、修士設計では人の振る舞い・行動セッティングというような考え方を用いて建築化させることができないかと考えました。

Q:修士修了後の進路や展望

現在は伊東豊雄建築設計事務所にいます。

20世紀のわが国の都市空間における公共的な建築の創出は国家・行政や民間企業によるものであったが、近年のNPOなどによる市民活動が一堂に会すことで都市空間に活気を与える場が構築されるならば、それは公共的な建築をつくるための21世紀の新しい枠組みとなるはずである。中世の時代に市民により建設された大聖堂は、都市の中心的な存在として、市民のさまざまな活動を受け入れる寛容な空間であった。その空間の特徴はキリスト教の世界観を物象化させた垂直性にあったが、現代において大聖堂に取って代わる空間があるとしたら、人々の多様な価値観を受け止め自由な振る舞いを許容するような、仕切りのない水平方向の広がりをもつものではないだろうか。その空間を現代の都市の中で展開させようとするならば、限られた敷地の中でその水平性は歪められ、空へ向かって上昇するらせんを描くものとなるだろう。そうした考えをもとに、東京を代表する繁華街である渋谷駅前に、広く人々に開かれた現代の大聖堂となるような建築空間を提案する。

街の中から見る

断面パースペクティヴ

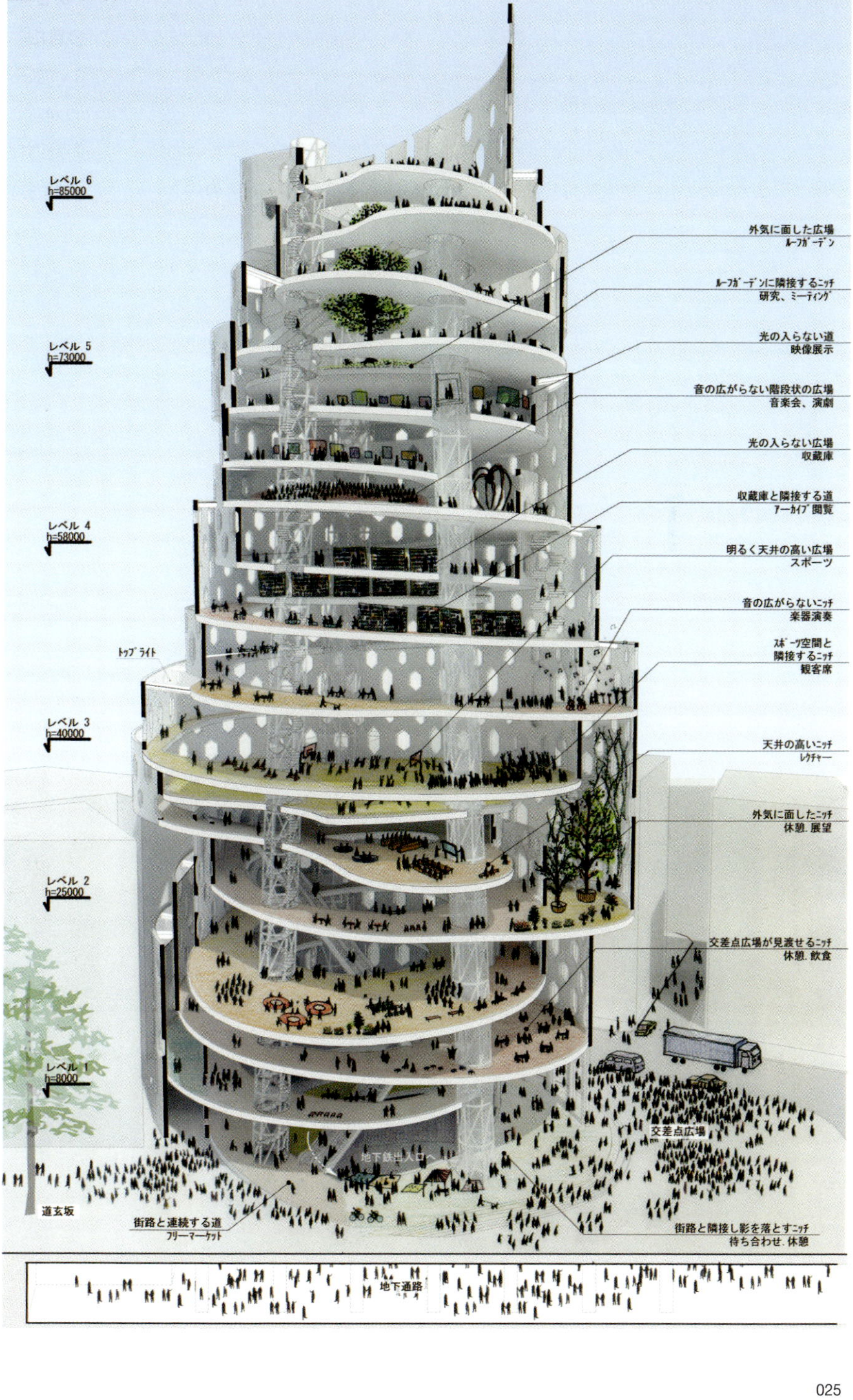

レベル 6
h=85000
レベル 5
h=73000
レベル 4
h=58000
レベル 3
h=40000
レベル 2
h=25000
レベル 1
h=8000
外気に面した広場
ルーフガーデン
ルーフガーデンに隣接するニッチ
研究、ミーティング
光の入らない道
映像展示
音の広がらない階段状の広場
音楽会、演劇
光の入らない広場
収蔵庫
収蔵庫と隣接する道
アーカイブ閲覧
明るく天井の高い広場
スポーツ
音の広がらないニッチ
楽器演奏
スポーツ空間と
隣接するニッチ
観客席
トップライト
天井の高いニッチ
レクチャー
外気に面したニッチ
休憩.展望
交差点広場が見渡せるニッチ
休憩.飲食
交差点広場
地下鉄出入口へ
道玄坂
街路と連続する道
フリーマーケット
街路と隣接し影を落とすニッチ
待ち合わせ.休憩
地下通路

平面パースペクティヴ

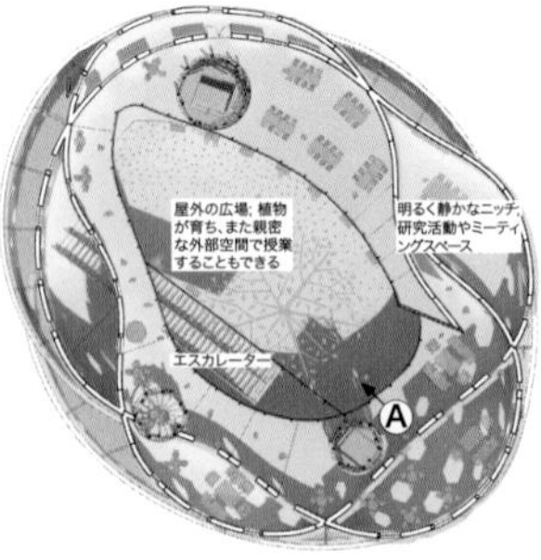

レベル6

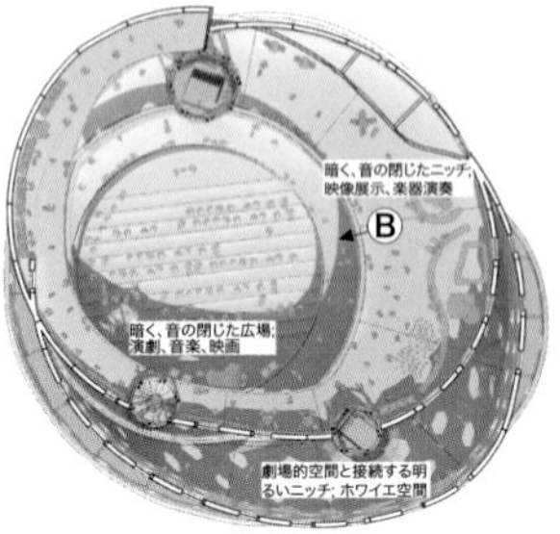

レベル5

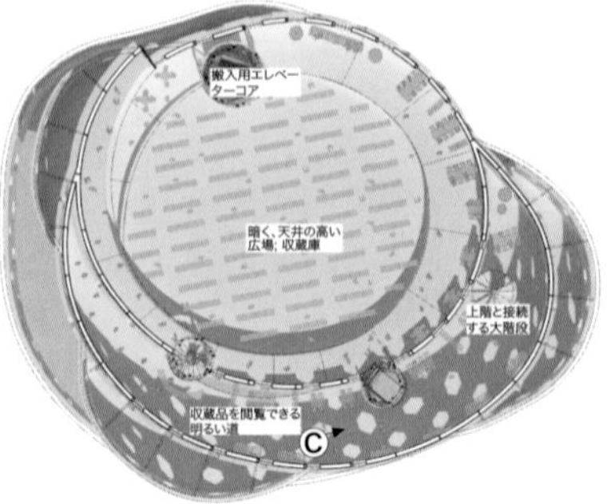

レベル4

パースペクティヴ

A

B

C

平面パースペクティヴ

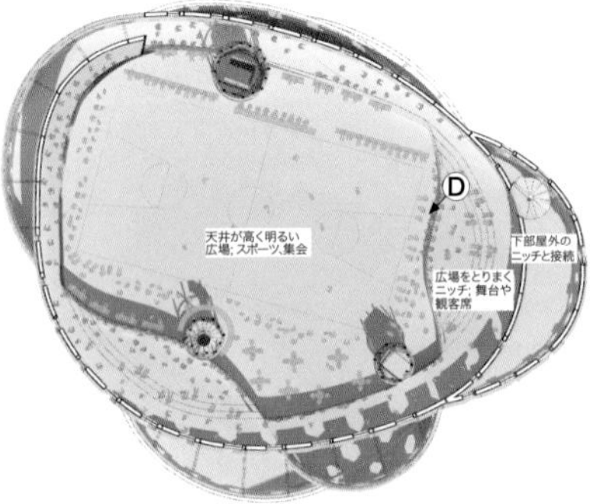

レベル3

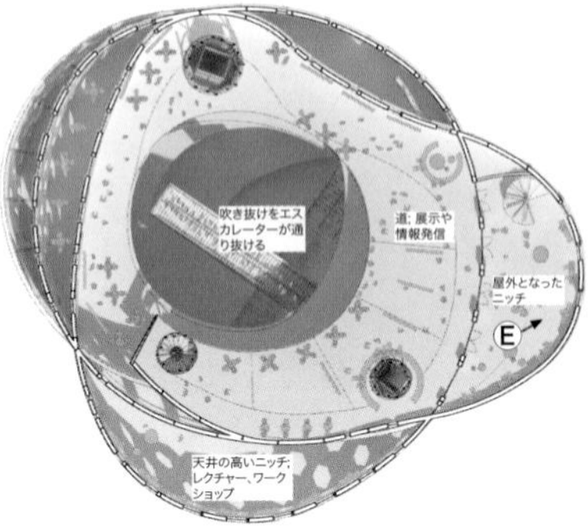

レベル2

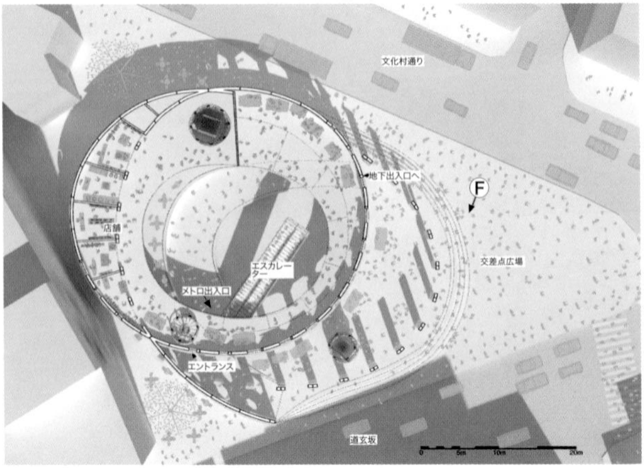

レベル1

パースペクティヴ

D

E

F

審査員コメント

山田明子／Cathedral for Social Activities 市民活動の集積が生みだす新しい公共的な建築の提案

審査員コメント＠巡回審査

伊東：つくる主体はNPOなのですか?

山田：建築をもたない小規模な市民団体を多く集めることで、大きな建物を建てる枠組みにならないかと。

伊東：それができればたしかにとてもおもしろい。でも、どう実現しうるのかが読めなかった。役所は関わらないのですか?

山田：なるべく市民によるものでと思っています。

伊東：それはすごいな(笑)。そこが唯一疑問だね。それを除けばすごくおもしろい。

伊東：壁はどうしてこういう形をしているの?

山田：らせん状に平面を重ねることで光のグラデーションをつくっているので全体的になるべく同じようなパターンにしようと思いました。また、シンボリックなアイコンとなるような形にしたくて六角形にしました。

古谷：渋谷の109を敷地に選ぶとすると賃料など経済的な面を考えれば商業施設にしかならないのでは?

山田：商業空間と対比させたいんです。渋谷には多様な人々がおりすごく活動的である一方、すべてが商業空間であることによって、入り込むことができなかった人々の活動があるのではないかと思うんです。

古谷：実現しようとするならば既存のコマーシャルな価値をさらに高める思考方法が必要です。また、構造の合理性や形の根拠があまり説明されていないので、逆にこの建物をコマーシャルに見せてしまっている。

山本：建築はおもしろいと思うし、今までと違う機能にするのも分かる。でもこれを実現するのは難しい。中世の中央集権の時代とは違うのだから、都市全体のことを考えていかないとリアリティがない。無理にでも実現可能な理由をつくってほしいと思う。

手塚：実現したらすごくおもしろいと思う。ところで、この建築では上るのと下がるのではどちらがだいじ?

山田：水平方向に人々の活動が広がるようなイメージなので、勾配をなるべく水平に近く設定しています。

手塚：ここであげている縦型の空間はキリスト教的な世界観だよね。なぜ水平なんだろう?

山田：多様な価値観がヒエラルキーなく並んでいるというイメージです。

長谷川：郊外に公共空間をつくろうとすると水平の建築を要求されます。それは、都市部ではない、ローコストであることなどの条件があるためです。だけどこういうスパイラルな空間は、都市の中では有効で新しい公共的な空間になるのかもしれない。

山田：水平に活動が連続していく空間のイメージなんです。都市部では土地も限られていますし、シンボルとして見えるように塔状にしました。

長谷川：公共建築のコンペの場合、シンボル性が要求される。設計の時にはそこが悩ましい部分でもある。

山田：国家や行政、一般企業以外の新しい主体のあり方として、市民団体の人々の自発的な力によって支えられる空間を考えたかったんです。そういう意味でシンボル性が必要でした。

審査員コメント＠公開審査

長谷川：スパイラルになっていることが都市の活力を生む感じがしましたし、新しい公共建築の運営方法を考えているので、そこを評価したい。

伊東：このプロジェクトを非常に気に入っています。さきほど手塚さんのお嬢さんと、せんだいメディアテークの話がありました［p.062］。メディアテークが開館してから10年が経ち、僕が一番うれしく思っているのは、こんなことをしたいという市民がいて、さまざまな自主的活動が行われていることです。公共建築のあり方が変わってきている。そのことを彼女は感覚的に察知している。

手塚：娘をここに連れて来たら間違いなく、また連れてきてと騒ぐと思いますよ。こういう建築に重要なのは行為を誘発することだと思います。

大野：今後NPOが公共のある部分を担うのは確実だが、NPOの資金力に見合う建築ではないと思う。

山本：僕はむしろもっと大風呂敷を広げてはどうかと思ったんです。渋谷のまち全体のなかでは、こういうものに可能性があるのだという問いかけならありうる。

伊東：NPOが建てるのはありえないと思います。ただ公共がこのくらいのことをやったらおもしろいと思う。しかもあえて彼女はカテドラルと呼んでいる。まさしく渋谷でもっとも地価の高い場所に、建つわけのない現代のカテドラルを計画することの非実現性こそがおもしろい。

未完の空間

篠原一男の射程を超えて

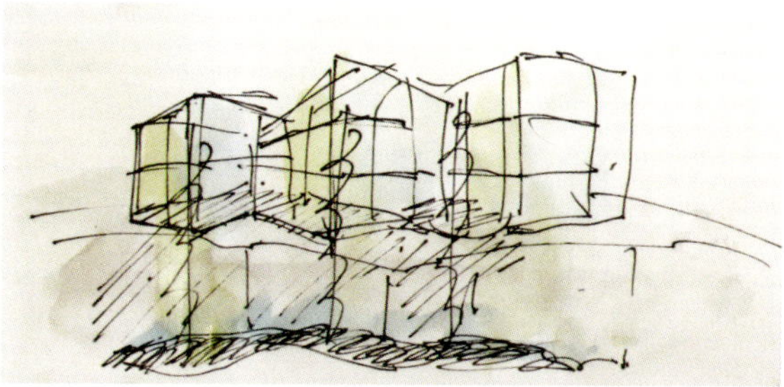

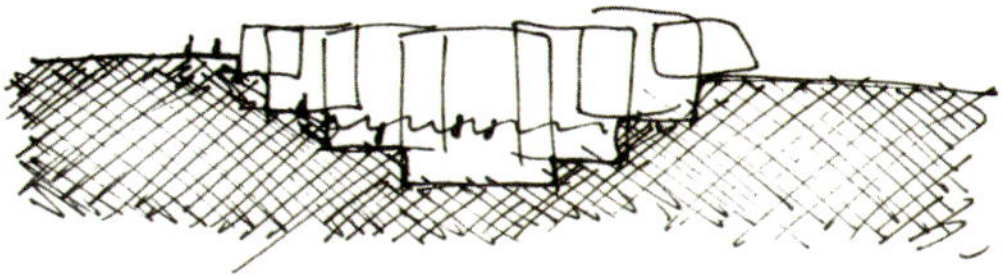

篠原一男の思想と手法から設計概念を抽出し、応用として導いた設計プロセスによって行われた計画。千葉県四街道市内から選定した三つの敷地に、集合住宅、美術館、スパを同時に設計する。その際に共通するキーワードを「立体・隙間・地下」と定め、三つの建築を反映させながら結びつけていく。

Name:
徳田直之
Tokuda Naoyuki

University:
芝浦工業大学大学院
理工学研究科　建設工学専攻
堀越英嗣研究室

Interview

Q:トウキョウ建築コレクションに参加しての感想
1次通過をしたときに旅行中だったこともあり、どたばたのテンヤワンヤで忙しくも人間身溢れる記憶に残る日々でした。たくさんの人に支えられての出展でした。ありがとう。

Q:大学や大学院での活動や研究内容
修士からすぐに篠原一男がはじまり、その間「日本的なるもの」の読書研究会やコンペや建築旅行をしていました。修士論文+設計は丸々2年を費やしました。

Q:修士修了後の進路や展望
修了後は潮見で楽しい仲間と設計に取り組んでいます。目指すは、作者不明の建築となるまで自分の創った建築がこの地球上に残ること。

本研究では篠原一男について研究し、そこから設計を行なった。篠原一男の全住宅の模型を作成し、観察し分析を行う。篠原一男の設計手法を応用し、自身の設計に展開させる。篠原一男の特徴として、敷地が変わろうと施主が変わろうと反芻され続ける言葉と形が必ず存在していた。そこで私は、「立方体」「隙間」「地下」という三つの言葉をテーマに、三つの敷地で設計を行なった。同じテーマでありながら異なる敷地条件と用途に応える。異なる建築が同じ言葉を介しつつ異なる空間を目指し互いに対比され建築内外で反発力が生み出されていく。その設計手法こそ篠原一男のやってきたことであり、私が篠原一男の研究から注目した部分である。そもそも学生の設計ではひとつのテーマでひとつの建物をつくっていく。がしかし、社会に出たらそうはいかない。複数の建築を考える。つまり、この一連の修士論文＋修士設計は、あらゆるテーマを内包しようとした欲張りなものである。

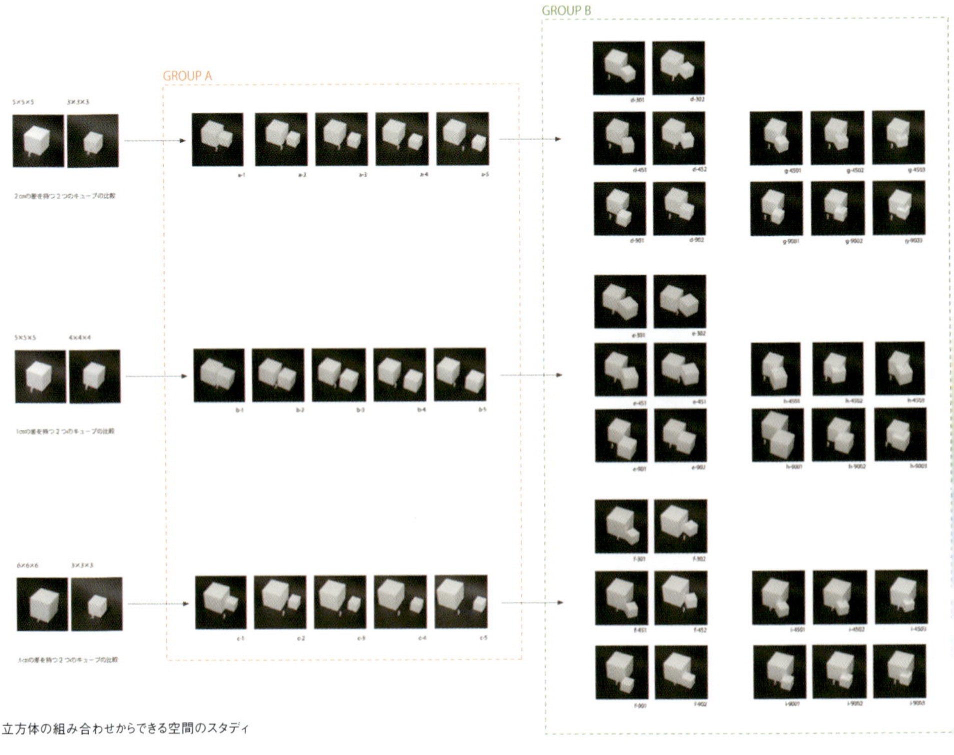

立方体の組み合わせからできる空間のスタディ

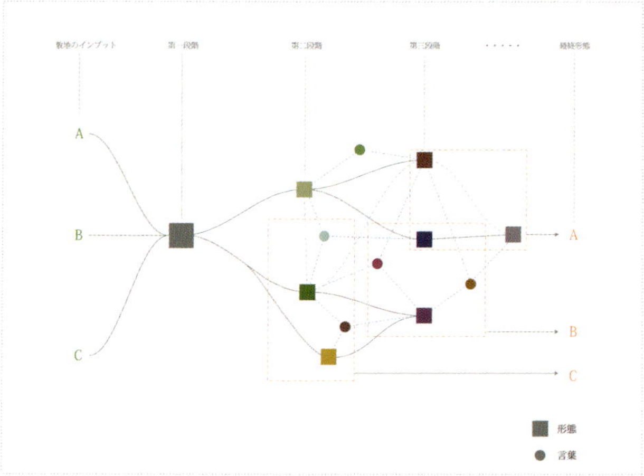

設計手法

篠原一男の設計概念として位置づけられるこの二つの設計概念を「メトニミー的設計手法」と「相互接続型ネットワーク」踏襲し、応用した設計プロセスに沿って、設計を進めていく。

設計プロセス

①敷地のインプット
まず初めにA・B・Cの三つの敷地を想定し、同時に調査を開始する。

②第一段階
いかなる敷地であろうと主軸となる形と言葉を設定する。

③第二、三段階
主軸を変形・発展させていく。

④設計領域の選定
形態と言葉、敷地状況から最終形態の領域を導き出し、それぞれをブラッシュアップさせていく。

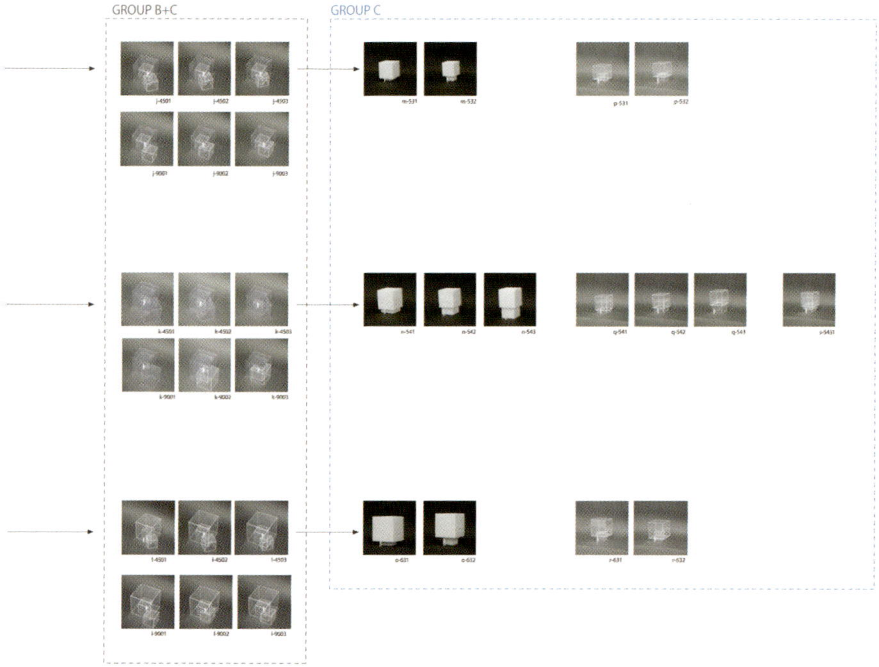

三つのキーワード

設計手法の第一段階となる「正方形」「隙間」「地下」というキーワードを設定した。

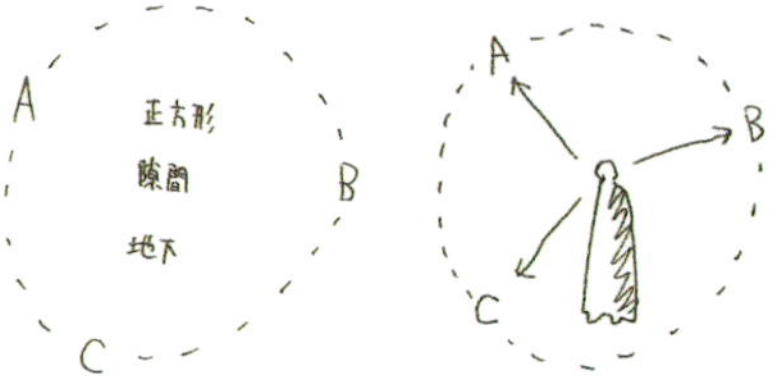

三つの敷地

三つのキーワードを三つの敷地に当てはめながら設計を行う。それぞれの敷地はつながりをもってはいないが、同じキーワードの下でつくられているためにお互いがつながりをもちながら反発しあっていく。これは、篠原一男の建築に度々出てくるモチーフや言葉を繰り返していく手法と同じである。

ケーススタディとして、A・B・Cの三つの設計を三つのキーワードと共に行なっていく。

敷地

千葉県四街道市。都心から40km圏内、県都・千葉市からも8kmと利便性の高い立地条件であることから、JR四街道駅周辺はマンションや住宅が立ち並び、首都圏のベッドタウンとして発展。同市三地点を対象敷地とした。

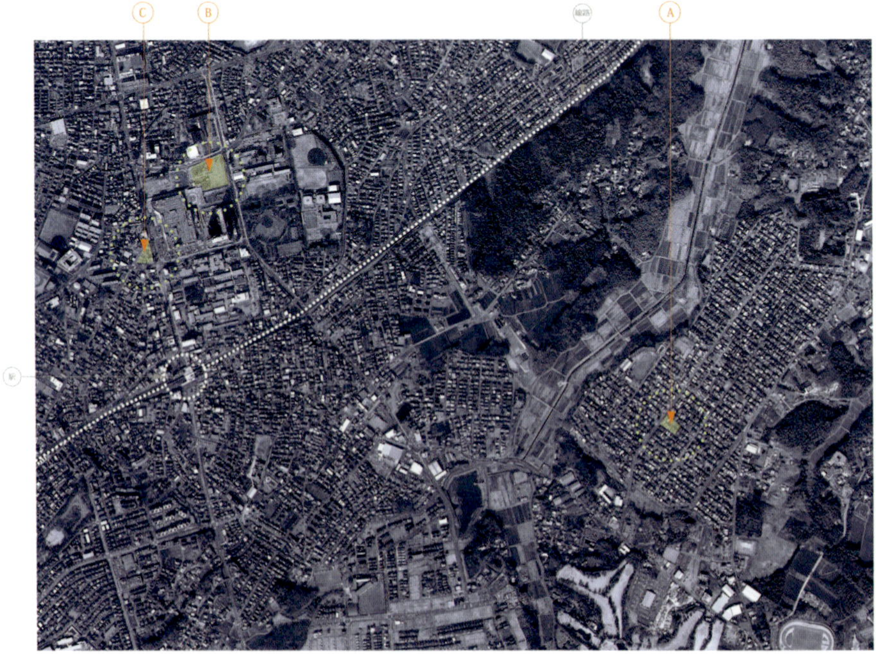

敷地A　集合団地
グリッドの道路によって区画されたニュータウン。建て替えも多く新しいと古い家が混在する。

敷地B　公共施設群
市庁舎、図書館、小学校、ショッピングセンターなどの施設に囲まれた大きな敷地。市の心臓部にあたる。

敷地C　公共施設と住宅の境界
デルタ地帯。交通量が多く、駅前ということもありさまざまな人々が行きかう。

敷地A

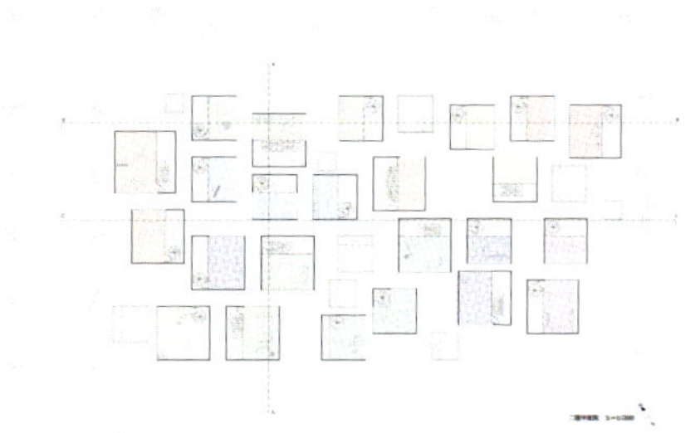

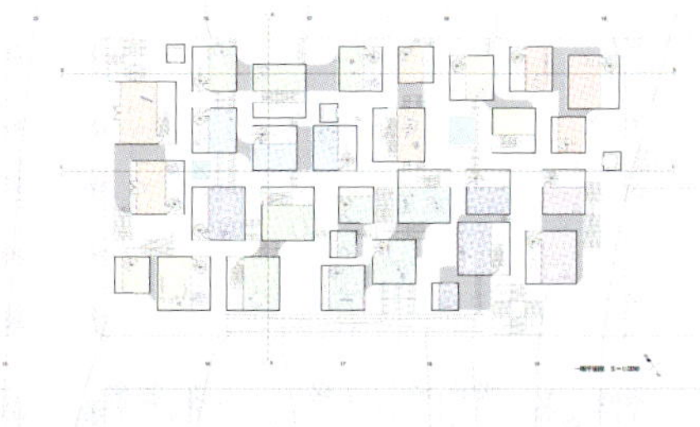

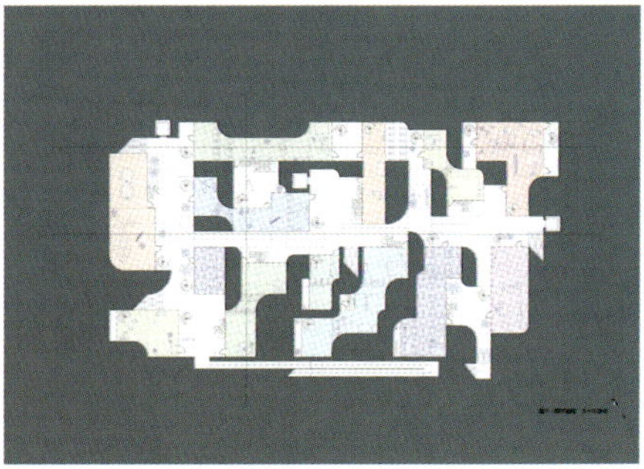

地段の家［Chidan House］
3〜7m角の立方体が並べられた集合住宅。透けた素材の建物が重なり合うことで集合住宅の内部に入っていくほど徐々に生活が濃くなっていく。キューブの内部に開けられたヴォイドから光が地下に降り注ぐ。建物の隣棟間隔が地下では梁となって現われる。この建築は地下と地上が互いに作用し合っている。

敷地B

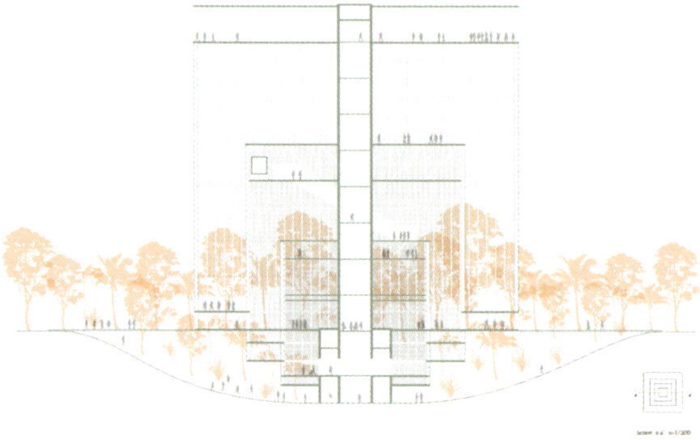

箱の美術館[Haco Museum]
入れ子状に立方体を重ねた美術館。ここでもそれぞれの箱が透けることによって、内部では小さい箱に入っていくほど内部的な空間へ美術館へ変わっていく。箱は小さくなると同時に下方へずらされているため、地面の接地面は一番小さな箱だけである。鑑賞者は橋を渡って一番大きな外側(54m角)の箱から入るか、坂を下って一番小さな箱(12m角)からアクセスする。

敷地C

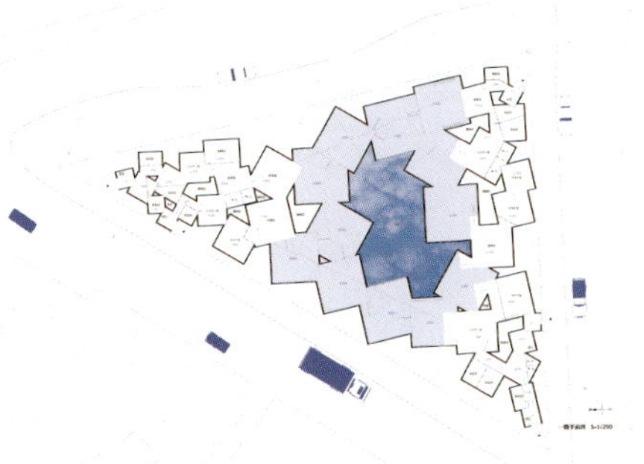

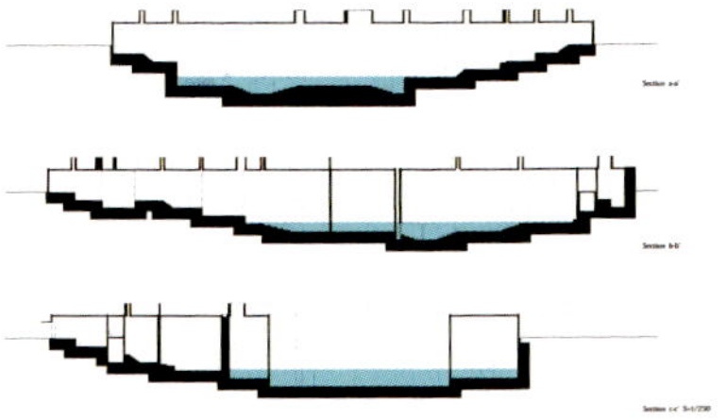

水の谷[Water Valley]
3〜9m角の立方体が角度を振って重なり合ったスパ施設。Δ型の敷地で、Δの三つの角の部分に配置された一番小さな箱からアクセスする。敷地の中央部になるにつれて箱は大きくなっていき、天井面が揃っているために、箱が大きくなるにつれて地下が深くなっていく。一番大きな箱に達したときに外部へと出ることができる。箱の重なった部分が天窓になることで、箱同士のつながり方が空間を左右する。

審査員コメント

徳田直之／未完の空間 篠原一男の射程を超えて

審査員コメント＠巡回審査

伊東：提案は篠原さんとつながっていないね。

徳田：形のつながりはないんです。篠原さんの設計手法を継承しています。

伊東：篠原さんが一つひとつつくり上げていった、精神こそ汲み上げるべき。初期の住宅は、社会に対する猛烈な反発、批判など、血のにじむような想いが込められている。そこを研究してほしい。デザインしたもののセンスはいいよ。

大野：篠原さんでなくてよかったのでは？

徳田：篠原一男でなければ強烈なイメージは出てきませんでした。

大野：構造は吊っている？　浮いているのかな？

徳田：立方体を維持し、柱梁をなくすために吊りました。遠くから大きな立方体だけが見えます。

大野：現実的にはかなりの技術が必要ですね。でもおもしろいね。非常にデザイン力はある。

手塚：なぜキューブ？　シンボリックな形だよね

徳田：キューブは建築のなかでいちばん純粋な形で、同じキューブでもこれだけ違う質感や空間性が出せる。篠原がやっていた手法と同じなんです。

長谷川：提案を見て篠原一男を感じるのは正直難しい。篠原はそのときどきの感性でつねに新しいものをつくろうとしていた。すごく情熱をわかせたのは伝統の抽象化で、その後コンクリートの質、開口部、光の具合など、つなぎの空間をテーマにしていった。その流れが見えないと継承にならないと思うよ。でもあなたはキューブなんだね。

徳田：キューブ同士の隙間やつながり方に興味がありました。同じテーマでも美術館と住宅では、まったく違う質の光になります。

古谷：篠原一男の方法に学ぶのはいいけれど、自身の創作で空間の魅力を獲得するところまでいかないと。研究や調査でみつけたヒントは引き出しにしまっておいて。正方形や繰り返しなどに固執しているのは、つなげなければという気持ちがあって、その呪縛に陥っている可能性もある。

山本：篠原さん固有の手法でつくられたものを調べて、篠原流のつくり方を学んだということ？

徳田：同じモチーフを繰り返し利用しながら昇華させるやり方です。今回はモチーフを自分で設定して、それぞれに必ずモチーフが表われてきます。

山本：自分の手法で拘束条件も自分でつくるの？

徳田：逆に縛りを与えなければ設計が弱くなってしまうと感じました。

六鹿：もし篠原一男が同じ課題を与えられたらこうなるだろうというのとは違う方向だよね。

徳田：はい。これは設計手法だけを扱ったので、形が篠原一男っぽいかは関係なく、どうすればよい空間ができるかということだけです。

審査員コメント＠公開審査

手塚：作品の内部空間にはかなりおもしろみがあった。壁が何枚も重なっていくと、本来は半透明なものが、だんだん不透明になって、奥に行くほど光が深くなる感じに興味を抱いた。でも彼はそういう部分にまったく関心がなくて……。もっと空間づくりにエネルギーを注いでほしかったですね。

大野：とことん分析して、模型をつくって体感し、いろいろ抽出して、最後にできたものは篠原さんの建築空間とは違った、かなり独特なものをつくっている。その質は高くて修士設計としてはいいプロセスではないかと思いました。彼にとって篠原一男を通過することに意義があったのでは。

長谷川：篠原一男が言ってきた、やってきた領域をまったく出ていない。誰もが知っていることで、自分の言葉でない点が気になりました。結果としてできたものに説得力があればよかった。

古谷：篠原一男のモデルに依拠することなく、これを自分のものとして空間を発展させるとどうなるかを説明したらよかったかなと思います。

伊東：彼の分析が、手法論のようなものに置き換わっていて、篠原一男の考えていた理念が失われているような印象を受けました。

酪農家の家

さくらんぼ畑と最上川と六畳倉庫小屋

山形の最上川沿いの実家にある築100年の籾入れ小屋の移築改修計画である。日当たりが悪く使われなくなってしまった小屋の、光と闇のありようから「空間」を発見。倉庫に特有の空間の形式を踏襲しながら、多様な光の質を選択できるゆっくりとすごす場所として、家族の記憶とともに小屋を再構築する。

Name:
小松拓郎
Komatsu Takuro

University:
工学院大学大学院
工学研究科　建築学専攻
澤岡清秀研究室

Interview

Q:トウキョウ建築コレクションに参加しての感想
同世代の設計を志す人たちとともに戦えた舞台に感謝しています。結果は正直悔しかったですが、いただいた批評をしっかり受け止め、今後の建築人生に活かします。

Q:大学や大学院での活動や研究内容
時間の履歴・痕跡みたいなものに惹かれ、「超芸術トマソン」を探しによく街へ繰り出していました。そんな過去と現在を紡ぐ妄想の続きがこの倉庫です。

Q:修士修了後の進路や展望
現在は日建設計に勤務しています。この修士の作品に関しては現在進行形で思考し続けています。仕事と両立しながらも数年以内には完成させたいです。

故郷・山形の実家の庭に捨てられたように存在していた、築100年の籾入れ小屋（倉庫）。そこではかつて持ち込まれた箪笥、火鉢、漆器入れ、屏風入れ、本、服など計25個の記憶の断片が発掘された。現在では結婚時にタンスを持ち込み、利用する文化もなくなり、記憶が蓄積することもなく、建物が徐々に壊れはじめている状況である。

もし、この建物が、私の家族が過去という記憶を失ってしまったら心の拠り所はなくなるのではないか。私の家族のために、絶対的な心の拠り所となるような、ひとつの記憶の器を計画する必要がある。それらの建物と発掘物を再構築すべく、我々の原風景でもある最上川沿いの、さくらんぼ畑の側で展開する。

この倉庫には数々の記憶と行為の断片が浮遊している。それらを選び、行為を行なうとき、それと同時に「空間」が現出してくる。この建築は使い手が能動的に「空間」を獲得・所有していくプロセスそのものであり、光と闇が織りなす変幻自在の六畳倉庫である。

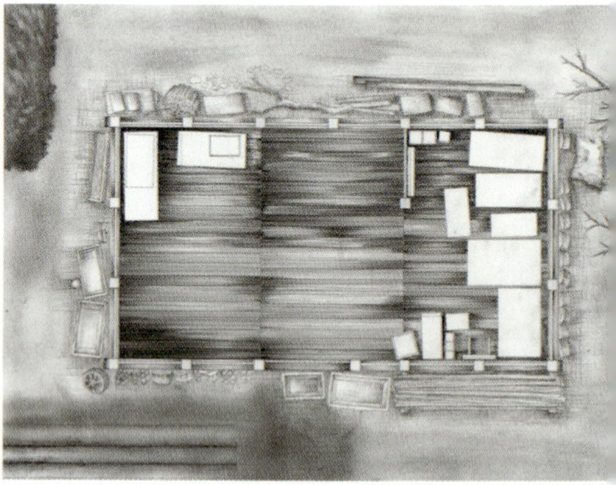

実家の庭

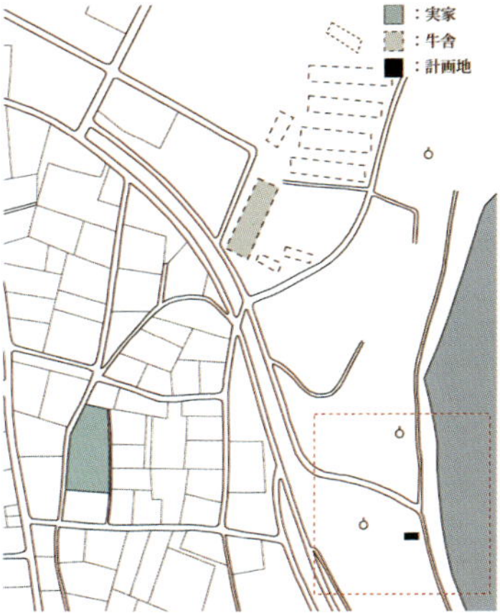

現在の倉庫は日当りも悪く、人がゆっくり過ごせる場所として適していないため、我々の原風景でもある最上川沿いの、さくらんぼ畑の側の一画に移築する。自宅と、もうひとつの家である牛舎から互いに徒歩5分という適度な距離にあり、ふらりと気軽に立ち寄れる3つ目の家としての役割をもつ。

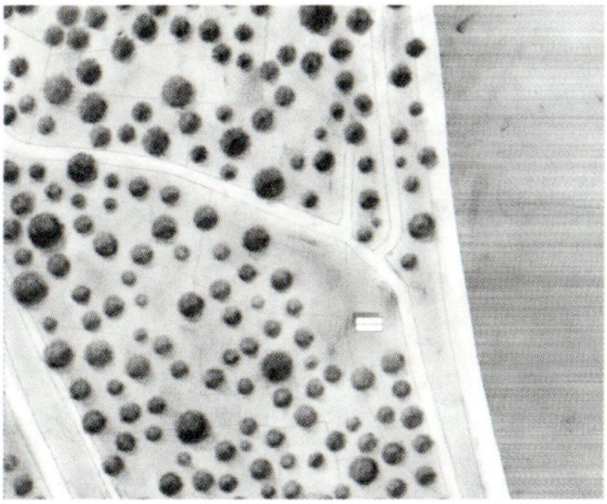

「空間」とは何か

それを考えるきっかけとなった、私の実家にある築100年の籾入れ小屋（倉庫）での体験を紹介したい。

その籾入れ小屋は、機能上、開口部はなく、暗闇である。
その入り口の扉を開けて、中に入り、暗闇の部屋で100年間の蓄積された記憶と対面する。どこか懐かしい匂いと記憶の断片が襲ってきているような感覚さえある。時間が経ち、目が慣れてきた頃、その背後から私の父が突然、扉をあけ、暗闇の中に強い光が入ってきた。

そのとき、私はそれが「空間」だと思った。

電気に照らされ部屋がコントロールされている日常の空間ではなかなか現われてくれない「空間」というものを強く感じた。
また、扉を開けるという人の行為によって、闇の状態から光が差し、空間が現出するという体験は、“倉庫”という建築でしかできない空間の形式ではないだろうか。さらにそれは、人の脳裏に焼き付き、記憶として残る「空間」になるのではないか。その空間現出モデルを提案する。

光と闇による空間現出モデル

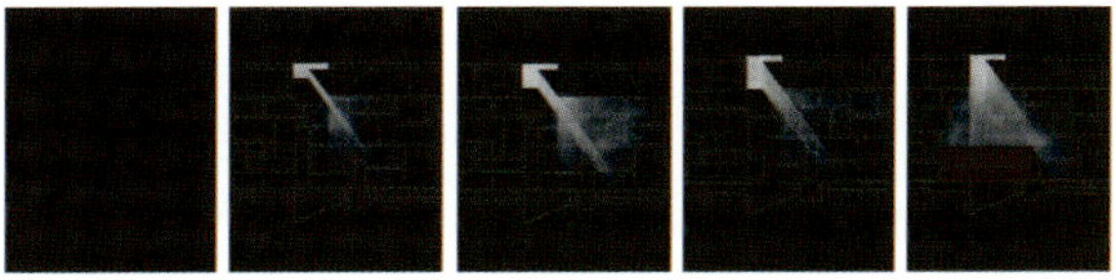

Step.0　Step.1 -200　Step.2 -400　Step.3 -600　Step.4 -600<

モノをひきだすことによって空間（光）が徐々に現出してくる。段階によって光の量を調整でき、ほしい光を手に入れることができる。さらに、とりだしたモノが行為を誘発する。

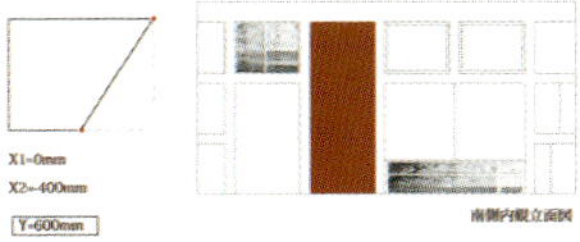

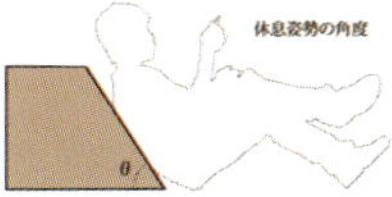

ここでは『空間』をつくることと、『行為』を行なうことが同時に進行する。

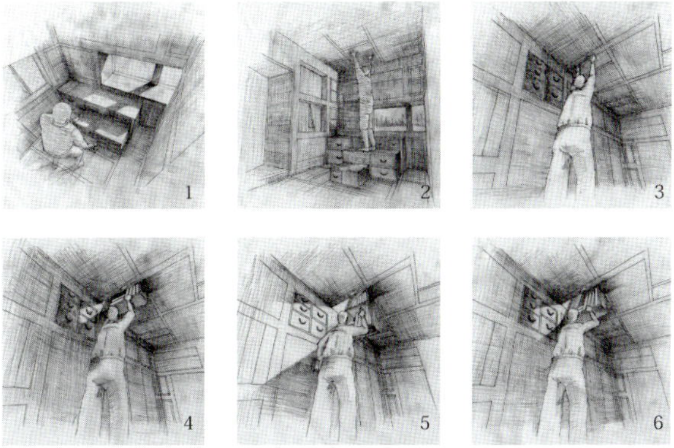

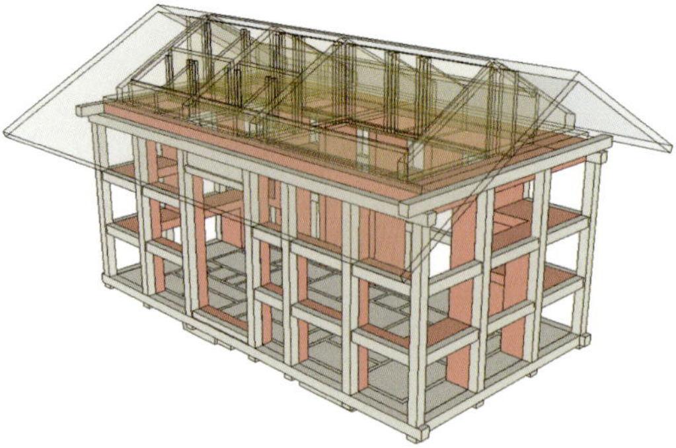

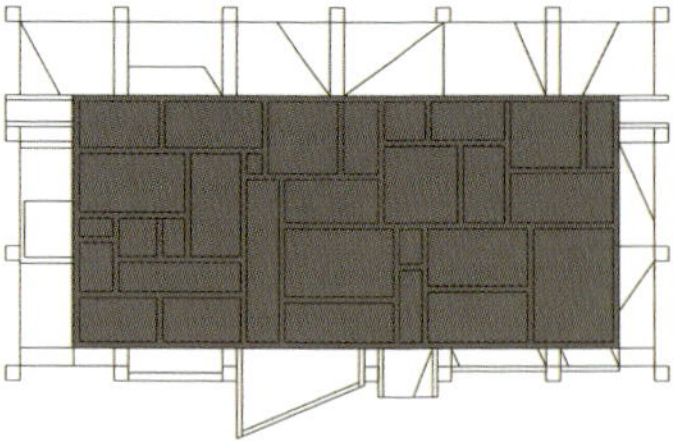

六畳
ひとりが時間をすごすのに適した広さ。かつての六畳一間のように変幻自在に空間が変化する。

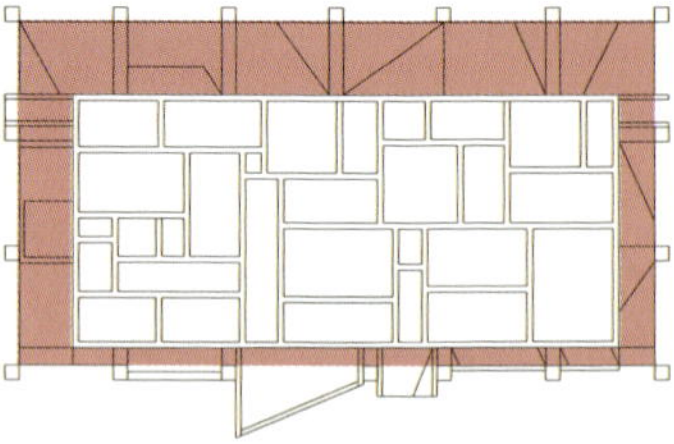

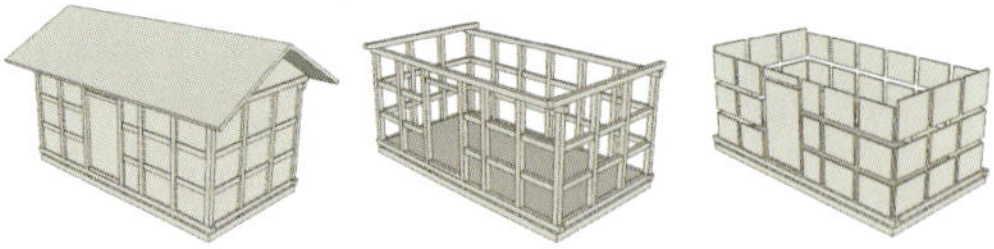

既存建物の構造が弱っているため、既存構造の形に沿うように新たな補強体を挿入する。既存外壁もそのまま利用し、更新前と更新後の建物の外観はほとんど変わらないが、内部は劇的に変化しているという建築の更新方法を行う。

壁厚
この場所ですごす人が多様な光の質を選べるように4種類(15cm、30cm、45cm、60cm)の異なる壁で囲む。

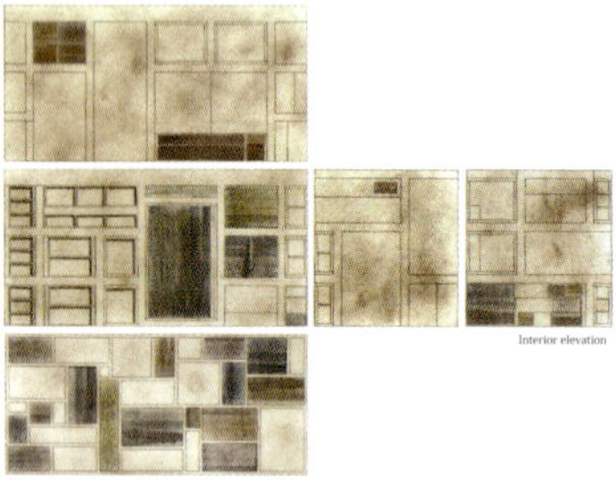

Interior elevation

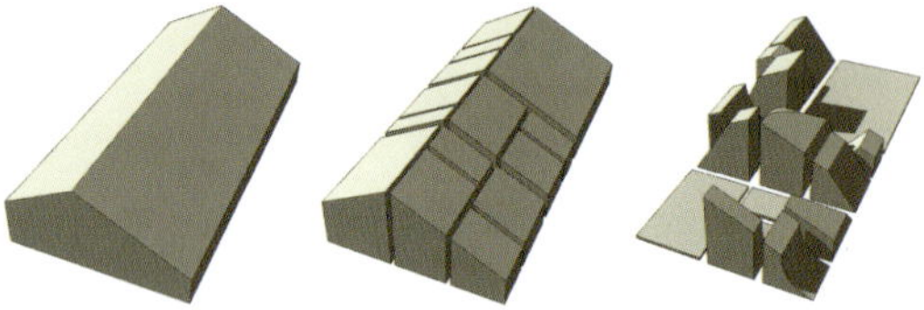

屋根も同様に、大きさ、高さが異なるようにヴォリュームを分割し、多様な光が生まれるように計画する。また、そのうちの7つは、既存のタンスなどの発掘物を光が照らすようにするように壁に配置した。

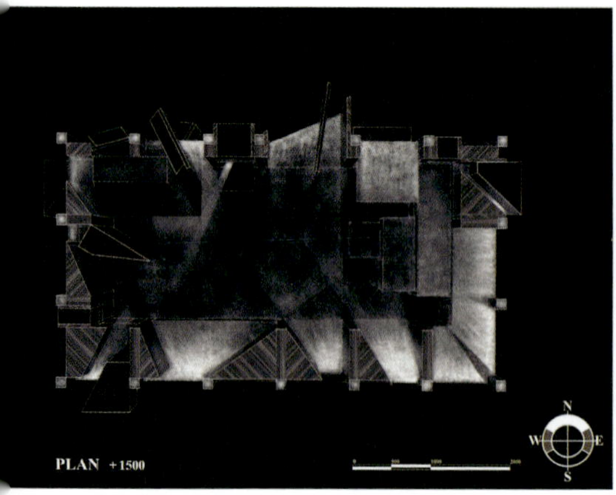

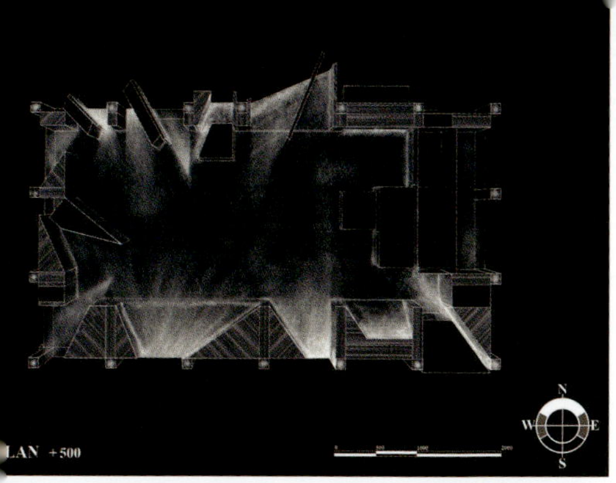

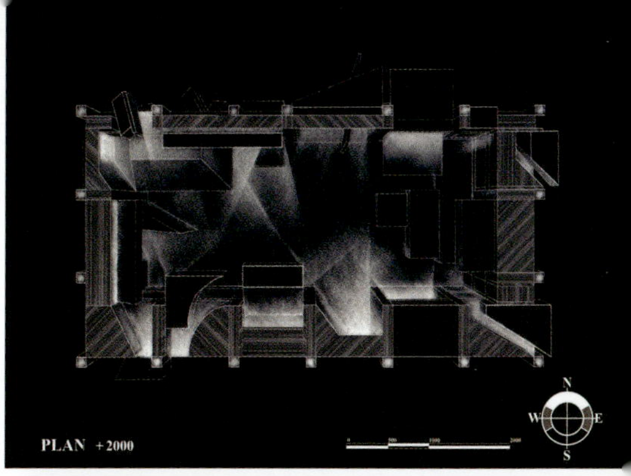

この倉庫は春夏秋冬、その日、その時間、その状態、その日の気分によって空間を想像し、同時に創造できる。受動的で一様なマドはひとつとして存在しない。人が環境を感知し、状況によって空間を能動的に変えていく。

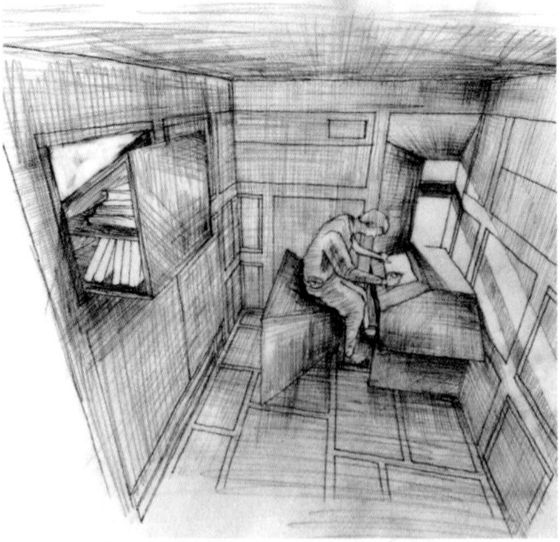

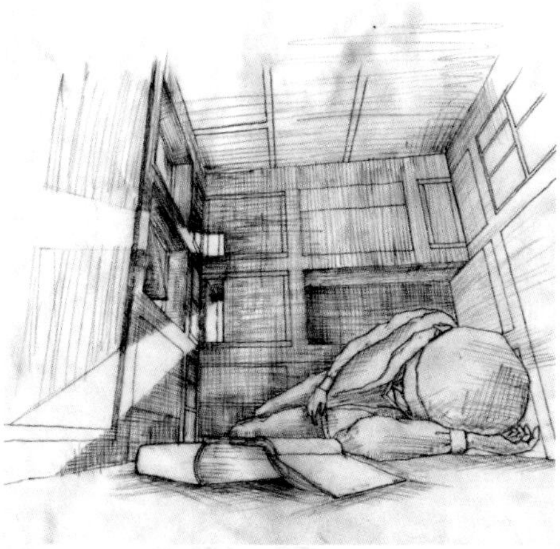

写真のような記憶への定着ではなく、ある期間滞在する中で知覚・認識したことを空間的に捉え、記憶として堆積していく。

審査員コメント

小松拓郎／酪農家の家 さくらんぼ畑と最上川と六畳倉庫小屋

審査員コメント＠巡回審査

伊東：箪笥やおばあさんの化粧台といったものがここに詰まっている現状のほうがむしろ博物館じゃない？　においとか手触りをデザインし直すと別のものに変わってしまうのではないかな？

小松：記憶の詰まった暗闇に光を取り入れることで履歴を表出し、違うかたちで過去との対話・継承ができるのではないかと考えました。

伊東：そういうデザインしたいっていう気持ちが建築家っぽいって思ってしまいました（笑）。建築自体はすごく魅力的なんだけどね。

山本：人が集まってピクニックしている絵がいいね。

小松：秋になると町の人たちがこの場所に集まり、芋煮会を開いて一年に一度の交流の場になります。

山本：芋煮会はとてもおもしろいので、もう少し周りの環境と一緒に考えられるといいけどね。

小松：普段、さくらんぼ畑はお年寄りの交流の場でもあるので、数人で居座れる場所としても使用できます。

山本：内に籠ったような絵ばっかり描かないで、もっとそういうのを描けばいいじゃない。

手塚：これって君の家族にとって大切な歴史なわけだけど、移築したときにクオリティを維持できるのかがすごく気になった。

小松：それよりも、この建物に人がどう介入し、記憶を蓄積できるか、していくかを重点的に思考しました。

手塚：あの牛はおじいさんと暮らしてるの？　牛1匹じゃかわいそうじゃない？　そこがすごく気になるんだ。コンテクストの話をすると、なぜ牛が1匹でここにいるのか。この1匹のために牛小屋をつくるわけでしょ。

小松：近くに子牛用の施設があったため、一緒に計画しました。この状態だと1匹ですが、3、4匹飼って牧場に戻すようなサイクルをつくることも考えています。

手塚：反転させていないドローイングのオリジナルが見たかったな。そうしたらもっと迫力があったのにね。

大野：改修であれば自動的に構造補強になりますね。そのためには基礎が重要ですが、ものすごくでかい建築の補強に見える。メカニズムは考えたのですか？

小松：まず、多様な光の質をつくりだすことと構造補強を同時に成立させるモデルを考え、そこで生まれる60cmの厚い壁や屋根の部分は人が操作できないヴォリュームにならないように設計しています。

大野：でも、10キロも20キロも上から引いてくることを考慮しないと現実化しないね。

長谷川：いい小屋ですね。100年もよく建っている。格子を組む構造を踏襲していておもしろい。スケールは自分の生活から取り出しているものなんでしょ？

小松：酪農家である僕の祖父を想定しています。

長谷川：おじいさんの空間ではなく、君のいる空間に思えたけどね。高齢者のためにはもっと違う空間があってもいい。おじいさんの感覚でつくらないと……。

審査員コメント＠公開審査

手塚：小さいものをつくりあげてこういう空間ができる雰囲気はよかったんですが、隣の小さな小屋にいる、悲しそうな目をして草を噛んでる子牛が気になっちゃって。この子牛を登場させたからイメージがずれてきて、本当のよさが薄れてしまった気がする。また、建物って移動させると死んでしまう。現在の場所でもっとできることがあったんじゃないかと思いました。

六鹿：彼にとっては非常に必然性のあるテーマだったんだと思うんですよね。なおかつ光の入り方とか、空間の切り取り方とか、人間に近いところのスケールでは細かく分析されてレベル高くデザインされていると思います。では今後つくられるであろうものが、これから先建築として残っていく可能性について考慮されているかというと少し弱いかなと思いました。

伊東：これを実際につくろうとしていることを僕は評価したい。普請好きのオヤジみたいなところがあって、東京で勤めながら休みに山形に戻って時間をかけてつくってゆく。しかし、先代が使っていた箪笥などが詰まっている収蔵庫の中身をいったん全部出して、においや記憶を捨てて移築して、彼のデザインで記憶を再構築することに矛盾を感じる。彼の内面的な記憶だけをデザインすることはあり得ないと思いました。

山本：みなさんが言われているように、どうしたらこれが長らえる建築になるかという仕組みも一緒に考えられたら、もっと説得力のある建築になったと思います。実際にできたら楽しいと思いますが。

現代的村落共同体

農漁業の所有構造と結びついた地域共同体の設計

project01｜Hazawa Green City
地域公共と農の景観が共存する駅前開発の手法

project02｜1000人が作る河岸線
堤防×住宅

第一次産業による村落の退廃で地域性が失われることを危惧し、現代的な手法を駆使しながら新たな共同体を提案する。地域の風景を刷新するプロジェクトは2つ。一方は駅前開発による公共整備とともに農地を保全する計画。もう一方は河岸の護岸工事とあわせて職住一体型の住宅を建設する。

Name:
中山佳子
Nakayama Yoshiko
University:
横浜国立大学大学院
Y-GSA

Interview

Q:トウキョウ建築コレクションに参加しての感想
2年間大学院で考えてきたものを体系化し、建築をはじめてから6年間の思考の集大成になりました。今後の建築人生のテーマを考えるきっかけづくりになりました。

Q:大学や大学院での活動や研究内容
最高の先生と仲間に囲まれ、4つのスタジオや商店街活性化の実施計画、ヴェネツィア・ビエンナーレ日本館の展示制作等を通して日々建築のことばかり考えていました。

Q:修士修了後の進路や展望
日本設計で働いています。学生時代に思い描いた夢と現実社会のギャップに葛藤しつつ、どうすれば日本のまちをもっと魅力的にできるかを考えています。

「現代的村落共同体」とは、都市のなかで第一次産業とともに共同体が成立していた地域が、経済性を優先させた開発を受け入れるなかで、その風景も暮らし方も変化し、地域の個性を失ってしまうことに対する批判的提案である。本作品では、横浜における、実際に駅前開発を迫られている農業地区と堤防工事が行われた旧漁村地区をケーススタディとして取り上げる。羽沢町の農業は駅前開発が進めば縮小し、生麦町の漁業は消滅してしまったが、その産業がもたらした所有構造は、現代都市において特徴的な骨格をつくっている。それはたとえば、通常は1所有者が1敷地を所有するのに対して、農家は農地、住宅、農小屋、など複数敷地を1所有者が所有しているように。この所有構造に開発を結びつける手法をとることで、かつての農村・漁村をその場所の歴史に接続しながら現代都市における新しい共同体へと再構築する地域計画の提案である。

P1　山
Mountain

横浜市神奈川区羽沢町(一部)
貨物駅の谷を挟んだ2つの農地の山
27ha
市街化調整区域

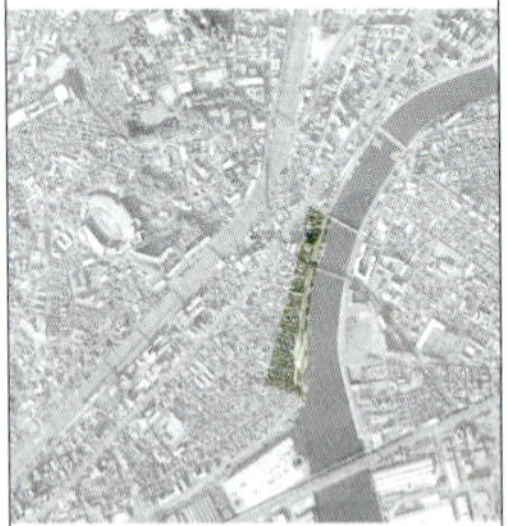

P2　帯
Belt

横浜市鶴見区生麦町(一部)
旧東海道と鶴見川に挟まれた帯
4.4ha
準工業地域

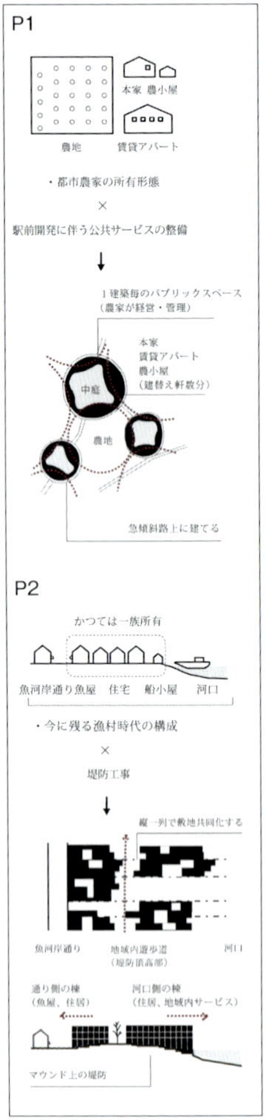

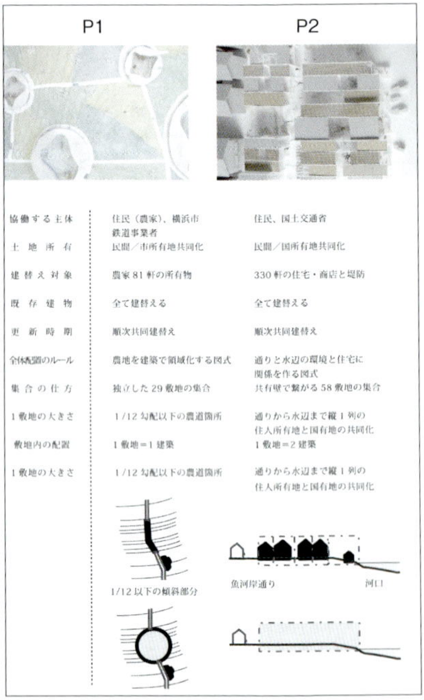

左から

Site Typology
都市において環境の同一性を実感できる新しい地域単位

Volume　配置計画のルール
農・漁業による所有の構造と開発用途を
配置計画のルールに読み替える

Volume　プロセス
計画を実現する手順

凡例
P1＝project01｜Hazawa Green City——地域公共と農の景観が共存する駅前開発の手法
P2＝project02｜1000人が作る河岸線——堤防×住宅

P1　山型

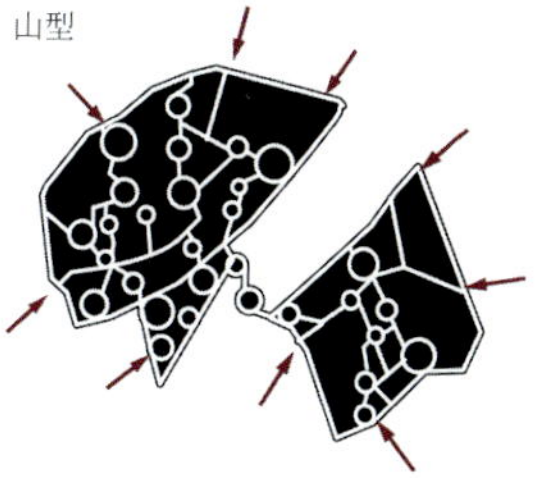

①緩やかな歩行斜路のネットワーク
②全ての周辺地域と面的に接続する

P2　帯型

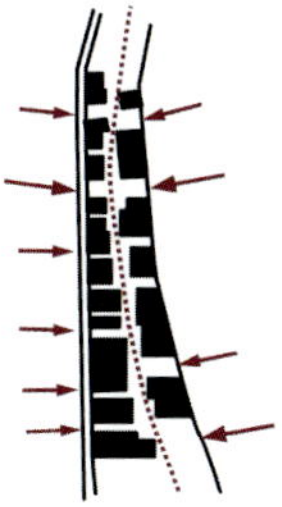

①敷地毎に堤防頂部を跨いで建てる
②2 面の長手方向から接続する

Master Plan

全体性と
周辺地域との接続

①道空間のつくり方
②第一段階

P1

新しい敷地単位
（急勾配箇所の大きさに合わせて共同建替え）

P2

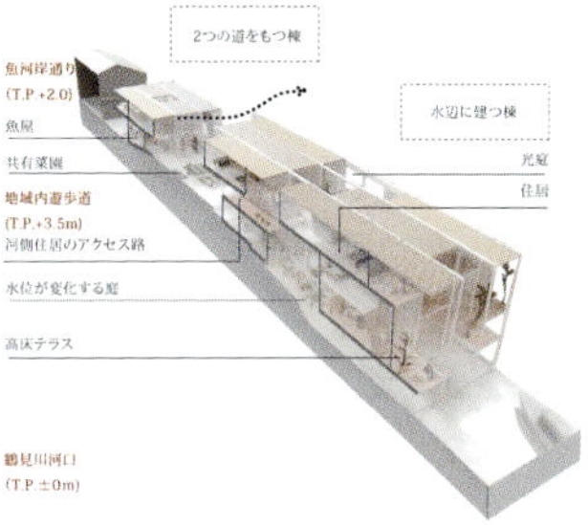

新しい敷地単位
（通りから河口まで1列で共同建替え）

Unit Design

道を内包する
建築単位

Theme　獲得する風景・暮らし

P1　農地と都市的状況が共存する風景／農地がとけこんでいく日常生活／点在する建築の形式／
地域全体を巡る生活／建築を介した農家・大学生・周辺住民の新しい関係

P2　通りと水辺の環境をもつ暮らし方／川沿いの建築の建ち方／ 1000人の住宅がもつ都市における存在感／細長い建築の形式

project01 | Hazawa Green City

地域公共と農の景観が共存する駅前開発の手法

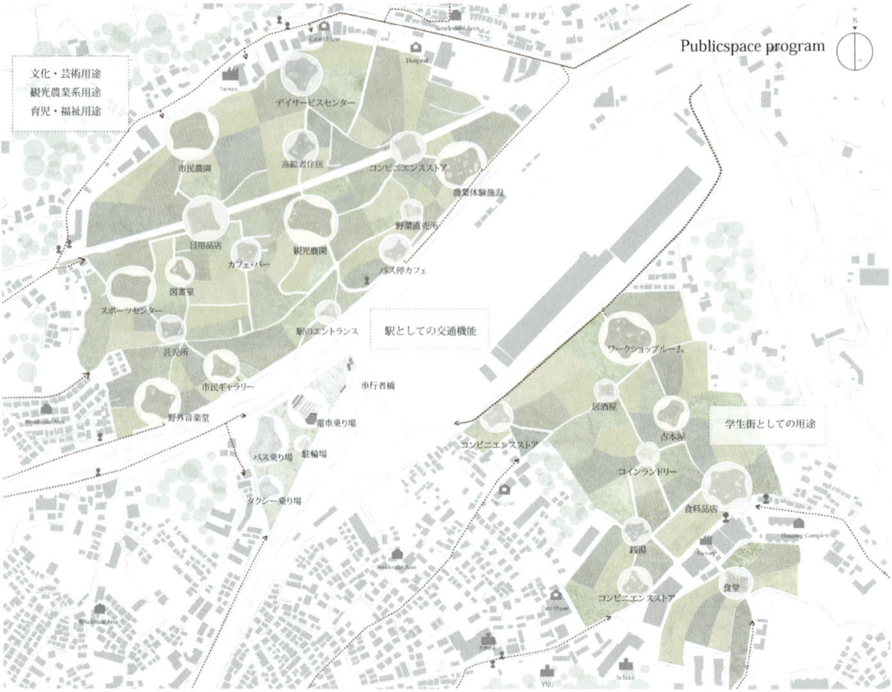

パブリックスペースのプログラムと周辺コンテクストの関係

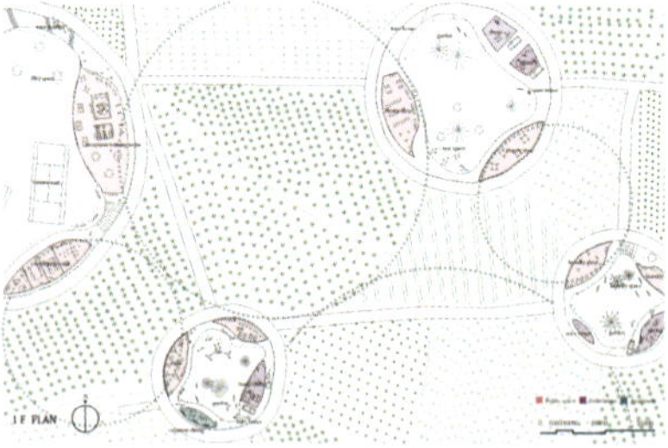

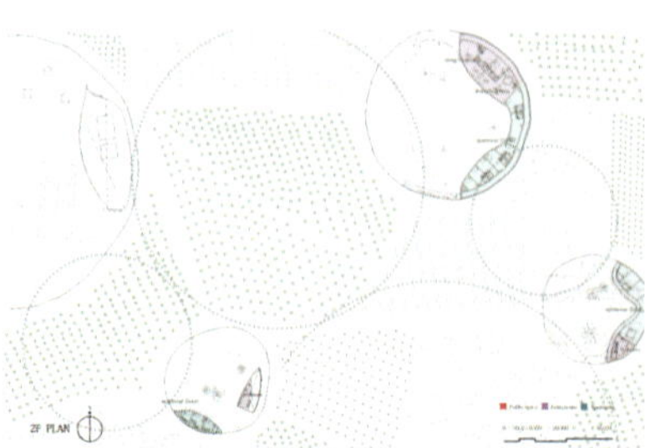

都市近郊農家の現状

働き手・後継者不足、副業に頼る収入源

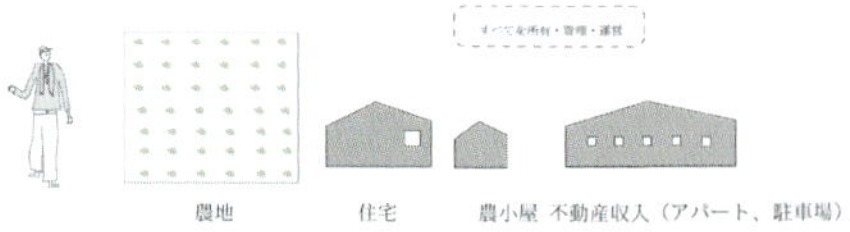

→複数農家の所有物をまとめて建替える

農業地区が駅前開発を受け入れたときにできる新しい田園都市の提案。

2019年、市街化調整区域の横浜市羽沢町に新駅設置が予定されている。広大な農地が美しく残る街に駅ができるとき、乱開発ではなく農風景の持続と駅前としての地域の公共整備を同時に導く計画を考える。「ひだリング」と名づけた形式をもつ建築が地形のルールに基づき点在し、中庭と農地の外部空間を領域化することで地域全体が人の居場所になり、建築は町の新しいインフラとして存在していく。農地と都市が共存する新しい田園都市の提案である。

農地に人の目が行き届くようになる建築の形式

点在しながら相互につながりをつくる「ひだリング」

建築の単位セルとしてのリング　外向性と部分的なまとまりを作るひだ　点在する建築としての「ひだリング」

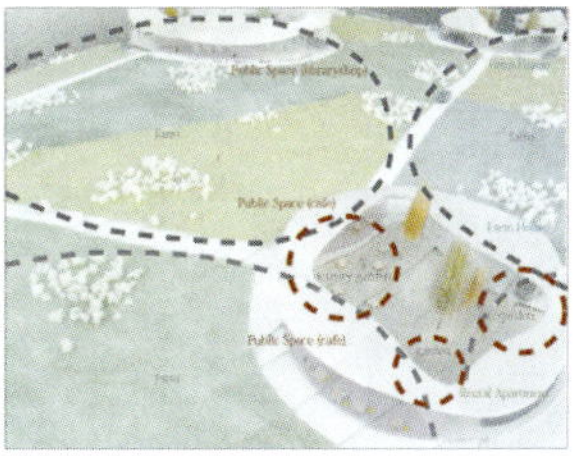

2つの屋外（農地・中庭）を領域化する建築

ゆるやかな傾斜路のネットワーク

地形的バリア

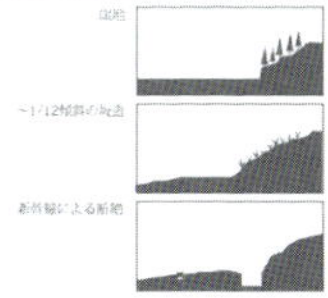

道路上で断絶された場所、1/12以下の傾斜をプロットする

新たな迂回歩道・車道

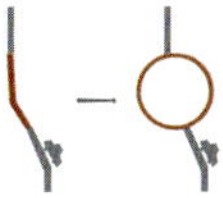

地形的バリア上に建築を建て、車道をその周囲に迂回させる

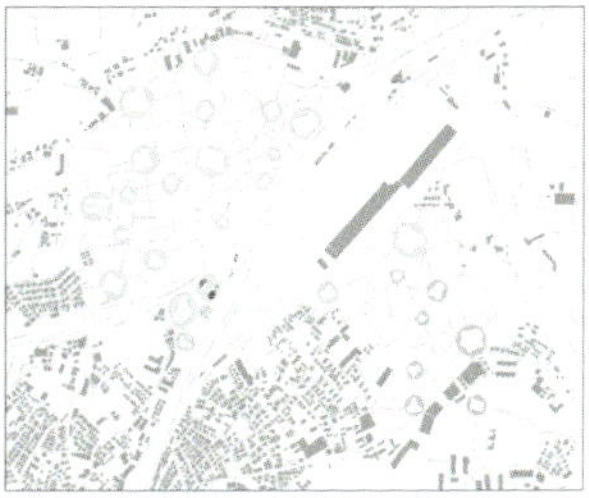

新たな農地割り

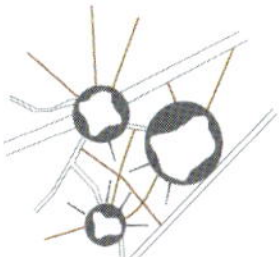

全ての農地が建築に必ず接するように、農地割を変更する

農家の共同建て替えによって1建築ごとにパブリックスペースをつくる

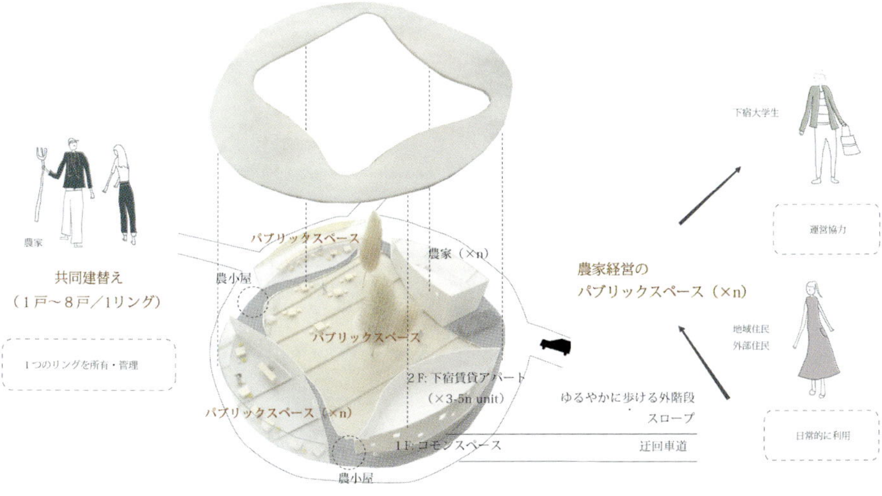

project02 ｜ 1000人が作る河岸線

堤防×住宅

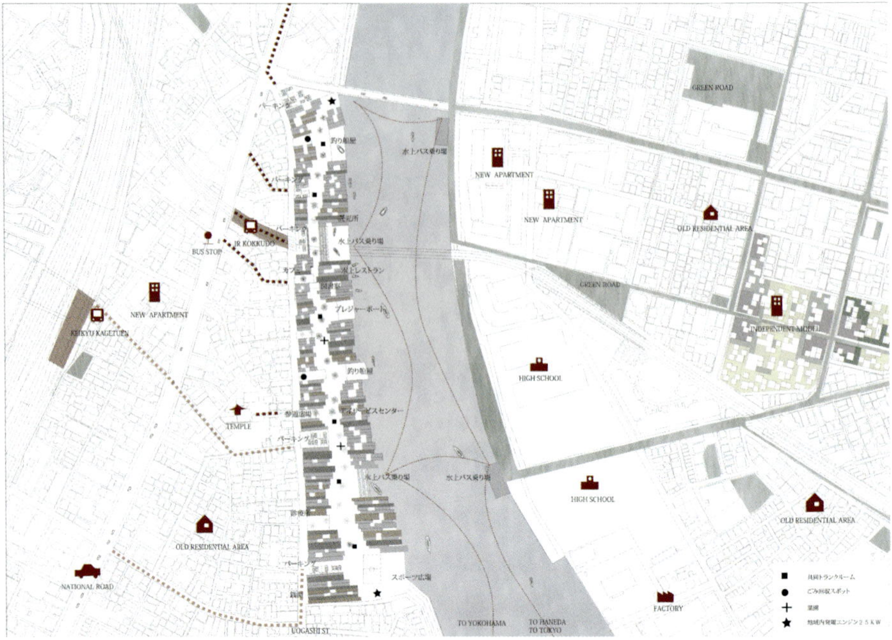

周辺コンテクストの関係

旧漁業地区で堤防工事と住宅の建て替えを同時に計画する新しい水辺の暮らしの提案。

鶴見川河口の600mの浜と魚河岸通りにはさまれた旧生麦漁村。かつて漁村だったこの住宅地は、川で獲った魚を通り沿いの店で売るために、通りから浜まで縦1列で親族が所有していた骨格が残る。4年前に浜を壊し堤防が完成したが、通りと水際と家とがセットで暮らす地域性を受け継ぎながら堤防と住宅の計画を考える。

更新の際、通りから水際まで隣り合う敷地を縦一列で共同化し、必要堤防高を維持しながら、水辺まで地続きのマウンド上に隆起する護岸をつくる。敷地内で、建築を通り側と水辺側のふたつに分けて建て、列ごとに建て替えが進んでいくことで堤防と住宅がつくられる。スキップフロアの魚屋、高床のリビング、水位の変化する中庭など、通りと水辺の環境を活かした暮らし方が生まれる。建て替えが終わると、マウンドの頂部には生活を支えるサービス施設に面した地域内遊歩道が貫く。1000人分の住宅の計画は堤防を巻き込んで、新しい水辺の風景と暮らしを描く。

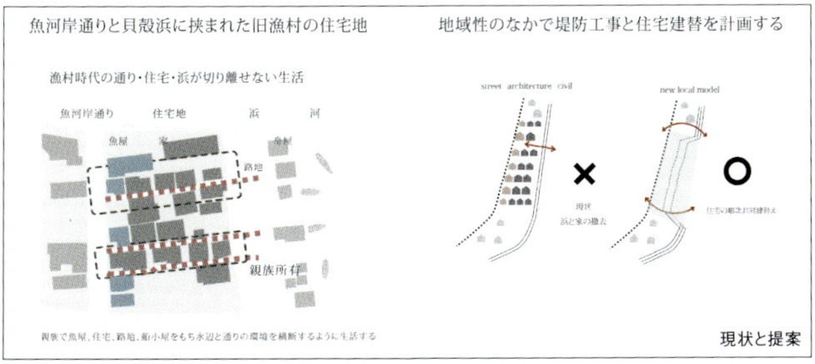

プロセス　住宅を縦1列ごとに建て替えていくと順次堤防がつくられていく。

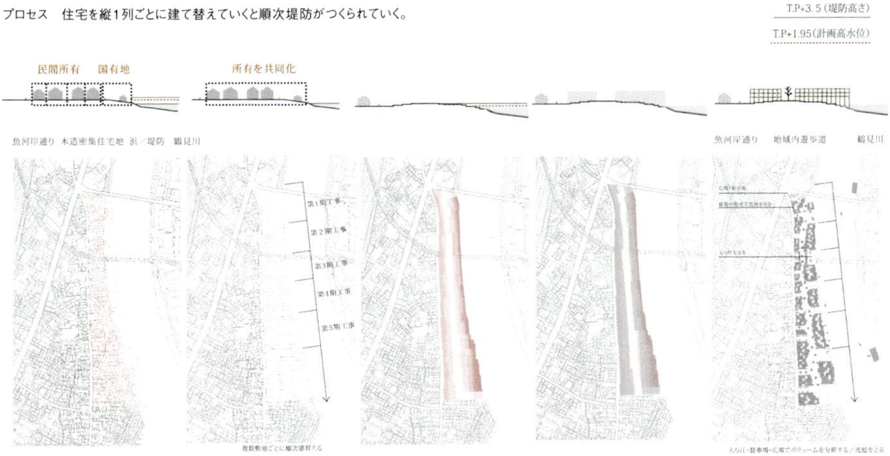

堤防が出来る前の状況

敷地を通り際から
河際まで縦1列で共同化する

マウンド状の護岸を作る

ボリュームを堤防頂部で
2つに分けて建てる

堤防を内包し通りと水辺の環境に
あわせた暮らしをつくる

断面パース　魚河岸通りと水辺の環境を活かした新しい暮らし方。

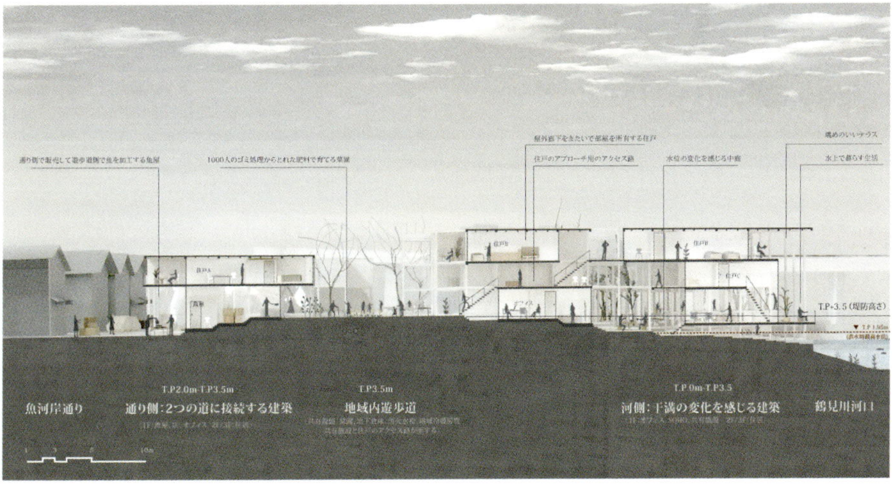

審査員コメント

中山佳子／現代的村落共同体 農漁業の所有構造と結びついた地域共同体の設計

審査員コメント＠巡回審査

伊東：農家は全部丸にするのでなく、ひとつずつ個性を出した形のほうがおもしろいのに。

中山：微妙に地形に合わせて変えています。ガイドラインだけを建築家がつくれば、それぞれが好きにできるのではないかと思っています。

伊東：再開発の主体は?

中山：横浜市や不動産業者が少し助成金を出すなど、市と住民との共同を考えています。

伊東：こんな漁業のコミュニティはまだあるの?

中山：600m続く浜と魚屋とを結ぶ一列をもともと親族で所有していました。その構造だけが残っているところを、堤防工事と結びつけることで再構築できるのではないのかと思いました。

伊東：システムの提案と建築の形態へのこだわりが混在している点が少し作品を弱くしているかな。目のつけどころはいいと思います。

大野：なぜ農地と漁村のふたつなのか、他の産業も網羅しなければならないのでは?　もう少し仕組みを考えると、もっと訴えるものになったと思いますよ。もしくはひとつでよかったかも。

手塚：農地と建築は全然スケールが違うよね?

中山：広い農地に対して小さな建築をつくることで目が入る、日常的にシークエンスがリング状につながっていくように構成しています。それによって農地が自分の生活の延長になり、自分の庭のように感じられる風景を建築によって示そうと。

手塚：川のほうですが、建築の幅はどう決めたの?

中山：漁村時代は縦1列で親族が所有していたんです。この単位でつくりました。

長谷川：コミュニティを見直すことは、いま大事なテーマですよ。農業のための機能的な建築がある気がします。それが実は楽しかったり。ここに畜産なども加えて、生産されたものが駅で販売されるような、未来に向かっての都市農業を築けばすごくいいと思いました。

古谷：農業や漁業の場合、ある集落を成立させるためには大きな範囲の広がり、市街地としての意味が必要ですよね。つまりこの周辺の膨大な人たちが価値を享受できるというストーリーが語られるといいのかなと思います。

山本：ふたつ提案したのがよかったね。両者きちんと関係を説明できていました。

六鹿：敷地はいまは都市になっているところ?

中山：漁村は構成だけは残っているんですが、漁業自体は40年前になくなって、4年前に堤防ができています。農業のほうは、もうすぐ新しい駅ができることになっていて、そのときに市街化調整区域をはずして乱開発をするのではなく、農地の風景と新しい開発を共存させる仕組みを考える。漁村ではもともと一族で所有しているストライプ状の構成があるので、ここのコンテクストを残しながら、新しく堤防工事も行ないます。

六鹿：課題自体が架空でも誇張でもなく、現実を扱っている点がすごくいいね。ただ、似た形の連続ではなく、ヴァリエーションがあったほうが強かったかな。でもデザインはなかなかおもしろい。全体としては課題の必然性と、正統的でありながら当たり前ではない解き方がいいと思いました。

審査員コメント＠公開審査

六鹿：現実の都市と農村、あるいは都市と漁村が抱えている問題が明快で分かりやすかった。漁村のほうは神戸、大阪の例と設定が似ているけれど違う解答をしていて、堤防を高くして全体の景観をよくしてる点は特徴的だったと思います。自然で妥当なデザインの流れでした。農村のほうはかなり特徴的な形の大小シリーズで、全体の景観を覆っている風景が少し想像しにくいところもあるけれど、全体的に新鮮な提案もあって印象もよかった。

長谷川：おもしろいのは敷地の設定で、都市に残っているかつてのコミュニティを拾い上げて、もう一度新しい空間を立ち上げようという設計のスタートは評価したい。都市の農業や都市の漁業のあり方が垣間見えるところがあって、新しい開発の仕方が成立すればおもしろいなと思いました。

融即建築

白川静の漢字論に見られる漢字の抽象と象徴を手がかりとした空間

文字として成立していく過程で抽象化されながらも象徴を残している漢字には、日本の都市の手がかりとなるヒントがかくされているのではないか。漢字のもつ空間の差異化のプロセスとシステムを応用し空間の形と意味を結びつけることで、抽象化されすぎた現代の都市とは異なる都市空間の可能性を探る。

Name:
田中了太
Tanaka Ryota

University:
神戸大学大学院
工学研究科　建築学専攻
遠藤秀平研究室

Interview

Q:トウキョウ建築コレクションに参加しての感想
遠藤先生、研究室の仲間・後輩、研究室に手伝いにきてくれていた後輩、ほかにも多くの人に支えられ、最後まで頑張ることができました。結果として、このような賞をいただくことができてとても嬉しいです。みんなほんまにありがとう!

Q:大学や大学院での活動や研究内容
地球環境の変化に伴って新たに必要とされる社会基盤施設としてのビルディングタイプや社会システムの提案。

Q:修士修了後の進路や展望
修士を通して得た想いをこれからも忘れずに、建築の提案をしていくことで少しでも社会に影響を与えることができたら、とても幸せです。

なぜ漢字なのか？

日本語としての漢字

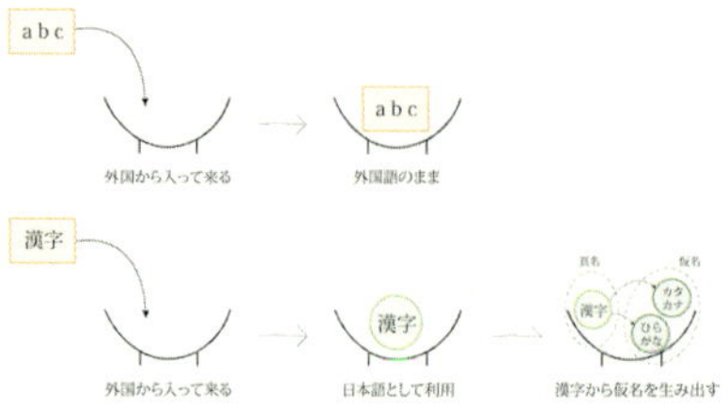

fig.1 アルファベットと漢字の違い

日本にはこれまで様々な国の文化が入ってきたが、その中でそれらを取っ替え引っ替えし日本なりの取り込み方をしてきた。そのような取っ替え引っ替えこそが日本の技術であり、漢字は古代中国で発明され、日本に入ってきたもので、現在では日本語として使われている。それに対して、アルファベットは外国語としてのまま使われている。このことから漢字の中に日本なりの解釈が含まれているのではないかと思われ、日本の都市の手がかりになると感じられる。

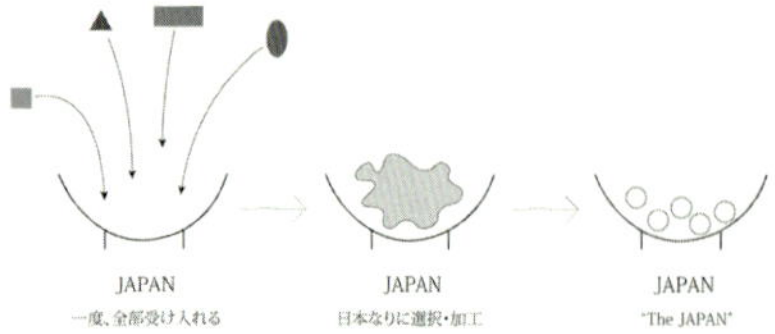

fig.2 日本的取っ替え引っ替え

抽象と象徴

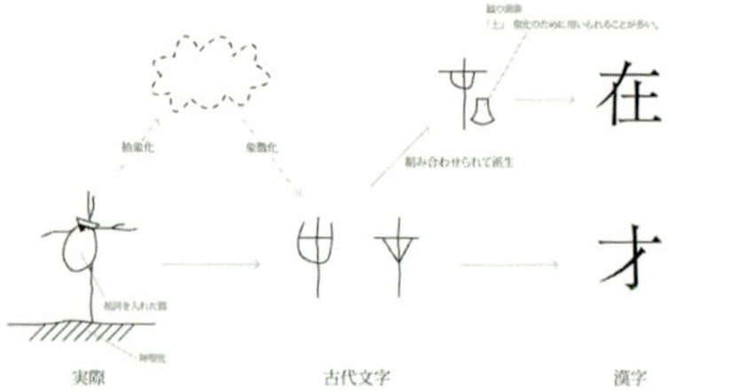

fig.5 漢字における抽象と象徴

fig.7 アルファベットと都市の相似性

白川静の漢字論に見られる漢字の抽象と象徴を手がかりとして、空間の差異化の可能性を提案したい。

現代ではほとんど意識されないわずかな空間の操作にも、古代においては意味をもった差異化のプロセスであったことを漢字の構成が私たちに分かりやすく伝えてくれている。情報化が進み、もの・人・コトの関係が稀薄になっている現代の都市において、漢字の構成に見られるもの・人・コトが密接に関わりあうプリミティヴな差異化による空間は、人々をデジタルからリアルにリセットする特異点となる。そこでは人はもの・人・コトの力を体感し、スラブや壁などの物理的な空間の制約以外の要素からでも場所が生まれていると感じることができる。ほんのわずかな操作や人の行為によってできる場所の体験は、人の感覚・感性を研ぎ澄ませ魂の健康を回復させる。

COMMUNICATION の手段

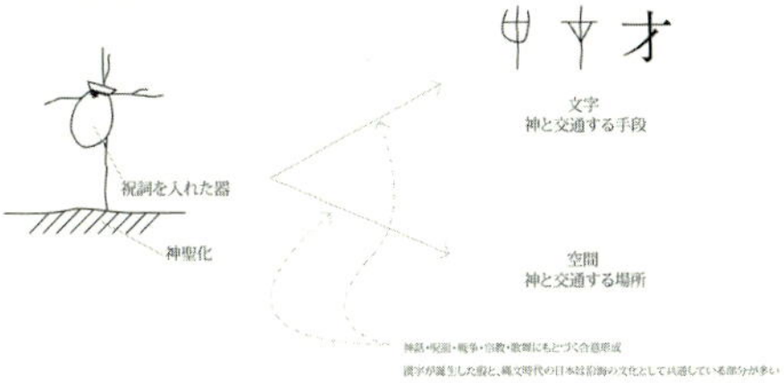

fig.8 communication の手段

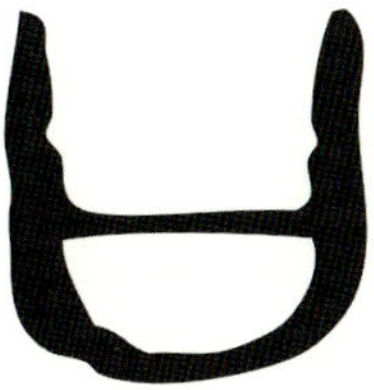

「サイ」

漢字は文字として抽象化されてきていると同時に象徴を残している。そのために漢字は１文字で意味を持ち、その形から意味を感じ取ることができる。それに対して、アルファベットは極度に抽象化されたために、文字の形からそのもととなっている物事や意味を感じ取ることができない。アルファベットは現代の都市の相似形と考えることができ、現代の都市は資本主義に基づいた目的合理主義によって抽象化されすぎたために、空間の形と意味が結びついていないのではないだろうか。

漢字から得られた知見

もの・人・コトによる空間の差異化のプロセス

漢字／白川静

↓

空間に関わる漢字における抽象化／象徴化

↓

漢字の中にある空間の差異化のプロセス／システム

→

実際のもの・人・コトから生まれる行為によって、差異化された空間が作られている
置くものの意味によって差異化される空間の意味も変わる

▼
▼
▼

別の意味に派生する
他の意味のものによる空間と組み合わさることで、意味が変化する可能性がある

fig.9 空間的な漢字の構成

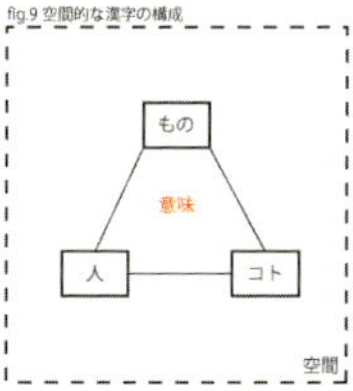

fig.10 漢字の構成の例

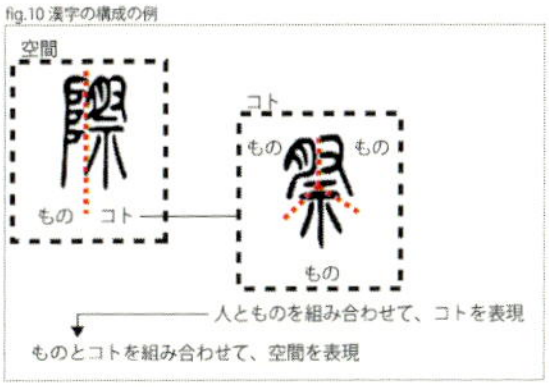

漢字にみられる空間の47の差異化のプロセス(抜粋)

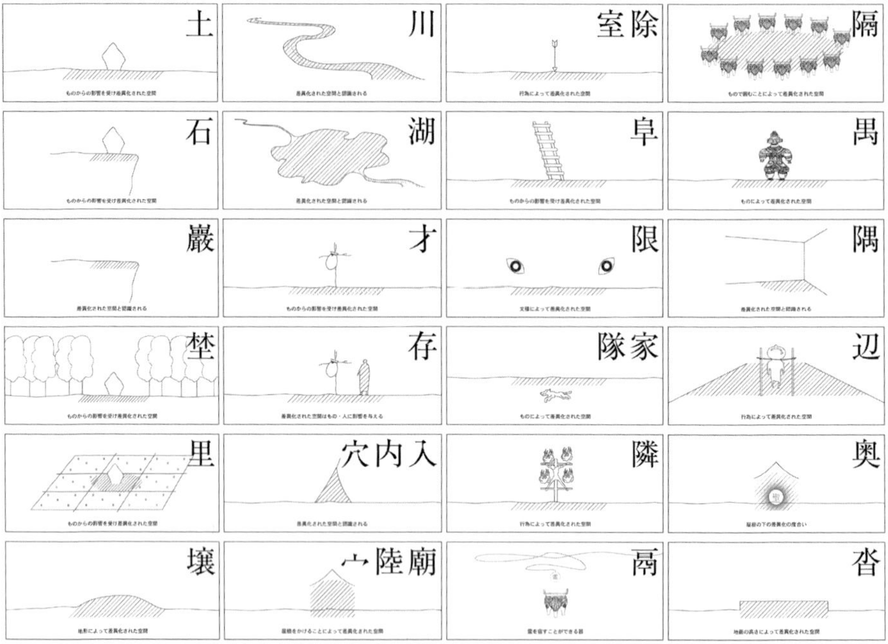

漢字をもとに10の差異化を具体化したPROTOTYPE(抜粋)

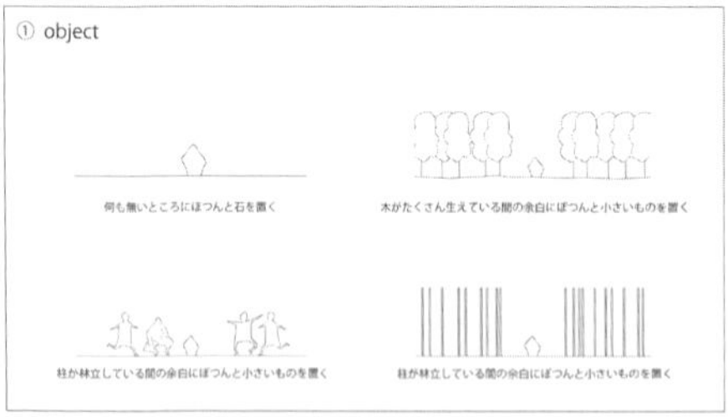

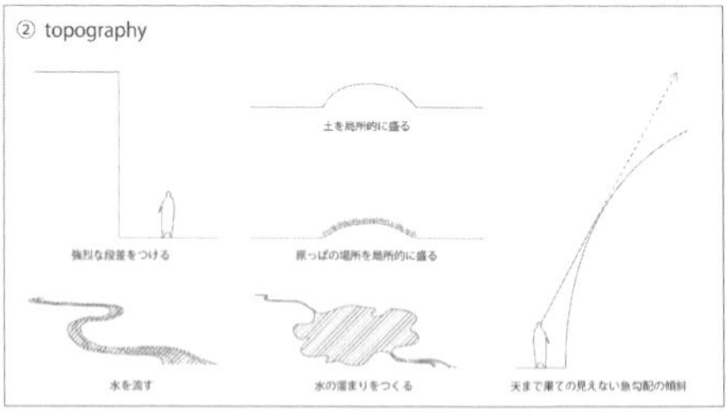

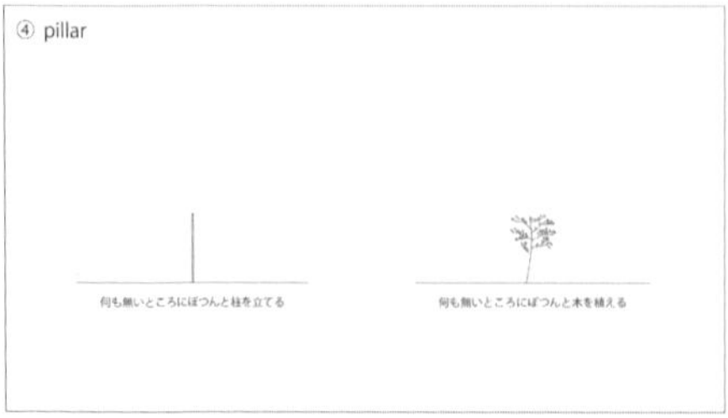

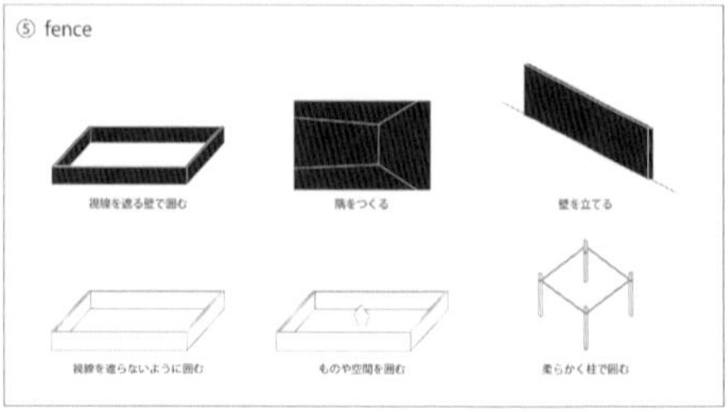

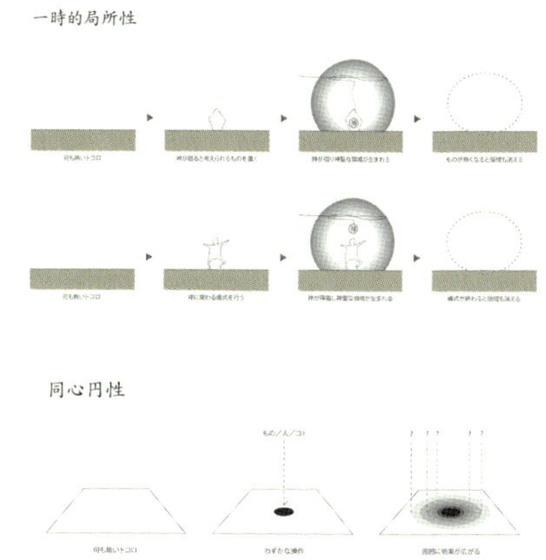

差異化のされ方の例

場所の配置（第一段階）

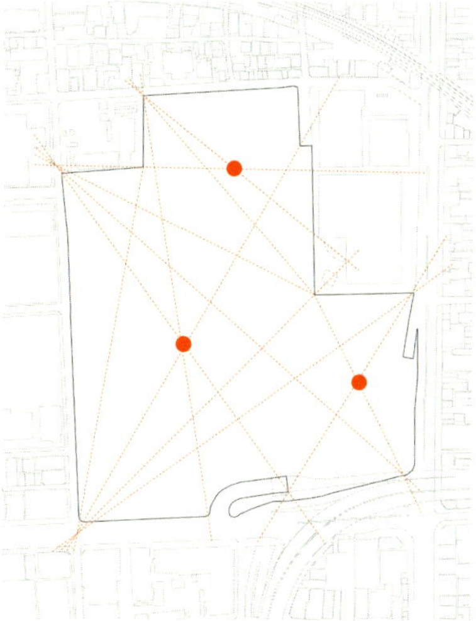

3の大きな中心

敷地と敷地の周辺に存在する角同士を結び、結んだ直線の交点となる位置の中から3点を選びメインとなる癒しの場所をつくる。

CIRCULATION ／ SHORTCUTS

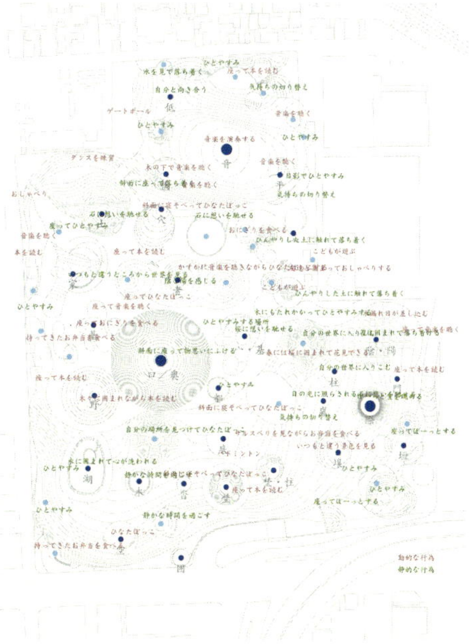

行為の配置

想定したルートをもとに建物と外部の余白をあたる。

1F Plan

Section

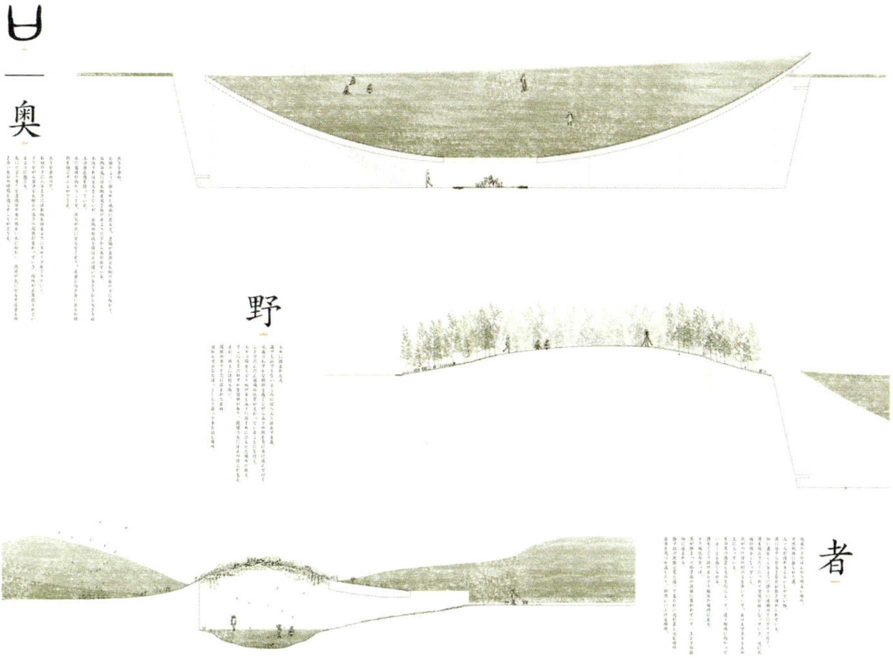

Section部分「サイ／奥」「野」「者」

Model

審査員コメント

田中了太／融即建築 白川静の漢字論に見られる漢字の抽象と象徴を手がかりとした空間

審査員コメント@巡回審査

伊東：研究と設計がつながっており、研究に関しては、共感しました。一方、設計ではノイズが入ってくることを嫌い、ただパターンが並んでいるという印象。実際の設計ではさまざまな摩擦が起き、それをきっかけに別のものに置き換わっていくものです。

田中：たしかに漢字だけでは、ものがぽんぽんと並んでいるようなものにしかならないと思います。でも、部分を考える上では有意義だと思います。

伊東：僕は日本語が自分の建築空間を成立させていると感じている。英語のネイティヴなら僕は違う作品をつくっていたはず。つまり、言語空間と建築空間はオーバーラップしている。そういう意味ではすごくおもしろい。

古谷：漢字は象徴性をもったまま抽象化されているという説明はおもしろく聞きました。君が建築空間としてつくったものには、その象徴性は残っているのですか?

田中：漢字のもつ象徴を落とし込みましたが、建築自体が何かの象徴になっているわけではありません。

古谷：君はアルファベットは極度に抽象化されたので、かつて何を象徴していたかを読み取ることはできないと言いました。君の設計は漢字というよりアルファベットになってませんか?　アプローチはとてもおもしろいんですよ。しかし今回は統一されたヴォキャブラリーのなかに入れてしまったせいで均質な空間に見えてしまった。

山本：建築も抽象的なほうがいいのですか?

田中：いや、漢字は象徴を残しているので象徴を残した建築をつくりたい。

山本：こういう建築をつくると漢字を認識すると同じように何か意味が分かるようになるの?

田中：はい。僕の思っている意味と、先生が思っている意味が同じかは分からないですけど。

山本：同じじゃないと伝わらないけど。

田中：その意味を伝えるのが大事なんじゃなくて、差異化されている空間だということを伝えたい。

手塚：漢字を手がかりにしてすごくヴァリエーションのある空間ができたよね。僕はこの空間に行った時に人がどう反応し何をするかにすごく興味がある。

田中：何をするのかは僕が決めるんじゃなくて、ここにいる人たちが決めてくれればいいと思っています。

大野：建築を文字間の関係になぞらえるなら、作品に至る際に必要なのは空間と空間の関係となるから、それはすなわち文章ということになる。

田中：基本的に漢字1文字が、基本のものだと思っているので、文字の関係性と空間の関係性はリンクできていないんです。

大野：概念でしかないわけですよね。建築をつくるときにはストーリーがあってどう組み立てるかというおもしろさがある。すごく理知的でエレガントなんだけど、文章の話が君から出てこなかった。

審査員コメント@公開審査

古谷：象徴的なものを残しながら抽象化しているという漢字の特性を起点とし、同じように象徴的なものを残しながら空間を抽象化することができるかという問題設定は、イマジネーションを掻き立てられるものでした。

伊東：日本でもトップクラスの書道の先生にお会いした時に、「ここには地形があるでしょう」と手紙を見せてもらったんです。墨の濃淡や行間を通して、本当に地形が見えてきた。着眼点はすごくおもしろいのだけれども、設計からはそういった濃淡が見えづらかった。

山本：うまく説明していないから、空間に移り変わっていくときに漢字は関係ないように見えてしまう。それでは空間自体が魅力的にならないんじゃないかと思うんですよ。やはりそこがすごく気になる。他者に対して伝達しようとする気持ちだと思うんだよね。彼に対してだけでなくて、今日は実はかなりイライラしている。もっと伝えることを大切にできないのかな。

手塚：きっかけは漢字でいいと思うんです。できている建築も可能性があると思います。ですが建築の中にいる人は、たとえ独りでいたとしてももっと楽しいんじゃないかと思うんですよ。別におべっかを使うわけではないですが、うちの娘が3歳の時にせんだいメディアテークに連れて行ったんです。ものすごく好きになってしまって、連れて行けとせがまれてプライベートで3回行きました。建築にはそれほどの力があるのに、それをこの人は気がついていない。自分のつくっている建築の楽しさに気づいていないことがすごく悲しい。

山本理顕賞

集落の学び舎

ベトナムの小学校建設プロジェクト

ベトナム・ダナンでの1カ月におよぶ滞在経験をもとに、窮乏する農村に暮らす子どもたちのために小学校をつくる計画。弾性のある竹を弧状にしならせたフレームを並べてU字型のヴォリュームをつくり、全体を茅で覆う。熱帯に位置するため、床を上げ、材料とともに通風に配慮した建物になっている。

Name:
山本悠介
Yamamoto Yusuke

University:
東京都市大学大学院
工学研究科　建築学専攻
手塚貴晴研究室

Interview

Q:トウキョウ建築コレクションに参加しての感想

憧れの建築家に評価していただき、光栄です。1次審査で山本さん、伊東さん、古谷さん、手塚さんの票をいただいた時は跳んで喜びました。次の舞台でも活躍できるように頑張ります。

Q:大学や大学院での活動や研究内容

大学で学んだことは、建築の素晴らしさ。設計の楽しさ。仲間の大切さ。手塚先生や、新居先生をはじめ、多くの建築家の思考を学べたことが、一番の財産です。

Q:修士修了後の進路や展望

組織設計事務所で働いています。教育施設や、病院などさまざまな用途に挑戦し、刺激的な毎日をすごしています。人を幸せにする建物を建てていきたいです。

世界の貧しい子どもたちの未来をつくる。そのために、建築家ができることは、何だろうか。それは生活の拠点となる学校をつくることである。実際に、ベトナムのダナン市の小学校でボランティア活動に参加した。その経験から、貧しい地域における新しい小学校のあり方を提案する。

一番、大切なことは、村人が参加しながらつくれる学校であること。

現地で調達できる“竹”と“紐”、“茅”によってつくられる呼吸する建築。鳥が木の枝で巣をつくるように、竹を編み込むことによってできた小学校は、日射を制御し、風を通す。柔らかな空気に包まれながらの学習空間は、とても居心地がよい。

この小学校を中心にこの集落は、賑わいを取り戻すだろう。

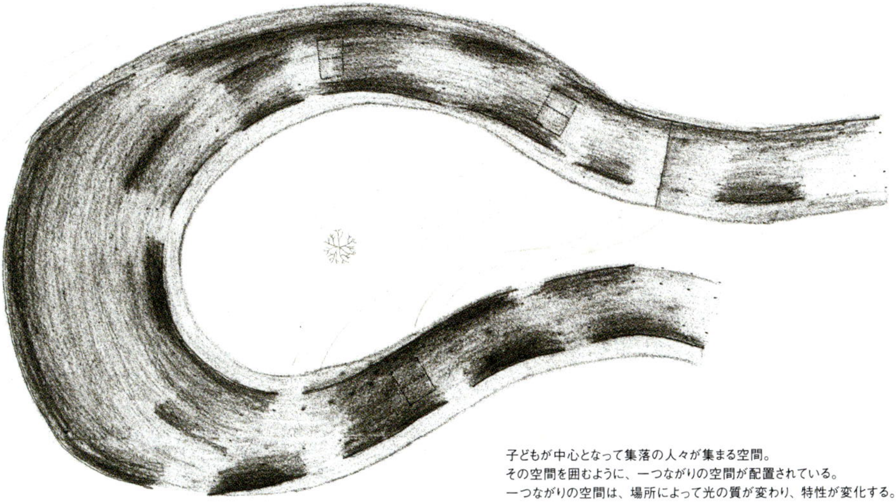

子どもが中心となって集落の人々が集まる空間。
その空間を囲むように、一つながりの空間が配置されている。
一つながりの空間は、場所によって光の質が変わり、特性が変化する。

建築素材として現地で大量に入手可能な竹を選定する。竹は、内部に空気を含んだ、とても軽やかな材料である。村人も参加しながら建設できる小学校を開発する。

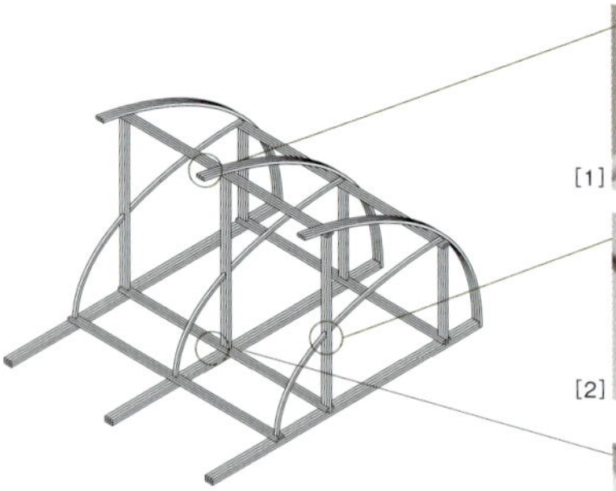

[1]

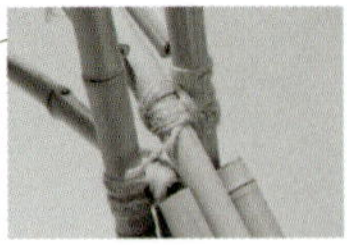
[2]

[3]

竹を3本セットで構成する事で直行する材を挟み込む。竹と紐があれば、組み立てられる工法。

[1]角縛り(直角を固める)
[2]筋交い縛り(斜め材を固める)
[3]はさみ縛り(平行の材を固める)

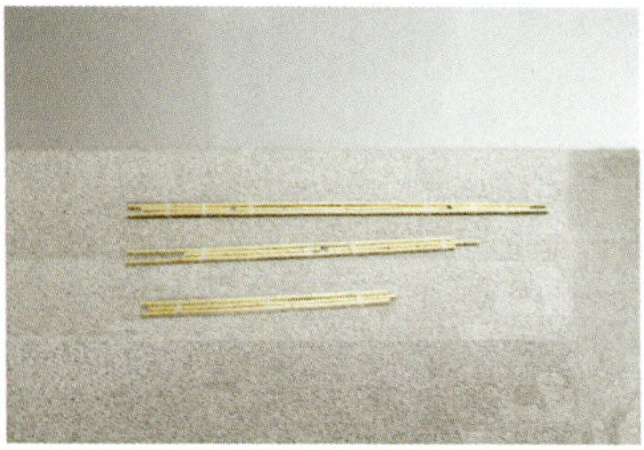

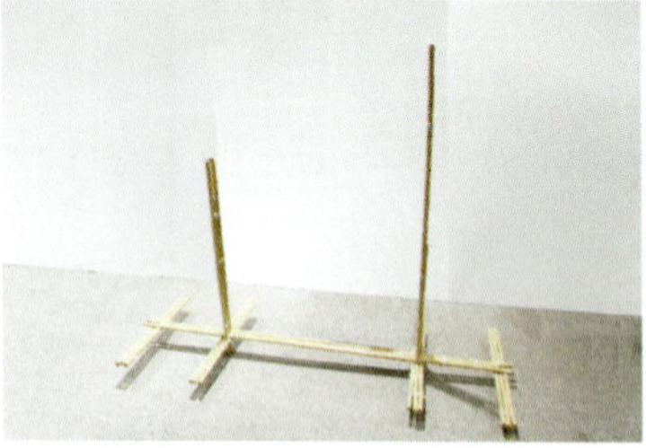

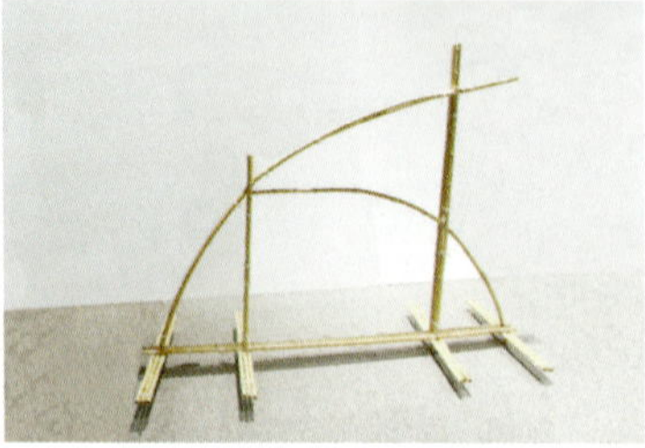

竹独自の可能性を追求する。木材ではできない"曲げる"という操作を加えて空間をつくることに挑戦した。実際に本物の竹を使い1/5のモックアップを作成した。

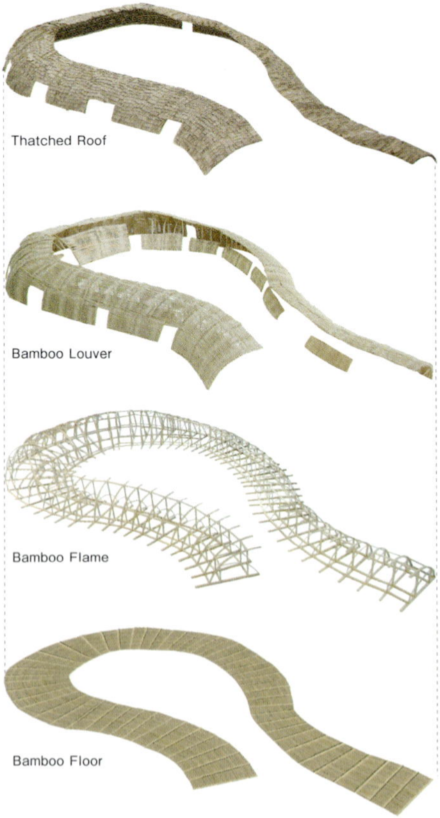

すべて現地で得ることができる素材でできている。竹のフレームに竹のルーバーを編み込み、その上に茅をのせることで構成されている。

ハイサイドから明るい光が差し込む教室空間。
緩やかなカーブが奥へと誘い込む。

図書館の中に教室が入れ子になっている空間。
天井からの優しい光が差し込む。

もっとも大きな空間。
小学生にとっての体育館であり、
集落の人々にとっての集会所である。

U字型に開いた縁側空間。校舎は、集落に住む人々を惹きつける。

図書館と教室。

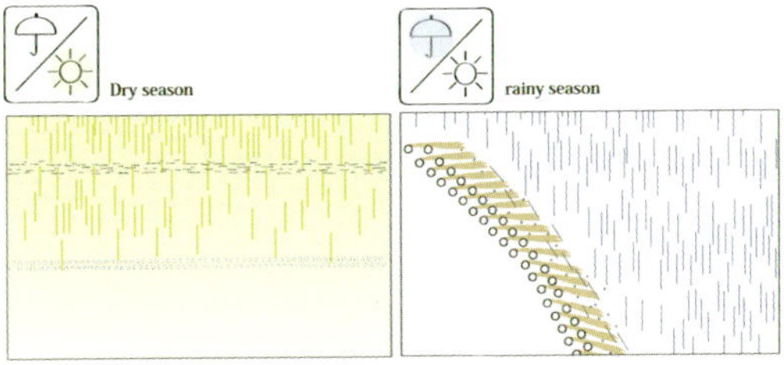

柔らかい光を取り入れる。

雨期は茅によって雨を防ぐ。

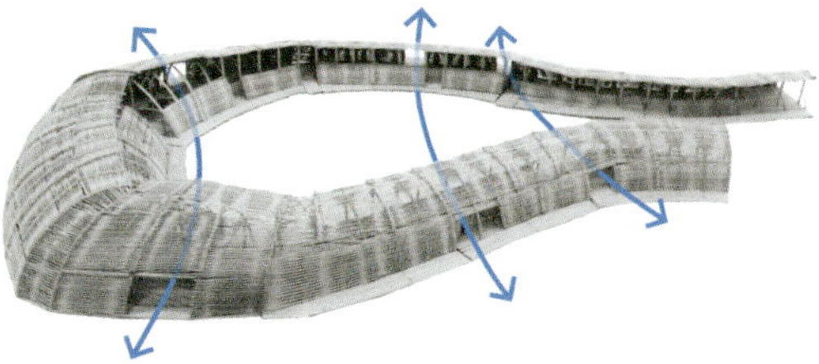

竹と茅でできた学校は、日射を防ぎながらも風を通し、学習に最適な環境をつくり出す。

審査員コメント

山本悠介／集落の学び舎 ベトナムの小学校建設プロジェクト

審査員コメント＠巡回審査

伊東：明快な説明でとても分かりやすかった。いまの状況と今後のビジョンを聞かせて下さい。

山本：大学のプログラムでベトナムに1カ月滞在した経験から、このプロジェクトを立ち上げました。再度ベトナムに行って制作する予定です。ただ、敷地は確定していますが、資金の確保について現地の学校の先生と相談している段階です。

大野：構造上、片方は三角形だから強いかもしれないが、もう一方はドミノ倒しになりそう。一方向からの力に弱いと思う。基礎はどうするの?

山本：竹を編み込むことで横方向にも強くなると考えています。基礎は、竹の下にモルタルを施し、30cm上げてから石で補強します。

大野：現地には茅葺きがたくさんあるのかな。

山本：集落自体も茅葺き屋根が多いです。

大野：実現した後にすぐ壊れても困るから、できるだけ現地の材料や工法を使ったほうがいいかもしれないね。総工費はいくらですか?

山本：まだ具体的な計算はできていません。ベトナムの伝統工芸品を購入して日本で販売し、その売り上げをもとに学校をつくるシステムを構築します。

大野：グループをつくったほうがいいね。お金の価値観も違うし、素人っぽさが気になるところだね。

山本理顕：建築の可能性があるのはおもしろい。構造はこれが一番合理的なの?

山本悠介：竹の反発する力を使った建築をつくることに挑戦したかったんです。

六鹿：この形の必然性はあるのかな。

山本：一年中暑い地域ですので、風通しをよくしたかったんです。モンスーンの吹く方向に対して体育館のヴォリュームで抑えるようにしています。

六鹿：グニャグニャした形は土地にはふさわしい?

山本：地形に沿うようにうねうねと集落がつくられているので、そういうところに住む人たちにとって、このような曲線の形はなじんでくると思います。

六鹿：建築の中身はあまり複雑ではありませんでしたが、トータルのコンテクストはなかなかおもしろい。いまの日本の若者ののうち、あるパーセンテージでこういう活動をする人がいたほうがいいと思います。精神が大事。感心しました。

審査員コメント＠公開審査

山本：現地ですぐに手に入る竹を用いており、非常に現実性があって好感をもちました。強い社会性があって、同時にデザインとしても説得力がある。気持ちが伝わってました。

伊東：18作品のなかでもっともシンプルで分かりやすい。建築とはこういうものではないかという点を伝えてくれてほっとしました。ただ実現できるかな?

古谷：ベトナムは日差しが遮られて風が通ればすごく快適。それを小学校で計画していて、リアリティがあっていいのですが、日本人の学生がわざわざ出かけて貢献する方法として疑問も感じました。たとえば、通風のメカニズムをシミュレーションしたり、日本にある技術などと組み合わせて、現地でセルフビルドするための、より現実的なものに仕上げていく、そういう方法もある。日本にいながらにしてプラスαの作業という範疇でもできるのではないかと思いました。

長谷川：沖縄を含めてアジアには竹の建築がたくさんある。それらも研究して技術を活かせば、もっとうまくできると思います。

大野：掘っ立てだから足元が腐るでしょう。そのあたりの構造にあまり提案がない。それと、ベトナムに行った、行かないで社会性は図れないと思う。

山本：固有性や、その場所で本当に必要なものか、実現可能かどうか。そのような文脈を自分で考えて建築を提案するという一貫性を高く評価したい。

長谷川：社会性云々よりも、この提案が実現性が高く、共同体のなかでセルフビルドでできそうだという点を評価すべきではないでしょうか? 「外国での提案=社会性」という構図には抵抗があります。

大野：実際の仕事の場合には発注者がいるから、自ずと社会性はプリセットされています。修士設計はすべてのストーリーを自分で組み立てなければならないから、自分なりの社会性の適切さに対する観念をもってひとつの仕組みを構想する、その責任を引き受ける。そういうことだと思います。

公営住宅再考

縮小社会下における建替スキーム提案

公営住宅の建て替えスキームの提案。東京・北区のマンモス団地の一角にある低層の長屋型店舗付き公営住宅をモデルケースに、空き家から徐々に建て替える計画。街区全体を一括するのではなく段階的な建て替えを可能とする。細分化されたヴォリュームの操作と組み合わせで多様な住戸、多様な空間が生まれる。

Name:
矢尻貴久
Yajiri Takahisa

University:
早稲田大学大学院
創造理工学研究科　建築学専攻
古谷誠章研究室

Interview

Q:トウキョウ建築コレクションに参加しての感想
初回から見学させていただいていたので、自分自身が発表者として参加することになって不思議な感じがしました。発表者としていろいろな価値観に直に触れられたことは今後大きな財産になると思っています。

Q:大学や大学院での活動や研究内容
アジアの高密度都市研究、小学校建設のワークショップ、地域活性化プロジェクトなどさまざまな活動に携わらせていただきました。

Q:修士修了後の進路や展望
この春から建築技術の公務員として働いています。今回の研究を活かしていけるように頑張りたいです。

日本は2005年に人口のピークを迎え、縮小社会へと突入した。おりからの不況を経て、住宅市場も冷え込んでおり、これまで市場で行われてきた床面積至上主義の住宅は変化を求められている。そのなかにおいて、公営住宅という日本における「住」の基盤をなすナショナル・ミニマムとしての住宅が存在する。高齢化・建て替えの困難さなど多くの問題を抱える公営住宅だが、それを今もう一度考えてみることは、これからの時代に対する強い提言となりうるのではないか。

本計画では北区の都営住宅をモデルケースとして捉え、敷地独自の問題にも応えながら、縮小時代における低層高密化によるモデルを用いた1次／2次多様性をもつ建て替えスキームを提案した。敷地の細分化及びそれによる順次建て替え、モデル適用による応用性、接続のための場としての共用スペースなど、本計画の手法は公営住宅の建て替えスキームのひとつの可能性を示すことを目的としている。

東京23区内の都営住宅の分布と戸数

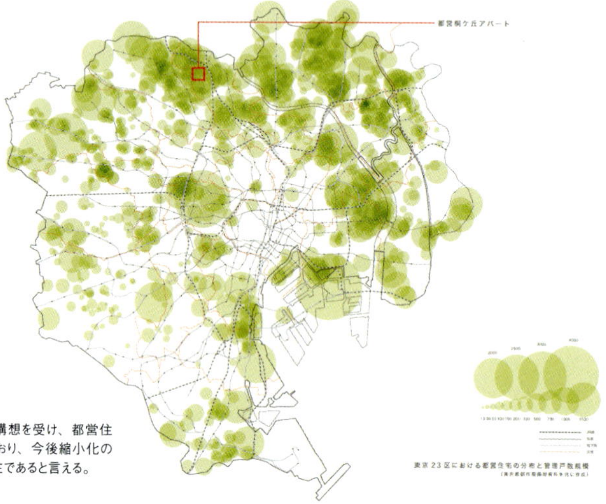

第二次世界大戦前後の都市構想を受け、都営住宅は東京郊外に多く分布しており、今後縮小化の影響をもっとも大きく受ける存在であると言える。

政策空家の生む空洞化

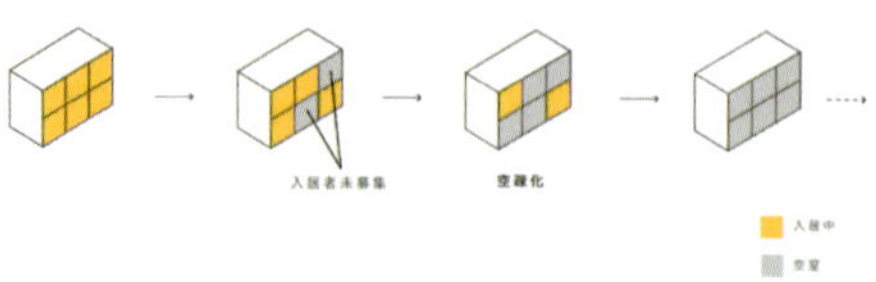

現在の敷地統合・高層化の建替手法

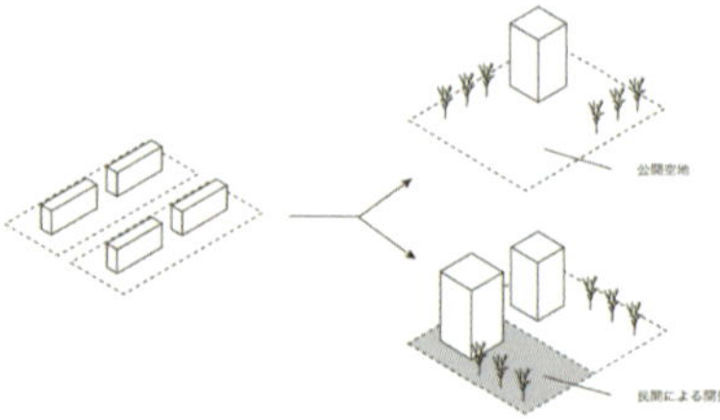

現行の公営住宅の建て替えでは、政策空家の問題や料金システムに因る住替えの困難さなど、多くの壁が存在している。

ジェイン・ジェイコブスの言説より

多様性の自滅

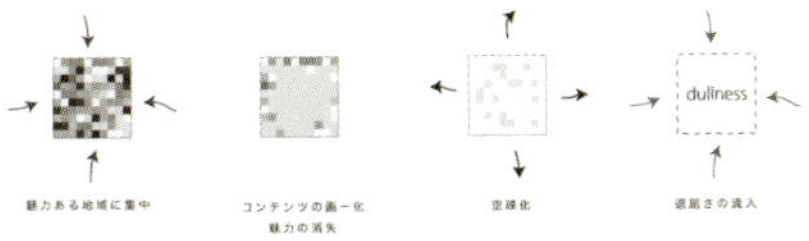

ヴォイドの性質について

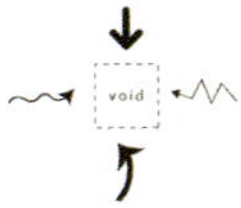

「住宅プロジェクトの歴史で最も苛々しい失望というのは、そうした計画の公園や空地が隣接地の価値を高めたり、近隣を改善させるどころか安定させることもできないということです。」(p114)

ヴォイドはその周囲によって性質が決まる

一次多様性／二次多様性

建物の多様性。
建てられた年代の差が賃貸料の差を生み、多様な人々・職種の受け皿となる。

アクティビティの多様性。
多様な人々の活動がまちを退屈にさせない。

メタ都市としての東京

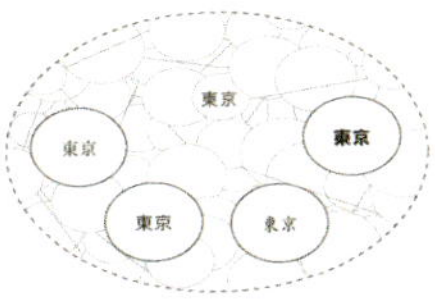

都市における生活の豊かさとは

「狭さ」≠不自由、貧しさ、etc...

メタ都市「東京」
情報化
ライフスタイルの変化
⋮

本計画ではアメリカの市民活動家ジェイン・ジェイコブスの言説も参考にしながら、縮小社会下の東京における1次多様性／2次多様性を保持可能な低層高密の建て替えスキームを提案する。

原型

モデル操作とその効果

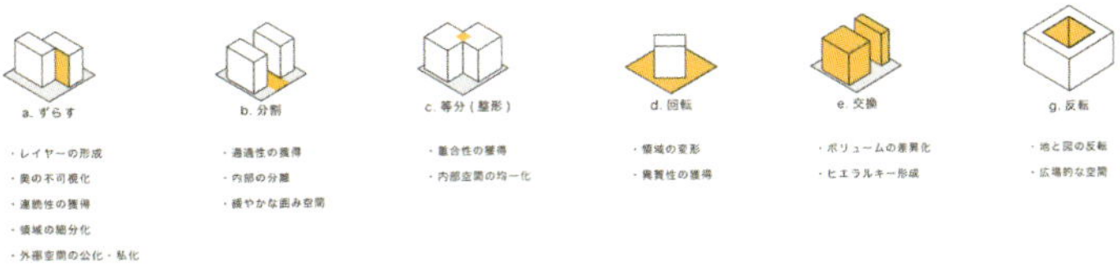

細分化した敷地に対して有効なプランタイプを決定するために、対象敷地の制限＝建蔽率60%で可能なプランニングの追求を行なった。原型として単純な7つのモデルを選出し、これらに対してさまざまな効果をもった6通りの操作を複数回行い、建蔽率を維持したままヴァリエーションを出していった。

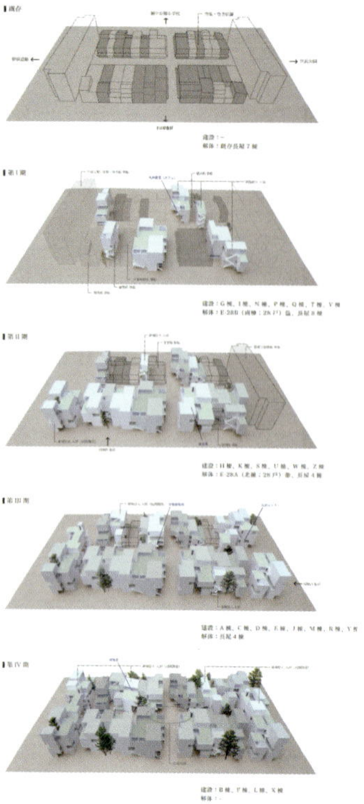

第i期から第iv期までのスキーム提案
従来の手法のように一括しての建て替えではなく、
空家になった敷地から徐々に建て替えていく。

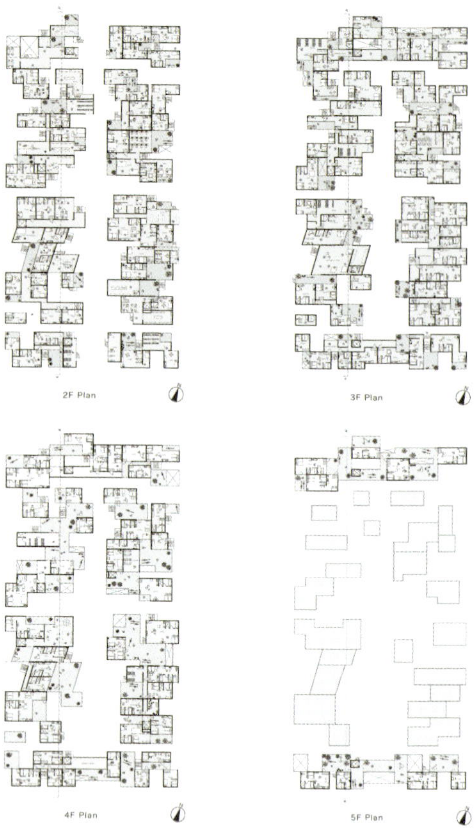

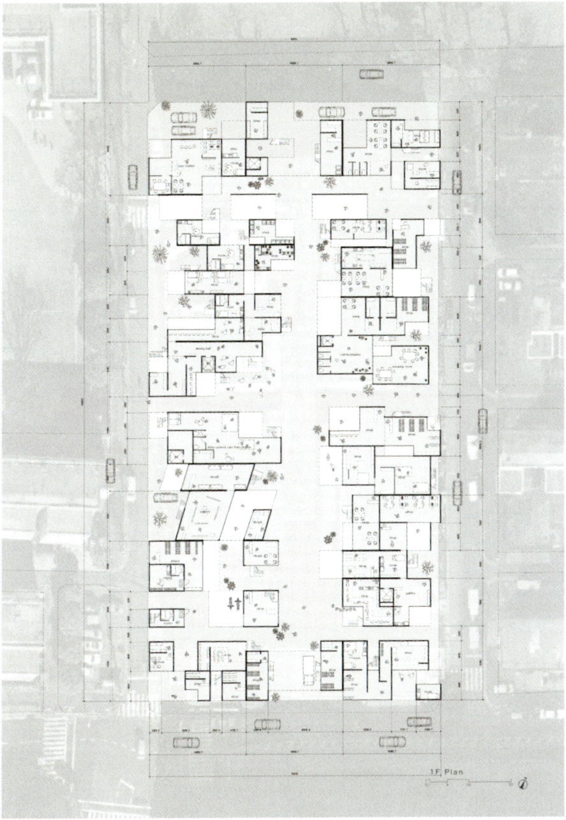
1F Plan

共用テラス　容積率の緩和を有効に受けるため、テラスをヴォリュームから削りとるかたちでつくる。住棟間で接続性をもたない限りは、同レベルで開けられることのないようルールづけている。

共用テラス　各階に設けられ、採光と通風の役割を果たすが、隣接する住棟が建設されることによりさらにその拡張性が増していく。これにより、各住戸が今までの基準よりも狭いものだとしても、機能的にはより拡張された住空間を獲得している。

共用テラスは複数の住棟に面しており、物干しなどプライベートな機能だけでなく、簡単な談笑の場として機能する。ある住戸にとっては光庭であっても、ある住戸にとっては通路であるなど、ひとつの場所でも多様な使われ方をする。

共同食堂（カフェ）　i棟には共同食堂が存在する。このほか、街区中央の広場空間には地域の交流の核となるべく、j棟の学童保育、s棟の集会所などの公共的な機能が顔を合わせることになる。

建設準備中の敷地も隣接地のためのより大きなGLのテラス空間として使う。また、仮に途中段階で計画が停滞としても、個々の住棟は建築として独立しているため影響を受けない。民間等に払い下げることも可能である。

A棟

与条件：一面接続＋角地開放
適用モデル：B-a1-e5
敷地面積：257.0㎡
建築面積：154.0㎡
建蔽率：59.9%
延床面積：555.0㎡
容積率：216.0%
戸数：居室7戸
商業3戸
備考：市民センター

B棟

与条件：二面接続＋中心性
適用モデル：B-b5-a2'
敷地面積：257.0㎡
建築面積：154.2㎡
建蔽率：60.0%
延床面積：454.6㎡
容積率：176.9%
戸数：居室7戸
商業3戸
備考：EV有

C棟

与条件：一面接続
適用モデル：B-b5-a2
敷地面積：257.0㎡
建築面積：154.0㎡
建蔽率：59.9%
延床面積：522.8㎡
容積率：203.4%
戸数：居室12戸
商業2戸
備考：

D棟

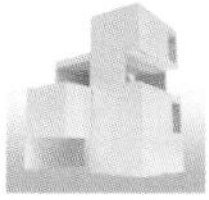

与条件：一面接続＋二面開放
適用モデル：A-a2（E棟共同：A-a1-b6）
敷地面積：103.5㎡
建築面積：62.0㎡
建蔽率：59.9%
延床面積：157.3㎡
容積率：152.0%
戸数：居室5戸
備考：住宅専用棟

E棟

与条件：一面接続＋二面開放
適用モデル：A-a2（E棟共同：A-a1-b6）
敷地面積：108.8㎡
建築面積：65.3㎡
建蔽率：60.0%
延床面積：160.8㎡
容積率：147.8%
戸数：居室3戸
商業4戸
備考：

O棟

与条件：三面開放・一面接続
適用モデル：C-a2
敷地面積：141.4㎡
建築面積：84.8㎡
建蔽率：60.0%
延床面積：233.5㎡
容積率：165.2%
戸数：居室5戸
商業1戸
備考：

P棟

与条件：三面接続＋一面開放
適用モデル：D-a2-e1
敷地面積：141.0㎡
建築面積：84.4㎡
建蔽率：59.9%
延床面積：265.8㎡
容積率：188.49%
戸数：居室5戸
商業1戸
備考：

Q棟

与条件：三面接続＋一面開放
適用モデル：D-a2-e1
敷地面積：111.1㎡
建築面積：66.7㎡
建蔽率：60.0%
延床面積：205.8㎡
容積率：185.1%
戸数：居室5戸
商業1戸
備考：

R棟

与条件：三面接続・一面開放
適用モデル：A
敷地面積：38.5㎡
建築面積：23.1㎡
建蔽率：60.0%
延床面積：69.3㎡
容積率：125.1%
戸数：居室3戸
備考：住宅専用棟

S棟

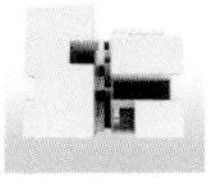

与条件：三面開放・一面接続＋広場隣接
適用モデル：E-b1-a5
敷地面積：411.6㎡
建築面積：243.2㎡
建蔽率：59.1%
延床面積：794.1㎡
容積率：192.9%
戸数：居室12戸
商業5戸
備考：集会室有
EV有

F棟

与条件：二面接続＋二面開放
適用モデル：A-a2
敷地面積：205.1㎡
建築面積：123.0㎡
建蔽率：60.0%
延床面積：374.5㎡
容積率：182.6%
戸数：居室6戸
商業4戸
備考：

G棟

与条件：二面接続＋二面開放
適用モデル：B（H,I棟共同 E-a2-a4）
敷地面積：98.3㎡
建築面積：44.6㎡
建蔽率：45.4%
延床面積：130.1㎡
容積率：132.3%
戸数：居室3戸
商業1戸
備考：

H棟

与条件：二面接続＋二面開放
適用モデル：D-a2-e1（G,I棟共同 E-a2-a4）
敷地面積：98.3㎡
建築面積：72.2㎡
建蔽率：73.43%
延床面積：238.4㎡
容積率：242.5%
戸数：居室2戸
商業4戸
備考：

I棟

与条件：三面開放・一面接続＋広場隣接
適用モデル：A-a1-c2
敷地面積：230.0㎡
建築面積：138.0㎡
建蔽率：60.0%
延床面積：419.8㎡
容積率：182.5%
戸数：居室5戸
商業1戸
備考：共同食堂有

J棟

与条件：三面開放・一面接続＋広場隣接
適用モデル：C-a1
敷地面積：282.1㎡
建築面積：167.7㎡
建蔽率：59.4%
延床面積：564.0㎡
容積率：199.9%
戸数：居室7戸
商業3戸
備考：学童保育
EV有

T棟

与条件：三面開放・一面接続＋広場隣接
適用モデル：C-a1-b5
敷地面積：412.0㎡
建築面積：247.0㎡
建蔽率：60.0%
延床面積：726.1㎡
容積率：176.2%
戸数：居室9戸
商業6戸
備考：

U棟

与条件：二面開放・二面接続
適用モデル：B-a1（U-W棟共同：B-a1-a3'）
敷地面積：232.5㎡
建築面積：139.5㎡
建蔽率：60.0%
延床面積：464.9㎡
容積率：200%
戸数：居室7戸
商業4戸
備考：

V棟

与条件：二面接続・二面開放
適用モデル：B（U-W棟共同：B-a1-a3'）
敷地面積：116.3㎡
建築面積：69.8㎡
建蔽率：60.0%
延床面積：200.5㎡
容積率：172.4%
戸数：居室3戸
商業2戸
備考：

W棟

与条件：三面接続・一面開放
適用モデル：B（U-W棟共同：B-a1-a3'）
敷地面積：198.8㎡
建築面積：119.3㎡
建蔽率：60.0%
延床面積：397.1㎡
容積率：199.8%
戸数：居室4戸
商業4戸
備考：EV有

X棟

与条件：三面開放・一面接続＋街区ファサード
適用モデル：C-a2-b3'
敷地面積：205.8㎡
建築面積：123.5㎡
建蔽率：60.0%
延床面積：466.1㎡
容積率：226.4%
戸数：居室12戸
商業5戸
備考：

K棟

与条件：二面開放・二面接続＋ランドマーク
適用モデル：B-d4'（L棟共同：B-d4-a1）
敷地面積：111.3㎡
建築面積：66.8㎡
建蔽率：60.0%
延床面積：218.9㎡
容積率：196.8%
戸数：居室3戸
商業1戸
備考：

L棟

与条件：二面開放・二面接続＋ランドマーク
適用モデル：B-d4'（K棟共同：B-d4-a1）
敷地面積：210.0㎡
建築面積：126.0㎡
建蔽率：60.0%
延床面積：402.1㎡
容積率：191.5%
戸数：居室3戸
商業3戸
備考：駐車場有

M棟

与条件：二面接続・二面開放
適用モデル：C-b2-e1（N棟共同：Dg-a3-a4'）
敷地面積：210.0㎡
建築面積：126.0㎡
建蔽率：60.0%
延床面積：395.1㎡
容積率：188.1%
戸数：居室7戸
商業2戸
備考：メゾネット

N棟

与条件：二面接続・二面開放＋通過性
適用モデル：C-b2-e1（M棟共同：Dg-a3-a4'）
敷地面積：210.0㎡
建築面積：126.0㎡
建蔽率：60.0%
延床面積：395.1㎡
容積率：188.1%
戸数：居室5戸
商業1戸
備考：メゾネット

Y棟

与条件：二面接続・二面開放＋街区ファサード、中心性
適用モデル：Dg-a3-b2
敷地面積：205.8㎡
建築面積：123.5㎡
建蔽率：60.0%
延床面積：324.7㎡
容積率：157.8%
戸数：居室4戸
商業4戸
備考：EV有

Z棟

与条件：三面開放・一面接続＋街区ファサード
適用モデル：C-a2-b3'
敷地面積：205.8㎡
建築面積：123.5㎡
建蔽率：60.0%
延床面積：474.0㎡
容積率：230.3%
戸数：居室12戸
商業3戸
備考：

A-Z棟

敷地面積：5000㎡
建築面積：2992.0㎡
建蔽率：59.8%
延床面積：9391.8㎡
容積率：187.8%
戸数：居室142戸
商業63戸
備考：

26棟の住棟。各住棟で構造的に独立しながらも、住棟／住棟群／街区どのスケールでも大部分が建蔽率60%、容積率200%を満たしているため、計画の変更などにも柔軟に対応可能である。

審査員コメント

矢尻貴久／公営住宅再考 縮小社会下における建替スキーム提案

審査員コメント＠巡回審査

伊東：形はなかなかきれいですね。いろいろなタイプの住居を組み合わせて活性化という話も、その通りだと思います。ただ、「ずらす」「ひずませる」といった手法には疑問があります。あなただけではなくて、そういう手法の組み合わせでものができるということ自体には納得できません。

矢尻：目的は建て替えスキームの提案で、この操作を複数回やるとこれだけのヴァリエーションができる、という方法として提示しました。現在の公営住宅の問題に対してはストレートな回答ではありますが、細分化により問題点を解消でき、全体としてもいろいろなものを受け入れられる器になる、と考えました。

古谷：一番の特徴は「段階的建て替え」ということだと思うけど、その建て替えスキームについては、あらかじめ共有していないといけないんですよね。

矢尻：そうですね。

古谷：こういう最終形のイメージが合意されれば可能かもしれませんが、それは従来のやり方とあまり変わりません。5年先、10年先、15年先には条件も事情も変わるはずです。そのとき、ある種の遺伝子みたいなものをどうつないでいくのか、というのがポイントだと思いますが、方策は?　今考えられる有効なルールがなんらかの事情で有効じゃなくなった場合にどう対応するのでしょうか。

矢尻：紹介したパターンのひとつに、ここまで住戸がいらなくなった場合に、両サイドのテラスから眺められる公園のような空き地ができる、というものがあります。場合によっては民間に払い下げて、そこに戸建て住宅が建つのかもしれません。状況の変化には、現状の一括建て替えよりは柔軟に対応できるのではないか、という提案です。

山本：すごくよくできてるね。だけどさ、なんかおもしろくないのはなんでだろう(笑)。

矢尻：はい。

山本：外側の条件だけから建築をつくっていて、あなたという主体がどこにも存在していないように見える。どうしたらあなたの思想においてここに住んでいる人たちが楽しくなるのか考えていくことが必要ではないかと思うんだよね。

手塚：建て替え後のヴォリュームは、既存の集合住宅に対してどういう関係にあるの。

矢尻：基本的には増えます。戸数は105戸から211戸まで、面積は1.5倍から2倍になります。この数字は容積率の最大限を使ったもので、そこまでいらない場合はヴォリュームを減らすことも段階的だからこそできるという提案をしています。

手塚：気になるのは中庭としている空間が、ただの残りの空間のようにも見えること。集合住宅らしい人を引き込める空間をつくろうとしたんだと思うんだけど、その場合の地面は、こんな風にバシッとコンクリートや土で固められた空間ではないんじゃないかな。建築と、地面やランドスケープにかけるエネルギーにギャップを感じます。

審査員コメント＠公開審査

古谷：公営住宅を段階的に建て替えようというスキームの提案ですが、大野先生いかがですか?

大野：分析は非常によくできていますが、たとえば提案のなかで商店街のパースがあまり商店街らしくないとか、ある部分についてはおざなりで、もう少しがんばってくれれば、という印象です。

六鹿：団地再生の案の応募はいくつかありましたよね。このテーマで大事なのは提案の内容の実現性と、既存の提案を咀嚼した上での新しい提案です。しかもそれが具体的で分かりやすい必要があるんですが、そこが少し足りません。提案の前までは文句のつけようがないんですが。

山本：公営住宅はこれからどうなっていくんでしょうかね。重要な役割を果たすはずだと思うんですが、そうではないような気がする。東京の公営住宅では1960年代は世帯あたりの居住数は4人だったのが、現在1.9人まで減ったそうです。そういった状況にありながら、前提としているものに、違和感をもちました。

伊東：僕はけっこうよくできていると思いましたが、みなさんが言われたようにこの建築の魅力のなさは、彼自身の問題以上に「公営」であることの意味がすごく弱くなっていることにあるんじゃないか。その弱さが提案の弱さにつながっているんじゃないかと思いました。

小説に変わるいくつかの日常

向こう側とこちら側の意識のなかで

学内講評会風景

日常を描きながらどこか非日常的な印象をもつ17世紀のオランダ室内画を分析の対象とした。光と空間の構成を抽出し分類、それらを組み合わせて開口部、奥行き、光に関する空間知覚モデルへと展開。都市の風景を共有し孤独を解消させる自分の居場所として、舞台セットになぞらえた6つの建築を制作した。

Name:
工藤浩平
Kudo Kohei

University:
東京藝術大学大学院
美術研究科　建築専攻
黒川哲郎研究室

Interview

Q:トウキョウ建築コレクションに参加しての感想

学部の頃、登録ミスで「せんだいデザインリーグ」に出せなかったので、修士では出せてよかったです。今回は、（いつもですが）「建築を共有する」ことについて勉強となるいい機会になりました。ありがとうございました。

Q:大学や大学院での活動や研究内容

アイデアコンペや実施のプロジェクトを通して、イメージから実現するまで昇華していく頭の訓練をしてました。

Q:修士修了後の進路や展望

1児の父になり、長谷川逸子建築計画工房に勤務する傍ら、YKTT ATELIERを共同主宰しています。

日頃、私たちは一日の大半を部屋という囲われた空間の中ですごし、都市の光景を内側から見つめ、街を感じている。

本来は街や人に思いを寄せているはずなのに、無意識のうちに都市から感じる焦燥感や孤立感が、人の心を檻の中に閉じ込めている。

それでも檻の中の開口の隙間から見える光景から外側を感じようと、人は都市にしがみついている。

私は「窓や扉の外側の光景」と「自分の内側の部屋」を無意識に、意識しはじめた。

同じ性質をヴィルヘルム・ハンマースホイの絵画から感じることができた。どこまでもドアが続く世界。閉じた扉と窓から見える光に満ちた街の光景。その時生まれた都市への不安感は時間を超え、都市生活の意識を共有できた気がした。

この6つの部屋は、室内画を出発し、無意識に都市に抱いてる感情をいくつかの日常に置き換えて、舞台のセットのように描き出した。

自閉的で内的だけど、街や人を建築を通して感じられる自分の居場所をつくりだした。

〈日常〉の光景から〈非日常〉の光景へ

17世紀のオランダ室内画に特徴的な、日常の光景を描きながらも非日常的に見える感覚を、空間化する。

絵画分析

フェルメール、ピーテル・ホーホ、ヤンセンス・エリンハ、デ・ヴィッテ、その影響を受けたV・ハンマースホイといった室内画に代表される画家たちの絵画から、空間構成と光構成を抽出し、「内部連続型」「内外連続型」「多視点型」の3パターンに分類。

それらを組み合わせ、開口部、奥行き、光に関する空間知覚モデルへと展開する。

空間知覚モデルを元に、外部と内部の関係が相互に影響しあう「形」として空間化。25m角の舞台に〈日常〉と〈非日常〉を行き来する建築を段階的に制作した。

ここでは「三つの室内」と「三つの屋外」を紹介する。

開口部に関する
空間知覚モデル

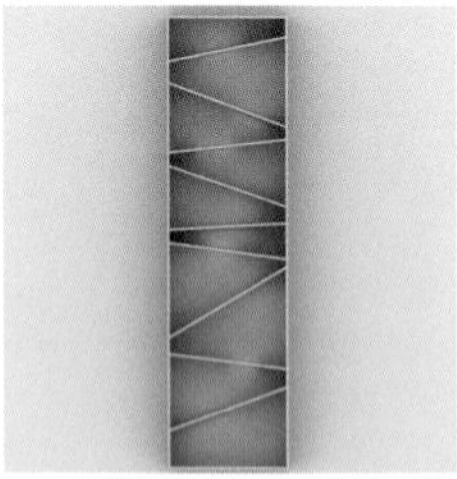

奥行きに関する
空間知覚モデル

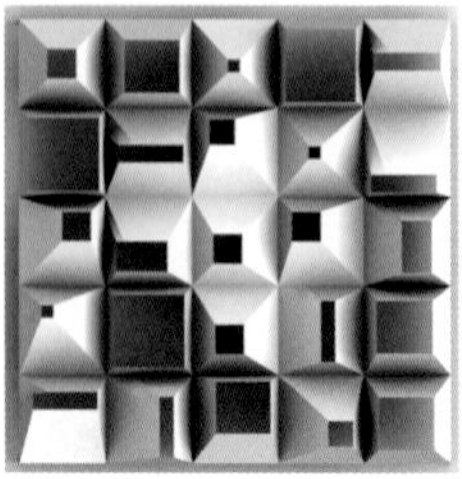

光に関する
空間知覚モデル

三つの室内 siteplan

内部空間を設計することで、外部空間の周辺状況を設計する。

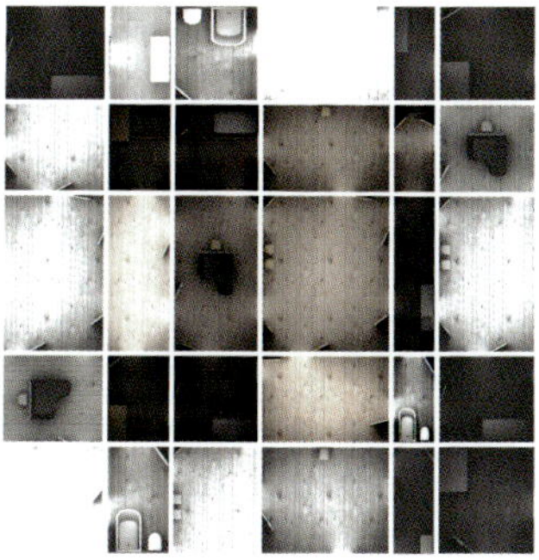

VILLA marilyn

VILLA colon

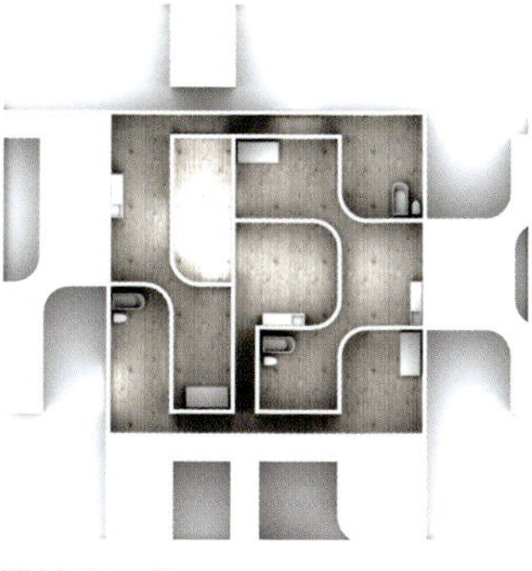

VILLA cherry blossom

三つの屋外 siteplan

内部空間と外部空間の「間」を設計することで両者を決定する。

VILLA toraco

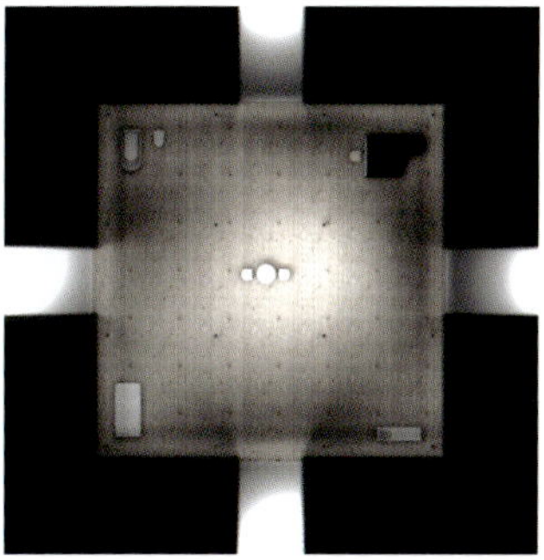

VILLA hiroco

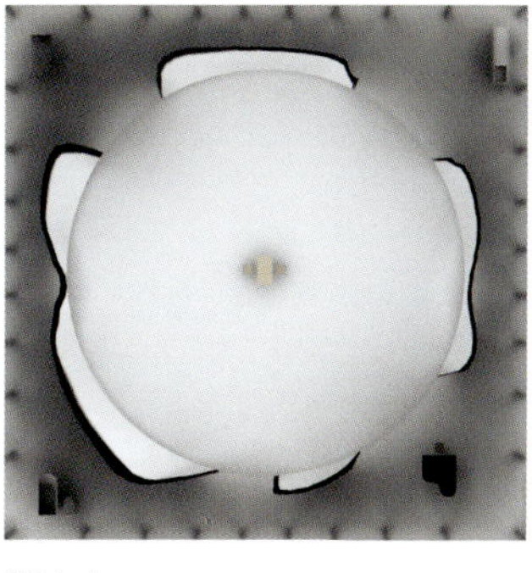

VILLA sime

三つの室内　内部空間

VILLA marilyn

大きさや明るさを意図的に変えて、向こう側の部屋の状況を多重に見せる。

VILLA colon

向こう側がどこまでも続くように、また、視点が変わってもシーンが展開するように空間をつなぐ。

VILLA cherry blossom

各部屋に二つ以上の方向性をもたせ、公私の機能を意識しながら開口部を操作することで、隣室の他者の生活を風景のように切り取る。同時に自室の自分は他者の風景となる。

三つの屋外　内部空間と外部空間の「間」

VILLA toraco

各開口部から覗く風景は、開演前の観客席のような趣である。窓や扉に近づいた時、それぞれの舞台装置（領域）が見えてくる。一方で、別の舞台装置から見られるときには、それぞれが風景となる。

VILLA hiroco

壁によってではなく、光だけで風景を構成した。私的な場所を観客席になぞらえ暗くし、人が集まる場所は舞台のように明るくした。

VILLA sime

内部と外部を反転させた。壁を列柱にすることで、連続的に外の風景を映す。移動すると反対側の光景がカタチを変えて飛び込んでくる。

三つの室内 model

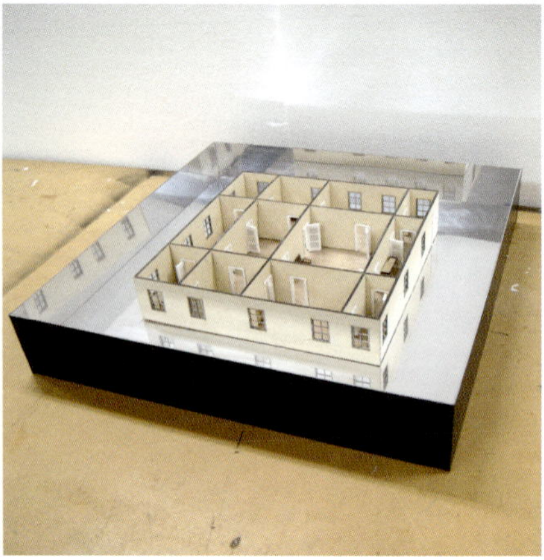

VILLA marilyn

VILLA colon

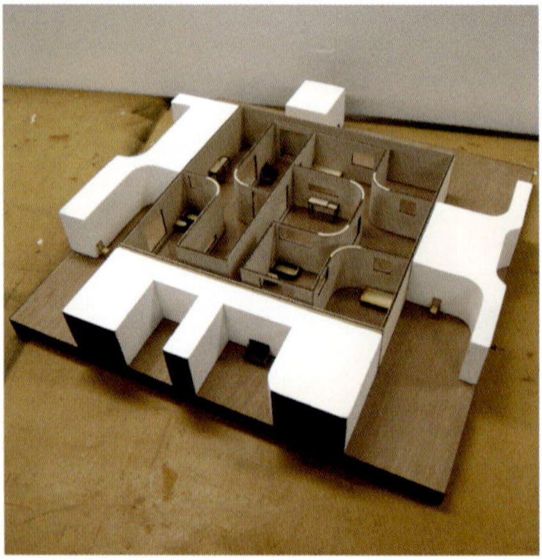

VILLA cherry blossom

三つの屋外　model

VILLA toraco

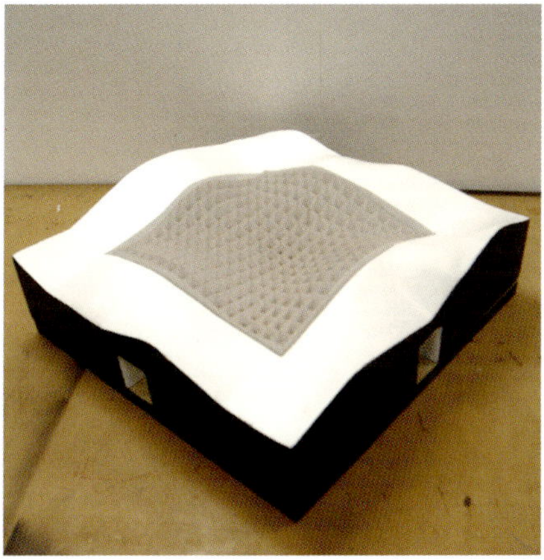

VILLA hiroco

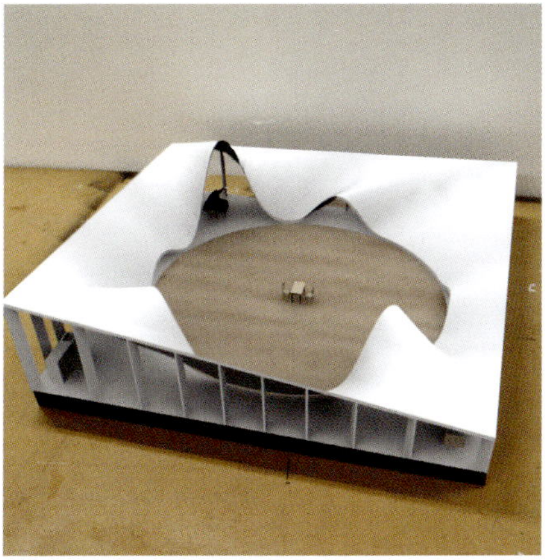

VILLA sime

審査員コメント

工藤浩平／小説に変わるいくつかの日常 向こう側とこちら側の意識のなかで

審査員コメント＠巡回審査

伊東：絵がうまいし、模型もすごくきれいですね。空間への想いは伝わってくる。でも、コミュニケーションを求めているわりにはとても孤独な印象を受ける。

工藤：つながりたくてもつながれない状況で僕が自分の部屋をつくるとしたら、どういう部屋をつくるんだろうと考えました。風景や状況を共感し、共有してほしいんです。しかし、それでコミュニケーションがとれているか、コミュニティがあるかと問われても、うまく答えることはできません。

伊東：若い人の細やかなセンシティヴィティを表現していることは、すごく伝わってきました。

古谷：プレゼンテーションで出てきたお弁当の写真とこのモデルはどう結びつくんですか。

工藤：たとえば、このワンルームの場合は、2人暮らしの生活を想定しています。音や空気、気配を感じながら相手を想像し他者を想う関係のたとえとして、お弁当的だと考えました。

古谷：それぞれのモデルはみんな魅力的で、イメージの喚起力をもっているから、僕は作品としては充実していると思うんだよね。でも、そこにあるストーリーがここでなんとなく気配を感じられます程度ではちょっともったいない。つくり手と食べ手の応答関係をそこに住む人同士の関係に結びつけるのではなくて、空間のつくり手、つまり提供した側とそれを受けとる側の対話にする路線もあると思う。

山本：それぞれが非常に閉じているように見える。住む人数はどう決めているの？

工藤：表現のバランス、スケール感から決めています。

山本：デザインとしてかっこいいかってこと？　かっこいいから3人にしました、では説得力がない。なぜ3人の人が住むのか。それを決めることがデザインを考えることなんだと思うけどね。

手塚：アノニマスな敷地で、可能性を広げるという意味で敷地を正方形にしてるのね。つまり、君は作品全般として外部を抽象化することに興味がある。とすると、ではなぜ抽象化するの？　いやそれを聞くのもさ、建築は場所のコンテクストを取り込むのがおもしろいわけじゃない。にもかかわらず、あえて抽象化するわけだから、君なりの理由があるはずだよね？

工藤：感情を表現するには抽象的なほうがいいと思いました。きっかけはフェルメールの室内画なんです。

手塚：フェルメールにはコンテクストがあるよ。光に方向性があるじゃない。君の作品は東西南北もないという前提でやっているよね。

工藤：間接光で考えたくて方向性を消しました。

大野：藤本壮介さんや西沢立衛さんの仕事を、まとめたような感じがなくはない。彼らとの違い、あるいは単なる編集ではないというような部分はありますか。

工藤：お2人は意識していません。空間をどう美しく見せるか、開口部の位置で決めています。直接光は影ができてしまうので間接光を使い表現をしました。

六鹿：人とつながりにくい状況を、建築で解決していこうという姿勢は分かったんです。そういう問題に対してあなたのデザインはどのように対応するのでしょうか。

工藤：開口部を通して見える風景を考えてみようと思いました。部屋にいながら向こう側を意識するような状態、自分が帰属しながらもどこか届かない都市との距離が描かれた室内画を見つけたんです。それをきっかけに、17世紀から続くオランダの室内絵画などから、光の表現や空間構成などを分析し、そこから得たコンテクストをもとに設計しました。

審査員コメント＠公開審査

古谷：プレゼンテーションでは、お母さんの弁当を前にしたときと同じように、住んでいる人同士がお互いの気配を感じられるようなモデルだと説明されていましたね。ですが、僕はお母さんのお弁当はもっとすごいと思うんですよ。お母さんのお弁当にたとえるならば、ユーザーがつくり手の意図を感じ取れるようなやり取りができるような建築でないと。

伊東：すごくきれいな空間をつくれる人です。一方で、すごく内向していて、本当にコミュニケーションを求めているにしては独りを好んでいるように見える。最近の若い人たちのつくった優れた建築を見ていると、共通にこういう傾向があって、けっして他人の内側にまで入っていこうとしない。遠くで何かを求めているように思える。

Dancing with Plate

身体に応答する構築物の研究

アクリルでつくられた構築物は、身体の動きに反応して微細な揺れを発生させる。あまりに小さい振動は、感覚を研ぎ澄まさなければ感じ取ることができないだろう。また、この振動を捉えた誰かから、別の振動が返される可能性もある。新しいコミュニケーションのかたちを生み出す揺れる透明な装置の計画である。

Name:
松本透子
Matsumoto Touko

University:
東京理科大学大学院
工学研究科　建築学専攻
小嶋一浩研究室

Interview

Q:トウキョウ建築コレクションに参加しての感想
さまざまな方と建築について話せたことがよかったと思います。自分に足らない点が、よく分かりました。また、学生から社会人になる区切りになりました。

Q:大学や大学院での活動や研究内容
アクリルを曲げていました。

Q:修士修了後の進路や展望
ゼネコン設計部。
建築は現場が大事だと思います。

動く構築物をつくる

私たちは、建築物を動かすことはとても難しく、せいぜい建具や家具ぐらいしか動かせないと思っている。しかし、もし人間のふるまいによってダイナミックに変化が起こったらどうなるのだろうか。人の微かな動きによって空間が変化していく。自らの動きによる変化に、人は自分の身体性を再発見するだろう。それが他者による変化であった時は、視覚だけではなく、「揺れ」に変換された他者を全身の感覚で捉えることになる。人間のエネルギーによって場が生まれ、新たにその場を使いこなそうとすること。そこには新たな人間同士の関係性が眠っているように感じる。同時に、反射した光によって微かな揺れも感知され、次第に身体は鋭敏になっていくだろう。現代人の鈍麻した感覚は構築物の上で再生されるのだ。

本計画は、人間の身体に期待し人間の力で環境を含む周囲との新たな関係性を獲得していく、そのような試みである。

揺れるようす

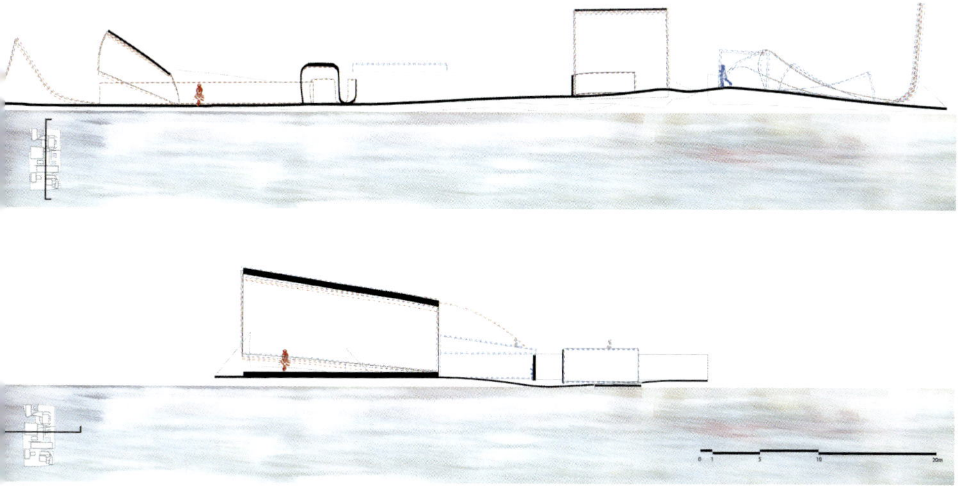

section 1/600
揺れは遠く、遠くへと伝わっていく。

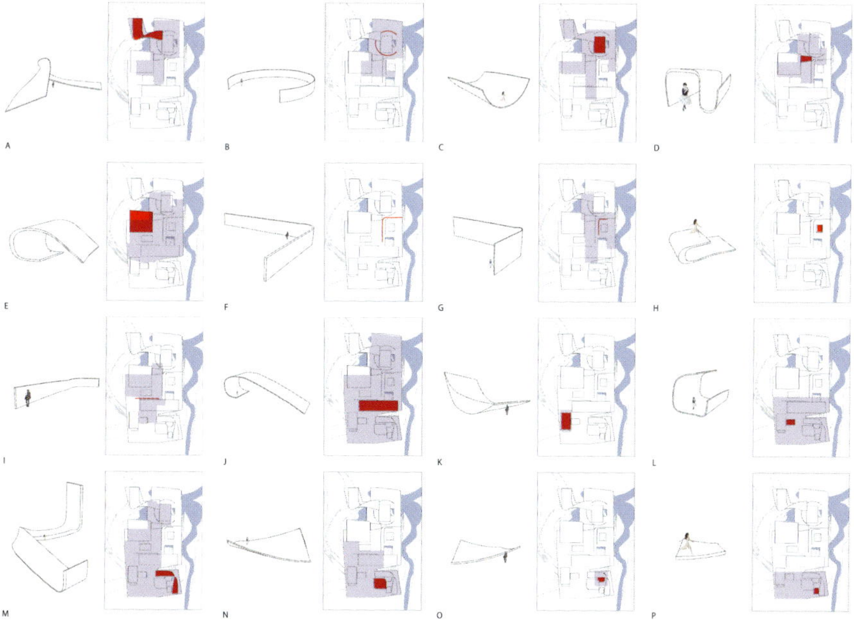

装置と揺れの関係
人のいる位置によって揺れる装置は異なる
赤＝構築物
紫＝構築物を揺らす範囲

plan 1/1200

Dancing Plateは人間を「揺れ」に変換させる。人の動きに合わせてたわんだり、揺れる構築物は人間の存在を私たちに伝える。じっと見つめ、耳をすまし、時にはそっと触れる。私たちはそのようにして人間を全身で感知する。

pattern1

人Aの動きによって起こった空間変化。自らの動きによる変化に、人は自分の身体性を再発見する。

pattern2

他者による空間変化。人Aは、視覚だけではなく、触覚、聴覚など全身の感覚を用いて人Bを捉えることになる。

pattern3

人Bによる空間変化がAに伝わり、その変化に応じたAの動きがまた違う空間変化を起こし、Bに伝わっていく時。このように人間のエネルギーによって、場が生まれ、新たにその場を使いこなそうとすること。これを応答性と呼ぶ。

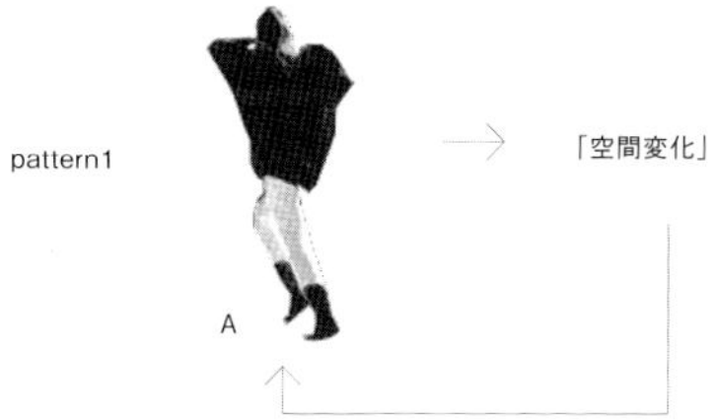

ひとりの揺れと4人の揺れ

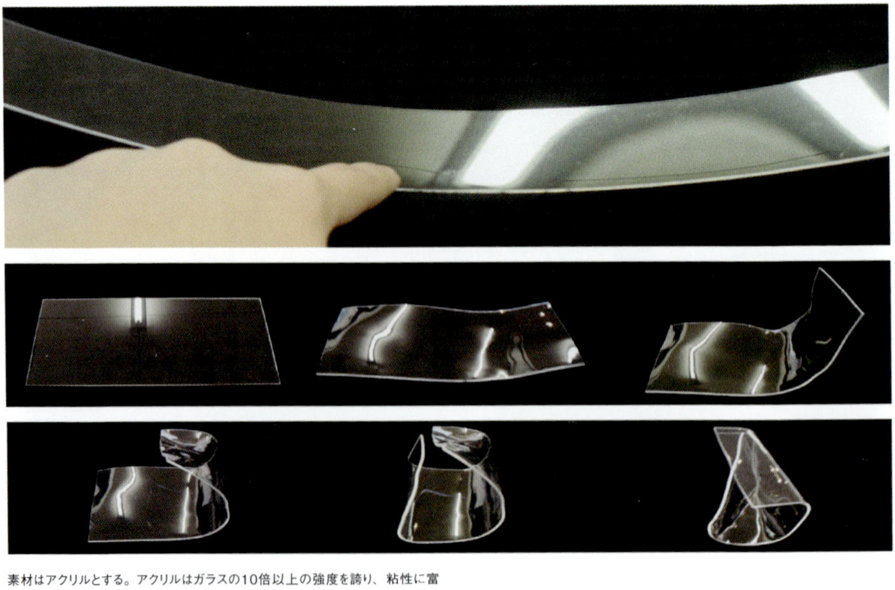

素材はアクリルとする。アクリルはガラスの10倍以上の強度を誇り、粘性に富む。1枚のプレートを曲げてさまざまな場所をつくりだせる。

アクリルの質感や特色と向かい合う

その素材だからこそ生まれてくるデザイン、素材そのもののの本質が浮かび上がるように。アクリルを熱して曲げるという私の手の経験がこの空間の生成原理である。

審査員コメント

松本透子／Dancing with Plate 身体に応答する構築物の研究

審査員コメント＠巡回審査

伊東：建築自体が揺れるのではないよね?

松本：いや、揺れるんです。人間を揺れに変換して、その揺れを感じた誰かがまた揺れを送り返してくる。建築を通して人が交信するような場所をつくりたかったんです。

伊東：もっと直かに「どうだよ?」って言えばいいと思うんだけど、そうじゃないこの微妙さはどういうものなのかな?

松本：「どうだよ」と話すのには最低限の関係性が必要です。たとえば今、私と伊東さんが話しているのは、私が出展者で伊東さんが審査をする人だからです。一方、ここではヒエラルキーも関係性もなく、一人ひとりのあいだを取りもつのは建築の揺れなんです。

山本：これは公園なんですか?

松本：公園ととっていただいてかまわないです。

山本：かまわないではなく、どうとってほしいの?

松本：人間を更新していく装置としてです。

山本：更新ってなに?

松本：感覚的に鈍く、コミュニケーションのとり方がへたになっている状況をなんとかしようとつくった装置です。

山本：これがあるとコミュニケーションがとれるの?

松本：人間が揺れに変換されて伝えられていくことで生まれる関係性があるんです。たとえばジャンプしたりダンスすることで振動が生まれ、揺れを運ぶものとしてこの装置があります。

山本：百歩譲ってコミュニケーションのようなものがあるとしても、この中だけですごく閉じている気がする。そのせいで単なる遊具に見えてしまう。

手塚：振動して自分の存在が遠くに伝えられることは分かった。でもやっぱり誰がどう使うのかに興味がある。ここにサラリーマンが行っても楽しいとは思わないだろうけど、子供が行ったら楽しいと思うだろうし。

松本：最初は公園的なものとして使ってほしいんです。ここで生まれるのは微振動なので、その振動を捉えるためには感覚を鋭敏にしなければならない。そういう意味ではプログラムはないんです。

手塚：プログラムはないのか。じゃあこれは建築なのかな、遊具なのかな?

松本：遊具としても考えているんですが、スケールや敷地は想定しているので、他者性を採り入れたら建築にどんどん近づいていくと思います。

手塚：敷地を想定せずどこにでも置けるものは遊具だけれども、ある場に根づいて、そこにしかないものになればそれは建築になるということだよね。

大野：振動を伝えるためにアクリルを使うというのは比喩としてはいい。だけど現実のスケールと模型のスケールでは、材料の剛性はかなり変わってしまう。このスケールであればこういうテクノロジーを使うんだということを、失敗を覚悟でチャレンジしないと単なる想いだけになってしまう。

長谷川：アクリルにはものすごく強度がありますよね。でもかなり高額で現状では建築素材として使いづらい。3DのCGでいくらきれいに描いても現実にはコンクリートでつくるような状況です。だから一番の問題は、新しい素材として可能性があるのかどうかですよね。

松本：素材の問題は考えており、ガラスにする案もありましたが、修士設計では別次元のリアリティをもたせられると思い、あえてアクリルにしてみました。

審査員コメント＠公開審査

伊東：微妙な振動を人に伝えるのだけれど、直接コミュニケーションはしないということでした。この微妙さは、僕には分からない（笑）。今の人はそれぐらい繊細になっているのだと、最近は自分を疑うようにしています。

山本：本人から微妙なところを伝達できるのが当然だという話を聞いて、自信はすごいと思うのと同時に、もう少し分かってもらうための努力をしろよと思います。

古谷：ゆらぎを感じあう空間は理解できる気がする。しかし、すべてをアクリルでつくってしまったので、遊具の領域に留まってしまったのだと思う。建築は不動のようで実際は振動もするし響くこともある。もう少し建築に引きよせて考えればおもしろかったんじゃないかな。

六鹿：どこに建つのか質問をした際に、彼女は具体的な場所を答えてしまった。人の空間知覚と他者との関係性を実験するような場所だから、具体的な場所を明かさないほうが目的がより明確になったのではないか。

観察、ふるまいの場所

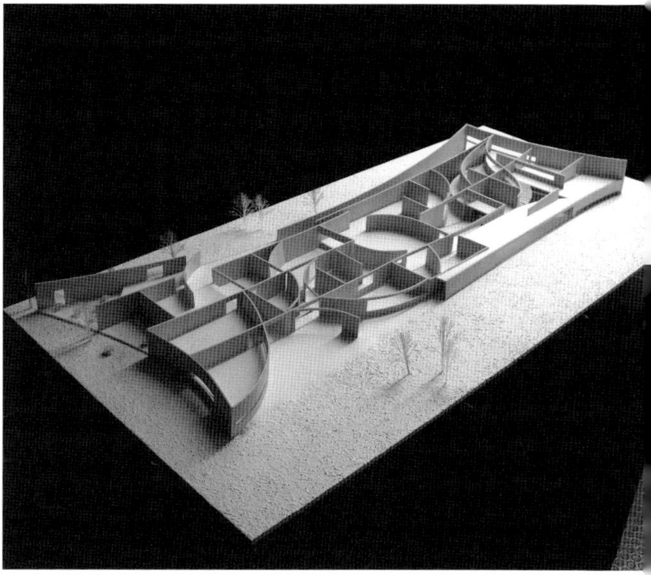

3年間という時間をかけ全国93校の小学校の行動調査から小学校の設計を試みた。今和次郎、吉阪隆正、バーナード・ルドフスキーなどが行なってきた「観察」のあり方を再考するとともに、「観察」という行為を設計の方法論として展開する。

Name:
西野安香
Nishino Yasuka

University:
早稲田大学大学院
創造理工学研究科　建築学専攻
古谷誠章研究室

Interview

Q:トウキョウ建築コレクションに参加しての感想
審査員の方のずばっとした意見や感想は、短時間で伝える難しさを痛感しました。また自分の作品を眺め意見を言う方々の姿を見て「そう思うのか」と何度も思い、普段自己完結が多いなか貴重でした。

Q:大学や大学院での活動や研究内容
学校研究を軸にワークショップや、リノベーションなどを行いました。給食を食べる機会など建築とかけ離れた体験のなかで、そこを使う人の素の姿を見ることができる重要な体験でした。

Q:修士修了後の進路や展望
ゼネコンの設計部で社会人になりました。成長します！

観察という行為から建築を顧み新たな設計を試みる。

1 文化人類学的観察——ルドルフスキーは時代によって生活習慣や規範が変化すると述べている。たとえば、現在の小学校では椅子に座り前を向く授業形態が一般的だが、寺子屋では自由な向きで勉強していた。また、今和次郎はスケッチでの全記述的観察記録こそが生活をデザインする立脚点とした。

本観察では、「行動」「空間のかたち(空間/素材/環境)」「位置関係」「規則やルール」など従来の機能的な計画では落ちてしまう偶然性をも観察に書き留め設計へ展開させる。

2 あらゆるカタチを観察対象とする——吉阪隆正の生活とかたちの探求。校舎が囲む形と指揮者を囲む行為のカタチ、呉羽中音楽集会は建築的実践であった。本計画ではあらゆるスケールや時間を横断して学校に現われるかたちのすべてを観察した。観察結果を連ね全体を構成する姿勢は、生活や偶然性を現状の計画へ刷新する試みとなる。カリキュラムとアクティヴィティが連動した活き活きとした学校計画学の提案を行なった。

行動の観察

カリキュラムの観察

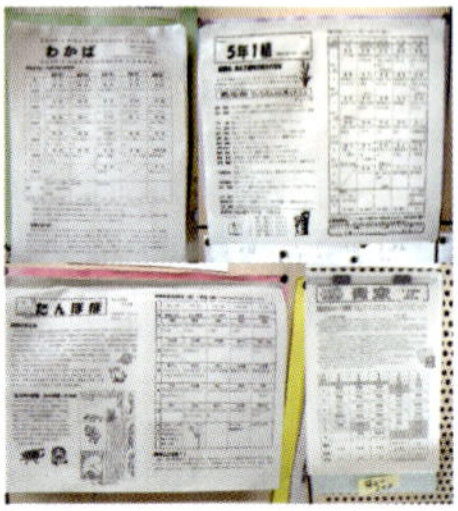

観察風景

実際にその社会に入り込んで観察する「参与観察」の様子。

調査記録

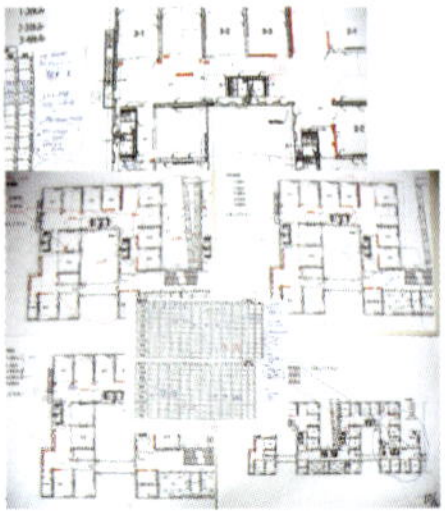

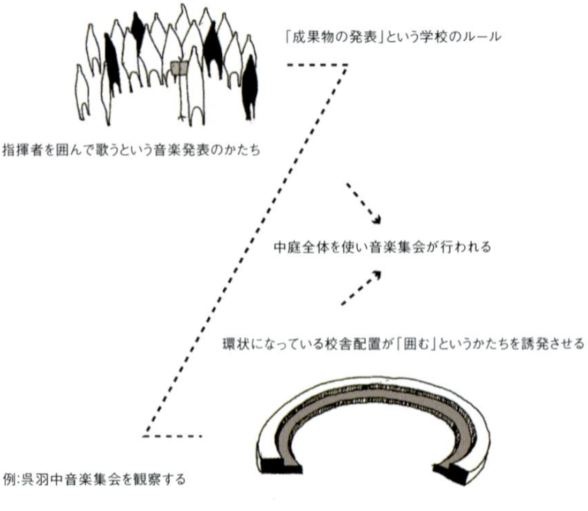
「成果物の発表」という学校のルール
指揮者を囲んで歌うという音楽発表のかたち
中庭全体を使い音楽集会が行われる
環状になっている校舎配置が「囲む」というかたちを誘発させる
例:呉羽中音楽集会を観察する

小学校を観察して得られたかたちから168の部分を選ぶ

かたちの例

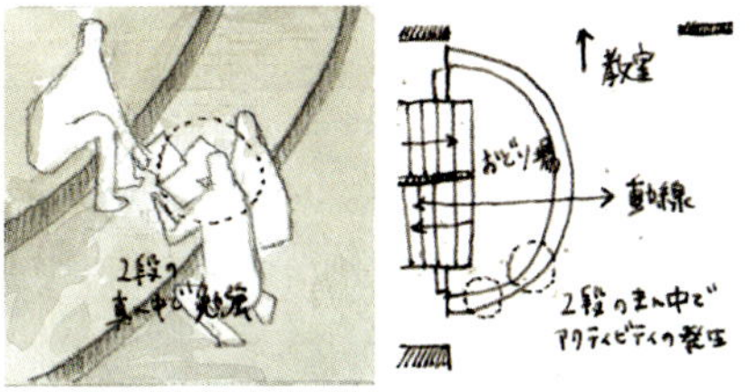

得られたかたちが「素材／位置関係／空間の形／校具／環境／規則」の
どの要素に強く影響されているかを分類し設計へつなげる

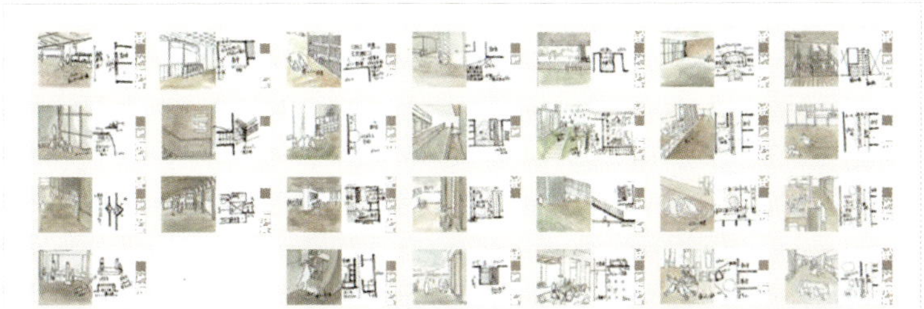

教室空間 授業時個別学習の観察より

学習障害児が増え、1クラスだけを対応する教室には不足がある。そこで伸縮する教室配置とオープン・スペースとの関係を設計した。複数の教室から近く、やや閉じられた場の必要性から、チーム・ティーチングにおける先生と児童の場、休み時間活動の活性化するコーナー・スペース、自学自習の場を同時に実現する。時間変化する、児童の学習形態という学びのカタチの実践である。

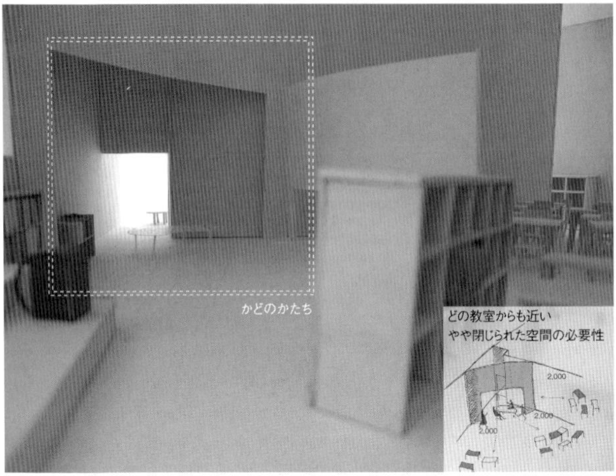

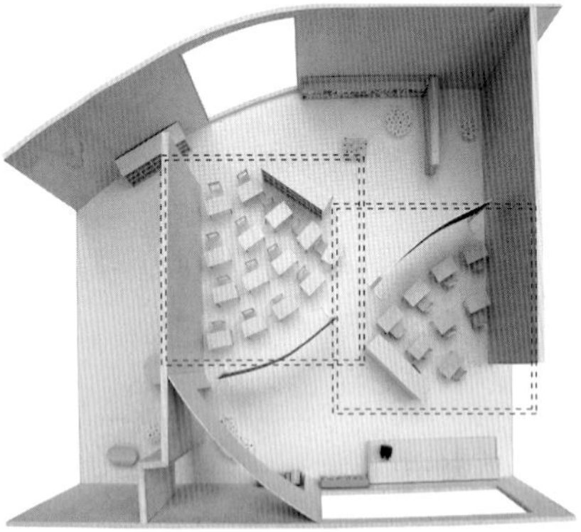

チーム・ティーチング
ひとつの教室を2人以上の先生が教えることのできる区切り。
伸縮する教室配置の必要性。

20人+10人

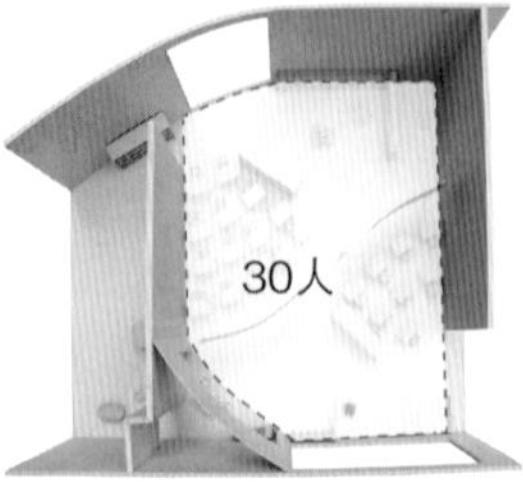

30人

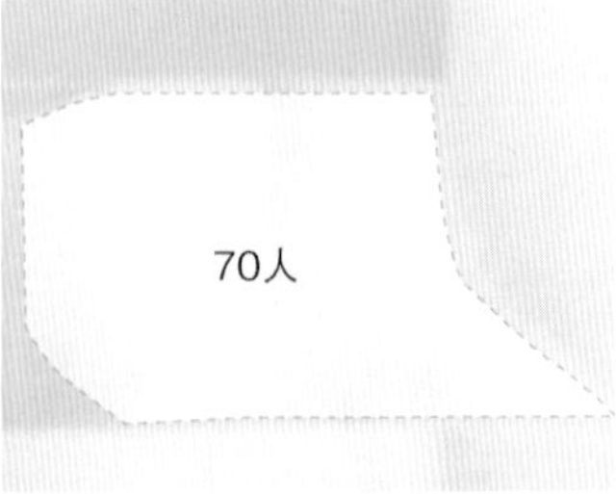

70人学年集会

音楽室 音楽室を観察する

そもそも学校での「音楽」とは、30人の音楽の授業、個別のピアノ練習、クラスを超えた音楽集会、ブラスバンドの複数室を必要とする練習、体育館での合唱コンクールなど、アクティヴィティに規模の束縛がないカリキュラムのカタチをしている。そこで使い方の変化を許容し、かつ舞台の演目と鑑賞のカタチも定着させる空間を付随させた。

個別の練習

授業時

音楽集会

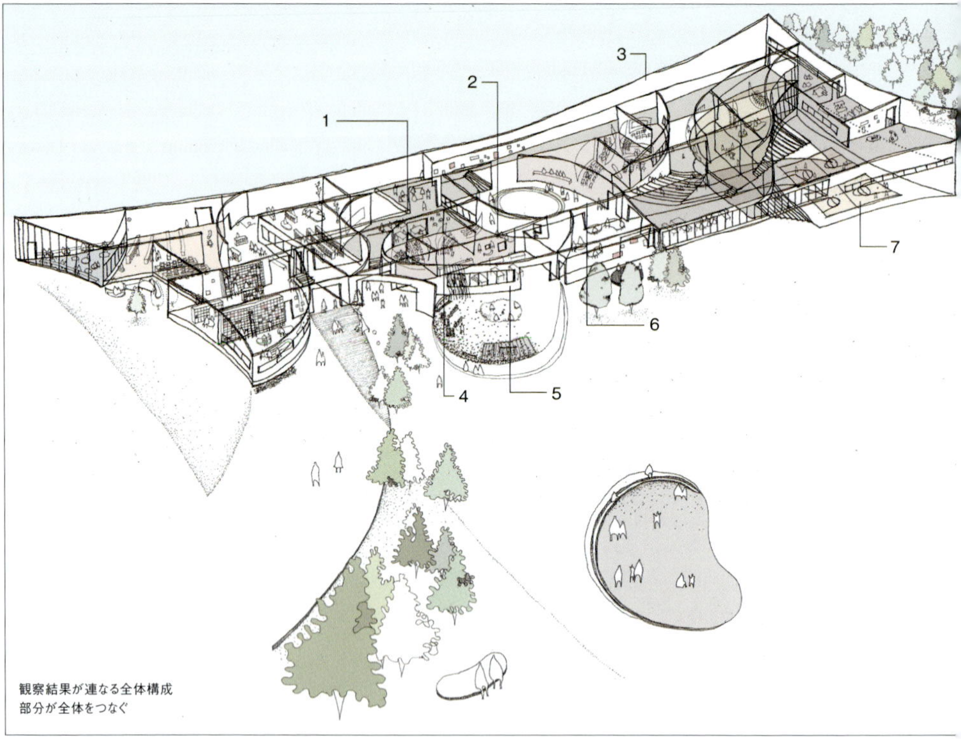

観察結果が連なる全体構成
部分が全体をつなぐ

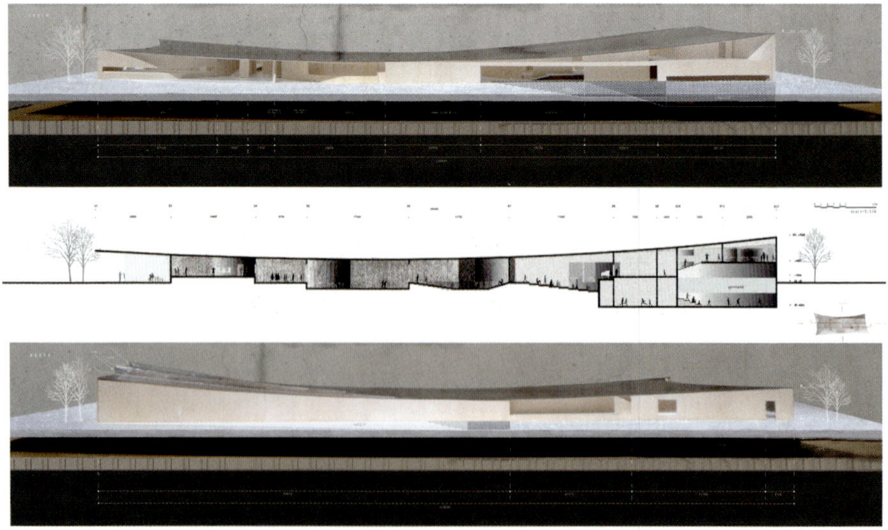

断面図と模型

1 ロッカーの裏
オープンスペースの発生により教室空間とのパーティションが必要に。ロッカーが教室との境界に置かれるようになった。
今まで教室の壁についていたロッカーの背面は使える背面となり、物を掛ける行為の発生から、物が落下しない様な校具の検討が必要に。

2 角のオープンスペース
活動の規模、展開が大きくなる。

3 長い木製壁面
学校は活動の複製物を展示するというルール
展示品は本人以外の教育にも影響を与え、学校開放時には外部の人へも影響をもつ。

4 教室
30人の授業、60人の授業、1人の個別授業、2ー3人のおしゃべり、2人の面接。さまざまな活動を許容する場を付随させる。

5 昇降口の近くの理科室
上下足の切り替えの多い理科の授業形態。
鉢植えが昇降口近くに最も多く置かれる。外の使用頻度の多い理科室は昇降口近くに配置する。

6 不規則な段差
自由な場を選んで活動を展開する教育形態の変化。不規則な段差は動線以外の活動を引き起す。

7 見る人が必ずいる体育の授業形態
見る場所をつくる。

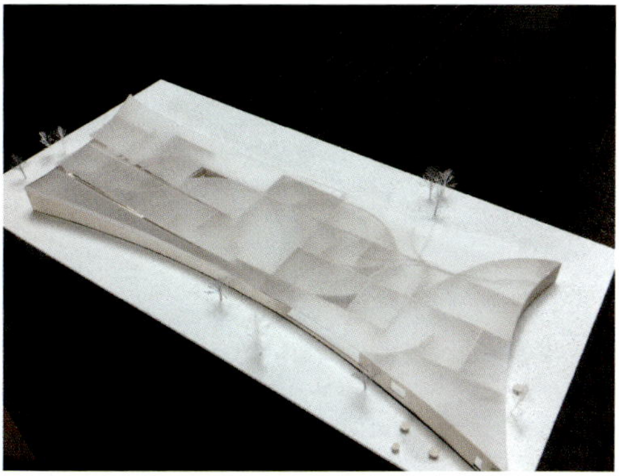

模型俯瞰

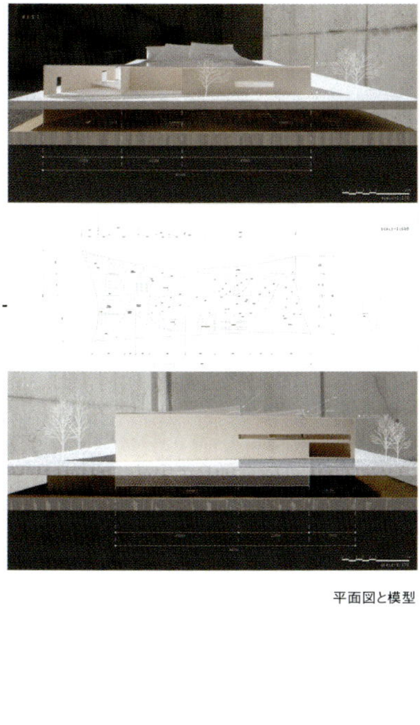

平面図と模型

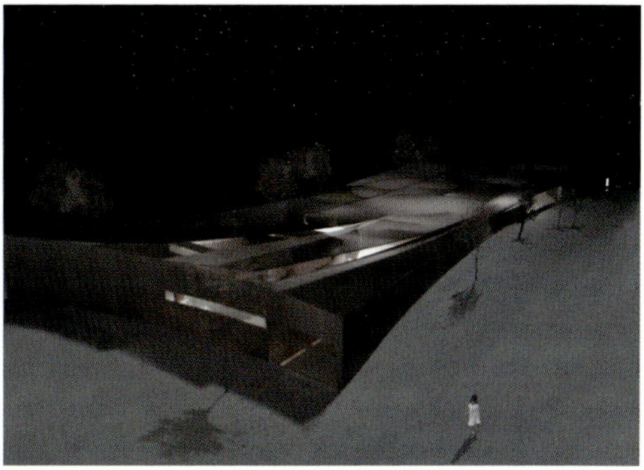

夜景コラージュ

審査員コメント

西野安香／観察、ふるまいの場所

審査員コメント＠巡回審査

伊東：93校分の観察をした中からおもしろいものをピックアップして、いいとこどりをして組み合わせるならば、こうなるのではないかということですか？

西野：はい。ある程度、類型化して教室の配置をあてはめてから空間や校具の形を加算していきました。

伊東：半分は納得できる。でも、屋根がなぜこのようにかかっているのか、なぜすべて曲線で構成されているのかなど、どう説明できるんだろう？　個々の模型からひとつの建築に置き換わる大きな骨格に、なにかどんでん返しがあるような気がしないでもない。

西野：正直なことを言うと、かっこいいものをつくりたいという意識がありました。

伊東：これ自身はとてもきれいなものだと思うんだけど、個々の関係を組み上げていって、なにかができるという考え方には疑問がある。

西野：私の恣意的な教室の配置計画に、これらの関係性を取り込んでみようという思いがありました。

伊東：そう言われたら、すごく納得できるよ。

大野：アレグザンダーのパタン・ランゲージを参考にしたということですが、一番大きな問題点は、どうやって全体につなげていくかだと思う。

西野：パタン・ランゲージだと形態から形へ、常に一方通行です。私の場合は、すぐに形にたどりつくわけではありません。

大野：その時にあなたの記憶だけでやるわけ？　ほかの人が使えるようにとは考えない？

西野：汎用性には長けていないと思います。

古谷：断片の集積だけで設計を行うのではなくて、説明されていない全体性がなんとなく与えられているから弱く見える。並びや外形は、敷地や方位など近隣の都市空間との関係から決めて、そこにこの要素空間をあてはめるのであればリアルではある。あるいは、要素空間の集積だけでも全体のシナリオはつくれるんだと無謀な計画にでるか。

西野：無謀な計画がやりたかった。観察という行為だけで小さい家具から外形まで成立させようという目標がありました。ある程度決めていかないと、うまく入らない部分があり、つくって戻ってを繰り返しながらという意識だったんです。

六鹿：この学校の調査は卒業論文や修士論文に直接つながってるんですか？

西野：卒業論文から継続的に3年間いろいろな小学校を見て回って、子どもたちの活動と空間の対応を観察しました。

六鹿：どのように記録したのですか？

西野：写真とスケッチが主です。帰ってから具体的な位置関係などを付加していきました。

審査員コメント＠公開審査

六鹿：膨大な調査を行なったとのことですから、矛盾する観察結果もそうとうあったと思うのですが、そのなかでどれを咀嚼して、どういうものを正しいと判断したのか。また、それらを総合したときに一貫性のあるものになるのかどうか。観察と提案の間をつなぐものがなかった。どういう観察に基づきデザインしたのか説明できると観察そのものが説得力をもってくると思います。

大野：六鹿さんと同じ感想をもちました。アレグザンダーや今和次郎を参照して膨大な観察を行なっています。ある種のオーソドックスさに好感をもつ一方、建築の理論史のなかでは、これまで同じようなことが行われてきたのだとも言える。ですから、こういうアプローチの課題にはどういうものがあるか明確にし、その上でどう乗り越えるのかチャレンジしてほしかった。

手塚：学校で一番大きな教室は校庭だと思うんです。その校庭と建物の関係がなかったのが残念でした。

山本：調査をするときに「集める理論」が必要だったんじゃないかと思うんです。研究結果をもとに建築を考えていくときに、もう一度研究に戻って「集める理論」を発見したとしたら、自分が設計したものによって新しい研究の方法が発明されるような気がする。

伊東：みなさんの意見はそのとおりだと思うのですが、擁護すると、屋根の勾配はきれいだし、よいセンスのデザインだと思いました。割り切ったほうがいいのではないのかと思ったんですよね。本当にこのデザインと結びつける原理を発見したら、それはすごいことだと思います。でもそれは大変なことなので、設計は設計でいいんじゃないかと思いました。

水の皺

大阪市福島区0メートル地帯における GLのリノベーション計画

大阪市街の0m地帯を敷地に、近代化の過程で排除された水際を生活の中に取り戻す計画。近世中之島における入堀の形式を調査研究し、その成果をもとに入堀を街区へと引きこんだ親水型の街を提案。既存建物の杭を軸とする護岸により大小の水の流れを再生する。水や土地を可塑的なインフラへとつくりかえる。

Name:
田持成輝
Tamochi Shigeki

University:
神戸大学大学院
工学研究科　建築学専攻
遠藤秀平研究室

Interview

Q:トウキョウ建築コレクションに参加しての感想

長い時間をかけて溜め込んだアイデアを発散できる学生最後のよい機会だと感じました。終わった後もっと深く具体的に設計したいという思いが強くなりました。

Q:大学や大学院での活動や研究内容

国際コンペやエネルギー・海面上昇・高齢化など環境の変化をテーマにした提案を行なっていました。

Q:修士修了後の進路や展望

建設会社の設計部で働いています。学生時代に具体的に踏み込めなかったエンジニアリング部分や社会のなかで建築がどう成り立っているかを実務に関わるなかで学んでいくつもりです。

温暖化に伴う海面上昇と元来海であった地盤環境が影響し、大阪では0m地帯が内陸部まで広域に広がります。現在スーパー堤防により陸地を大きく囲い込み、水を居住域の外に“排除”する計画がなされていますが、一箇所の欠損により堤防は機能しなくなる上、完成までに膨大な年月がかかり、現状の対策はさまざまな問題を抱えています。本研究ではこの排除型水際開発に対する代替案として水面下になる地域の“まちづくり”を行います。具体的には大阪の歴史のなかの水際の造成技術に規範を求めました。縄文海進から現代に至るまでの造成技術を概観し、とくにスーパー堤防と対照的な例として、近世中之島蔵屋敷に設けられた入堀に着目しました。絵図・文章文献を元に、蔵屋敷の閉鎖領域に組み込まれた水面を人々が物流機能を超えてどう使用したかを分析し、堀の形態と屋敷内の生活領域の関係を明らかにしました。得られた知見を元に内側に水との接点をもつ街を提案します。

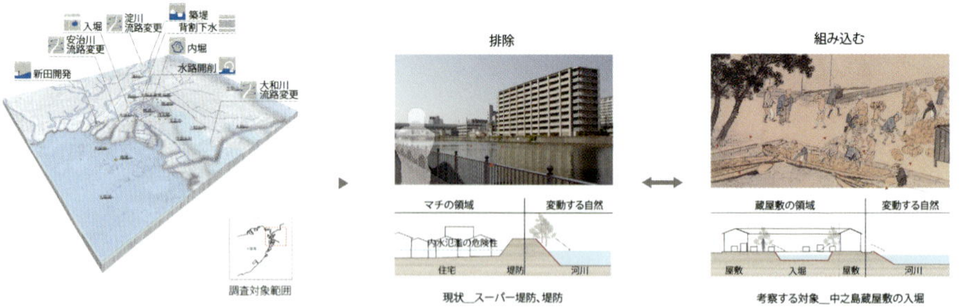

調査1　近世大阪の水際の造成技術／インフィルとしての地面の発見

大阪平野は水位の変化とそれに対する人間集団の働きかけのなかで、人為により地形がもっとも激しく改変された地域である。地面はインフラとして強固に存在せず、建築のようにインフィルとしてつくり替えられる対象であった。とくに多くの水際の開発が行われた近世大阪の造成技術を並列化し、スーパー堤防との対照例として、また変動する自然と安定的な関係を築く装置として中之島蔵屋敷の入堀に着目する。

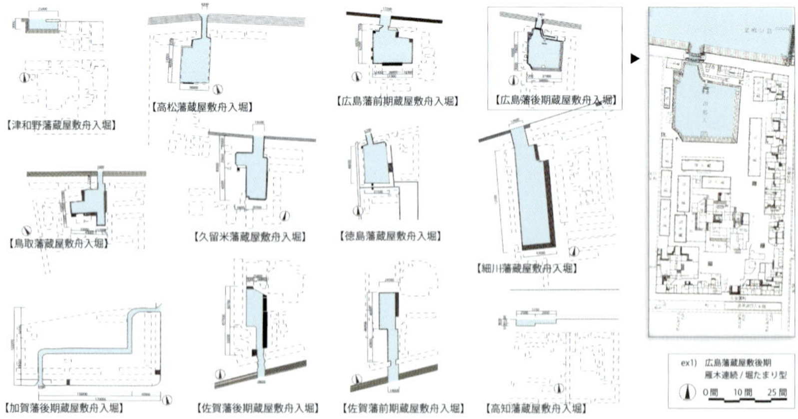

調査2　中之島蔵屋敷の入堀形式

入堀とは蔵屋敷の建築群の中に設けられた米搬入のための内なる港である。水際を内側に拡張することにより堀は物流機能を超えて、祭礼や芸能の場として利用された。今回の研究により合計11藩が入堀を所有していたことが明らかになった。

（出展「御田祝　久留米藩蔵屋敷絵図」）

▼ 外との接点を活動領域の内側に持つことで機能上のゆとりを確保する。

▼ 水との接点を生活領域の近で持てる事による水際の新たな活動

▼ 水との接点を内側に組み込むことによる水際の活動に合わせた変形

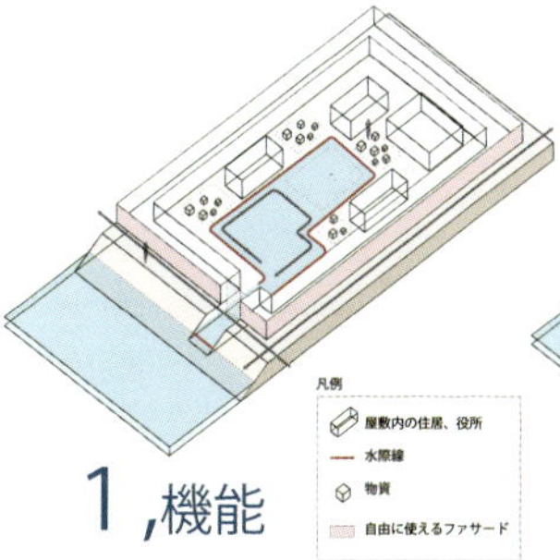

1 ,機能

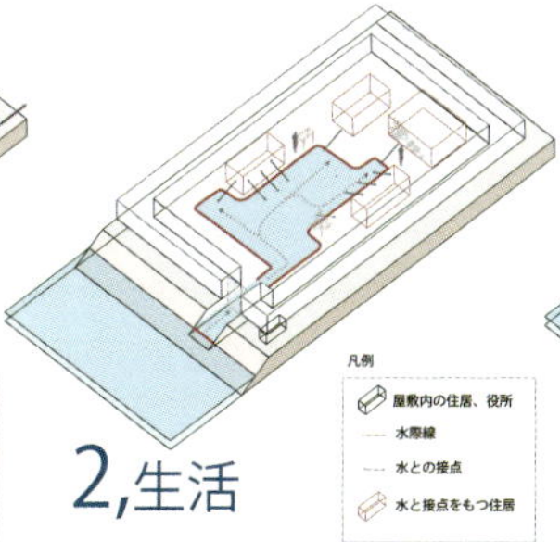

2,生活

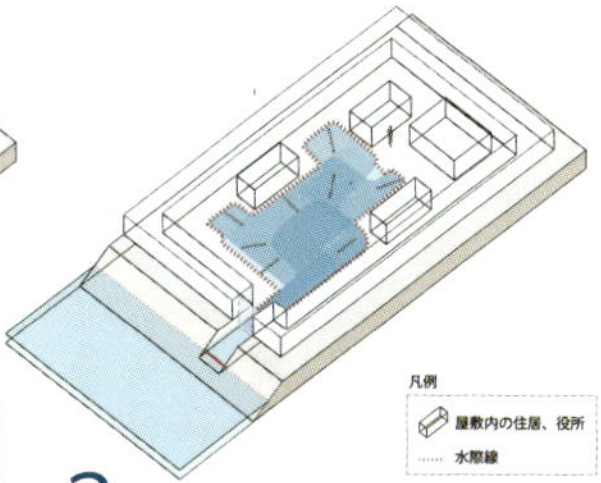

3 ,形態

得られた知見

「摂津名所図会」「摂津名所図会大成」などから入堀を描いた絵図46点、文章資料12点を抽出し、分析により変動する自然を生活領域の内側に組み込む際の3つの視点を得た。

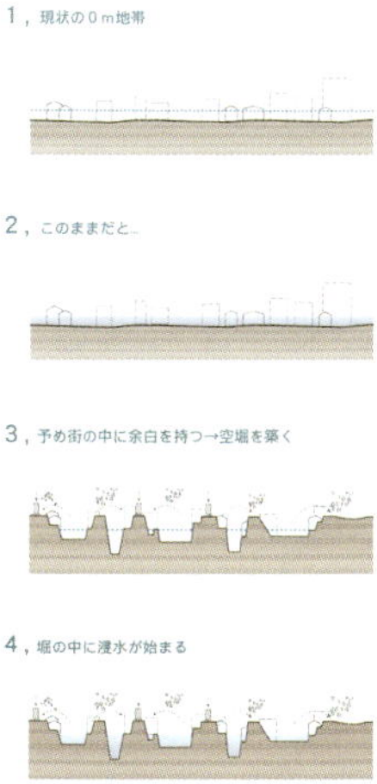

設計への展開

街の中に予め浸水の余白＝入堀をもつ。平坦な街に低地と高台をつくることで不足に水没するのではなく、引き込んだ水を利用するという視点を得る。街の外に強固な“堤防”をつくるのではなく、水位の上昇に伴い“まち”を変える。

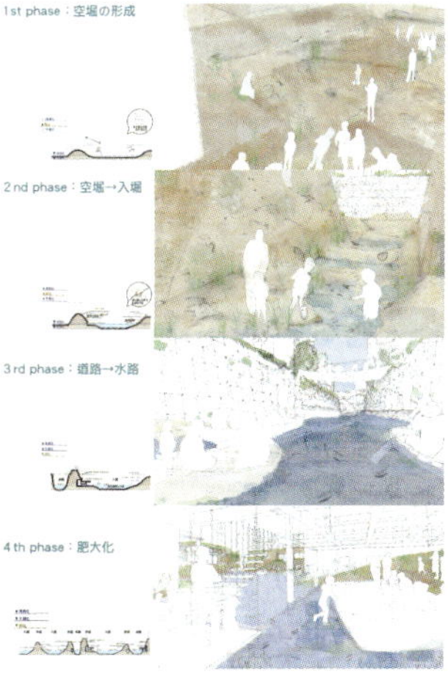

入堀の段階的な建設

水位の変動に合わせて地面を掘削する。入堀の中への段階的な浸水にあわせて住民は水の生活に順応していく。

接水関係の変化

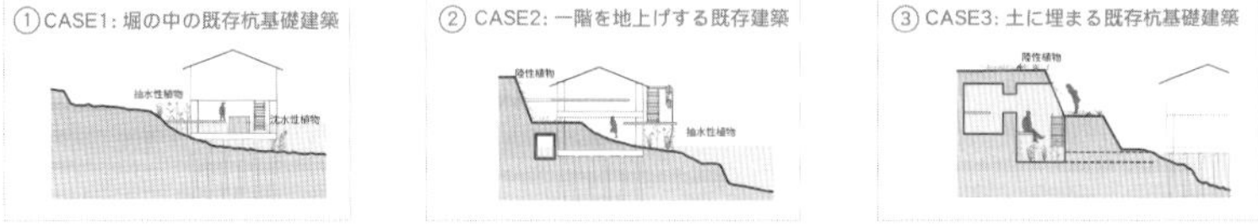

断面構成

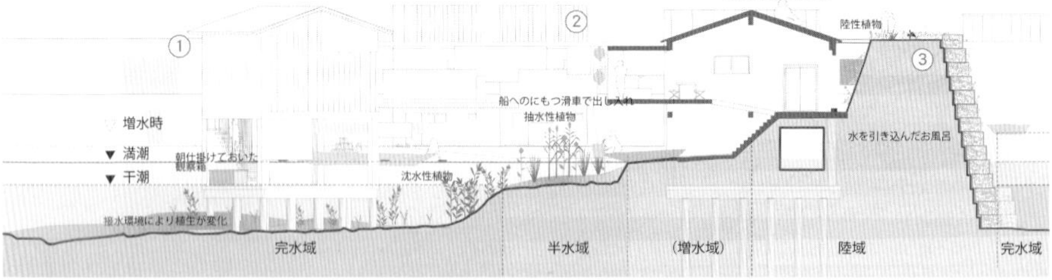

建築は動かず、地面が動く。既存建築の接水関係が変化する。

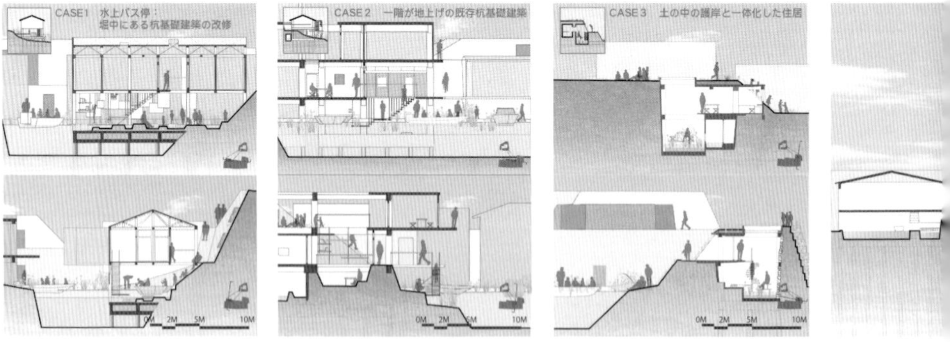

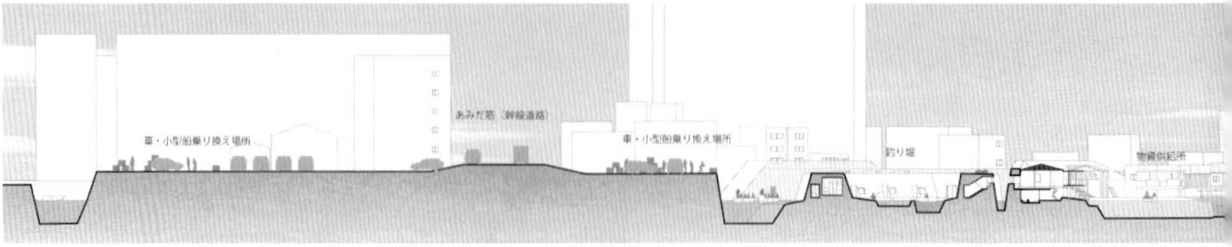

断面図

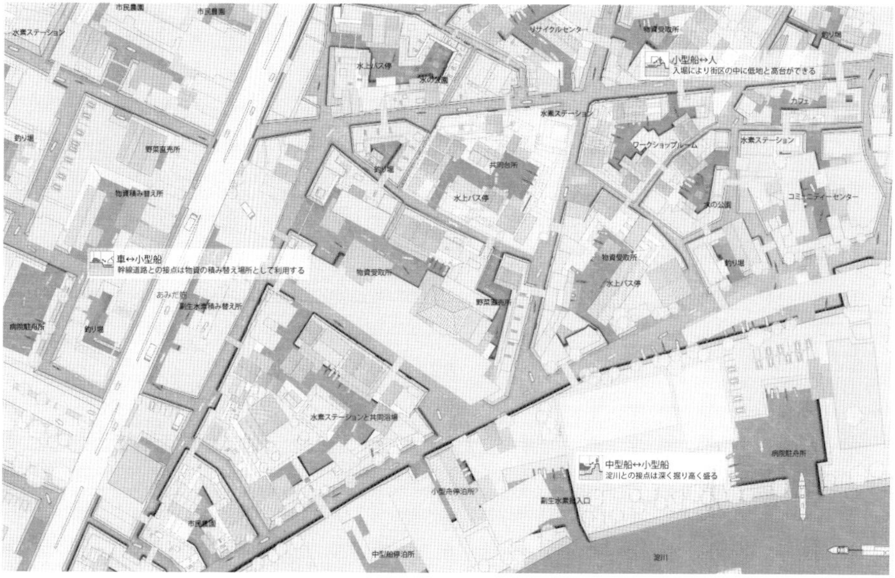

水位の上昇に伴い、堀の張り巡らされた街が0m地帯に広がる。

街の配置図

0M 20M 40M 80M 160M

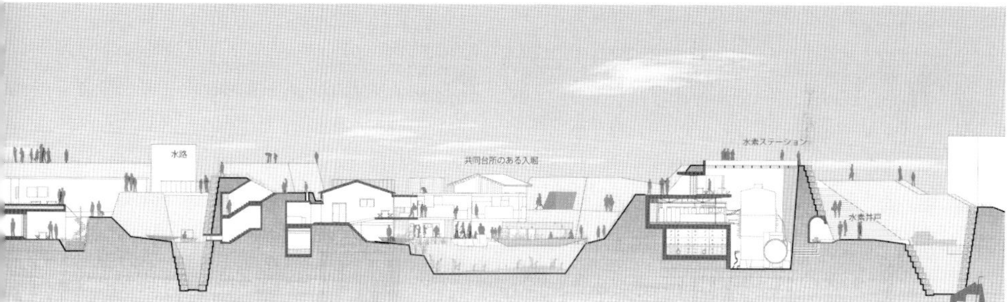

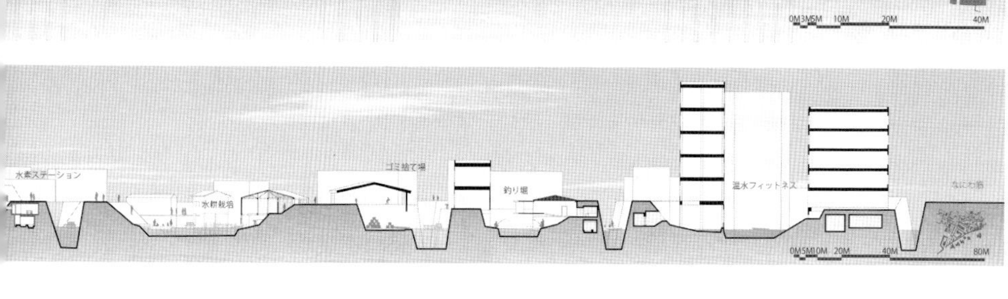

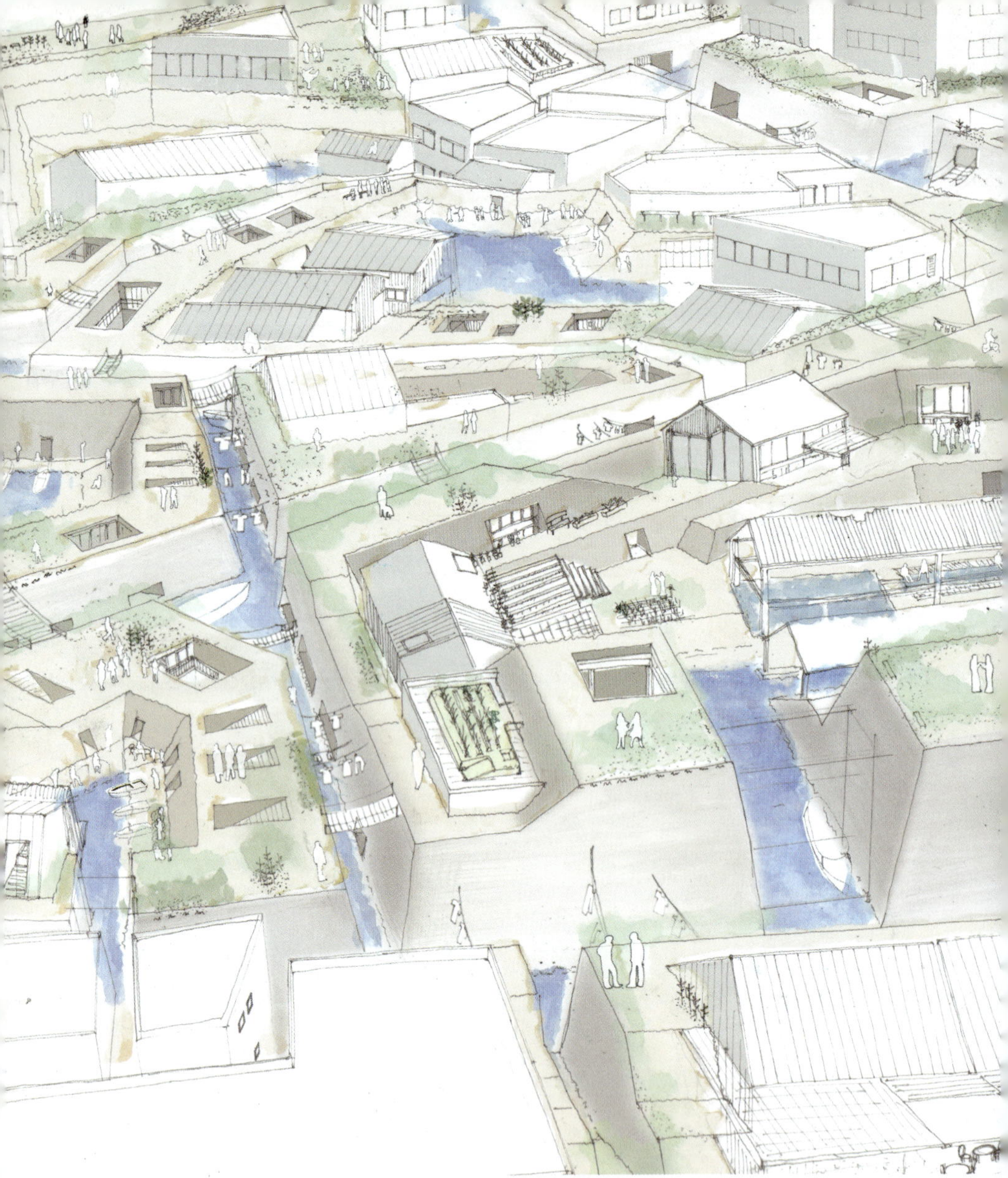

海抜0m地帯の風景

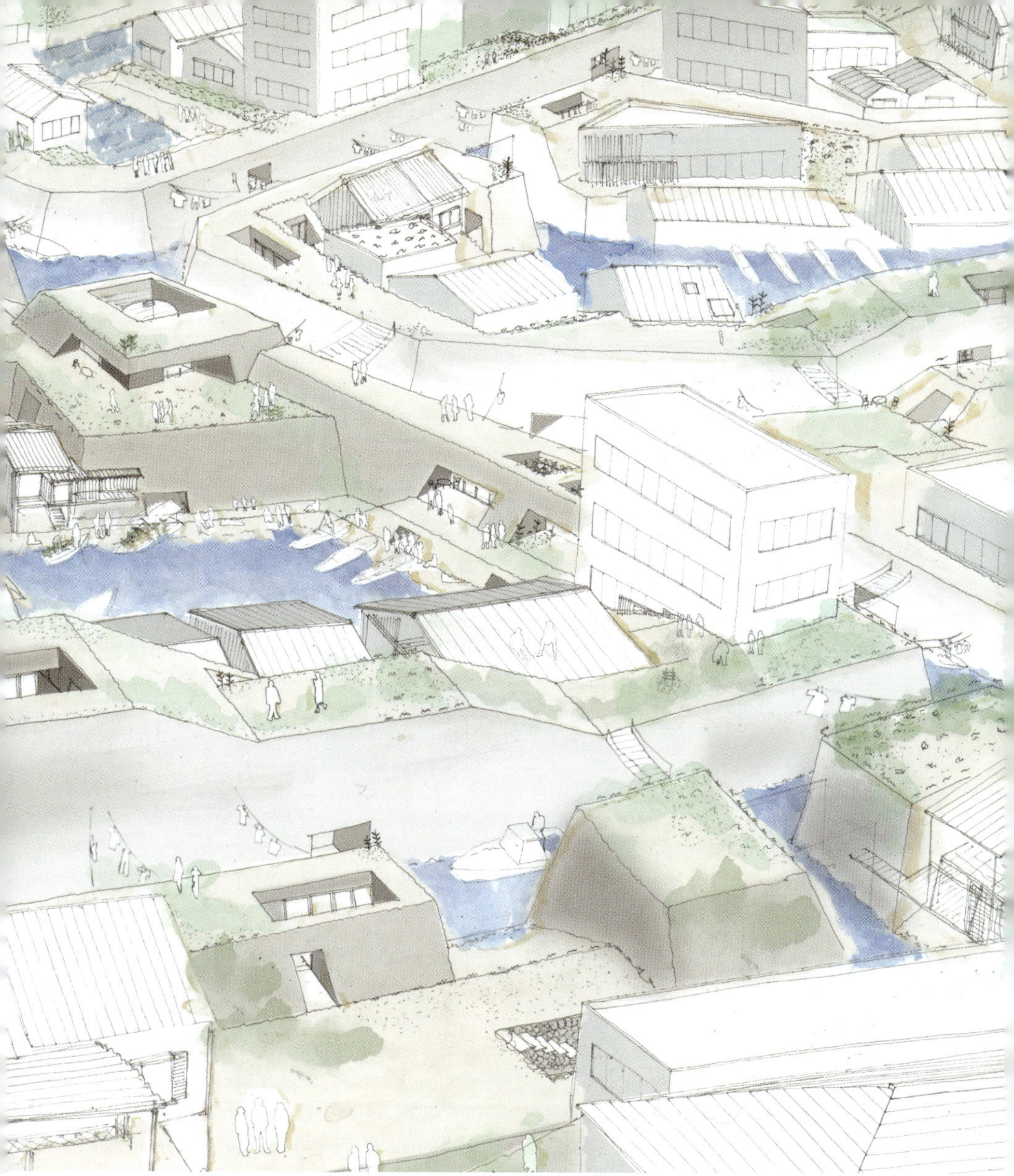

審査員コメント

田持成輝／水の皺 大阪市福島区0メートル地帯におけるGLのリノベーション計画

審査員コメント＠巡回審査

伊東：抽象的な提案が多いなかではかなり具体的で、ある種のリアリティを感じました。ただ実際にどうつくるか、という点についてはリアリティがないですね。

田持：ものすごく悩んだ部分です。現状ではつくり方と材料の提案にとどまっています。

伊東：住人にリサーチして、その上での提案があると、ずっと迫力が出たと思うよ。

山本：プロセスはすごくおもしろい。でも建築はさ、なんでおもしろくないのかな。切妻屋根のものは、昔の建物を再現してるの?

田持：既存の建築を、地面との関係を変えることで改修しています。

山本：そう見えてしまうけども、昔の大阪を再現する、という意図はないんですよね? 断面に表現されている建物もコンサバティヴ。ここまで変えるのだから、もっと新しい都市をつくればいいのに。

大野：護岸を素人がつくる理由とは?

田持：行政が街区の外側で住人と関係ないところで整備するのではなく、街区の内側で自分たちが組み立てるようにしたかったんです。

大野：なかなか大変だよね、これを素人がやるというのは(笑)。各家へのアプローチは船? 地上から車でアクセスはできないのかな。

田持：そうですね。幹線道路の先は、船か歩道です。

大野：たとえば救急車や宅急便はどうするの? 街の中心部に大きく広く適用したいんでしょ。もうちょっと技術的な提案があればインパクトがあったような気がするけど、割と雰囲気重視になっているんだよね。すごく絵がうまくて、問題設定もおもしろいと思うけど。津波対策は大丈夫?

田持：対象としたのは慢性的な浸水への対策なので、津波はスーパー堤防で……。

大野：土木構造物は100年に一度といった災害を防ぐためにあるので、平常時には過剰に見えるんです。

田持：そうですね。それは想定していません。

大野：建築家からの提案の場合、そこをきちんとしないと、土木の人から見ると素人が言ってるように聞こえてしまう。数字まで全部おさえるのは難しいと思うけど、100年に一度、50年に一度という状況を考えた構造物と、君たちが関心をもつ日常の時間にはズレがあることを知っておいたほうがよいと思います。

長谷川：地形から考える、という点がおもしろいですね。

田持：もっともがんばったのは、縄文時代からの推移を調べ、建築より地面のほうが可塑的な環境だったということを読み込んだことです。

長谷川：ただ、水が近くにある生活って、ここに描いてある絵よりもっと楽しい気がしますね。

審査員コメント＠公開審査

古谷：大阪の水の街の掘割を掘削して逆に地面のほうに盛り上げるというスキームです。あれだけ高低差があるとアクセシビリティは落ちるし、たぶん真ん中は澱んでしまいます。今までにない街ができるとは思いますが、それによって生じるデメリットをどう逆転するのかまでは言及がない。

山本：プロセスはおもしろいんだから、それならできあがったものはもっとおもしろくなるはずです。個人的にはすごく残念、おしいなあと思います。

長谷川：せっかくこんな計画をしたのに。水に親しむ絵だけでは、建築の提案にならないですね。

伊東：僕は結構アイデアはあると思いました。建築を動かさずに地面を動かす、というのがおもしろい。でも、そこから先がないんだよね。

大野：水の都をつくりたいというファンタジーの部分に委ねすぎているんですよ、問題は。護岸構造物の強度や、公共サービスの課題といったテクニカルなことを詰められていません。口当たりのいいことを言ってきれいな絵を描いてストップ、というところが残念です。建築家が単なるエンジニアとは違うのはファンタジーを描けること。エンジニアリングを味方につけて、もう一歩ブラッシュアップするといいと思いました。

六鹿：テクニカルなこともクリアしてうまく発展させていくと、今までの日本になかったおもしろい都市計画ができそうですよね。

隙間の集落

東京・南青山の住宅地と商業地の境界となるエリアに、101棟の細く背の高い塔が立ち並ぶ計画。塔の主用途は下層がさまざまな商業施設、上層は住居と職住一体の空間となっている。敷地にはレベル差があり、塔同士の隙間は大小の路地や小さな広場として機能し、多彩なシークエンスをつくり出す。

Name:
芝山雅子
Shibayama Masako

University:
武蔵野美術大学大学院
造形研究科　デザイン専攻建築コース
布施茂研究室

Interview

Q:トウキョウ建築コレクションに参加しての感想

ヒルサイドテラスで展示したこと、建築家の方々にプレゼンしご意見をいただいたこと、学生最後にこれから先も大切にしたい経験をすることができました。

Q:大学や大学院での活動や研究内容

興味のある空間、特に隙間や道について建築や街並みを調べ、基本設計補助、オープンデスクやコンペ等を通して自分なりに建築と向き合ってきた6年間でした。

Q:修士修了後の進路や展望

建築設計事務所で働いています。これからも自分の好きな建築空間を追求するとともに、実際の社会で建築を通して、その魅力を生み出す仕事をしたいです。

徐々にレベルが上がっていく基壇によって奥行き感が増します。

一部屋のスケールと都市のスケールの間で、街歩きするように行き来しながら生活する場所を提案します。

東京都南青山にある敷地は、住宅地と商業地域の境目に位置しています。

その境目を縫うように、住宅地の路地と商業施設の高さを反映しさまざまな機能を配して、路地のような隙間を開けながら101棟の背の高い小さなビルを建てます。一部屋程度のビルは都市の中に部屋が散らばるように感じ、細く背の高いシルエットは高層ビルの摩天楼のように見えます。

101棟には小さいながらもそこに暮らす人とここを訪れる人々のためのさまざまな機能があり、地階では自由に歩き回り、登るにつれ都市から個人の場所となります。路地の谷間では距離が近く、さまざまな物が目に入り歩き出したくなります。

気に入った場所を見つけながら街を歩き、都市の中で落ち着けるリビングのような場所が増えていきます。そして人がより身近に都市を感じ、楽しめる関係を探せる場所となります。

site plan

elevation

路地にはメインストリートのように奥まで視線が抜ける通りがあります。

レベル差のない中庭のような広場です。

わずかなレベル差で細い路地がつながっています。

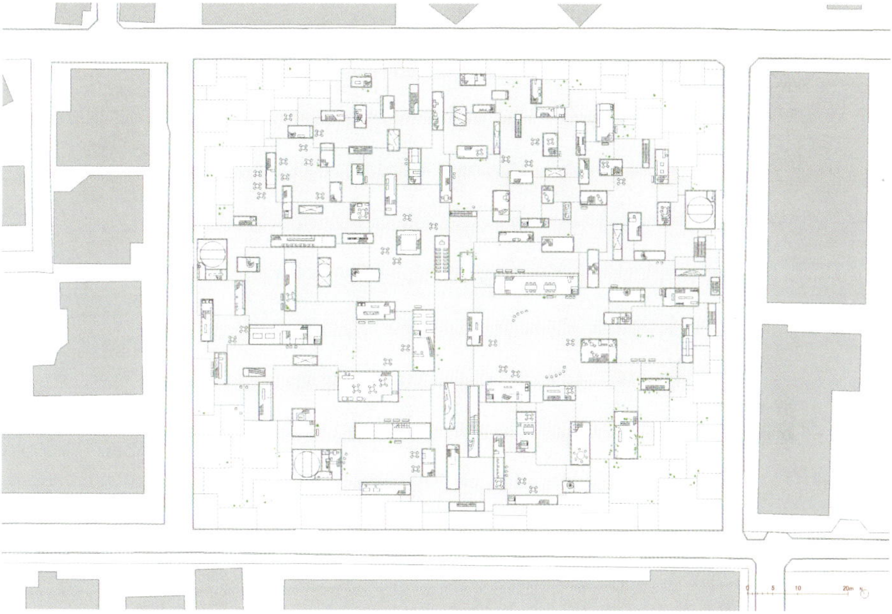

1F plan

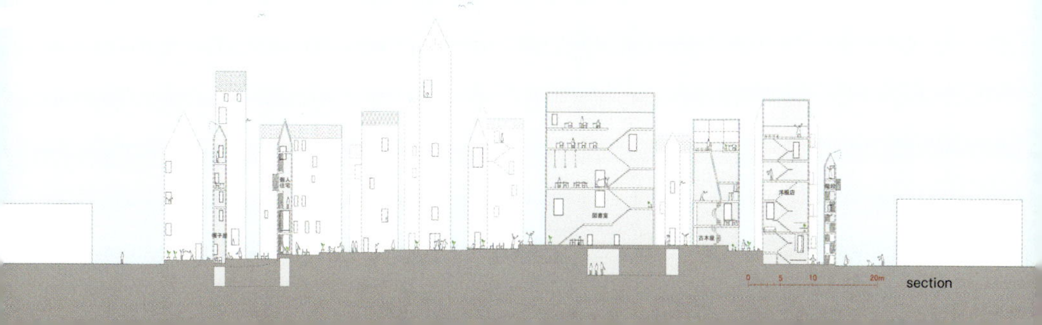

section

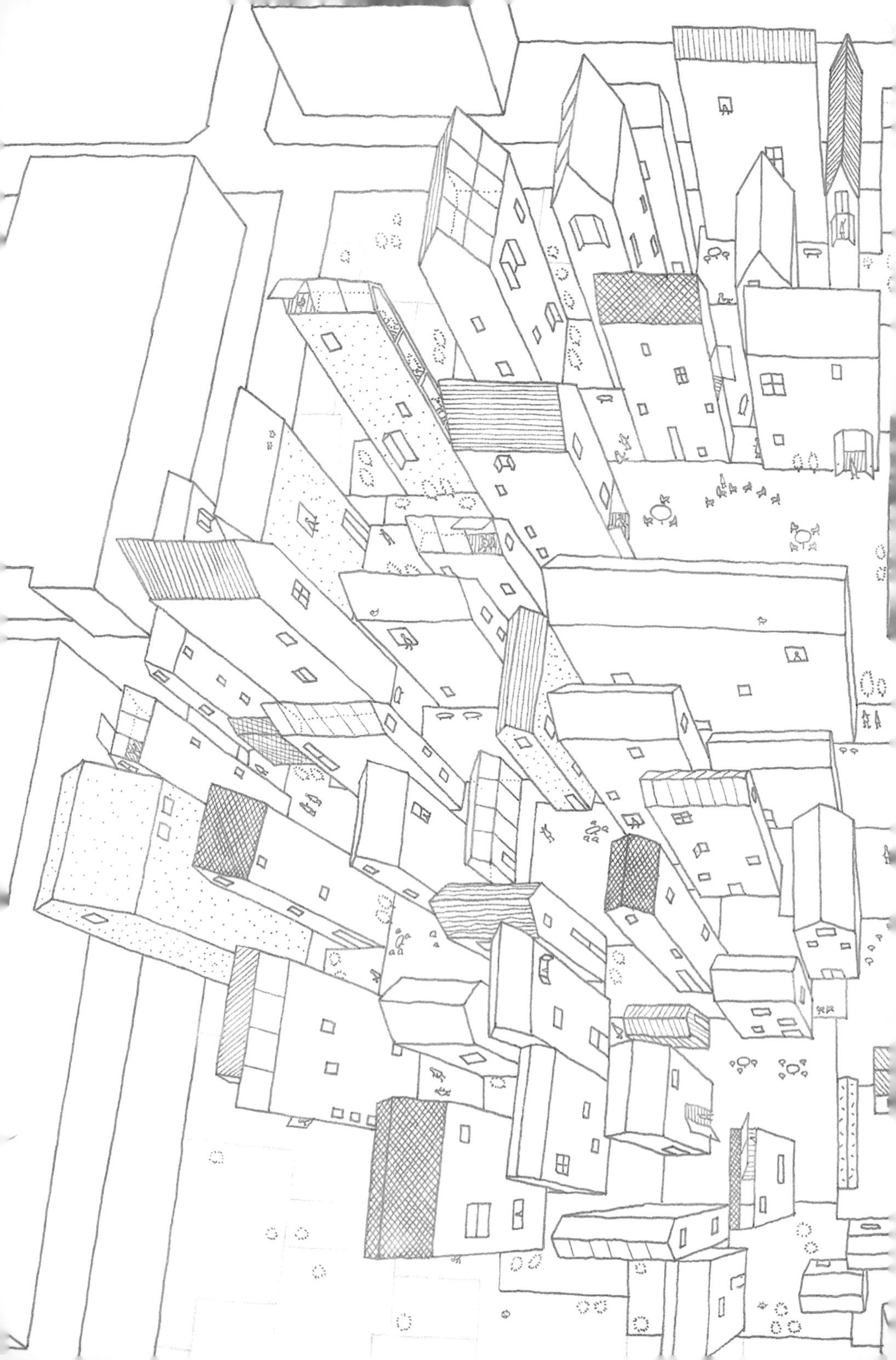

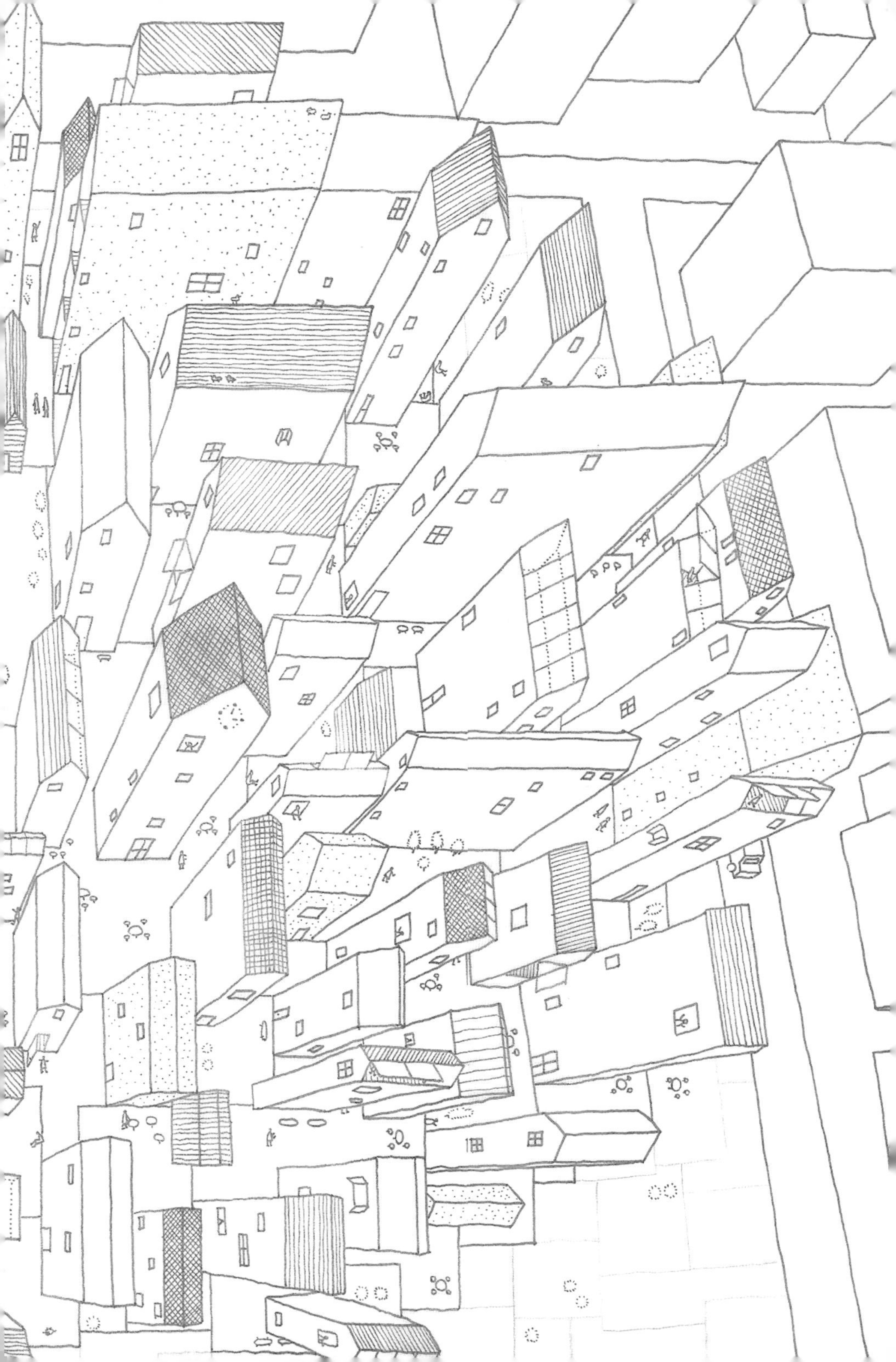

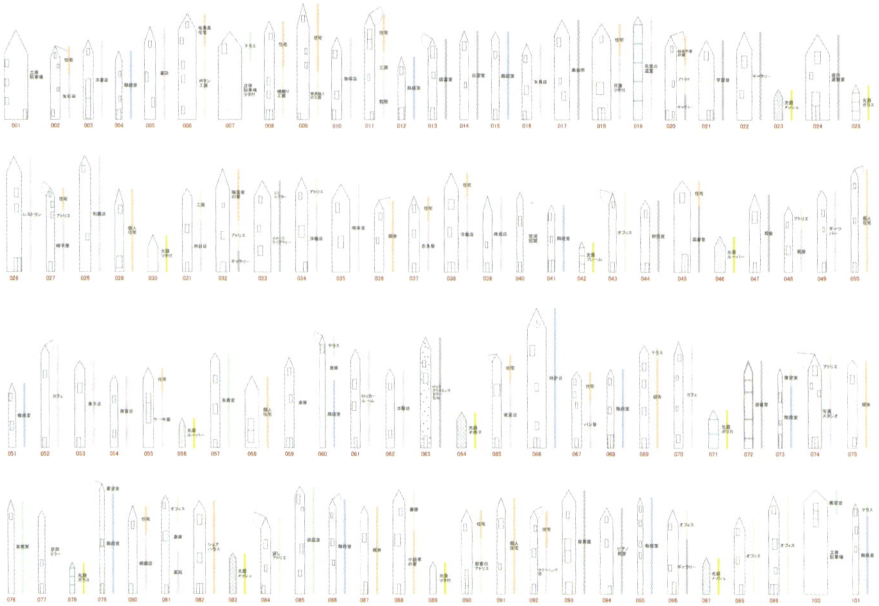

elevation diagram

メインストリートを軸にして網目状に路地が拡がっています。

ガラス張りのビル越しに向こう側の景色が見えます。

ビルが建て込み、奥が見えませんが向こう側の様子が気になります。

ビルの幅は路地と同じくらいで路地の延長のような場所です。

バラバラと配されたビルの様々な表情により路地を演出します。

審査員コメント

芝山雅子／隙間の集落

審査員コメント＠巡回審査

伊東：どうしてこんなヒューっとしたのが好きなの?

芝山：塔を建てたかったわけではなくて、塔と塔の隙間の空間をつくりたかったんです。ヨーロッパの古い路地の、壁に囲われるなかで自分がぽつんと歩いていく感じがいいと思ったんです。個人と都市の間、建築と都市の間の隙間に魅力を感じ、こういう形になりました。

伊東：童話の世界に突然放り込まれたような魅力はあるけども、誰が開発するの?　学部の卒業設計とは違うので、これがどのように成立しうるのか考えてほしい。建築を実現するためにはいろいろな問題をクリアしなくてはいけない。クライアントや隣の地主さんと話をしていくなかでおもしろくなっていくものです。そこに踏み込んでほしいと思います。

手塚：この塔状の建物は、下と上で機能は分かれてますか?

芝山：分かれています。下層には都市的な機能、商業施設等が入っていて、上層には住宅などが入っています。

手塚：家と家はつながってないの?

芝山：部分的につながっていますが、基本的には1棟ずつ独立したものです。

手塚：下に商業で上が住宅なんて説明されるとディベロッパーの方と話しているみたい。もっと夢があっていいと思う。機能の部分だけ、なんだか真面目だよね。

大野：ファンタジックなのはとてもよく分かります。でも、郵便は?　火事のとき消防車は?　どこかの建物を工事するときの重機は?　実際出てくる問題を、どう考えますか。

芝山：幅の大きなメイン動線をいくつか確保しています。

大野：住んでいる集団は何か特別な集団なのですか。極めて周りから目立ちます。

芝山：ここだけで小さな都市みたいなものができあがっているように見えますが、敷地は四面とも接道し、周りから気軽に入ることができ、どこからでも住んでいる人の様子が垣間見える場所となっています。

大野：強いコミュニティを想定しているんですか。

芝山：周辺施設と関係する機能を配し、敷地内だけに留まるコミュニティは想定していません。独立している部分もありますが、路地に面して生活できる場所とすることで多種多様なコミュニティが生まれることを想定しています。

長谷川：おもちゃのお家みたいで、リアリティがなかなか湧かないんだけど。法規も何も考えてないんですよね。

芝山：建てるルールではなくて、都市のなかで動線としてこういうのを確保して下さいと……。路地や隙間にすごく魅力を感じていて。

長谷川：気持ちは分かるけど、建たないよ。日本でも外国でも法律というものがあるし、こんな建物倒れるよ。それに高い壁の隙間って、怖いじゃない?　楽しいというよりは。

芝山：自分なら体験してみたい、行ってみたいと思います。

長谷川：自分が体験したい都市をつくったんですね。なかなか一生懸命つくってあるけど、まさに非現実的です。

六鹿：応募作品のなかでもぱっと目を惹いたんですが、現実性は希薄で、ある意味コンセプチュアルですね。敷地が南青山である意味は?

芝山：住居と商業施設が入り交じる境目で、個人の小さなスケールと都市の大きなスケールをつなげる意味をもつ場所として選びました。

審査員コメント＠公開審査

古谷：非常に狭い隙間の集落をつくる提案です。

手塚：イメージもセンスもいいけど、建物がどういうストーリーでできているかまで悪乗りをしていかないと、弱いかな。こういうものは嘘でもいいから徹底的に、思い切りつくり込んでいかないと説得されません。

古谷：彼女の説明では、街路のレベルはシークエンスやアクテヴィティがあって魅力的なんだけど、この細長い建物の中に入ったときにどうなるのかが分からなかったんです。実は中間層で隣とどう見合うかとか、トップフロアで広がる風景とか、上のレベルでのストーリーもあるはずですが。

手塚：これとよく似たイエメンのサヌアやシバームという街がありますが、たとえばシバームの場合、1階は家畜、2階に奥さんが、旦那さんは上の階に住んでいる。奥さんのレベルだけがブリッジでつながっていて、旦那さんの部屋同士はつながっていません。だから奥さんが違う家の旦那と付き合っていても気がつかない。こんな風なストーリーが何かあるとだいぶすっきりしますよね。

偶然性を有する建築空間の可能性

紙屑から建築への空間試行

紙屑の拡大による空間の可能性を、3つのセクションに分けて試行している。Section1では拡大した紙屑をモデルとする、5つの住戸による集合住宅を提案。Section2では1/10から1/200のスケールで紙屑空間を考察。Section3では自宅に1/1模型をつくり、紙屑空間を体験している。

Name:
藤本直憲
Fujimoto Naonori

University:
前橋工科大学大学院
工学研究科　建築学専攻
石田敏明研究室

Interview

Q:トウキョウ建築コレクションに参加しての感想

手伝ってくれた後輩の力もあって、とてもワクワクして楽しい時間をすごせました。この場を借りて、写真(Section3)のモデルにもなってくれた久保君&黒岩君に感謝感謝です。

Q:大学や大学院での活動や研究内容

建築を考えない時間が多かったからか、「建築をつくらないことで建築をつくる」というような、矛盾した思考が自分の中で生まれた気がします。

Q:修士修了後の進路や展望

東京の設計事務所に行っています。自分が楽しく、周りも楽しくなるように建築に関わっていけたら最高に楽しいと思っています。

僕自身の身の回りを構成している退屈な物体を建築というならば建築でない建築をつくりたい、という私的な不満と矛盾した思いから本修士設計は始まる。

建築でない建築とはなにか。建築を合理的で計画的な物体と仮定した時、それと対立する偶然的な非合理的で無責任なものから建築をつくることを考えた。今回は紙屑というただのゴミから建築へ進化させるという、いいかげんでばかばかしいとも思えることを試みる。紙屑のもっている形態を偶然的なものであると位置づけ、その複雑な小さな形態を人の入り込める「空間」に変換することで紙屑の建築的スケールを知覚する。

建築でないもの「紙屑」から建築に変換する考察方法Section1-3を通して実験し、身の回りに存在する退屈な建築ではない、発想・発見を誘発するような刺激的な建築空間を見出す。

Section1

人が利用するには非合理的な物体である紙屑に合理的な要素（プログラム、スケール、構造、通風採光、設備、環境など）を付加していくことで建築へと変換していく。

内観01
歪んだvoidに配置された書斎と座る人

内観02
傾斜に座る人と置かれた椅子

外観01　ファサード

内観03
傾斜に座る人と壁に配置された棚

内観04
欠き取られてできた開口部と座る人

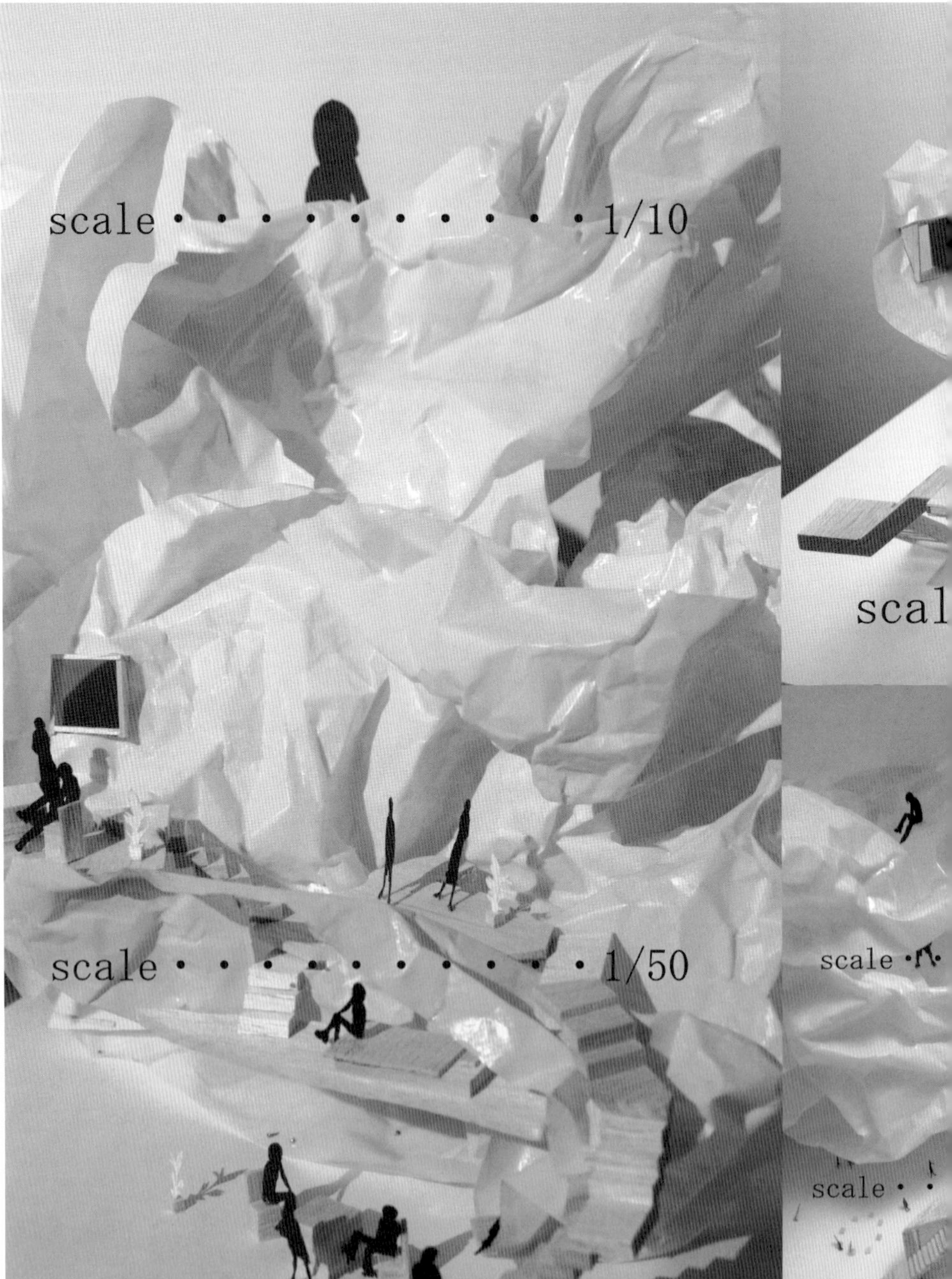
scale・・・・・・・・・・1/10
scale・・・・・・・・・・1/50
scal
scale
scale

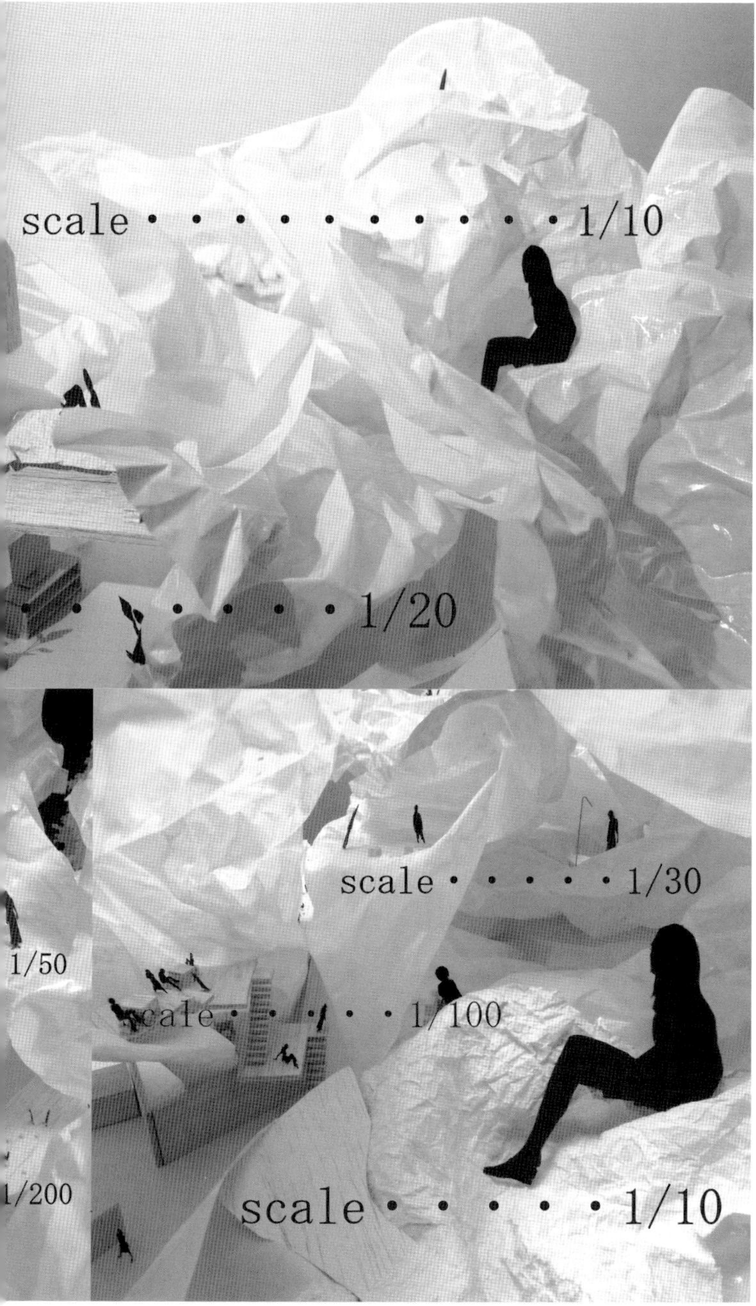

Section2

ここでは紙屑を模型と捉えることでスケールの考察を行なう。実際の紙屑を用い、人や家具のスケールを 1/200、1/100、1/50、1/30、1/20、1/10と変化させて混在させることで紙屑に於けるさまざまなスケールの空間を知覚する。

Section3

1/1の紙屑空間の中に入り込むことで体感する。

紙屑の凹凸と座る人

開口から差し込む光と歩く人

紙で覆われた空間と植物

審査員コメント

藤本直憲／偶然性を有する建築空間の可能性 紙屑から建築への空間試行

審査員コメント＠巡回審査

伊東：均質化に対するフラストレーションというスタートに異論はないけれども、次の展開をいきなり偶然性に結びつけた意図は?

藤本：この修士設計は僕の日常の視点からはじまっています。均質な建物が並んでいるなか、たまにポッと抜けてる場所を発見したりできます。そんな偶然には均質とは違う力があるのではないかと考えました。

伊東：あなたが惹かれるその空間には必然があると思う、僕は。東京のような都市は確かに均質化していますが、その中にも江戸時代からの坂や川など非均質な空間が出てくることはたくさんあるよね。

藤本：僕が思う均質な空間とは自分の居場所を発見するのも困難で、家具がないと居場所も定まらないものです。そこで予測不可能な形を拡大してみたんです。

伊東：そこで予測不可能なものを、というのは主体性がないよ。自分でデザインをするのであれば、予測可能にしないといけない。拾った紙屑がおもしろいから拡大してみよう、なんてものから建築ができるわけがありません。そもそもひとつの建築をつくることは非合理なことです。最初から誰もが100％満足できる合理的な回答なんてありません。話し合っていく過程から非均質的な空間が生まれるんです。君が言っていることは、僕にはまったく理解できません。

古谷：スケール操作の1/200から1/10まで、という基準はどう決めたのですか?

藤本：まずは紙屑からはじめたので、人が入り込める空間ではなくなってくる1/10を最初に決めました。それ以降に根拠はありません。

古谷：建築的オーダーに留まったのはなぜ?

藤本：Section1で住宅を扱ったことと、身の回りの空間に対する不満がはじまりだったことから、自分に近いスケールで考えてみようと選びました。

古谷：なるほど。紙屑を利用して、ある不思議な、有機的な変化に富んだ空間のモチーフを手に入れる、という印象に留まっているけど空間の仕組みを変えてくれるようなものにつなぐためには、逸脱したスケールまで展開するとおもしろいんじゃないかと思いました。

手塚：これってどうつくるの? 実物の建築には興味ない?

藤本：最初、実際の建築にするようにつくっていったら紙屑らしさが残らなくて(笑)。

手塚：紙屑って端はバラバラなはずだけど、これはバシッと切れてるよね。紙屑みたいに自由じゃなくていいの?

藤本：建築にする場合、紙屑の要素だけでは成り立たないと思ったんです。

手塚：諦めたねー（笑）。

藤本：紙屑という非合理的なものに対して、合理的なものを組み合わせるバランスで建築ができるんじゃないかと考えて、通風、採光がいるなら切り、構造として成り立たせるなら地面に定着させました。

長谷川：実際にはどうやってつくるの?

藤本：RCです。いざ1/1にするときに構造体を紙で成り立たせるのは無理だと感じ、紙屑らしさを損なわず、かつ人が生活できるようにと選びました。

長谷川：そこでコンクリートというのはダメだと思うけどね。コンピュータでこんなのは描けちゃうわけだから、素材からも新しくしようとなぜ考えないのかな。

審査員コメント＠公開審査

古谷：丸めた紙屑から空間を発見し、同時にスケールを1/10から1/200まで展開している案です。僕は1/1000くらいまで展開したほうがよかったのではないかと思いました。1/10と1/200では建築的スケールであることに違いはありません。都市的なスケールまで展開して違いを出せればおもしろいかと思いました。

長谷川：テーマは均質空間への挑戦ですね。「人は均質空間にいると均質になる」と言っていましたが、これは発想のスタートとして、いい偶然性を備えているとは思えません。

伊東：僕は均質な空間が、相当人間の動物的感性をスポイルしているとは思っていますが、そこから先が問題です。そのへんに落ちている偶然性で非均質的なものができるかというと、とんでもない。……ということを彼と議論したのですが、平行線でした。

Self-Conversion Buildings

自己変換ビルディング

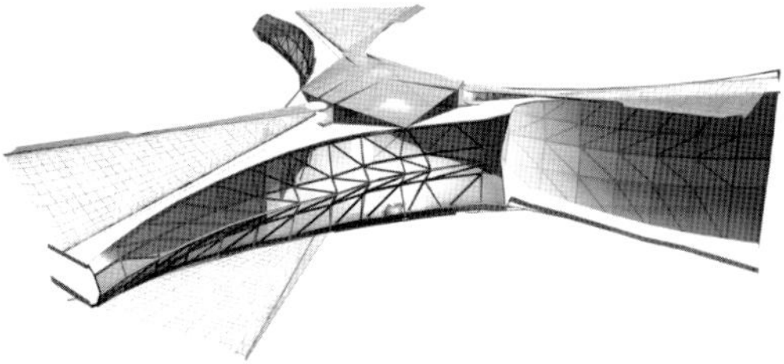

回転可能な三叉のシナプス状のユニットを最小単位として、六角形を基準に連結・拡張する都市モデルを提案している。個々のユニットは不連続時にはパーソナルな空間となり、連続時には身体的コミュニケーションを促す都市サーキュレーションシステムとして働く。

Name:
義基匡矢
Yoshimoto Masaya

University:
大阪産業大学大学院
工学研究科　環境デザイン専攻
山口隆研究室

Interview

Q:トウキョウ建築コレクションに参加しての感想

参加して一番印象に残っているのは、実行委員のみなさんや参加者全員の「人」的なおもしろさです。建築が好きでしょうがいない人の集まりなんだな、と思いました。

Q:大学や大学院での活動や研究内容

主に思想的建築家の研究や建築の未来的提案を他大学とワークショップを通じて行い、3次元的提案をしました。国内外問わず建築設計競技に参加。

Q:修士修了後の進路や展望

現在は建築事務所で働いています。
展望は、建築をより3次元化していくことです。

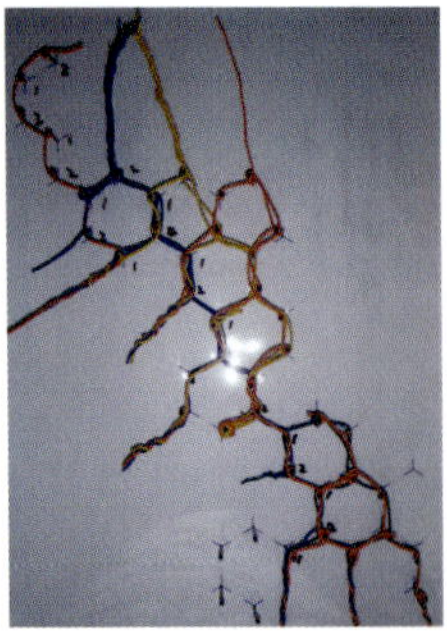

検討モデル

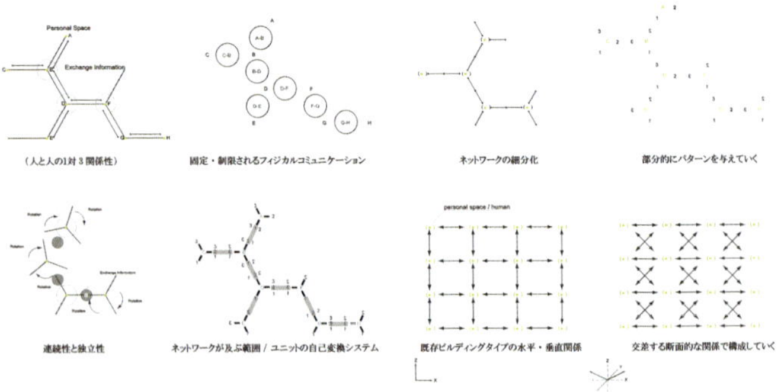

数値とパターンを与え、プログラムを構成していく。

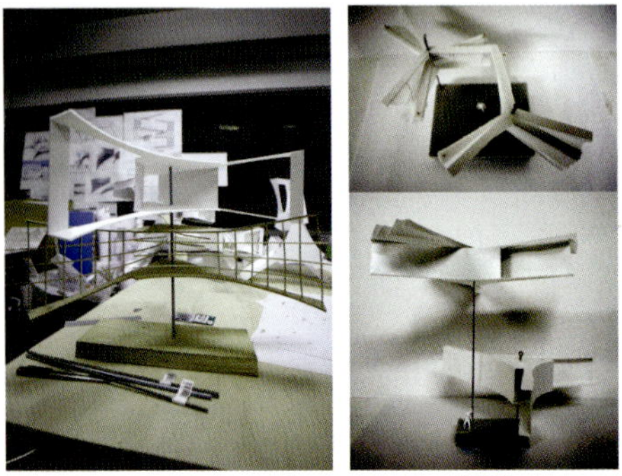

STUDY MODEL

ユニット全体構成図

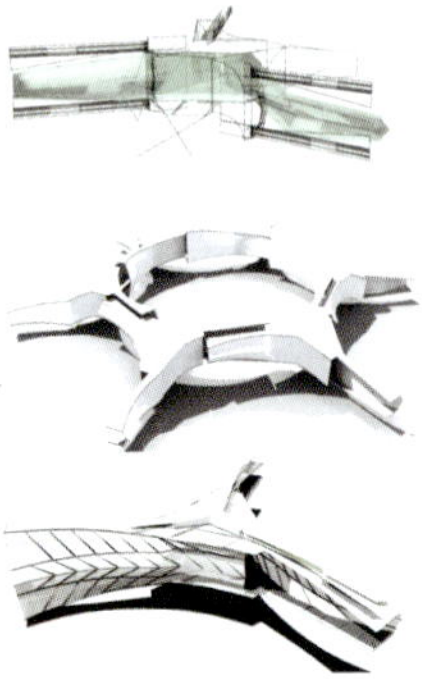

STUDY CG MODEL

検討モデルとして、六角形を基準としたラインとノードの関係へと変換していく。

新たな都市基盤になりつつある情報化社会に問いたい。施設の充実や情報端末の利便性といった人の欲望に任せることに疑問をもつことはないだろうか。誰もが、情報端末やシステムを利用し、誰とでも躍動的にコミュニケーションをとることができ、時間も場所も問わない自由な出会いや会話というのは、本当に身体的なコミュニケーションをとることができているのだろうか。私の作品は近未来に備える建築空間に対しての提案になる。今現在において、我々はどのような周辺環境、建築空間、人間関係を求めているのだろか。

3次元化に発展する情報化社会に建築空間がどのように対応していくことができるのか。私の作品は実験的であり、挑戦的でもある。建築家の固定的な設計プロセスを考え直すことが目的である。建築空間をパーソナル・ユニットとして設計していく。それは上記でも述べた身体的関係性を連続的に伝達していくことが可能になり、より人間らしいアクティヴィティを誘発させるだろう。

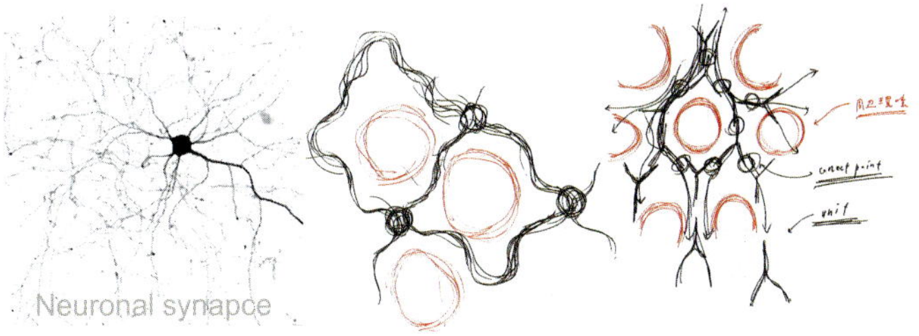

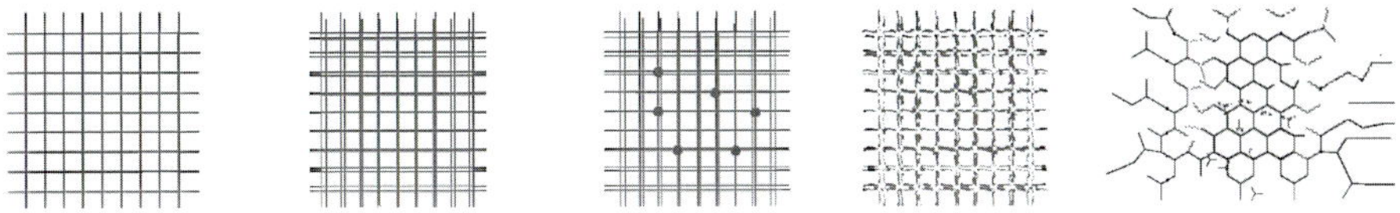

インフラストラクチャー　コミュニケーションラインとの二重構造　アクティビティと情報交換　既存システムの破壊と断絶　新たな関係性の生成

神経細胞シナプス部を参照し、流動的で連続的な形態を検討していく。

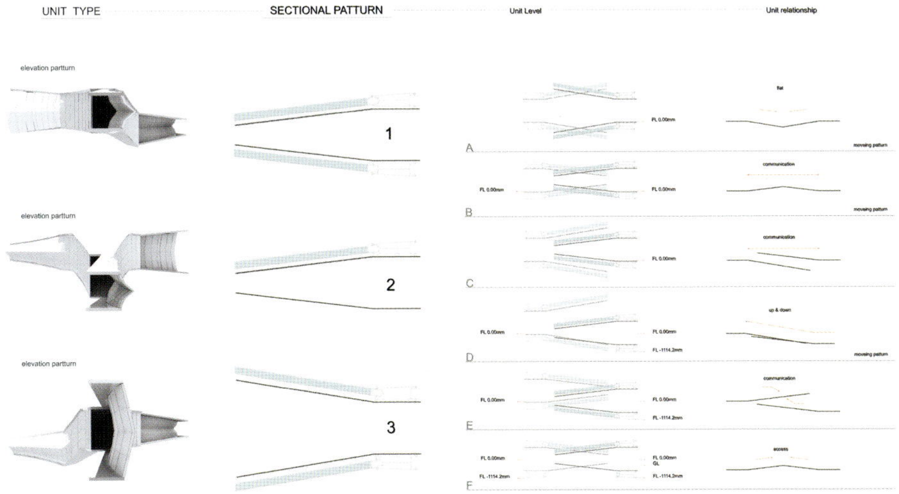

三叉に設計するユニットにはそれぞれに断面的な仕組みを施していく。

不連続時にはパーソナル空間として利用される。

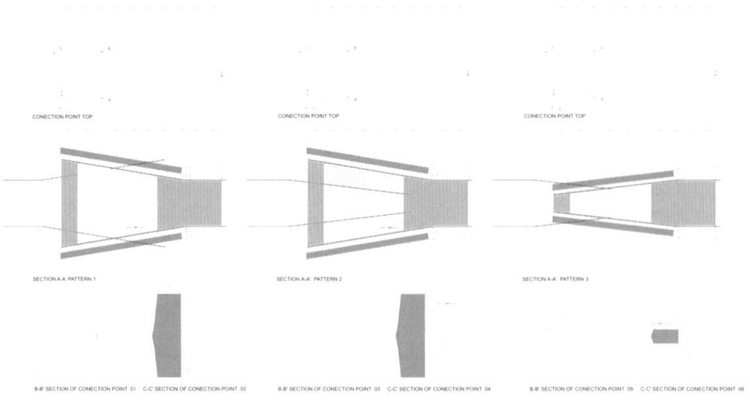

身体的なアクティヴィティを断面関係で築いていく。

連続時には各ユニット内が新しい都市サーキュレーション・システムとして都市内や海上に計画される。

審査員コメント

義基匡矢／ Self-Conversion Buildings 自己変換ビルディング

審査員コメント＠巡回審査

伊東：東京の都心が敷地と聞きましたが、その中身は?

義基：新しい都市のサーキュレーション・システムをユニットのメイン機能としており、具体的な機能は割り当てていません。

伊東：具体的なプログラムを設定したほうが、ずっとおもしろくなるんじゃないかな。こうしたものはプログラムなしではなかなか説得力が出ません。

義基：ここでは「動く建築」というテーマも設定しているのですが、プログラムを与える場合に恐いのは、トップダウンの考え方になってしまうことです。

伊東：そんなことはないでしょう。そもそもこれは、なぜ動くの?

義基：情報化社会が進捗するなかで身体的なコミュニケーションが少なくなると考えて、建築空間が人間の身体コミュニケーションを促す可能性を……。

伊東：それは観念的に考えすぎていると思う。10年前にも同じようなことが言われていたよ。ネットワークが発展すると、みんな動かなくなるに違いないと。ところが携帯電話が普及するほど人間は動くし、身体的な意味ではコミュニケーションもとるようになりました。頭だけでなく、身体的に考えないと。表現力はあるのだから。

古谷：これは都市構造モデルとして提案しているんですか?

義基：「都市」よりは、スケールの小さいものです。

古谷：どれくらい?　集合住宅ぐらい?

義基：スケールでいうと、それぐらいです。

古谷：プレゼンでは都市モデルのように聞こえたのですが、不思議だったのは、私有空間の最小化という話ですが、どういうことですか。

義基：私有空間をこのユニットの最小のスケールとする、という話です。

古谷：つまり残りは言ってみればパブリックというようなモデルですね。僕はそこに可能性があるように聞こえました。今の東京のような都市はその対極にあって、道路など公共的なものは最小限で、かなりの部分が私有化されています。それを反転するモデルのように感じたけど、そういう話ではないのかな?

義基：パブリックな意味が強いものになるのは確かですが、私有空間という言葉を使ってはいますがこれが個人ひとりの空間になるわけではないんです。ただ、これが他のどのユニットとも断面が重なっていない間は、ひとつの空間として独立します。その空間が動くことで他のユニットと連結し、全体で見ると街の中を縫うようなサーキュレーション／舗道のようなものになるという提案です。

古谷：なるほどね。僕が感じたのはこういうことなんです。私有される空間を非常に限られたものにしてオープンスペースをつくる。そのオープンスペースが占有されない度合いを高めていく。これは都市、街、集合住宅、住宅とスケールを横断して展開できる可能性もある。現在の占有しつくされたような都市と違う、しかし共産主義的でもない、別の共有概念みたいなものをどうつくるのか、という話なのかなと。

六鹿：どうしてこういう形になったの?　メガストラクチャーなんだよね。インフラストラクチャーと建物が総合的につくられているわけでしょう。

義基：そうですね。

六鹿：すると機能や動線上の分析、インフラや構造の合理化の帰結としてこの形が生まれたと言うと、説明としてすごく強いよね。

義基：なるほど……。

六鹿：さもないと「私はすごく感覚的な人間で、こういう形をつくってみたかった。そこに都市の機能をいろいろ入れてみたところ、とりあえずこうなりました」という受け取られ方をしてしまう可能性があるんです。デザインは洗練されていていいと思う。形態をバックアップするような説明を入れれば強くなるよ。丹下さんや黒川さん、槇さん、磯崎さんが若い頃やってきたことは、そういうことなんです。

審査員コメント＠公開審査

古谷：シナプス状に要素が連結していくような空間モデルの提案です。これは都市モデルなのかと思ったら、集合住宅くらいのスケールだそうで意外と小さかったですね。

伊東：なぜこれが動くのかと聞いたのですが、もうひとつ明快な解答が得られませんでした。表現力はあるので、具体的なプログラムを設定すれば、まだまだおもしろいプロジェクトになっていくのではないかと思いました。

4000000000kg
土木力学の建築への変換

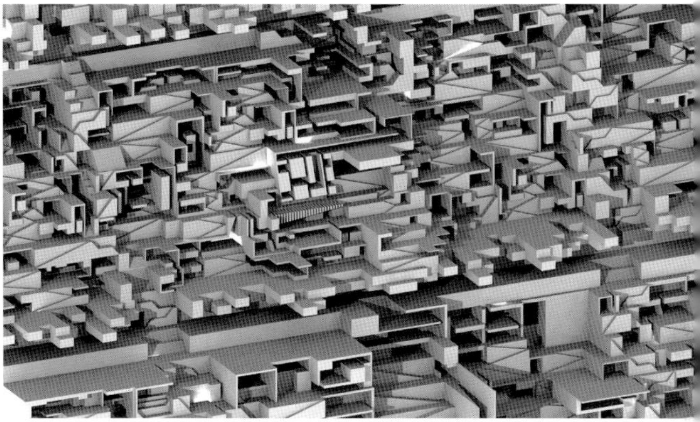

東京都西多摩郡の小河内ダムをホテルへと変換させる計画。ダムの傾斜面を5×5mのグリットで区切り、その一つひとつを突出、またはくぼませることでヴォリュームをつくり、ホテルの機能を満たす空間を生み出す。そのときの設計ルールは質量保存、最小表面積、ずらすことのできる許容値、重心位置保存。

Name:
今城 瞬
Imajo Shun

University:
東京理科大学大学院
工学研究科　建築学専攻
小嶋一浩研究室

Interview

Q:トウキョウ建築コレクションに参加しての感想

自分が設計したものをたくさんの人に見てもらい、評価され、議論をするという機会は本当に貴重な時間だと思いました。楽しかったです。

Q:大学や大学院での活動や研究内容

学部4年では都市のスケールを考える論文を作成し、その後卒業設計に取り組みました。大学院では設計課題、コンペ、インターン、研究室旅行、修士設計、修士論文と充実した時間をすごしました。

Q:修士修了後の進路や展望

現在はアトリエ系設計事務所に行きながら一級建築士の勉強をしています。

常に建築と敷地は表裏一体で関係しあい、同時になんの関係性も脈略もない。
　私はその場所になくてはならないものがそこに存在することが建築であってほしい。
　その建築がなかったら人間の生死までが脅かされるほどの影響力をもつなにか。
　そんな建築をつくりたいと考えた。
　そしてそれは400万トンのコンクリートの塊について考える日々のはじまりだった。
　世の中は同じもの似ているものではびこっている。
　場所には力がある。状況には力がある。
　そこにしかないもの、その状況でしか生まれないものをつくりたいと考えた。
　土木という分野を建築に置き換えることでダムを設計する。

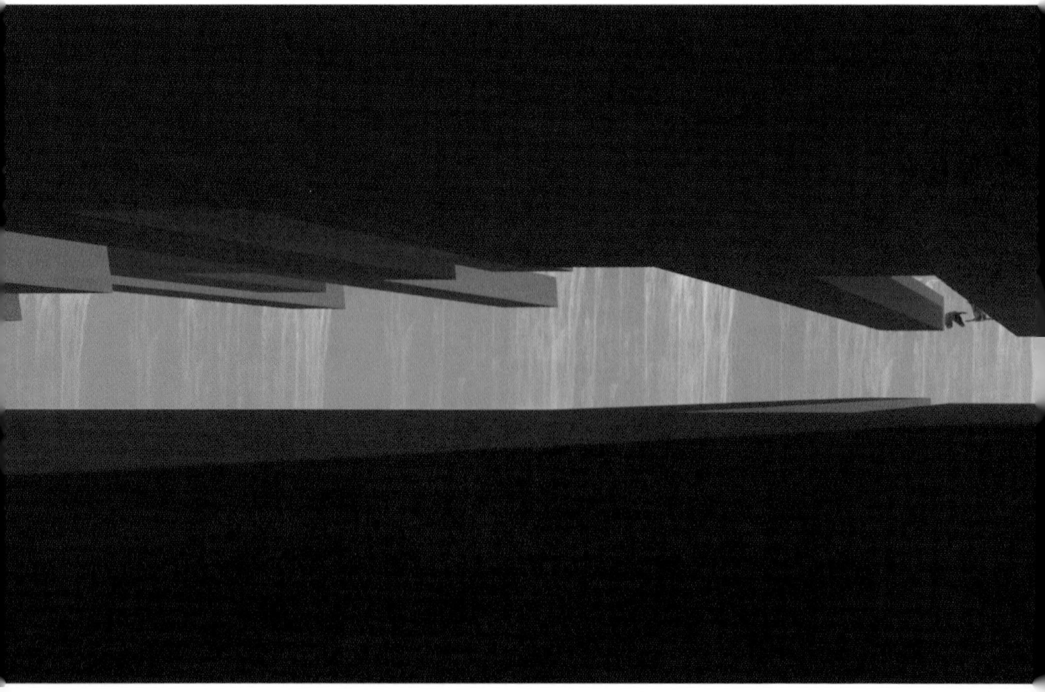

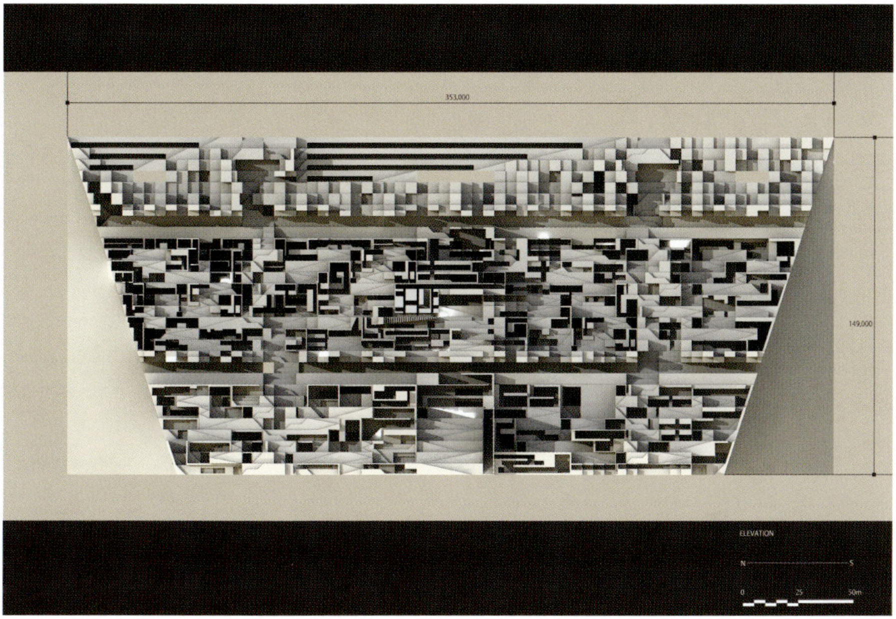
353,000
149,000
ELEVATION
N
S
0
25
50m

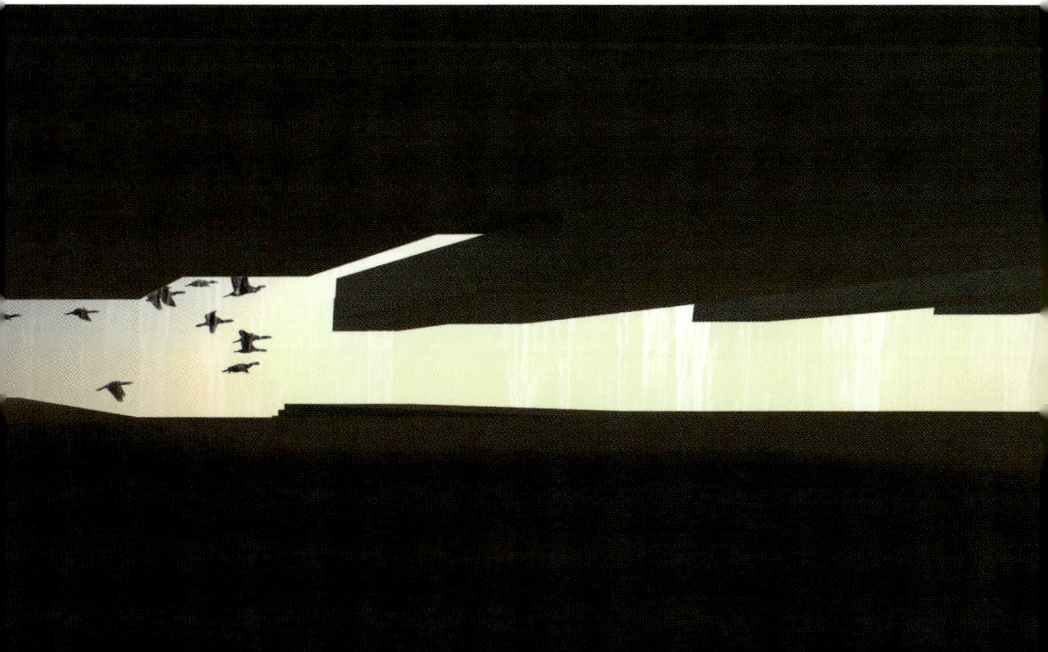

SECTION

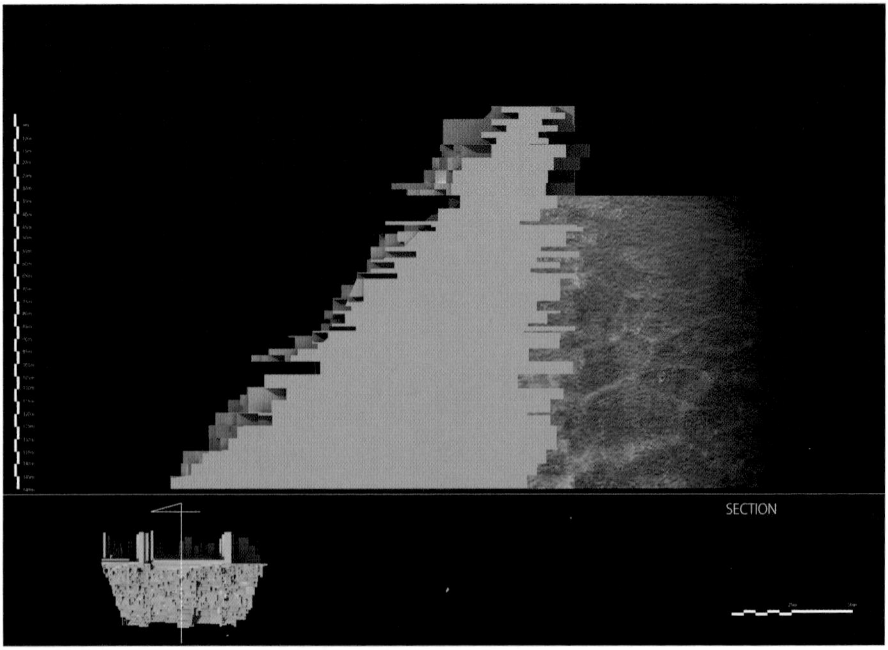
SECTION

4000000000Kg

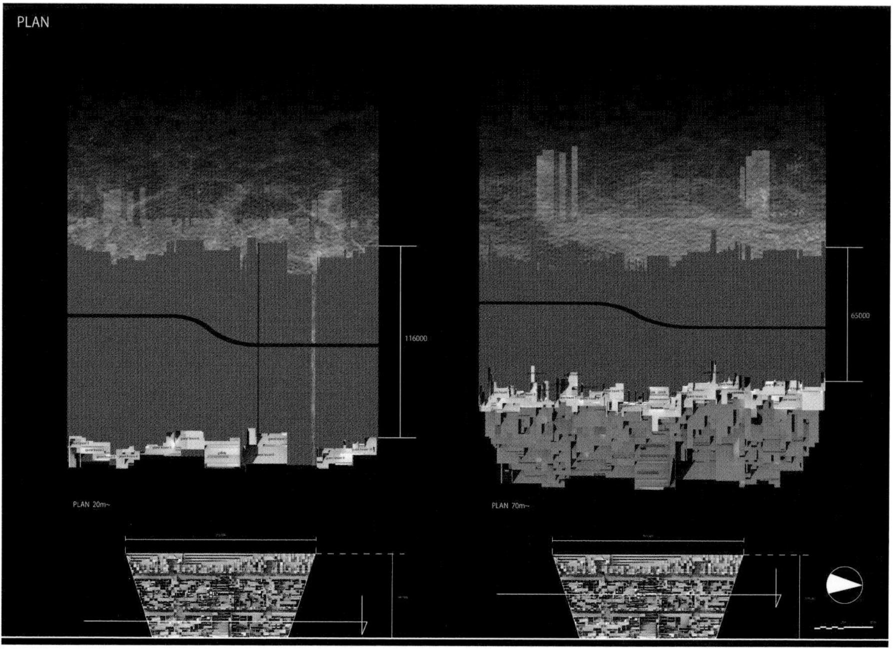
PLAN
116000
65000
PLAN 20m~
PLAN 70m~

審査員コメント

今城 瞬／4000000000kg 土木力学の建築への変換

審査員コメント＠巡回審査

伊東：水門を開けたときに流れるんですね。すごい風景だね。明快で分かりやすかったし、なかなか力強く、パワーを感じましたよ。

大野：ドローイングは上手だけれど、なぜこうしなければならないか、何を訴えたいですか?
今城：土木と建築の間をつくりたかったんです。
大野：形状の理由は?　水はきれいに落ちる?
今城：本当は平滑なほうが合理的です。水の流れのデザインは詰め切れていません。
大野：造形力があるのに少し工夫がなく説得力が足りない。たとえば、ダムの壁面を商業利用することで利益が生まれる、などといった努力、腹の底にずしんとくるものが必要ではないか。

手塚：既存のダムを壊してつくるの?
今城：既存のものはモデルで、新しくつくるときにこのようにしてはどうかという提案です。
手塚：あなたはダムが好きなの?
今城：好きでも嫌いでもあり……。圧倒的な環境をつくるほどの巨大な量塊は好きです。

長谷川：これは水没するんですよね?
今城：水に浸からないように空間自体は凹んでいて、奥行き方向に空間がある状態です。
長谷川：上を飛ぶんですね。水と一体になっていてきれいだし、いい風景ですね。アクセスは?
今城：山奥なので、定住というより一時的に滞在するホテルというプログラムに落ち着きました。

古谷：ここに住むのですか?
今城：プログラムはホテルで、ゲストルームが143室、そのほかスパやギャラリーもあります。
古谷：大がかりな構造だけれど、それが対象としている収容人数が割合少数だよね。
今城：ダムとしての塊を優先しました。
古谷：たとえば、ダム建設によって水没する集落のための居住空間といった、全体のプログラムのコンセプトがあればよかったかもしれません。

山本：ダムと一緒に居住環境をつくる案はおもしろいと思った。でも、リアリティを感じますか?
今城：ルールに則って設計したので……。
山本：自分のルールで決めるのはよいけれど、それを第三者に対して説得できなければ。

六鹿：ダムの構造的な約束ごとを守りながら違った使い方を提案しているのはクリエイティヴで課題設定がいい。室内から見る放流の景色は新鮮。
今城：見たことのないものをつくりたかった。
六鹿：ダムのあるところは景勝地であることも多く、それとダムの合わせ技で建築的なホテルをつくるとすごくおもしろい。ただね、壁にかかる圧力がすごいから、音がしたり動いたり……。スリリングでエキサイティングなホテルになりそう。造形感覚は強そうでいいね。

審査員コメント＠公開審査

手塚：大きな模型をつくったエネルギーと造形力には非常に感服しました。
六鹿：ダムの建設にかかるコストは非常に大きい。だからダムだけの用途ではもったいないというのは自然な思考の流れですよね。ただ、デザインは窮屈なことは考えなくていいと思う。景観を重視した、魅力的なホテルをつくればよい。非常によいセッティングで、ある意味ショッキングな提案でした。
長谷川：建築と土木はものすごくかけ離れている。でも土木のまわりには水や風、風景、いわゆる自然のエネルギーにあふれていますよね。ダムもそうなればおもしろいと思います。
山本：土木的なダムと建築を一緒に考える点は共感する。でもなぜ自分で勝手に理論をつくってそれだけで操作するのかが信じられない。この景色を背景にどんなホテルができるかと考えたほうがおもしろい。
伊東：大学での設計は自分で全部条件を決めなければならないから、閉じざるを得ないことはあるかなと思います。この案はダムに負けないだけの強さがあっていいと思いました。ブラッシュアップするといいと思いました。
六鹿：テクニカルなこともクリアしてうまく発展させていくと、今までの日本になかったおもしろい建築景観ができそうですよね。

1^7つ屋根の下

学生を対象とした集合住宅で、7つの急勾配の屋根を接続させて構成している。ひとつの屋根がひとつの住戸となっており、形態はシェアハウス。下階は間仕切壁のところどころに隙間があり、住人が自由に行き来できるつくりになっており、上階はロフト的にプライベートを保持できる空間となっている。

Name:
大中愛子
Onaka Aiko

University:
昭和女子大学大学院
生活機構研究科　環境デザイン研究専攻
杉浦久子研究室

Interview

Q:トウキョウ建築コレクションに参加しての感想

多くの人に作品を見てもらい、意見を聞くことができ、新たに発見したことや課題が見つけられました。このような機会をいただきありがとうございました。

Q:大学や大学院での活動や研究内容

研究室では、実際に街に出て、その場所のポテンシャルを活かした1/1のプロジェクトを行なっていました。

Q:修士修了後の進路や展望

駒田建築設計事務所

住宅の屋根が気になった。フラットルーフではなく勾配屋根。屋根は建築にとって極めて重要な部位である。雨や雪、風、直射日光から人間を守る。そして、集合すれば都市風景を形成する。屋根にはさまざまな形や色があり、屋根の住宅を見ると、いろんなことを想像する。どんな家族が生活し、屋根の下の空間はどうなっているのか。勾配屋根は家族を連想し、愛着をもてる。しかし、近年フラットルーフが増加し、屋根の意味が薄れていると感じた。

そこで、屋根の意味を〈雨露をしのぐもの〉、〈領域をつくるもの〉と再定義し、新しい勾配屋根の住宅を提案する。「一人一屋根」と考え、屋根同士をつなげ、領域をつなげていく。上部には、寝室を設け、誰にも邪魔されない場所をつくる。下部は、斜めの屋根により、見えたり見えなかったり、お互いの気配を感じることができる。「1[7]つ屋根の下」に生活することで、お互いの距離感を操作でき、居場所をつくることができる。

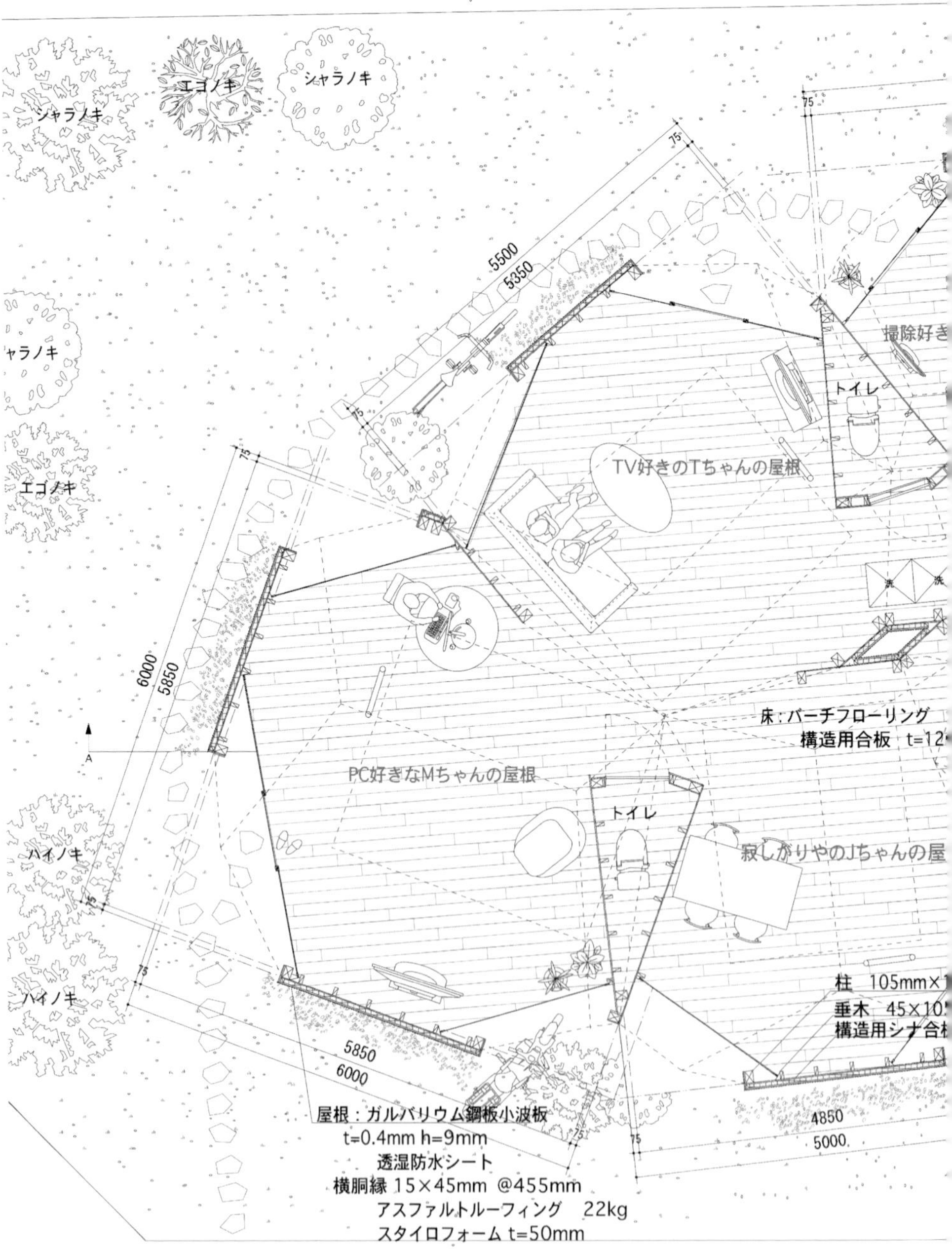

シャラノキ
エゴノキ
シャラノキ
ャラノキ
エゴノキ
ハイノキ
ハイノキ
5500
5350
6000
5850
5850
6000
4850
5000
75
TV好きのTちゃんの屋根
PC好きなMちゃんの屋根
寂しがりやのJちゃんの屋
掃除好き
トイレ
トイレ
床：バーチフローリング
構造用合板 t=12
柱 105mm×1
垂木 45×10
構造用シナ合
屋根：ガルバリウム鋼板小波板
t=0.4mm h=9mm
透湿防水シート
横胴縁 15×45mm @455mm
アスファルトルーフィング 22kg
スタイロフォーム t=50mm

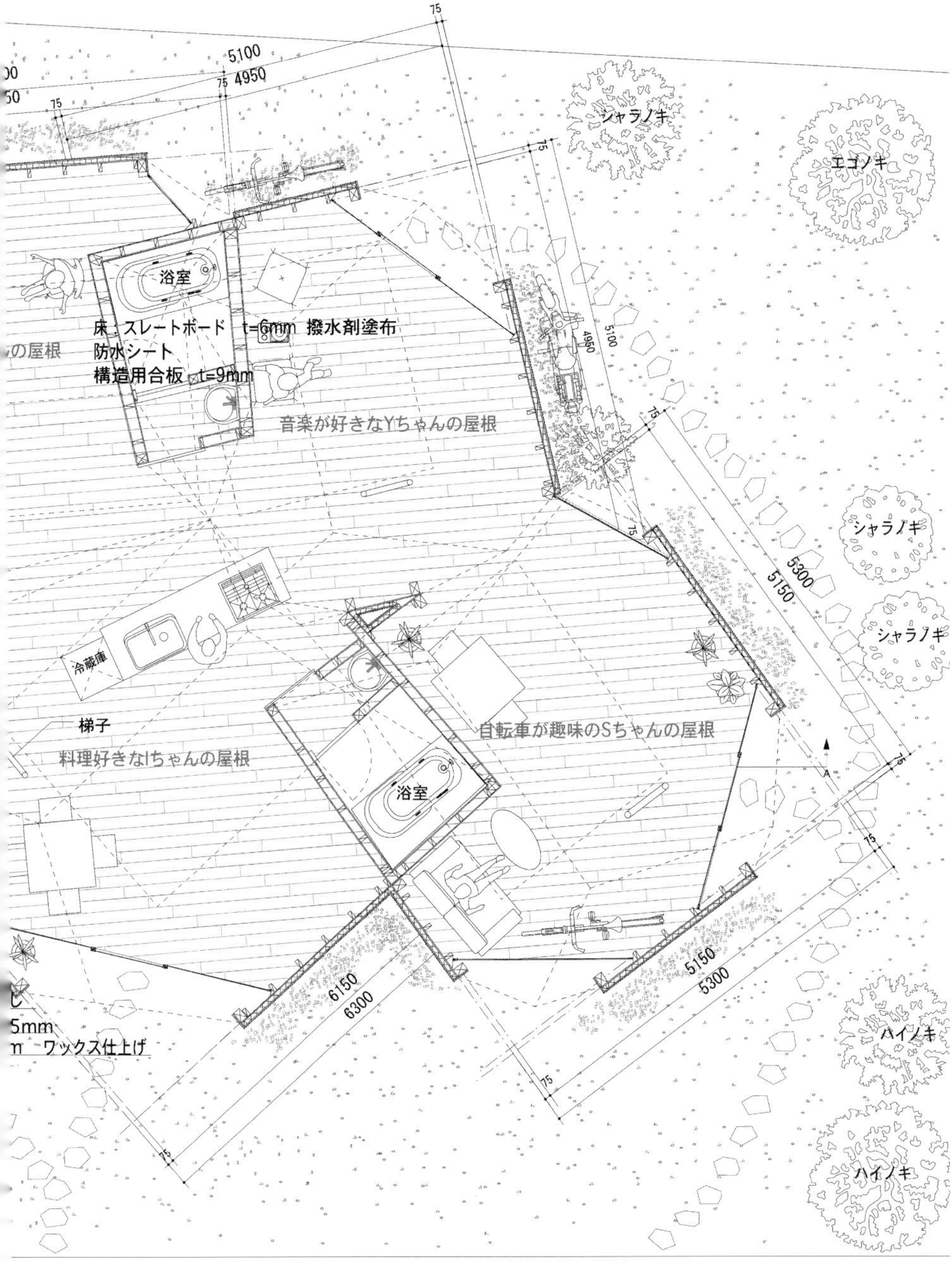

平面図　GL+505　S=1:60

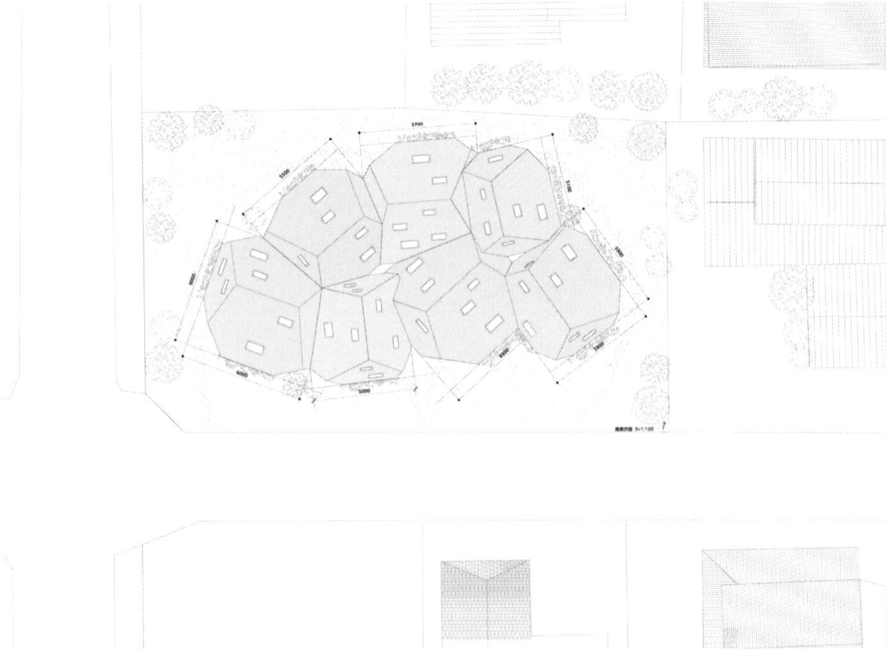

屋根伏図

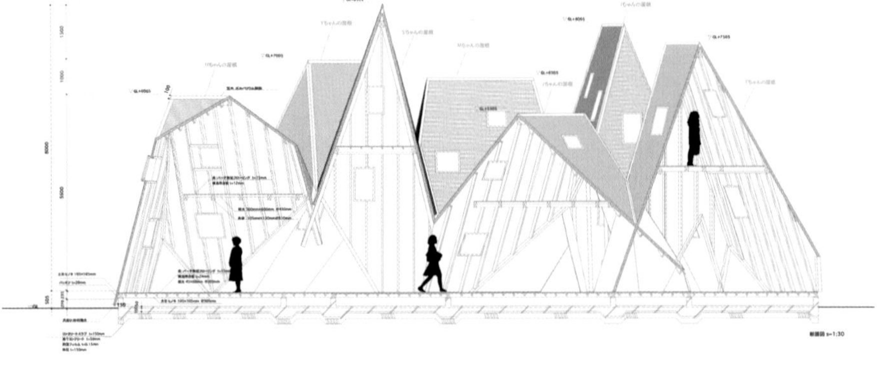

断面図

斜めの屋根により、見えたり見えなかったり、気配を感じる

一人になりたいときは上にいき、一人になりたくないときは下にいく

視線が抜ける場所

南立面図

審査員コメント

大中愛子／1[7]つ屋根の下

審査員コメント＠巡回審査

伊東：どういう人が、どういう生活をするのかな？

大中：屋根は家族を想像するんですが、これはおもに学生中心の生活を想定しています。一つひとつの屋根が個人個人で、下は自由になっています。そのときの気持ちしだいで、上ですごしたり、下で誰かと話したり、そういうことができる提案です。

伊東：20世紀はフラットルーフばかりになりましたよね。

大中：効率的で大量生産向きなので普及したと考えています。実際に設計する時には自由度がありすぎて、どうやって勾配を決めるか、すごく悩みました。

大野：屋根にはどういう効果を期待しているの？

大中：敷地は勾配屋根ばかりの住宅地ですが、自分の屋根を意識できれば、愛着をもってもらえるのではないかと思いました。

大野：こういう風景の中では、ひとつのモニュメントのように見える。気持ちは分かる。屋根裏のような場所に住みたいんでしょう？　外部は特徴的でそれに対しては何か思いますか？

大中：ひとつだけだと特殊に見えますが、実際はもう少し点在してほしいと思っています。

手塚：ある高さまで行くと、四角くなるの？

大中：H3100mmで切るとそうなります。

手塚：細くなってるところはすごくおもしろいよね。でもわりと普通なキッチンが並んでる。これだけ変わった住宅なのだから、キッチンも合わせて設計したいよね。でも一所懸命、小さなスケールの建築をしっかりつくろうとしているのがすごくいいと思っています。実際に建ったらいいよね。

古谷：屋根でできあがる風景は、ひとつだけではなかなかできない。ある程度、これが広がっていくというシナリオがあったほうがいいですよね。もう少しルーズに、もっと隙間を取り込みながらつながっていくような、そういう空間のパターンもあるのでは？

大中：屋根が接続する高さを、人が通れるように設定しました。広くすると接続部分の高さが低くなってしまい、人が通りづらくなってしまうんです。

古谷：全部がくっつかなくてもよくて。たとえば、この中庭は意味のない場所になりかかっているけれど、どこか隙間があって、そこから入り込めるようになっていれば、また別の意味が出ますよね。

山本：全体でひとつの住宅なの？

大中：7つの屋根でひとつの住宅です。住人は、周辺に3つの大学があるので、学生が中心です。

山本：学生でなくてもいいのでは？

大中：何かしらの関わりがある人たちが住んだほうが、よりコミュニケーションが活性すると考えました。

山本：でも、シェアハウスはもともとは知らない人たちでしょう？　現実に、そういう住み方がある。そうすると、こういうおもしろい形にふさわしい住み方を提案してもいいのでは？

六鹿：このデザインは、家族でない人がひとつ屋根の下に住むことが前提ですよね。そのようなコミュニティは現実にはありそう？

大中：学生のシェアハウスのようなものです。

六鹿：この外部空間が不思議だね。

大中：実際には、地下に大きな場所を設けて、滑りをよくしようと考えています。

六鹿：全部ここに雨が溜まってくるんだね。常識的にはここに中庭ができそうだけど、人は出入りできない空間になっているんだね。

審査員コメント＠公開審査

長谷川：急勾配のシンボリックな屋根の建物のために、なぜ切妻や寄せ棟の、3寸勾配、4寸勾配の立ち並ぶ敷地を選んだのかがわからない。

古谷：屋根を連接して、ある斜面地に景観をつくろうという提案はありうると思うんです。ただ1ブロックにひとまとまりだけで終わってしまっている。これが将来増えていくと、どうなるのかというヴィジョンが示されていなかったのはどうしてかな。キュッとくっついてしまったために、不思議な閉鎖された屋根に囲まれた、意味のない中庭ができてしまった。

伊東：18の提案のなかではかわいらしい、ほっとする提案ではありますが、ちょっと素朴すぎるかな。学生だけで住むのはもったいないと思いました。

連鎖空間研究
所与との対峙を通して

カルロ・スカルパのレスタウロ（改修）の手法を分析、抽出して、ふたつの抽象的な展示鑑賞空間を計画。ひとつは、長きにわたって変容してきた寺院を、もう一方は、短期間でめまぐるしく変化する都心のビルをモデルケースとする。いずれも見る者が自身の移動によって空間知覚できる装置となっている。

Name:
金光宏泰
Kanamitsu Hiroyasu

University:
早稲田大学大学院
創造理工学研究科　建築学専攻
古谷誠章研究室

レスタウロとは単に建物を修復するのではない。それは我々が現在未来にわたって生きるために生まれ変わらせることである。そして私の建築において、既存の空間が材料の一部になるのだ
Carlo Scarpa

空間の連鎖
スカルパの空間は新旧の要素が渾然一体となっているが、ごちゃ混ぜに溶け合っているのではない。これから行く先を垣間見せ、またすでに通ってきた道筋を反芻させるようにまるで一遍の物語を仕立てるように編まれている。
Carlo Scarpa Element Model

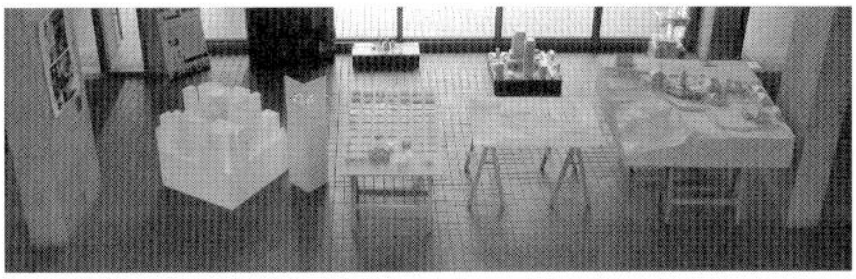

早稲田大学修士計画展示会風景

Interview

Q:トウキョウ建築コレクションに参加しての感想
沢山の方と知り合うことができました。手伝ってくれた後輩のみんな、素晴らしい5th Anniversaryを実現したスタッフのみなさん本当にありがとうございました。

Q:大学や大学院での活動や研究内容
カルロ・スカルパの研究をしました。イタリアに赴き、彼のドローイングを収集したり、1969年来日の際に訪れた桂離宮をはじめ、京都・奈良での彼の足跡を追いました。

Q:修士修了後の進路や展望
都内の組織設計事務所で海外プロジェクトを中心に実務を行なっています。いつか故郷に建築を建てたいと思っています。

計画1 ｜ CASE A：所与：現代の中心における連鎖空間のモデル

対象とする所与：都市

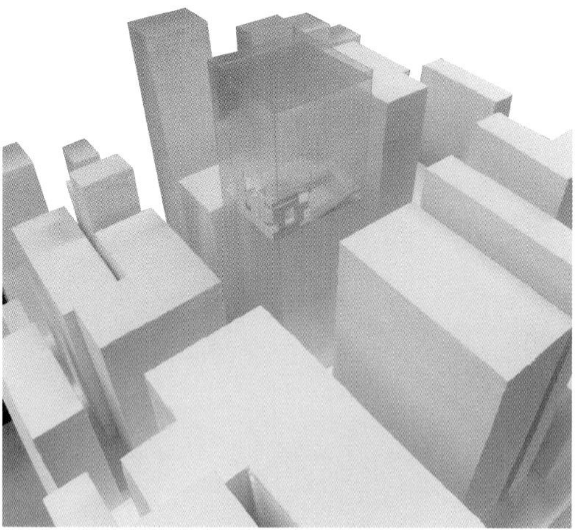

Model Urban

近代以降の資本主義によって形成された均質な都市を現代の中心における所与のモデルケースと捉え、連鎖空間のモデルとする。急速に変容更新する都市空間に対してテンポラリーな展示空間を増築する。所与である既存のビルに対して都市に対する知覚を再編集する場を形成する。

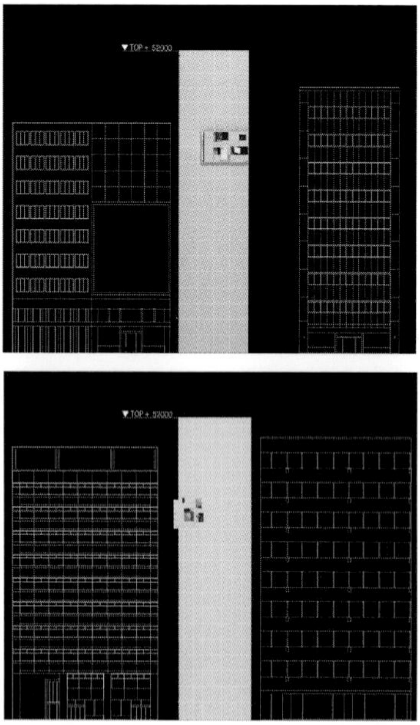

Montage Elevation Urban

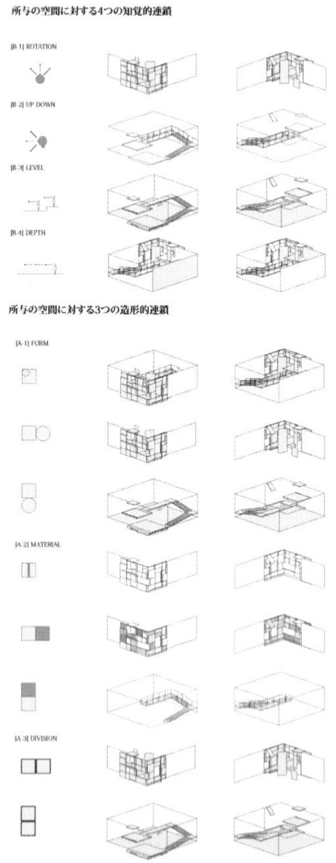

本計画は所与の空間と対峙し、空間を更新する手法の試案である。

所与に対して最小限の要素を付加することで既存の空間性を継承しながら場所を更新する。人間の空間知覚を、所与の空間そのものあるいはそれを構成する小さな要素から、限りなく

計画2 | CASE B:所与:現代の周縁における連鎖空間のモデル

対象とする所与:周縁

長大な時間を費やし形成されながらも、現代の変容から取り残されたとも言えるある神仏混淆の寺院集落を、現代の周縁における所与のモデルケースと捉える。

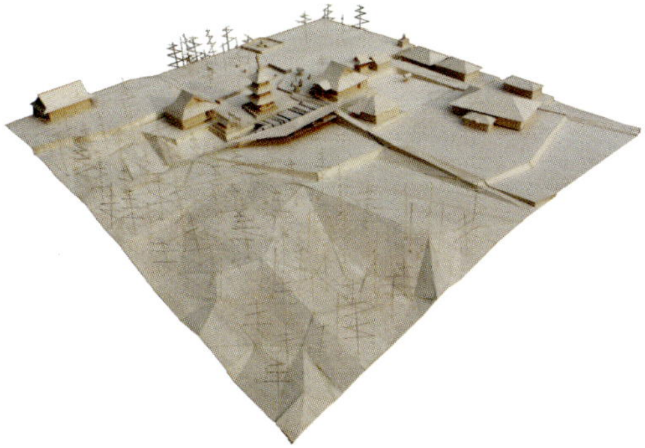

Model Frontier

Fragments Plan Frontier

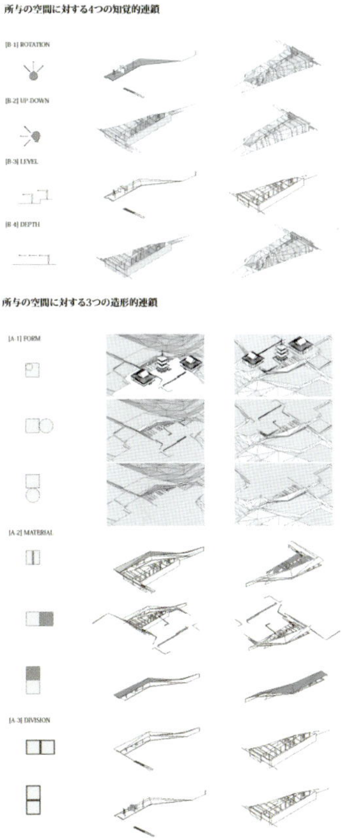

広大な空間へと結びつける空間の更新の手法を提示し空間化することを目的とする。

計画:モデルを検証するにあたって、所与の空間の更新の速度に着目し、対比的にふたつのケーススタディを行なう。

計画1 ｜ CASE A：所与：現代の中心における連鎖空間のモデル

Sequence Urban

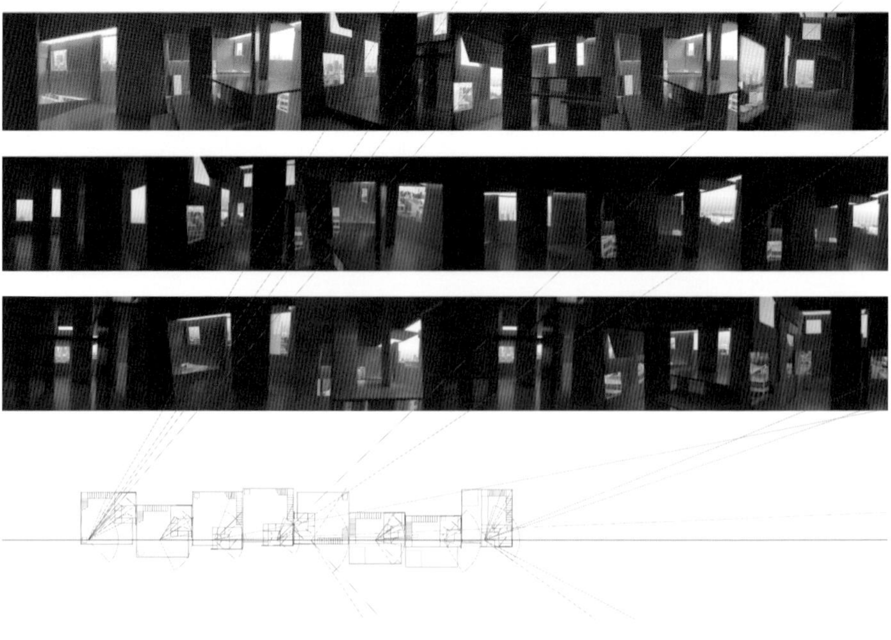

Perspective
集積する部分は視線の3次元的展開を促し、部分によって関係づけられる小空間群は知覚の振動性をもって接続され、空間の全体性は一望できない。

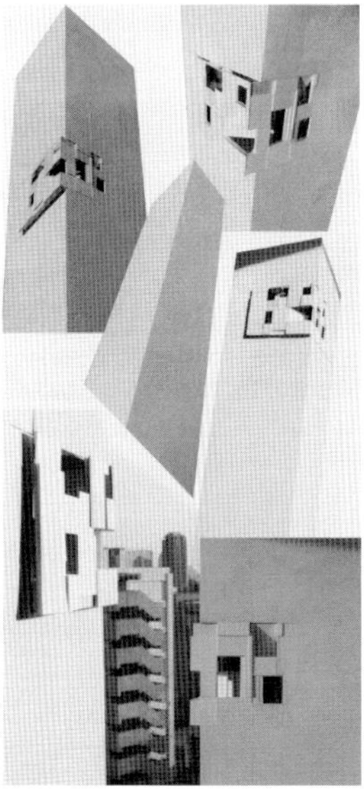

Montage Urban

Fragment Moving the Focus
知覚距離の変化するフォルムの断片への視座は、近景の微細な肌理、遠景の粗い肌理によって単一焦点を失い、その間に浮遊する展示物と都市のイメージは不規則に結びつきながら、所与の風景を解体していく。

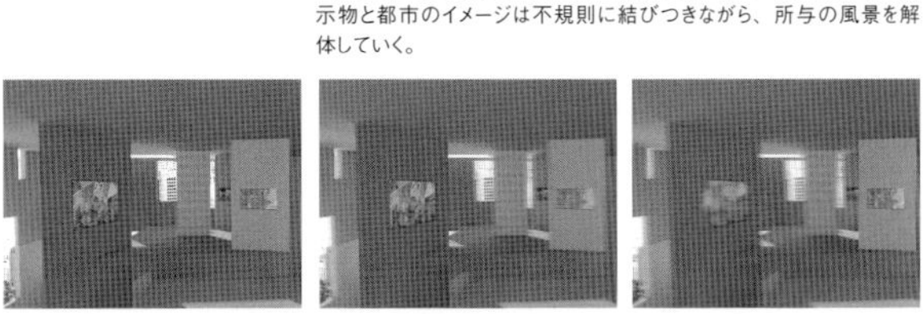

計画2 | CASE B:所与:現代の周縁における連鎖空間のモデル

Sequence Frontier

North Elevation
Frontier

Sequence Frontier

West Elevation
Frontier

審査員コメント

金光宏泰／連鎖空間研究 所与との対時を通して

審査員コメント＠巡回審査

伊東：スカルパのすごく濃密な、凝縮されたものを言語化、分析して意味がある？　深入りかも？

金光：「そこに存在しているものに対して建築家が新しいものをつくりたい」というスカルパのモチベーションがこの計画のなかで重要な部分だと思いました。

伊東：一つひとつはよくできているんだけれど、もう少し古いものに突っ込んでもよかったのでは？

大野：それぞれの計画の違いは？

金光：スカルパは日本的な連歌のようなつくり方をしています。それを折り込み、具体的空間のイメージに落とし込んだのがこちらです。

大野：テイストがスカルパのようではないですが？

金光：ひとつめは展示の方法に関して似ていると思います。ふたつめは都市で設計するにあたって多いシチュエーションだと思います。

大野：お寺はリノヴェーション例はあまりないし、普通は和のテイストにしますがチャレンジしている。ただ都市の提案の意図が分からない。

手塚：君の設計では、建物には手をつけてないね。

金光：建築物も土地も自然も全部等価に扱いたいと思ったので、石垣の部分を内部空間として引用しながら石垣の地形を建築的に増築しました。

手塚：既存のビルではファサードを隠しているね。

金光：できるだけ抽象的な、汎用性があるモデルとして扱いたかったからです。

長谷川：スカルパは新しい空間と古い空間をただ連続させるというより、マテリアルやランドスケープ、水をきれいに見せるディテールなどをすごく上手に新しい建築に導入している。その先が出てくるのかと思っていましたが、スカルパとは距離があって残念でした。

古谷：ふたつのケースで時間の流れが違うとのことですが、それはどう計画に反映されているのかな？

金光：寺院の計画では、そこに存在するものの形を尊重していかに引き継ぎつつ、場所や素材などを引き込むように反映させました。ビルでは、変化するイメージが錯綜するように、ひとつのイメージで空間が固定しないように考えました。

古谷：スカルパ的な対比的手法として逆もありうる。ゆったりとした時間の流れる空間に短時間で変化する空間をもち込むことによって互いの時間の長さや軽さ、自由さが引き立つ、対比できる気がします。

山本：これは美術館？

金光：かなり抽象的に捉えたのですが、寺院周辺の集落に対するコミュニティの場になっています。

山本：あなたの理論で今まで守ってきた景観と全然違う風景になってしまう。それをよしとしている？

金光：プランは強い形になっていますが、できるだけ既存の情景を壊さない形にしています。

六鹿：これをやろうと思った動機は？

金光：卒業論文でスカルパのドローイングとディテールに関して研究をしていました。修士では単にモデル化を行うだけではなく、スカルパの精神、設計態度を現代に、日本に置き換えました。

六鹿：スカルパ的な手法を使いながら、あなたのテイストで古い空間を鑑賞できる展示空間を挿入、再編していったんですね。造形的にすごく上手。

審査員コメント＠公開審査

伊東：研究、リサーチからデザインを連続させようとしている。造形力があって、なかなか魅力的なデザインになっていると思いました。

山本：ビルの中と寺。それぞれに違う歴史があるだろうし、同じ手法でできるとは思えない。

長谷川：日本の漆喰など、さまざまなものをもっと研究した上で新しく建物に活かすべきではないか。新旧が離れずに融合しているところにスカルパの楽しさやおもしろさがある。この案のような対峙する空間だとコンセプトに違和感があります。

大野：建築家が長い間伝統建築から遠ざかっていたので、若い人の取り組みとしていいと思いました。ただ、ひとつだけに力を込めたほうが見応えがあってよかったのではないか。相対化されて手法だけが浮かび上がり、薄くなった気がする。

全国修士設計展｜公開審査会

各案の詳細なレビューは、出展者ごとのページの末尾に巡回審査とともに掲載した。
ここでは、公開審査のうち「全体の感想」と「グランプリと各賞の決定」についてまとめる。

審査員：

伊東豊雄
大野秀敏
手塚貴晴
長谷川逸子
古谷誠章
山本理顕
六鹿正治

「研究と設計との関係性、人への伝え方」

古谷誠章:いまここにいる7名の審査員が、1次審査をそれぞれ個別に行いました。1次審査では全作品を見た上で、ぜひここに来てほしいという人には二重丸をつけました。つまり審査員のうちひとりでも二重丸をつけた場合は、ここにいらっしゃるんですね。そのほか気になる作品にはそれぞれ丸をつけ、すべてを集計し、点数化するというプロセスを経ています［p.388］。118あった応募作品のうち選ばれたのは本日ここにいらっしゃる18名の方たちです。18名の方には、午前中にプレゼンテーションをしていただき、午後は展示を前に審査員が巡回しながら出展者と直接対話を行いました。

それではグランプリと各審査員賞を決める公開審査をはじめようと思います。まずは全体の感想を審査員のみなさんに順にお聞きしたいと思います。

伊東豊雄:巡回審査のときに、模型を前にして初めて自分の言葉で話してくれたという印象です。最初からこれをやればよかった。1次審査や午前中のプレゼンテーションはいったいなんだったのだろうかと虚ろな気持ちになりました。

100を超える応募作品があったなかで、どれも非常にきれいにプレゼンテーションされて力がこもっており感心しましたが、その大部分が研究から設計という連続のプロセスを辿っていました。研究することと設計することは別のもののような気がするんです。研究の成果によってデザインが自動的にできてしまうようなプレゼンテーションは、僕にはつまらなかった。

古谷:トウキョウ建築コレクションは今年で5回目を迎えています。伊東さんは今回初めて審査員として参加いただいております。僕は4回目の参加となるのですが、いま伊東さんのおっしゃられたことは毎年のように話題に上っています。修士設計の場合には、リサーチを受けて設計というスタイルが一部に浸透している。論文の形式をとっていないと修士設計を受けとらない大学があり、そのことが災いしているのではないかと思う。

伊東:そのことによってデザインの経験がスポイルされてしまうケースがかなりあるのではないでしょうか。

大野秀敏:卒業制作の時期と重なり、ちょうどいろいろな作品を見ているところですが、ここにあるものは修士のレヴェルにふさわしいものだと感じた。とくに2次審査に残っているものはアプローチにバラエティがあっておもしろい。

ネガティヴな感想を言うと、独り建築というべきか、オープンハウス建築というべきか、そのへんでぱっと見てきたようなつまらない建築体験を再現しようとしているものがけっこう見られた。

一方、いわゆるリサーチと設計が分離しているものもあるが、さまざまにデザイン的なことを試みながらひとつの結論に導いていくという意味においては、修士設計というものが日本に定着してきていると感じた。また、トウキョウ建築コレクションのようなコンペティションは、学生主体で行なっていることも含めてすばらしいと思います。

古谷:大野さんは2008年にも審査員を務められていますが、前回と比べてはいかがでしょうか?

大野:全体的によくなっている気がします。以前は卒業設計を少しがんばったというようなものが多かったが、今回は修士らしい建築的なインテリジェンスを感じるものが多かった。

手塚貴晴:審査していて強く感じていたのは、つらい言い方かもしれないが、建築に興味を抱いていない人が多いんじゃないかということです。私は、自分が設計をしていておもしろくてしょうがない。そのぐらい建築は楽しいはず。

コンテクストやさまざまな条件の話はおもしろいはずなのに、コンテクストと切り離して考えたい、もしくは建築の使い方に興味がなく、建築をもっと抽象化させて考えたいというコメントが多くて私はすごく心配になりました。これは教員である私たちの教育の問題なのかもしれない。ですから、建築は楽しいということを教えなければならないと切実に感じた4時間でした。一方でインスピレーションを受けるものもいくつかありました。

長谷川逸子:私は去年に引き続きここに座っているのですが、今年も同じような感想をもちました。先ほど伊東さんの言われたように、修士設計が調査や研究とセットになってい

ることがはたしてよいのかどうか。修士まで進みながら、この人たちはこれから建築の設計に進んでいくのだろうかと疑問に思う作品がある。リアリティがなくてもいいんですよ。建築の未来を描くのでもよい。しかし、そもそも「建築の思考」から遠く感じるものがある。私的に応募している作品もあり、大学の先生から評価を受けたものではないから、そういったものがあるのも仕方ないことかもしれないが、スタートの部分でだいぶ差があるように感じています。日本の修士の設計とは、どういうものであるべきか疑問に思っています。

山本理顕：つい最近行なわれた、「五大学卒業設計合同公開講評会」の審査でも感じたことです。人に伝える努力をしないからだと思うのですが、自分でつくった理論が内側に閉じている。仮にそれが首尾一貫していたとしても、人に伝達し共感されるものにしようとする意識があるのかどうかが引っかかった。自分でつくった理論を緻密にしていくことはもちろん重要です。しかし、緻密にすればするほど閉じてしまい、人に伝達できないものになっている。緻密にすることで充実感はあるのかもしれないが、人に伝達するものになっていないものが多いんじゃないかと思いました。

六鹿正治：私がどのような点に注目していたかをお話しいたします。スタディや調査研究の結果、みなさん自ら問題設定をされるわけですが、そのレベルがどの程度のものなのかという点がひとつ。また、問題設定のありようが、調査、研究によって一定のレベルにまで達していたとして、そこから新たな提案としてクリエイティブなものに飛躍しているかどうか。その2点に注目して見ていました。今はちょうど設計組織も新卒採用の時期ですから、たくさんのポートフォリオを見るんですね。そういう流れのなかで言うと、完成度という点では、さすがに修士設計だと感じました。

古谷：まずは午前中のプレゼンテーションについて。パソコンを操作しなければならないことと関係しているのかもしれないが、どうも原稿を棒読みしていておもしろくない。ナレーションのようなしゃべり方で、人に自分のアイデアを伝え、説得するためにプレゼンテーションをしている人がほとんどいなかった。多くは画面に向かってしゃべっていて、ここに並んでいる僕たちに向かって「こうでしょ!」と説明してくれている人がほとんどおらず残念でした。あれでは通じない。

一方で、伊東さんがおっしゃっていたとおり、みなさんさすがに模型を前にして原稿を読む人はいなかった。つまり、直接話してくれる。それでも往々にして——事前に想定問答を考えてたのかもしれないが——質問したことに対して、ピンポイントで答えてくれず長い説明がはじまってしまったりするのももどかしい。内容もさることながら、自分のアイデアを人に理解してもらうことに、もう少し意識的であってほしいと思いました。

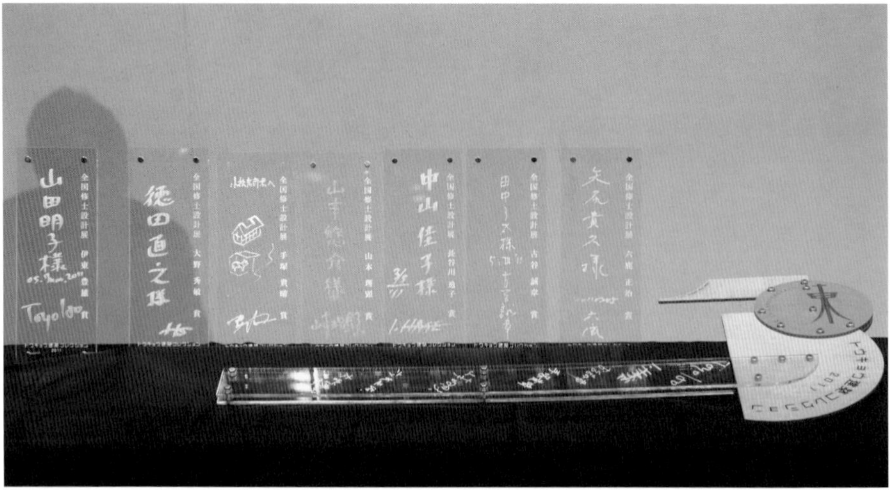

僕は5年前から見ていますが、表現技術も含めて作品のレベルは上がっていると思います。だが逆に言うと、いくつかの型に収まっているような感じがする。型破りなものがなかなかない。すばらしい、よいイベントだと思うが、功罪、相半ばするところがあって、5回目ということもあるのか、みんな似かよってきてしまった。

先ほどのリサーチの問題でいうと、僕は自分の学生には、リサーチは大学院生なのでやっていて当然だと言っています。たとえば、いろいろな場所を旅して歩くのは当然なんだけれども、それは修士までの6年間で自分がやっていればいい。言い換えると自分のポケットの中に入っていればいいことなんです。しゃべらなくていいことがらです。「君のこれすごくおもしろいけど、どこからヒントを得たの?」と聞かれたら、「ちょっと篠原一男が」と言えばいい話なんです。

自分のデザインのモチーフを豊かにしていくために、いろいろな勉強をして、作品を見て、分析をするのは当然として、その上で自分の創作物として作品がバンと前に出てくればいい。作品をうっかり出して、「そんなヘナチョコではだめだ」と言われた時に、思わず「これだけやったんです」と出すようなことをするなと僕の学生には言っているのですが、それでも出てきてしまうのが残念です。

「なにかを生み出すためのメッセージとしての修士設計」

古谷:グランプリと各賞をそれぞれ決めていきたいと思います。まずはグランプリ候補を最大3点ずつ挙げていただきます。どなたからでもけっこうです。まずは言っていただいて、ばらつくようであれば絞っていこうと思います。

山本:私はふたつ候補を挙げたいと思います。ひとつは水野(悠一郎)君の「空本」[p.013]、もうひとつはまったく正反対ともいえる提案ですけれども山本(悠介)君の「集落の学び舎」[p.063]です。

六鹿:私は課題設定と課題解決のセットとしての作品で、「公営住宅再考」の矢尻(貴久)さん[p.071]と、「現代的村落共同体」の中山(佳子)さん[p.047]。

大野:僕はですね、「酪農家の家」の小松(拓郎)さん[p.039]と、「未完の空間」の徳田(直之)さん[p.031]。

長谷川:私は「空本」と「Cathedral for Social Activities」の山田(明子)さん[p.023]。

手塚:すごく難しいんですけど、「空本」と「集落の学び舎」にします。

伊東:一押しは山田さんの「Cathedral for Social Activities」

です。「空本」もいいんだけど、これはいつも僕が批判しているタイプの作品だし、いま僕が推すと決まってしまうからな(笑)。

古谷:括弧つきにしておきましょうか。

伊東:そうですね。

古谷:僕が1次審査で二重丸を付けたのは「空本」です。修士設計は、社会性をはじめとしてさまざまな観点から評価されるべきだと思います。その一方で、これから社会に出ようという人の初心表明として、修士設計がなにかを生み出すひとつのメッセージであってほしいと思うんです。このやり方から次もなにかをひねりだそうという意気込みを感じたのが「空本」でした。

伊東:決まりですね。

古谷:そうですね。ノミネートされた数の多い水野さんの「空本」をグランプリとしてよろしいでしょうか?

一同:はい(拍手)。

古谷:では、次に審査員個人賞を挙げていただきましょう。個人賞はグランプリ以外から選びたいと思います。個人賞につきましては複数の審査員が重なってもかまいません。必ずしも避けなくてよいので、重賞ありということです。

伊東:私は山田明子さんの「Cathedral for Social Activities」に。

大野:私は「未完の空間」の徳田さんにします。

手塚:さすがに自分の研究室から賞を出すわけにいかないので「酪農家の家」の小松さんにします。

長谷川:伊東さんに取られてしまいました。重ならないほうがいいので、「現代的村落共同体」の中山さんにします。

山本:山本さんの「集落の学び舎」にします。

六鹿:私は「公営住宅再考」の矢尻さんに。

古谷:私も自分の学校を避けて「融即建築」の田中(了太)さん [p.055] にします。では審査員のみなさん、最後に一言ずつお願いいたします。

伊東:長時間お疲れさまでした。いろいろ勝手なことを言いましたけれども、とてもおもしろい議論がたくさんありましたね。とてもよい1日だと思いました。

大野:「空本」は推していなかったんですが、感銘深い作品だったのでグランプリは妥当だと思いました。学生の作品に触れるのも楽しいですし、審査員の人たちの発言を聞いて心に念じておくことも楽しい。ありがとうございました。

手塚:「空本」は、グランプリからはずれたら私が審査員賞をあげたいと思っていました。その一方でグランプリになってはいけないとも思っていたんです。先ほど伊東さんもおっしゃっていましたが [p.022]、建築家にインスタレーションさせて、それがおもしろいとすばらしい建築家だと評価するような傾向があります。要は安上がりのアーティストみたいに美術館の方たちが扱っている。こういう状況はすごく危険だと思うんですよね。ここで「空本」をグランプリにしてしまうと我々が危険な方向に進めてしまうのではないかと思ったんです。建築はアートに成りうると思うんですよ。でも建築とアートは絶対にイコールではないので、それだけはみなさん覚えていてほしいと思います。建築は50年、100年を越えて社会に力を発揮するものです。

長谷川:流行のインスタレーションとは違って、「空本」は建築のはじまりだと思います。たくさん建築家のインスタレーションはありますけど、「空本」は建築としての枠組みで考えていると思いました。昨年のグランプリ作品は、エチオピアでのプロジェクトでしたが、社会性を巡って私ひとりで相当受賞に反対した覚えがあります(「全国修士設計展｜公開審査会」『トウキョウ建築コレクション2010』[建築資料研究社、2010、pp.164-173] 参照)。今日、理顕さんが言っている社会性については [p.070]、ぜひみなさんも考えるべきよい課題だと思いました。

山本:今日は初めからイライラしていると言いましたが [p.062]、本当に閉じていかないでほしいと思いましたね。みんながつくる建築はこれから社会を変えていこうというときに必ず役に立つはずなんだよね。自分の考えは必ず他者に伝わると信じて閉じないでやってほしいと思います。

六鹿:この種のコンペの審査員は初めてなので、それぞれの審査員の方々の話は私自身も勉強になりました。手塚さんの最後のコメントは非常に大事です。コンペに際しても真正面から問題を捉え、そして真正面から答えようとする人が非常に少ない。それと同じような状況が修士設計そのものにもあると思うんです。つまり、ある具体的な場所を選んで、具体的な課題を見つけ出して、それに対して具体的にデザインで答えていくという、当たり前のやり方をする人が減ってしまうのを非常に危惧しています。確かに「空本」もベトナムの「集落の学び舎」もそれぞれにおもしろいんですが、そうではないものも、きっちりとこういう場で評価されなければいけない。課題設定が極めて現実的で、それに対する解答も極めて現実的というプロジェクトが併せて同時に評価される必要があると思います。ですからそういう問題意識をもっている人もめげずに、どんどんこういったコンペに作品を出してくださることを期待しています。

古谷：修士設計までは必ずしも社会的であることだけが重要なのではないと僕は思います。これから建築を設計する者として自分がなにに依って立っていくのか、自問自答する意味もある。そこになにか確固たる自分の方針を見出せるかどうかが修士計画、修士設計だと思うんです。修士で卒業設計のもっとすごいやつをやろうと思っても絶対できないんですよ。2歳年をとっているので卒業計画のときの馬鹿力は絶対出ない。その代わりに、知力を使う術を知り、提案力をもっていてほしい。

それはしかし今日までで、ここにいらっしゃるみなさんは4月1日からは社会に出て活躍されるでしょうから、そこからは社会のなかにあって社会性をもって提案していかないと、なんの役にも立ちません。いい想い出になりましただけではだめで、今日の審査会での経験を武器にして社会に対して提案できるよう社会性をもって、ぜひ世の中に出ていってもらいたいと思います。活躍を期待しております。

［2011年3月5日、代官山ヒルサイドテラスにて］

全国修士論文展

「全国修士論文展」開催概要

今年の「全国修士論文展」は、全体テーマの「建築家とは何か?」の下に、建築分野の可能性を広く伝えることを目標としました。全国から分野を問わず集められた修士論文の中から、審査員による審査会で選ばれた11点の作品を3月1日(火)から3月6日(日)までヒルサイドフォーラムにて展示。査読を通過した論文の概要だけではなく、パネルなどを通して本論にも目を通していただける会場構成としました。3月4日(金)にヒルサイドプラザにて開催された公開討論会では、出展者の方々に展示されたすべての論文を発表していただいた後、建築業界の各分野でご活躍されている方々をコメンテーターに迎えた討論を行いました。

発表者とは異なる専門分野のコメンテーターや出展者との活発な議論を行うことで、大学や分野ごとに完結してしまいがちであった論文を題材に、論文の相互理解を促すのみならず、社会の中での研究の価値について考えていきます。

全国修士論文展 コメンテーター紹介

上野 淳 うえの・じゅん

1948年岐阜県生まれ。1971年東京都立大学建築工学科卒業。1973年同大学大学院修士課程修了。1977年同大学大学院博士課程修了（工学博士）。1977年東京都立大学工学部助手。1984年同大学助教授。1993年東京都立大学工学部建築学科教授。2005年首都大学東京都市環境学部教授・基礎教育センター 長。2009年より首都大学東京副学長・大学教育センター 長を務める。

斎藤公男 さいとう・まさお

1938年生まれ。1961年日本大学理工学部建築学科卒業。1963年同大学院修了。1991〜2008年日本大学教授。2007年日本建築学会会長。日本建築学会賞、日本建築学会教育賞、日本建築学会選奨、建築業協会賞、Tsuboi Award、E.トロハ賞など受賞多数。主な作品に「ファラデーホール」「出雲ドーム」「酒田市国体記念体育館」「唐戸市場」「山口きららドーム」など多数。著書に『空間 構造 物語』（彰国社）など。

佐藤英治 さとう・えいじ

1963年東洋熱工業設計部・工事部、1972年ハヤカワアソシエイツ（ロスアンゼルス）設計技師、1976〜84年グアムパシフィックモディア副社長、1978〜84年SEVジャパン取締役を経て、1985年よりイーエスアソシエイツ代表取締役を務める。主な作品に、「関西国際空港（ローカルコンサルタント）」（設計:レンゾピアノビルディングワークショップジャパン）、「せんだいメディアテーク」（設計:伊東豊雄建築設計事務所）、「金沢21世紀美術館」（設計:妹島和世＋SANNA）など多数。

平沢岳人 ひらさわ・がくひと

1964年大阪府生まれ。1988年東京大学工学部建築学科卒業。1990年同大学大学院修士課程修了。1993年同大学大学院博士課程修了（工学博士）。1997年建設省建築研究所研究員、同主任研究員、同研究主幹を歴任した後、フランス建築科学技術研究所（CSTB）客員研究員、欧州情報数学研究コンソーシアム（ERCIM）リサーチ・フェローを経て、2004年千葉大学助教授。2007年より千葉大学大学院准教授。

布野修司 ふの・しゅうじ

1949年島根県生まれ。1972年東京大学工学部建築学科卒業。1974年同大学大学院修士課程修了。東京大学助手、東洋大学助教授、京都大学助教授、同大学大学院助教授を歴任。2005年より滋賀県立大学大学院環境科学研究科教授を務める。日本建築学会建築計画委員会委員長・英文論文集委員長。2010年滋賀県立大学環境科学部長・研究科長。2011年日本建築学会副会長。主な著書に『戦後建築の終焉』など多数。

三宅理一 みやけ・りいち

1948年東京都生まれ。東京大学工学部建築学科ならびにパリ・エコール・デ・ボザール卒業（工学博士）。芝浦工業大学、リエージュ大学、慶應義塾大学、パリ国立工芸院を経て、2010年より藤女子大学教授。ポンピドー・センター、パリ装飾美術館展示コミッショナー。主な著書に『文化をつむぎ文化をつくる』『ヌルハチの都』『パリのグランド・デザインールイ十四世が創った世界都市』『秋葉原は今』など多数。学術教育功労勲章授与。

今村創平 いまむら・そうへい／コーディネーター

1966年東京都生まれ。建築家。早稲田大学卒業後、AAスクール、長谷川逸子・建築計画工房を経て独立。アトリエ・イマム一級建築士事務所主宰。ブリティッシュ・コロンビア大学大学院兼任教授、また芝浦工業大学大学院、工学院大学、東京理科大学などにて非常勤講師を務める。作品に、「南洋堂ルーフラウンジ」「神宮前の住宅」「大井町の集合住宅」「富士ふたば幼稚園」など。共著に『現代住居コンセプション』『Archilab Japan 2006』など。

五十音順（コーディネーターを除く）

フィリピン・ヴィガンの都市空間構成とその変容に関する考察

Name:
飯田敏史
Iida Toshifumi

University:
滋賀県立大学大学院
環境科学研究科　環境計画学専攻
ヒメネス ベルデホ ホアン ラモン研究室

序章　研究の背景と目的

本研究は、フィリピン・ルソン（Luzon）島の北部イロコス・スール（Ilocos sur）州の州都ヴィガン（Vigan）市を対象とし、その都市空間構成およびその変容過程を明らかにすることを目的としている。

フィリピンは東南アジアで唯一のキリスト教国であり、スペインの植民地であった16世紀から19世紀にかけての影響を色濃く残す国である。そのなかでもヴィガン（1574）はフィリピンにおいて、セブ（Cebu、1565）、パナイ（Panay、1569）、マニラ（Manila、1571）についで建設されたスペイン植民都市であるが、第二次世界大戦などで大きくその骨格を変えたこれらの都市と異なり、奇跡的に戦火を逃れ、その当時の姿を今日に伝えている。ゆえに、東南アジアにおけるスペイン植民都市計画の実態を把握し、それが現在の都市構造にどのような影響を与えているかを考察するために、ヴィガンはきわめて重要な都市であると考えられる。

第1章　ヴィガンの都市形成史

ヴィガンはフィリピンにおけるスペイン植民都市として、ルソン島北部においてはもっとも早い時期に建設された交易都市であった。しかしながら東南アジア海域世界における交易の地理的優位性、フィリピン―メキシコ間の航行距離などを考慮した結果、ルソン島北端

Interview

Q:トウキョウ建築コレクションに参加しての感想

今回、体調不良のため、発表会当日に参加できなかったことを残念に思います。それでも私の発表を成立させようと尽力くださった関係者の皆様に感謝いたします。

Q:大学や大学院での活動や研究内容

大学院生活でもっともインパクトを受けたのが木匠塾（学生が地域にコミットして設計・施工）とフィリピン調査です。実際に経験する迫力たるやいなや……。

Q:修士修了後の進路や展望

修士修了後は宮大工としての修行に励みたいと思います。日本人にとって誇れる価値観とは何かを考え、それを少しでも広めることができればと思います。

のヌエヴァ・セゴヴィアに交易拠点としての都市が建設され、ヴィガンはその役割を失う。

ヴィガンが都市として機能しはじめたのは17世紀以降である。このころにはカトリックに改宗した中国人の移住が許され、イロコス地方においてはヴィガンに中国人が集中し、中国人居住区が形成された。しかし1750年に中国人の居住がマニラ周辺に限られ、こ

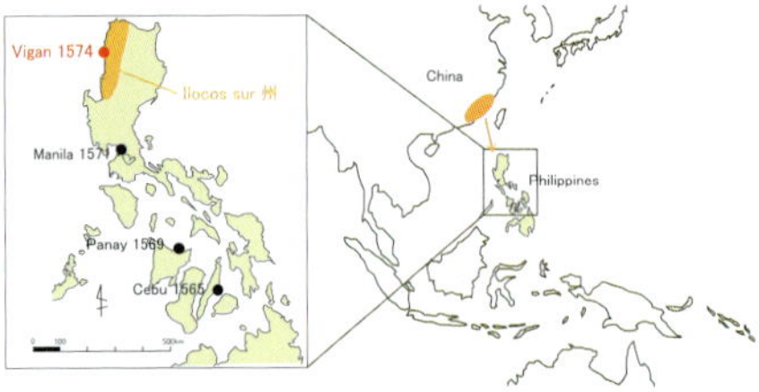

01. ヴィガンの位置

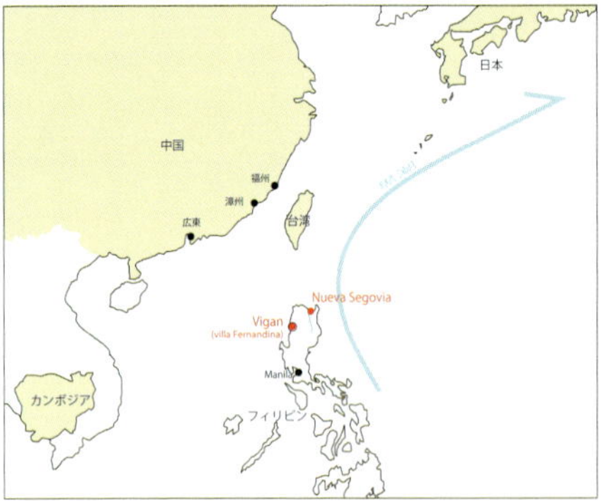

02. ヌエヴァ・セゴヴィアとその周辺

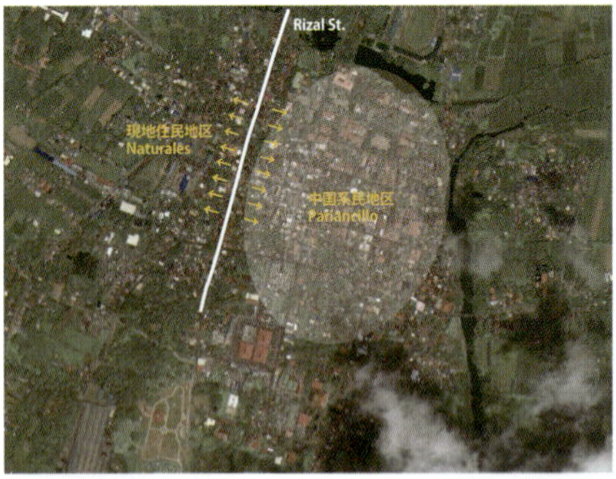

03. 17世紀の居住区分け(google earthより作成)

04. ヴィガンの街並み

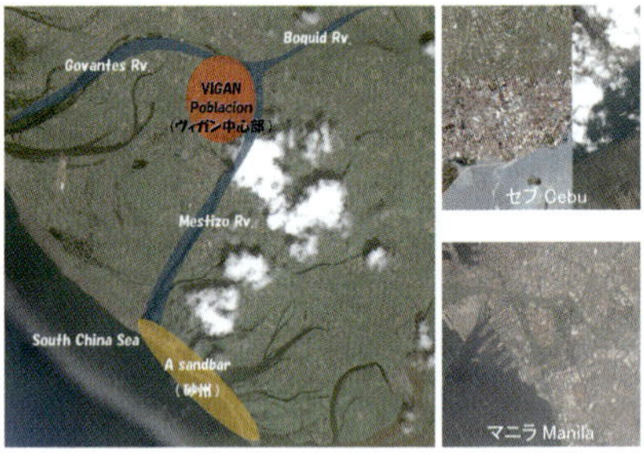

05. ヴィガンの立地とセブ、マニラの比較(google earthより作成)

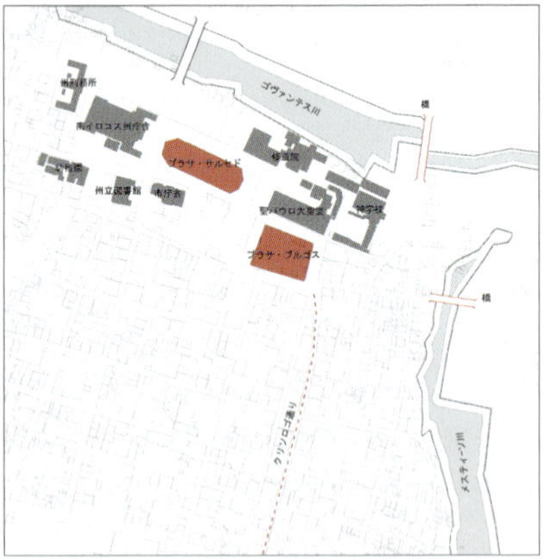

06. プラザ周辺の構成

東西街路名	計測地点数	平均(m)	最大(m)	最小(m)	南北街路名	計測地点数	平均(m)	最大(m)	最小(m)
Burgos St.	12	8.96	12.73	4.26	(no name)St.	6	7.13	8.41	5.82
Florentino St.	17	8.76	10.13	7.14	Libertad St.	7	7.59	8.54	6.62
Bonifacio St.	26	9.68	11.42	7.53	Gomez St.	14	10.46	12.72	8.88
Gen. Luna St.	25	8.58	12.05	6.76	Rizal St.	18	9.58	11.35	7.71
Salcedo St.	[illegible]	[illegible]	[illegible]	[illegible]	G. Del P[illegible]	[illegible]	[illegible]	[illegible]	7.04
Mabini St.	[illegible]	[illegible]	[illegible]	[illegible]	Quezon [illegible]	[illegible]	[illegible]	[illegible]	7.15
(no name)St.	[illegible]	[illegible]	[illegible]	[illegible]	(no name[illegible]	[illegible]	[illegible]	[illegible]	7.73
Liberation Blv[illegible]	[illegible]	[illegible]	[illegible]	[illegible]	Jose Sin[illegible]	[illegible]	[illegible]	[illegible]	9.92
Diego Silang St.	10	7.69	9.60	6.53	Jacintos St.	4	8.58	9.58	7.39
Katipunan St.	2	7.52	[illegible]	[illegible]	[illegible]	[illegible]	8.86	11.38	6.94
Mira Hill St.	1	9.79	[illegible]	[illegible]	[illegible]	[illegible]	7.15	7.99	6.31
Gen. Tinio St.	6	7.36	[illegible]	[illegible]	[illegible]	[illegible]	8.99	12.94	6.74
Abaya St.	8	8.89	[illegible]	[illegible]	[illegible]	[illegible]	8.21	13.04	5.97
Formoso St.	4	9.12	[illegible]	[illegible]	[illegible]	[illegible]	6.81	7.74	5.88
Jose Alcantara St.	2	10.90	12.93	8.88	Quirino Blvd	24	9.09	16.19	6.84
Quema St.	4	6.28	6.95	5.36	R. Reyes St.	14	7.30	8.22	6.35
Rivero St.	8	10.35	13.80	8.62					

東西街路の平均幅員
＝8.76m

南北街路の平均幅員
＝8.82m

10ヴァラ vara
≒8.36m

07. 街路幅員計測結果

れに代わって中国系メスティーソがヴィガンの都市運営の担い手として台頭する。1782年以降はスペイン植民政府によりルソン島北部においてのタバコ強制栽培・専売制度が導入され、中国系メスティーソは交易により、ヴィガン中心部を経済的に興隆させる。

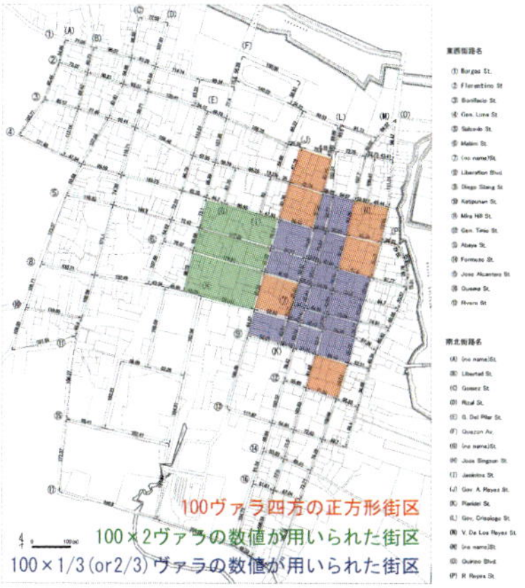

08. 街区規模

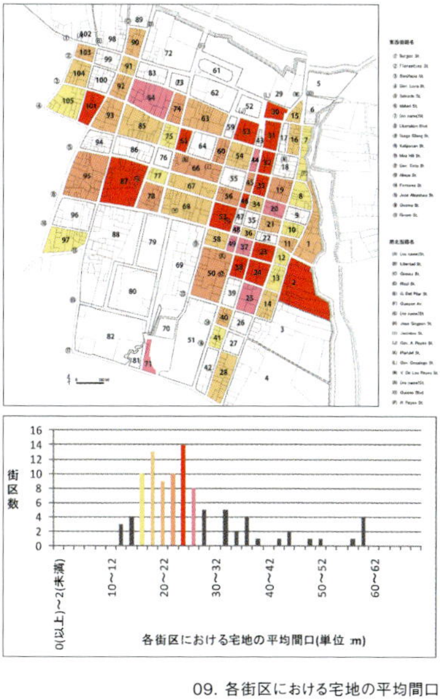

09. 各街区における宅地の平均間口

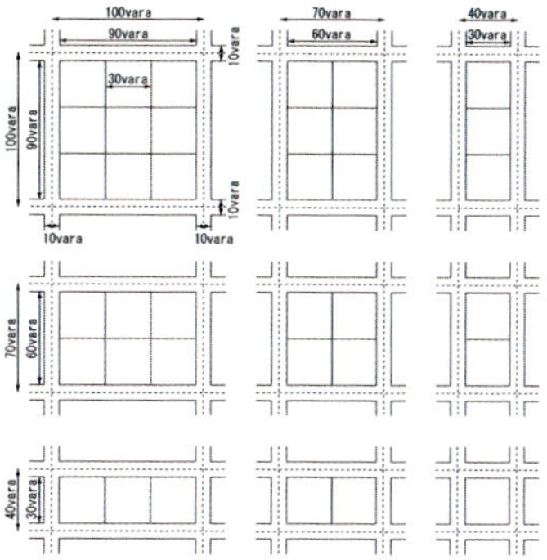

10. ヴィガンの街区規模と宅地分割のイメージ

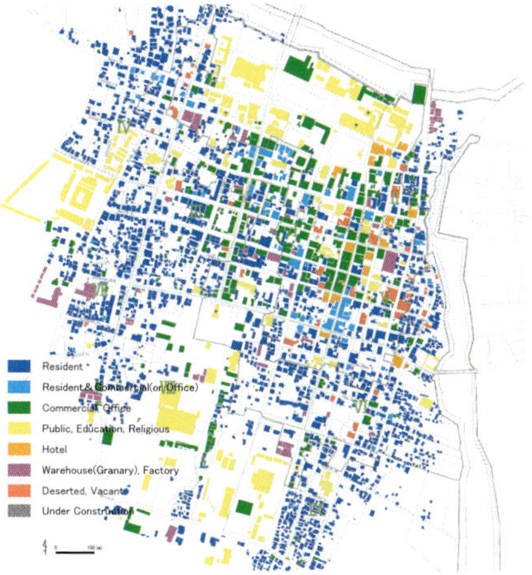

11. 用途別の建物分布

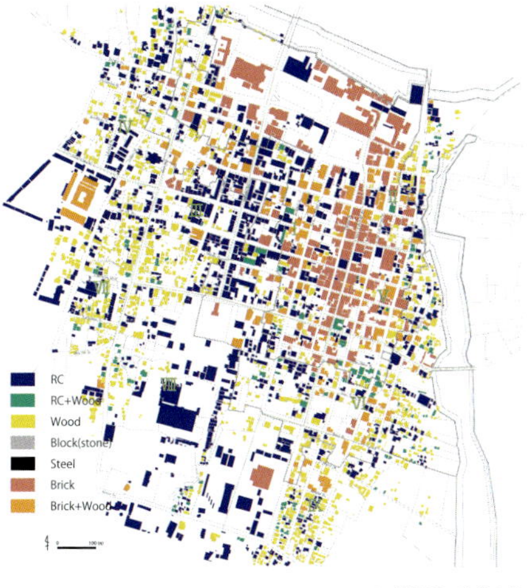

12. 構造別の建物分布

第2章　ヴィガンの都市空間構成

2-1. 都市構造

インディアス法においては、延べ149カ条のうち36項目が直接都市形成に関わる指針であり、その内容は「都市の立地、プラサ（後述）の規模・配置、街路計画、教会・その他の公共建造物の配置、土地区画、住宅計画、農用地配分・農用地における生活指針、景観計画、入植過程での留意点」など多岐におよぶ。

○都市の立地

都市の立地に関するインディアス法のなかでも、河川、海との位置関係に言及するものは多い。第41条には「町の建設場所は重要な港となる場合を除いて海辺を避ける」旨が述べられる。これに関して、セブ、マニラは交易拠点として沿岸に建設されているのに対し、同じく交易都市であるヴィガンは内陸部の河川沿いに位置している。これはヴィガンの東辺を成すメスティーソ川が南シナ海手前で内水面と後背湿地を形づくり、内陸部であっても良港としての条件を備えていたためである。

○プラサの規模・配置

ヴィガンにはふたつのプラサが近接して配置されている。スペイン植民都市におけるプラサには「中央広場（プラサ・マヨール／ Plaza Mayor）」と「小広場」の2種類があるが、通常、双方は距離をおいて計画されるため、近接するヴィガンの例は稀である。プラサ・サルセドは、周辺に宗教施設を配置した、祭政一体の威信を顕示するための広場である。プラサ・ブルゴス

13. ニッパ椰子小屋の火災

14. 地震による被害

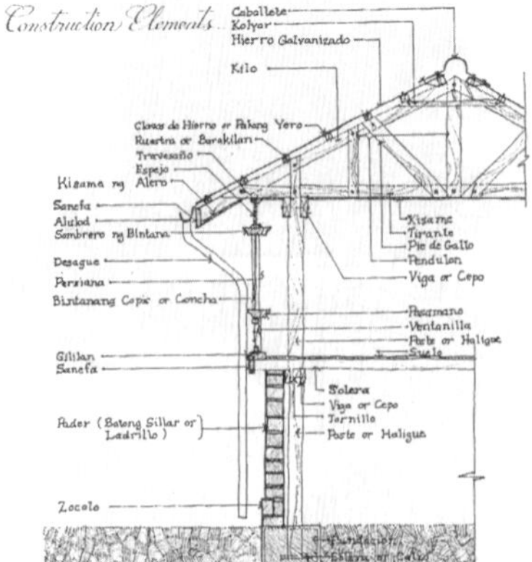

15. カーテンウォール工法

16. 木骨煉瓦造

は、北東にヴィガン上流ボキド川分流点、川を越えて市街地に至るふたつの橋をもち、この陸・水路の結節点に位置する。さらに、当時富裕商人が軒を連ねていたクリソロゴ通りが、ほかの南北街路とは異なりプラサ・ブルゴスに向かって急に西へ曲がっていることからも、経済核としての交易・物流機能のための広場であったと考えられる。

2-2. 街路体系と街区構成

○街路幅員

ヴィガン都市部においてグリッド・パターンを構成する交差街路の幅員について、東西に奔る街路17本(185地点)、南北街路16本(197地点)の計測を行なった。その平均値を、16世紀のスペイン植民都市計画において用いられた測量単位「ヴァラ／vara(1vara≒0.8359m)」と照らし合わせると、10ヴァラ(≒8.36m)に近い数値であることが分かる。

○街区規模

街路幅員の測定と同じ範域を取り上げて、各街区の規模(街区を挟む街路の心々距離)についての計測を行なった。ヴィガン東部を見ると、辺長100ヴァラ(約83.59m)前後の正方形状の街区を確認でき、街区規模については街路幅員の10倍の100ヴァラ四方を基礎として計画されたと類推できる。

○街区の宅地区分

ヴィガン都市部における計105街区に含まれるすべての宅地の面積、間口、奥行に関して計測を行い、その平均値を抽出すると、計画当初の宅地区分法は3×3=9分割のナイン・スクエアを基本とし、街区規模に応じてナイン・スクエアの基本理念を維持したまま、2×3、1×3、2×2など柔軟な変化をもつことが分かる。ナイン・スクエアに分割された街区の場合、心々100ヴァラ四方の街区から、街路幅員10ヴァラを引いた90ヴァラが、30ヴァラ×30ヴァラの面積をもつ9つの宅地に分割されていた。

2-3. 施設分布

ヴィガン市全体は計39のバランガイ(barangay)行政区から構成されており、そのうち9つのバランガイが都市中心部ポブラシオン(poblacion)を構成する。ここではこのエリアに含まれる建物の用途・階数・構造の分布特性より、ヴィガン都市部の空間構成を考察する。

○用途別

建物分布を用途別にみると、ヴィガン・ポブラシオンにおいては調査棟数1,996棟のうち、全体の70.4%を住宅が占め、商業施設が14.7%、住居兼商業施設が4.8%、公共・宗教施設が3.5%を占める。住居はポブラシオン周縁部に集中しており、商業施設は歴史的にマーケットとして機能していたプラサ・ブルゴスから南に延びるクリソロゴ通り沿い、あるいはポブラシオン西部の近代化が進むケソン通り沿いに多く分布している。また、宗教施設や公共施設はプラサ周辺に集中しており、スペイン植民都市の影響が強く残る。

○構造別

建物分布を構造別にみると、RC造は先にも述べたケソン通り沿いに多く分布し、木造はポブラシオン周縁部に多く見られる。歴史的都市住居バハイ・ナ・バトは先に述べたクリソロゴ通り沿いに多く分布する。また、メスティーソ川沿いに集中するバラック住居の多くが1階木骨コンクリート造・2階木造で建設されており、1階と2階で工法が異なり、1階部分に木芯を通す形式はヴィガンにおいて一般的となっていることが分かる。

以上のように、現在の施設分布図からは明瞭な空間的分化が読み取れる。ヴィガンは17世紀にはリサール通りを境に東西をメスティーソ地区・現地住民地区に分割されていたが、そのときの民族的・機能的分化が現在の都市構造に結びついていると考えられる。

第3章　ヴィガンにおけるバハイ・ナ・バトの変容

3-1. 都市住居バハイ・ナ・バトの形成史

フィリピンにおける都市住居バハイ・ナ・バトは、16世紀末の植民都市計画から、火事・地震などの兼ね合いのなかで工夫を重ね次第に形成されてきた。その形成に際してはスペイン人神父、現地住民、中国人、中国系メスティーソなど多様な人種が関わっている。

3-2. ヴィガンのバハイ・ナ・バトの空間構成

居室は2階に設けられた。大階段を上った突き当たりには、広いホール、カイダ(caida)があり、来客はこ

17. バハイ・ナ・バトにおける各部屋の名称と写真

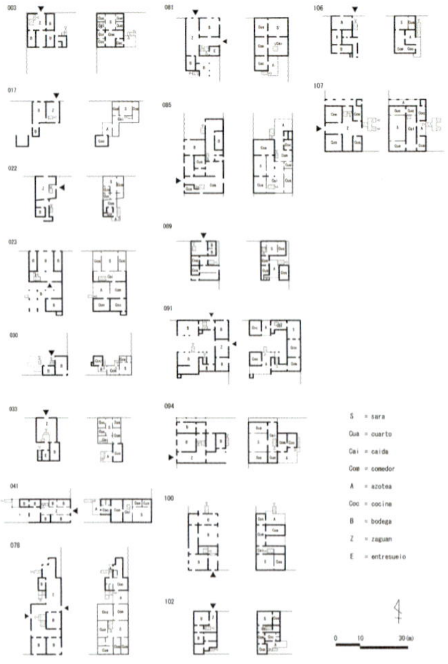

18. バハイ・ナ・バトの基本形

こで接待される。その先に広間サラ（sala）とフォーマルな食堂コメドール（comedor）がある。カイダ、サラ、コメドールの片側あるいは両側に寝室クアルト（cuarto）がある。2階には石造りのルーフ・テラス、アソテア（azotea）もあり、主に炊事、干し魚づくり、洗濯などの家事空間である。台所コシーナ（cocina）は多くの場合において別棟で、母屋とは渡り廊下でつなげられる。

3-3. ヴィガンのバハイ・ナ・バトの変容

○歴史的建造物120棟の年代別分布

ヴィガン市の歴史的建造物120棟の建設年を見ると、18世紀末までに9棟、19世紀前半が17棟、19世紀後半は58棟、20世紀以降が36棟である。19世紀後半に建てられた歴史的建造物がもっとも多いが、この時期はイロコス地方の農産業がもっとも盛んな時期で、富裕中国系メスティーソが交易により得た利益をもとに多くのバハイ・ナ・バトが建てられたと考えられる。

○バハイ・ナ・バト101棟の用途別分布　1998／2009年

バハイ・ナ・バト101棟の1998年と2009年の用途別の分布を比較すると、専用住居の数は半数以下に減少し、逆に商業施設、ホテルは2倍以上に増加しており、1999年の世界遺産登録によるマス・ツーリズムの影響が如実に表れている。また、都市周縁部にあるバハイ・ナ・バトはメンテナンスがなされず空き家（廃屋）となっているものも多い。

結章

本稿で得られた知見をまとめると以下のようになる。

（1）インディアス法について、ヴィガンは必ずしも同勅令の規範に則っているわけではなく、都市の立地、プラサの配置など、経験的判断と勅令の差異が見受けられた。

（2）グリッド・パターンについて、心々100ヴァラ四方の街区から街路幅員10ヴァラを引いた90ヴァラを、3×3=9分割する計画を基本としていた。

（3）3×3=9分割の計画の場合、街区中央部へのアクセスが問題になるが、街区規模を2/3、1/3倍と

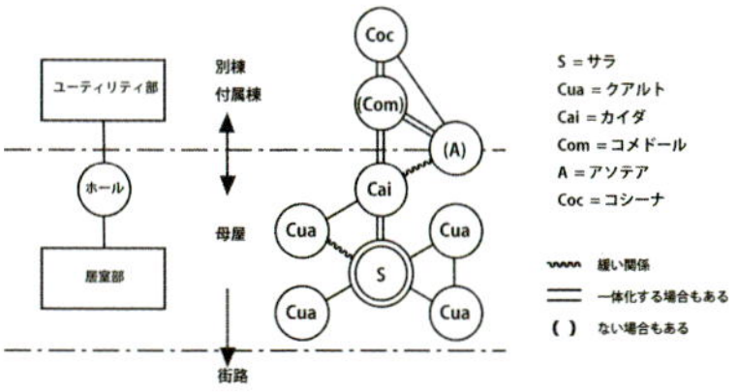

19. バハイ・ナ・バト2階居住部の平面構成モデル

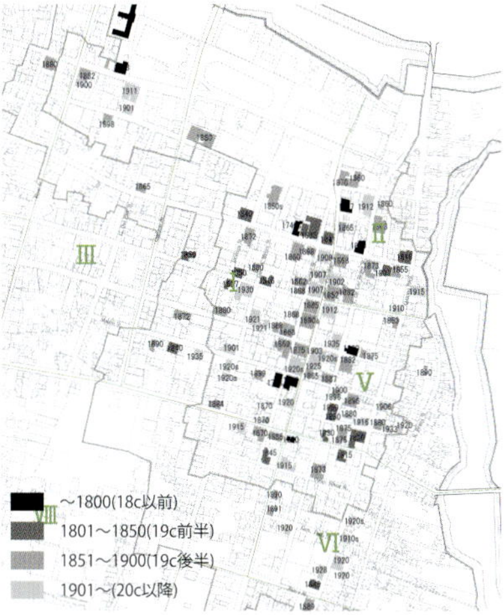

20. バハイ・ナ・バトの年代別分布

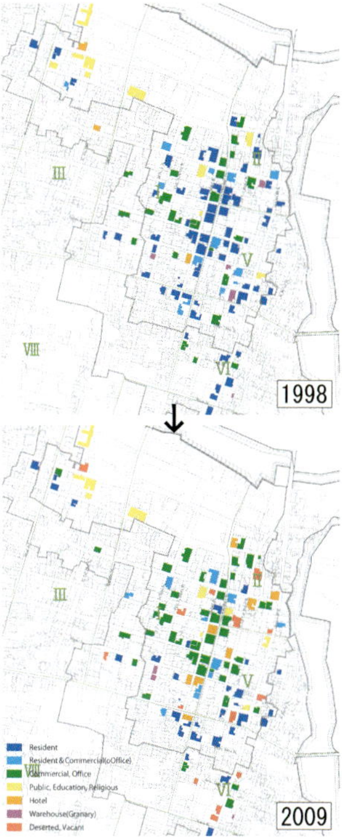

21. 1998年と2009年のバハイ・ナ・バト使用用途の変容

22. バハイ・ナ・バト店舗

23. バハイ・ナ・バトホテル

24. バハイ・ナ・バト廃屋

縮小させ、9分割の場合の宅地規模（30ヴァラ×30ヴァラ）を維持したまま街区規模の変化に対応させる方法で解決していた。

(4)施設分布について、17世紀のメスティーソ地区・現地住民地区の民族的分化が、現在の空間的分化に結びついている。

(5)バハイ・ナ・バトは16世紀末の植民都市計画から、火事や地震などの天災との兼ね合いのなかで工夫を重ね次第に形成されてきた。

(6)ヴィガンのバハイ・ナ・バトは総木骨煉瓦造が多く、その空間構成は街路側にサラを中心とした居住空間、中央にホール、敷地の奥側に台所とアソテアなどの一定の型をもつ。

今後の課題

・フィリピンにおける他のスペイン植民都市（セブ、マニラなど）との都市骨格、街区構成などの比較。

・中国、福建省の都市との比較（ヴィガンにおける中国人は福建省出身者がほとんど）。

コメンテーター・コメント@公開討論会

飯田敏史／フィリピン・ヴィガンの都市空間構成とその変容に関する考察

飯田さんは当日、体調不良のため残念ながら欠席となり、指導教授である布野修司先生が論文の説明を行なった。

三宅：飯田さんの論文は、区画整理がされていくプロセスをきちんと真面目に追っていると思いました。そこでたとえば中国人移民とか、さまざまな人がそこに移住してきた時、どういう意志をもって、都市をつくり家をつくってきたのでしょうか。それを歴史的に解読するためにはどうしたらいいのですか。

布野：宗主国は、フィリピンの場合はスペインからアメリカになりますが、私が専門のインドネシアではオランダです。1960年代に近代法的な整備はするけれども、都市の居住地でも権利関係は非常に錯綜している。我々がフィールド調査で「これは持家ですか、借家ですか」と聞いても、複雑で分からないだろうと言われる。近代法として所有権、使用権、耕作権などが一応規定はされているのですが、実際の状況は全然違う。権利関係が重層していると、地上げに対しては強いんですね。非常に貧相な居住環境がそのまま維持されるという面もあります。自治体にとっては大変なことで、税金が取れないから、市の財政収入は増えない。インドネシアの状況はあんまり変わっていないと思います。フィリピンについて直感的に言えば、インドネシアほどではなく、もう少し権利関係ははっきり規定されて運営されているように思います。

フィリピンでは、スペインの拠点となったのはまずセブで、それがパナイへ、次にマニラへ移ります。ガレオン船は当初セブを経由していましたが、マニラから北へ向かうようになります。そこでルソン島の北部の拠点としてヴィガンが建設されます。主体となったのは中国人で、チャイニーズ・メスティーソが有力になります。スペインはもちろん「布教」をうたって宣教師も当初から派遣してきましたが、より大きい狙いは交易ですね。まず商売です。ヴィガンは、当初中国との交易で栄えるのですが、地図にあるように、少し北側にヌエヴァ・セゴヴィアができて廃れ、お陰でその骨格を今日にまで残して世界遺産になったと。そんな都市です。

今村：こうした歴史とストラクチャーをもつ都市が、今日どういう問題に直面しているのでしょうか。

布野：世界遺産に登録された都市には、共通する問題があるのかもしれません。この論文では、1999年ヴィガンが世界遺産に登録されてから、施設分布が10年にわたってどう変化したかを押さえています。非常にユニークな形で中国文化とスペイン文化が融合した伝統的な住居形式ができていたのですが、それが軒並み、空家化したり、全部ホテルに変わったりしている。また新市街地は、観光客が来たためにバッファーゾーンとされているゾーンがどんどん変わっていく。そうした都市自体が抱えている問題があり、この論文はそれをテーマとしています。近くで指導している立場として、そういう問題をどう考えるかを主として議論してきました。

上野：きわめておもしろく読みました。街路の平均幅員が10ヴァラ、街区規模は100ヴァラ平方というのは、鮮やかな発見なのですか。

布野：いや、違います。インディアス法に100ヴァラと書いてあるわけではないのですが、メキシコなどでもその大きさが使われている。実は私も10年ほど前に論文を書いて、その単位は見つけています。当時は足を使って実測しました。彼の場合はGISデータを手に入れて、もっとポイントを増やして正確に計測したら、やはり100ヴァラだったということです。最近10年間の変化を精細に調査記録したことが、彼のオリジナルだと思います。ただ、問題は、街区分割のパターンで、3×3のナインスクエアというのは違うんじゃないかと思っていたら、飯田君はそれでいいということを実証してくれているんです。

闇市の発生と整理からみる新宿駅近傍の形成過程

都市組織の動態分析

Name:
石榑督和
Ishigure Masakazu

University:
明治大学大学院
理工学研究科　建築学専攻
青井哲人研究室

はじめに

戦後東京の鉄道ターミナル駅を中心とする都市形成を考えることは、終戦直後の闇市の発生と、その整理過程を考えることであるといっても過言ではない。本研究は新宿を対象とし、その過程を捉えるものである。終戦から新宿駅近傍の戦災復興土地区画整理事業が完了する1970年前後までを対象とし、闇市の発生と整理の過程において、建物や土地がどのように動き、都市組織が再組織化していったのかを観察する。この期間を観察対象とするのは、短期間で新宿がもっとも激しく変容した期間であり、またそれゆえに現在の新宿をなす基盤となった時期であるからである。

戦災前夜の新宿

戦前の新宿駅東口は、マクロに見れば小粒で勾配屋根をもった建物の集合体のなかに、高層でフットプリントの大きな百貨店や映画館が点在している街並みであった。

また、新宿通りには連日露店が並んでいた。戦前の露店商は、縁日や祭礼に際して一定の日時に限って出店する露店商人と、それ以外の慣行地（註1）に指定された街路に日常的に出店する商人に大別され、前者のほとんどはテキヤであった。戦後新宿で闇市を組織することになるテキヤのうち、関東大震災（1923）

Interview

Q:トウキョウ建築コレクションに参加しての感想

観客として来たM1。発表者になったM2。どちらの時もたくさんの友ができ、たくさんの議論をしました。すばらしいイベントです。

Q:大学や大学院での活動や研究内容

大学院は「都市組織」という言葉を知り、それを考える時間でした。そのひとつの成果が、プロジェクト展で発表した「台南都市サーベイ」です。

Q:修士修了後の進路や展望

博士後期課程へ進学します。魅力的な時空を描ける歴史家になりたいと思っています。

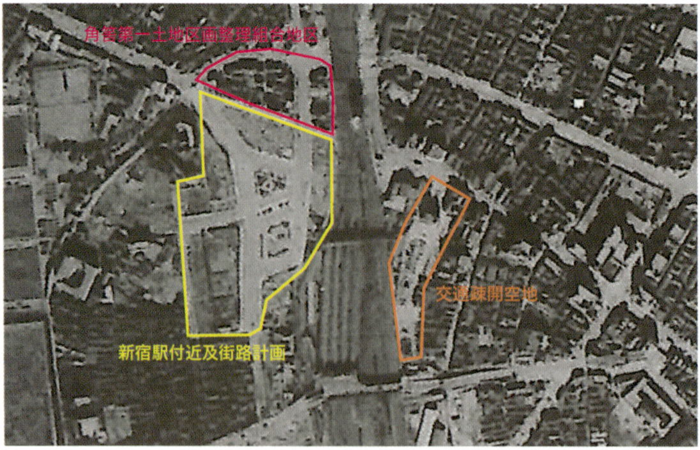

図1　昭和20（1945）年1月の新宿。出典：三島富士夫、生方良雄『鉄道と街・新宿駅』大正出版株式会社、1989年、陸軍撮影

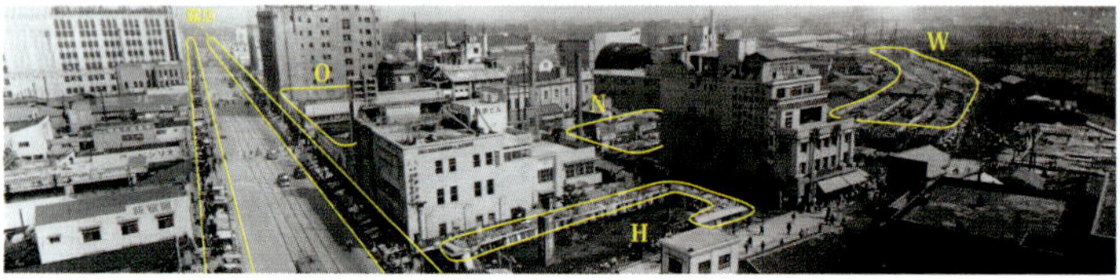

図2　昭和23（1948）年4月の新宿。ヤミ市調査団他『東京都江戸東京博物館調査報告書第2集 常設展示制作に伴う調査報告2（大型模型 2）ヤミ市模型の調査と展示』東京都江戸東京博物館、1994年、影山光洋撮影の写真3枚を筆者合成

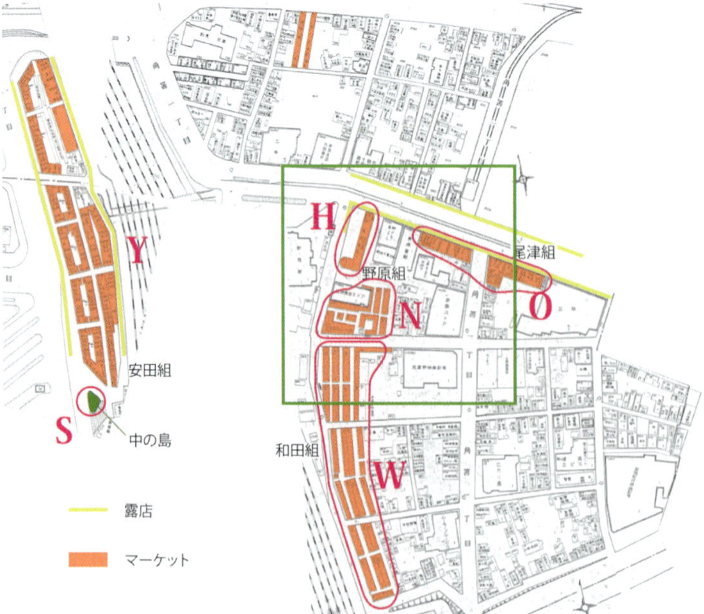

図3　昭和23（1948）年春ごろまでに建設された新宿のマーケット。昭和24（1949）年の火災保険特殊地図を加工

図4　東口駅前の街区の区画整理による土地の動き

	従前				従後					
図中の番号	町丁名	地番	地目	地積（㎡）	街区番号	町丁名	地番	地目	地積（㎡）	記事
3	角筈１丁目	１の３	宅地	174,96	63－2	角筈１丁目	１２の７	宅地	132,89	
5	角筈１丁目	１の６	宅地	63,40	63－2	角筈１丁目	12の５	宅地	58,51	
6	角筈１丁目	１の７	宅地	282,94	59	角筈１丁目	８０２の９	宅地	245,91	
7	角筈１丁目	１の８	宅地	743,80（225,00坪）	63-1／64	角筈１丁目	１２の３／１１の１	宅地	341,91／182,14	
8	角筈１丁目	１の９／１の２５３	宅地	359,86／2,87	63－1	角筈１丁目	12の2	宅地	381,48	
17	角筈１丁目	１の２２	宅地	418,08	63－2	角筈１丁目	１２の１１	宅地	422,68	
18	角筈１丁目	１の２３	宅地	143,76	63－2	角筈１丁目	１２の６	宅地	90,24	
19	角筈１丁目	１の２４	宅地	8,19	63－2	角筈１丁目	１２の２４	宅地	7,63	
20	角筈１丁目	１の２５	宅地	5,09	63－2	角筈１丁目	１２の１０	宅地	5,12	
44	角筈１丁目	１の５０	宅地	37,35	63－1	角筈１丁目	12の２５	宅地	35,70	
46	角筈１丁目	１の５２	宅地	77,22						法９０条により金銭清算法１０４条１項により消滅
98	角筈１丁目	１の１１２	宅地	153,25（46,36坪）						法９０条により金銭清算法１０４条１項により消滅
99	角筈１丁目	１の１１３	宅地	118,47	63－1	角筈１丁目	１２の４	宅地	83,73	
196	角筈１丁目	１の２１４	宅地	112,42	64	角筈１丁目	１１の５	宅地	67,76	
197	角筈１丁目	１の２１５	宅地	68,36	64	角筈１丁目	１１の６	宅地	41,22	
198	角筈１丁目	１の２１６	宅地	43,90	64	角筈１丁目	１１の４	宅地	26,47	
199	角筈１丁目	１の２１７	宅地	35,50	64	角筈１丁目	１１の３	宅地	19,00	
211	角筈１丁目	１の２２９	宅地	396,69	65	角筈１丁目	６の８	宅地	308,69	
231	角筈１丁目	１の２５０	宅地	63,17	63－2	角筈１丁目	１２の８	宅地	47,96	
232	角筈１丁目	１の２５１	宅地	195,68	63－2	角筈１丁目	１２の９	宅地	148,59	
233	角筈１丁目	１の２５２	宅地	414,39	63－1	角筈１丁目	１２の１	宅地	414,61	
234	角筈１丁目	１の２５４	宅地	5,86	63－1	角筈１丁目	１２の２６	宅地	5,78	
272	角筈１丁目	４の６	宅地	379,80（114,89坪）	66－1／63－1	角筈１丁目	７の１５／１２の１２	宅地	367,76／66,61	
273	角筈１丁目	４の３６	宅地	214,90	58	角筈１丁目	８０３の９	宅地	154,74	
274	角筈１丁目	４の３７	宅地	129,25	63－1	角筈１丁目	１２の１３	宅地	104,66	
291	角筈１丁目	１１の１	宅地	217,65	63－1	角筈１丁目	１２の２２	宅地	152,77	
293	角筈１丁目	１１の１１	宅地	94,51（28,59坪）	63－1	角筈１丁目	１２の２０	宅地	84,82	
294	角筈１丁目	１１の１２	宅地	51,96	63－1	角筈１丁目	１２の２１	宅地	46,97	
295	角筈１丁目	１２の１	宅地	720,52	63－1	角筈１丁目	１２の１６	宅地	660,46	
296	角筈１丁目	１２の２	宅地	66,18（20,02坪）	63－1	角筈１丁目	１２の１８	宅地	66,14	
297	角筈１丁目	１２の３	宅地	66,18（20,02坪）	63－1	角筈１丁目	１２の１７	宅地	66,14	
298	角筈１丁目	１３の１	宅地	458,84	63－1	角筈１丁目	１２の１５	宅地	440,20	
299	角筈１丁目	１３の２	宅地	509,75	63－1	角筈１丁目	１２の１４	宅地	545,48	

表1　図4に示した区画整理における換地情報

直前に尾津喜之助が、1930年代には安田朝信、和田薫、野原松次郎が新宿に進出し、庭場（註2）を築いている。

一方、新宿駅西口では、戦前の時点で大蔵省東京専売局淀橋工場と淀橋浄水場の移転計画を背景とした「新宿駅付近広場及街路計画」が都市計画事業決定し（1934年4月18日）、昭和16（1941）年4月に広場が竣工している。また同時期に、広場北側に隣接した角筈第一土地区画整理組合地区の区画整理が完了する（図1）。

闇市の発生とマーケット

終戦直後、焼け跡の上に闇市が発生する。闇市を組織したのは戦前からのテキヤ集団であった。当初、仮設的で移動が容易な形態だった闇市も昭和21（1946）年夏ごろになると、土地に定着したマーケットへと脱皮していく。

新宿では終戦から昭和22（1947）年初旬までに、3つのマーケットが建設される。

（1）新宿マーケット：中村屋から三越の西まで。戦前は主に木造3階建ての小売店が12軒並んでいた土地である。終戦後それらの建物の焼け跡を尾津組が整理し、ヨシズの日除けがあるだけのマーケット32コマを建設する。

（2）和田組マーケット：武蔵野館西側から新宿駅南口。昭和21（1946）年10月、和田組によって建設・管理され、約400店が入っていた。

（3）安田組マーケット：西口の線路沿いに。昭和21（1946）年の年末から、翌年の初旬にかけて、青梅街道から西口改札前まで一気にマーケットが建設された。

図2は昭和23（1948）年4月に新宿東口の二幸の屋上から撮られた写真であるが、焼け跡や更地になっていた場所にバラックが簇生し、稠密な都市組織を形成している。さらに、新宿通り周辺においては戦前の街並みと比較しても、大局的にはほとんど遜色ないまでに、再生している。

図2で高野の西に鉤の手状に並ぶバラックはハモニカ横丁で、昭和23（1948）年1月から4月の間に野原組によって建設された。昭和24（1949）年の火災保険特殊地図には固定式屋台33軒と記載されている。もうひとつ野原組によって組織されたマーケットが聚楽の東から南にかけて広がっている。このマーケットは昭和22（1947）年9月8日から昭和23（1948）年4月の間に野原組によって建設された。

以上が1949年までの新宿駅近傍におけるマーケット形成である（図3）。

露店整理

昭和25（1950）年前後から、露店は露店整理事業によって、マーケットは主に戦後復興土地区画整理事業によって整理されていくこととなる。

昭和24（1949）年当時、新宿の露店は西口の安田組マーケット周辺と、新宿通りに並んでいた。そのうち400軒が新宿商業共同組合を結成し、自己資金2千万円と、約1億円の融資を受け、昭和26（1951）年12月12日、新宿サービスセンターを開設する。新宿サービスセンターの敷地は、都電の車庫跡の都有地747.97坪を2,729万円で払い下げを受けたものである。共同仕入れ、共同販売の百貨店形式の経営で、組合員全員が経営者兼従業員であった。

区画整理からみる都市組織の動態

新宿東口のマーケットは、そのほとんどが戦災復興土地区画整理事業を契機とし、整理されていく。ここでは東口駅前の一事例を示す。

昭和27（1952）年、尾津喜之助はサンフランシスコ講和条約の講和恩赦で、保釈されるとすぐに、尾津商事株式会社を立ち上げる。尾津商事の専務は戦前戦後を通じて淀橋警察署長を務めた安方四郎であった。昭和23（1948）年に都有地の払い下げで、尾津は土地〈5〉〈18〉〈19〉〈272〉（図4）を取得し、保釈後、土地〈272〉に龍宮マーケットの建設を計画する。この土地の換地は、駅前（66.61m^2）と、三越南（367.76m^2）に決まっており、従前の同地は区画整理で駅前広場になる予定地であるため、建築物は許可されない。そこで、土台、壁、屋根のない（ビニールの屋根）簡易店舗を計画し、総工費650万円で野原商事会社（元野原組）に請け負わせ、建設させた（図

6、図7）。この龍宮マーケットはハモニカ横丁とともに昭和35（1960）年ごろ、広場の施工がはじまるまで駅前に存続する。尾津は換地後の土地にはビルを建設し、区画整理後も恒常的な都市組織形成に参加していった。

聚楽周辺に群生する野原組のマーケットおよび、龍宮マーケット、ハモニカ横丁は昭和35（1960）年ごろ駅前広場造成のための聚楽（土地〈17〉、〈20〉）の曳家工事の際、立ち退きとなる。このとき、不法占拠の野原組のマーケットおよびハモニカ横丁には換地はなかった。聚楽は鉄筋コンクリート造、地上5階・地下2階、延床面積2,209.42m^2、総重量5,800tで、曳家工事においては第1次の施工で10m、第2次の施工で25mを移動した（図8）。

図4に示す街区は、駅前広場をつくるため全体が大きく動く必要があったが、高野所有の建物2軒（土地〈298〉、〈299〉）、中村屋（土地〈295〉）、新宿ストア（土地〈8〉、〈233〉、〈234〉）、聚楽（土地〈17〉、〈20〉）と堅牢建物が多く、さらに聚楽周辺の野原組マーケットが建っていた土地には、接道していない土地が計6筆と、接道していない借地2筆があった。そのため、聚楽を曳家で動かし、その周辺の土地を再構成することで、駅前広場の空間をつくり出し、接道していなかった土地も接道するように設計が行われた（図9）。

西口におけるマーケット整理

新宿西口駅前は戦前に区画整理が行われ、戦災復興土地区画整理事業においてほとんど街区形態に変更がなかったことが背景となり、安田組が建設したマーケットは高度成長期まで飲屋街として賑わい存続した。安田組マーケットが建つ土地のうち、現在の思い出横丁の土地は安田組と、不動産会社三光土地、十二社に住む渡辺という地主が所有し、それよりも南の土地は、昭和19（1944）年に帝都高速度交通営団が都から譲り受けた土地と、東京都および国鉄の土地であった（図10）。

昭和31（1956）年、交通営団の敷地で営業していた安田組マーケットの店舗170軒あまりに立ち退きが求められた。これに対して、同年11月、営業者は新宿西口協同組合を結成し、交通営団との交渉にあたり、立ち退く代わりに交通営団の敷地の一部、250坪をマーケット営業者で組織した株式会社新宿西口会

図5　龍宮マーケット。昭和29（1954）年。出典：ヤミ市調査団他『東京都江戸東京博物館調査報告書 第2集 常設展示制作に伴う調査報告2（大型模型 2）ヤミ市模型の調査と展示』東京都江戸東京博物館、1994年

館が30年賃貸するという条件を獲得し、昭和38(1963)年にそのビルが竣工、マーケット営業者が入居した。

昭和36(1961)年、小田急電鉄は都に対して、西口駅前の都有地払い下げを申請する。都は、不法占拠の立ち退きを小田急が処理することを条件に払い下げを行う。小田急は、マーケット営業者に新設する地下街のテナントとして優先的に入居させることを条件に、立ち退き交渉を行なったものの進展せず、強制執行でマーケットは整理されることとなる。昭和40(1965)年、新宿西口広場が竣工し、同時に安田組マーケットの営業者の一部が入居する小田急エースがオープンした。

結びに

本研究を通じて、終戦後の闇市の発生とその整理過程を明らかにした。戦後新宿における闇市の発生は、公権力の許可や要請を背景に、戦前から仮設的な存在として、盛り場の一端を担ってきたテキヤの文化が、終戦直後、真空状態の都市の表舞台に爆発的に露出した瞬間であった。

しかし、その様相はもはやテンポラリーとはいえないほどの影響力をもち、公権力の規制は浮動的で扱いにくいそれらの露店を土地へ定着させる方向へと向かう。そして、本来テンポラリーであった露店がマーケットとして都市組織に組み込まれていく。

1950年前後からはじまる整理過程においては、多くが土地を所有しないマーケットを、都市組織に組み込むことによって整理が行われていった。さらに本来土地をもたず商売をするテキヤの尾津喜之助が、土地を取得し都市形成に参加していったことは注目すべきことである。新宿駅近傍における戦後復興期の形成過程は、時間を使ってインフォーマルなものとフォーマルなものが綯い交ぜになりながら都市組織が織り上げられていく過程であった。

本研究が対象とした時期は1970年までであった

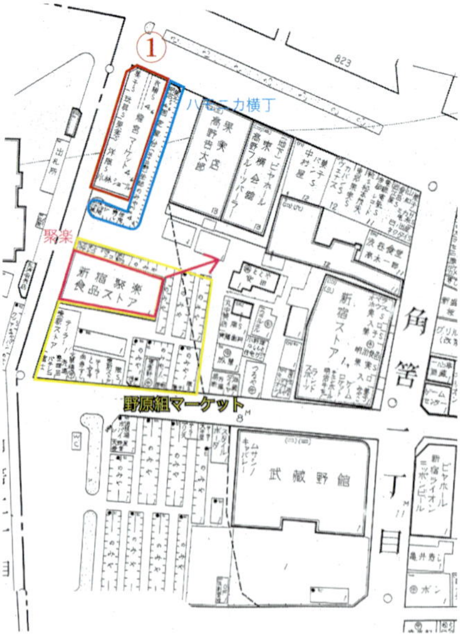

図6　区画整理直前の東口駅前。昭和29(1954)年、火災保険特殊地図

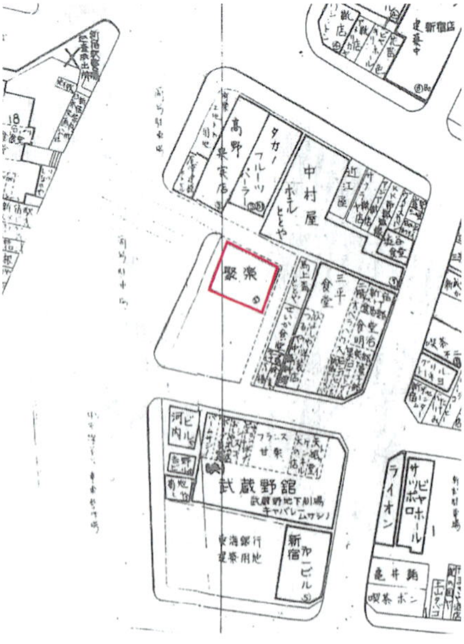

図7　区画整理直後の東口駅前。昭和37(1962)年住宅地図

が、新宿はその後、西新宿の副都心化を背景として東西両側で再開発がおこり、さらに激しく変容していく。だが、その過程が戦後復興期における闇市の発生とその整理過程で生まれた都市組織を基盤にしていたことは明らかである。

［註］
1）大正15（1926）年警視庁が指定した露店が出店できる区域には、平日露店慣行地、縁日露店慣行地、特殊露店慣行地、臨時露店慣行地などがあった。
2）テキヤ組織の「縄張り」のことを「庭場」という。

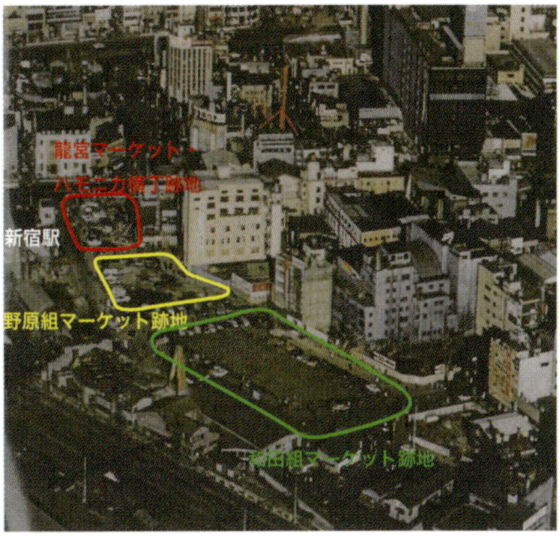

図8　昭和37（1962）年ごろの新宿東口。出典：新宿区役所『新宿区 15年のあゆみ』1962年

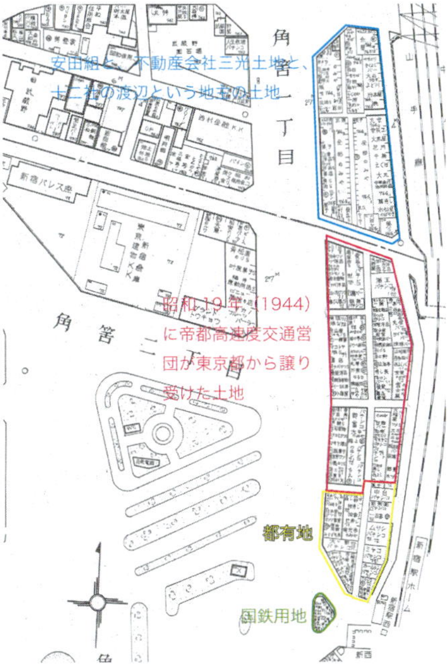

図9　昭和33（1958）年の火災保険特殊地図に描かれた西口のマーケット

コメンテーター・コメント@公開討論会

石榑督和／闇市の発生と整理からみる新宿駅近傍の形成過程 都市組織の動態分析

佐藤：私は闇市を実際に見ていますし、中に入ってものを買ってもいます。その当初はマーケットというレベルではなくて、物々交換に近いものだったと思うんですね。またテキヤもはっきりした職業ではなく、建設業の町内鳶、お葬式があるとテントを掛けたりする人たちからはじまったというのが事実でしょう。そのあたりはどう理解されていますか。

石榑：はい、やはり物々交換からはじまったのですが、すぐに東京露店商組合が公権力の誘導のもと組織され、先ほど紹介した尾津喜之助というテキヤが会長になります。東京全体では、テキヤ以外の土地の有力者が闇市を組織することは多くありました。ただ新宿において闇市を組織したのは、戦前から新宿を地盤として動いていたテキヤです。

佐藤：テキヤとはどういう人なのか説明してください。

石榑：お祭りなどで境内に露店を構えて商売をする人。基本的には自分で土地をもたず、誰かの土地を商業の場所に変換することで商売を行なっている人たちです。

三宅：たいへんおもしろく、よくこれだけのことができたと感心しています。大きい話をすると、ちょうど幕末から明治にかけて、そして第二次大戦による開戦の過程、この時に東京など大都市では、権利変換など、土地の所有形態ががらっと変わります。その核心に触れていると思うんですね。それは、この会場にいる人たちが都市を見たら建築に見える。建築が原理なんです。テキヤから見たら、これが金に見えるんですね、建物ではなくて。人によって都市の見え方、感性がまったく違う。そういう人たちをうまく捉えている。そして新宿ではテキヤと公権力との間で取引が行われていきますが、この取引のプロセスは、具体的にはどうやって調べましたか。

石榑：基本的には当時のテキヤに関する文献が中心です。それから、尾津喜之助と安田朝信のふたりが、闇市をどういうふうに立ち上げたかを書いています。尾津は、焼跡を整備して、その代わりにお店を開かせてくれと、一応、関係機関に許可を得たと書いている。一方の安田は、当時新宿を管轄していた淀橋署の署長から復興のために闇市を開いてくれと言われたと記述しています。また闇市マーケットの整理過程で誕生したビルあるいは地下街の記念誌や、当時の新聞なども参考にしました。

布野：区画整理について言うと、日本では関東大震災以後に導入されて、戦後まもなくワーッと一気にやろうとした。新宿の場合、最後の整理は1970年ぐらいまでかかるのかな。三宅先生が言われるように、所有権関係が激動する時ですが、これから何を学ぶことになりますか。

石榑：はい、区画整理はドイツから輸入されたものですが、それが既成の市街地を再編する手法として用いられるのは世界的に見てもかなり珍しいことです。しかも近代的な都市計画でありながら、一気にやるのではなくて、一つひとつを25年くらいかけて、こっちをどかして、あっちを動かしてというように順番に進んでいく。もちろん、不法占拠の建物もありますから、どかないということもあります。フォーマルな土地所有者の権利のみを変換するのではなく、インフォーマルな存在も内側に抱き込みながら区画整理は行われてきました。この過程をドキュメント化することは非常に重要だと考えています。第三世界のスラム問題にも有用なドキュメントになるはずです。

今村：新宿に闇市があってこのような変遷をたどったわけですが、そのことは今ある新宿にどう影響しているのでしょうか。現状とどういう接点があるのか、聞かせてください。

石榑：戦後に、バラック令という、バラックしか建ててはいけないという法律ができます。そして自生的な仮設市街地ができあがる間に換地設計が行われます。その後に基本的には曳家を前提とした建物移転が行われて、恒常的な組織に変わっていきます。さらにその後1970年以降の再開発で、新宿のビルというのはほとんど建て替わっています。しかし、その基盤は変わっていませんから、今の新宿は僕が観察した過程の連続として見ることができます。建物がそのまま残っているのは、西口の思い出横丁とか、東口では和田組マーケットの一部が移転したゴールデン街とかですね。

相隣と都市

パリにおける共有境界壁の実態と軌跡

Name:
後藤礼美
Goto Ayami

University:
東京大学大学院
工学系研究科　建築学専攻
伊藤毅研究室

1　はじめに

日本では今後建物の長寿命化に伴い、建物単体だけでなく住環境を長期的にどう維持保全していくかが重要になると考えられる。ヨーロッパ諸国では、連続型住居が都市住環境の型として維持されながら、建物の更新を繰り返してきた。その背景として、日本とは異なる、相隣関係における共同の所有・利用の権利形態の影響が指摘されている(註1)。フランス・パリは、隣地境界において構築・調整される共有境界壁（以下、共有壁)の集積が、建物が更新されても残り続け、安定した都市環境を支えてきた代表的な例である（写真01)。境界壁の共有という制度が、都市の長期的な熟成に与える影響を分析することは、今後持続的な更新システムをもった都市を構想する上で重要な意義をもつと考えられるが、その実態は明らかにされていない。

そこで、本研究の目的は、パリの共有壁に着目し、共有のシステムと都市構造の変遷の関係を経年的に分析することで、持続的な都市居住に役立つ示唆を得ることとする。

2　共有境界壁の概要と現状

パリでは、道路から20mの部分では原則境界壁を共有している。中庭部分を隔てる壁もすべて共有してい

Interview

Q:トウキョウ建築コレクションに参加しての感想

まったく異なる深みをもちながら接している部分も多い、いろいろな分野の研究の方と触れ合うことができ、非常に興味深かったです。

Q:大学や大学院での活動や研究内容

構法・計画の研究室と都市史の研究室にまたがりながら、所有権と住環境の関係を調査しました。大学院では1年間パリに留学しました。

Q:修士修了後の進路や展望

組織設計事務所に就職し、街に大きく関わっていくような建築を設計したいと思っています。

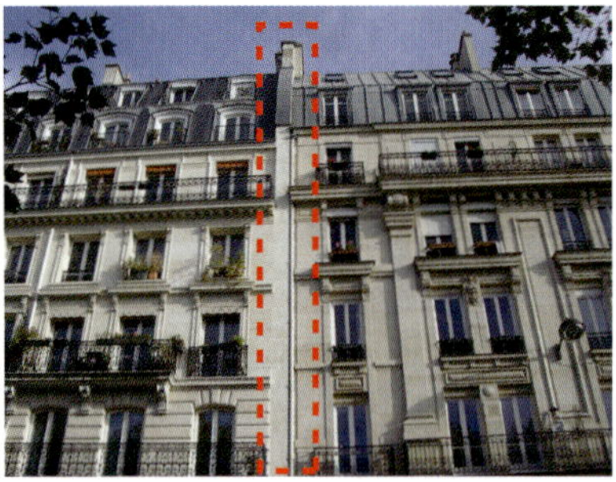

写真01　共有境界壁

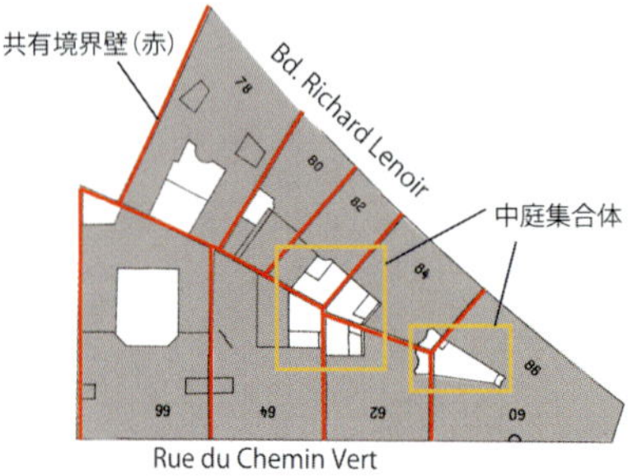

図01　共有壁のネットワーク

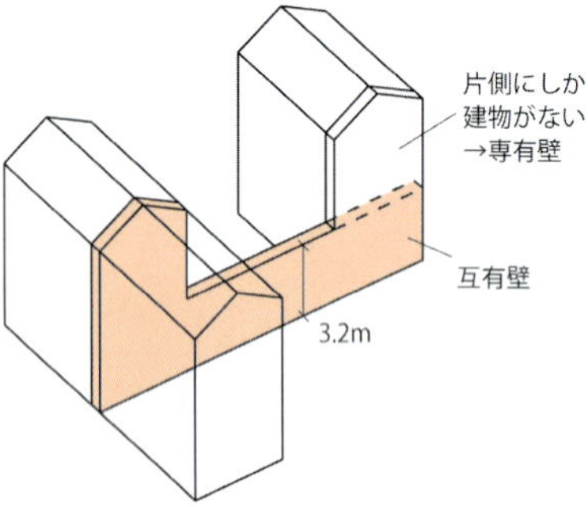

図02　両側が同様の空間利用→共有壁

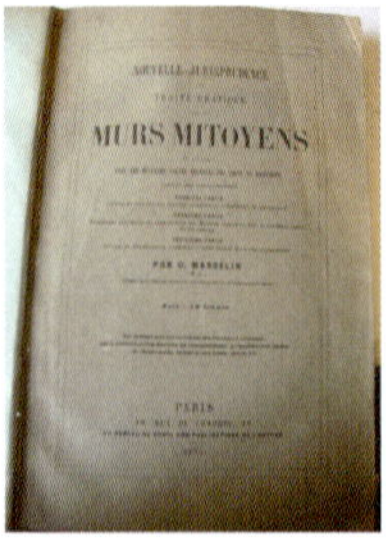

写真02　1875年の法律手引書

写真03　露出した共有壁の描画

(a)の例 657条 梁などの設置	共同所有者はすべて、互有の壁につなげて（建物を）建てさせること、及び54mm（2pouce）を除いて壁の厚さépaisseurいっぱいに梁又は小梁soliveをその壁に設置させることができる。ただし、相隣者が、自ら同一の場所に梁を据え、又はそこに暖炉cheminéeを接置しようとする場合に有する、梁を壁芯moitié du murまでノミébauchoirで削らせる権利を妨げない。
(b)の例 654条 非互有の標識	①壁の頂部sommitéが真直ぐで、その一方の側の表面parementと垂直であり、かつ、他の側で斜面plan inclinéを呈するときは、非互有non-mitoyennetéの標識がある。
	②あるいは壁冠chaperonが、あるいは壁を建造する際にそこに設置された石造の雨避け及び持送りfilet et corbeau de pierreが一方の側にのみあるときも、同様である。
	③これらの場合には、壁は、注潟が行われ、又は石造の持送り及び雨避けがある側の所有者にもっぱら属するとみなされる。

表01　現行民法の例（稲本洋之助訳『フランス民法典一物権・債権関係』）

壁の互有化における採光窓の扱い
1841年3月17日　パリ裁判所

■概要：
　リシャールRichardは、自分の所有する建物を建て替える際に、ヴェイリィVailly未亡人らと壁の一部を互有にしようとし、その際既存の採光窓を動かすように要求した。しかしヴェイリィらは、地役権に反するとしてこれに反論した。
■争点：
　非互有の壁の採光窓は676条・677条によって認められているが、互有の壁には認められない。
■判決：
　採光窓の地役権の定義に厳密に合わないので、661条による半額の支払いによって壁の互有化は認められなければならず、したがって窓は移動されるべきである。

表02　共有壁に関する判例（O. Masselin, Traité Pratique Sur Les Murs Mitoyens, Paris, 1875）

Comme de matériaux, on doit employer au-rez-chaussée, de la meuliére ou du moellon dur; au premier, deuxiéme et au troisiéme étages, de la meulière ou du moellon franc, et pour tout le surplus du mur, de la meulière ou du moellon tendre, La meulière employée au-dessous du rez-de-chaussée, est un luxe que se permettent à peu près seuls, ... un voisin acquéreur d'une mitoyenneté, peut se refuser à participer dans l'excédent de dépense, resultant de l'emploi de meuliére, au lieu de moellon dur.

―素材に関しては、1階（地上階）では珪石もしくは硬石灰石、2階3階4階に関しては珪石もしくは通常の石灰石、それより上の壁はすべて珪石もしくは軟石灰石を用いなければならない。2階以上で用いられる珪石は贅沢品とみなされ・・・・
互有権を取得した隣人は、硬石灰石に代わって珪石を用いた結果発生した費用の超過分について支払いを拒否することができる。

表03　1875年の手引書における構法の記述（同上、p.75）

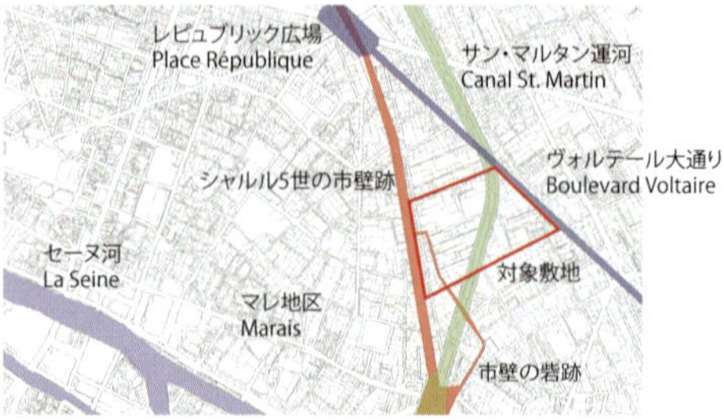

図03　対象敷地：11区Saint Ambroise地区

るため、共有壁は街区内部に張り巡らされている（図01）。これを、相隣関係と都市構造をつなぐ概念として、「共有壁のネットワーク」と呼ぶことにする。

画地分譲による複数区画の同時建設の場合しばしば、共有壁を介して中庭契約が結ばれ、中庭集合体がつくられた（註2）。権利としては壁のみが共有され敷地は専有であるが、空間としてはより大きな集合体として利用でき、街区がひとつの構築物のような状態となっている（図01）。

民法では、共有壁は「mitoyenneté」という所有形態に当たり、「互有」と訳されている（註3）。これは、隣接する2者に折半で所有される、壁や溝、生垣などだけに当てはまる所有形態である。壁を隔てて両側が同様な空間利用である場合、例外を除いて原則すべて互有とみなされる（図02）。壁が1枚で壁芯を境界線としている場合も、2枚が接着している場合もまとめて共有壁とし、所有権の割合に応じて修繕費を負担する。共同で出資するか、壁と土地の半額を支払うことで壁を互有化でき、梁を打ち込むなど壁を自由に利用することができる。互有権の放棄により、維持修繕の義務から逃れることもできる。

互有では壁の査定が問題になるが、中古物件市場が発達しているパリでは、測量・鑑定業者diagnostic immobilierや、法的手続きを行う公証人notaire、中古物件を専門とする鑑定建築家architecteなど、国家資格をもった専門家による査定制度が確立しており、こうした専門家の存在によって制度が成り立っている。

3　共有システムの制度面

まず19世紀以降の民法、法律手引書、判例から共有システムを分析した。フランスでは、1804年のナポレオン法典によって初めて個人の所有権が法的に整備されたことから、とくに1875年と2010年の手引書を比較的に用いた（註4）。

民法の互有に関する条文は、19世紀から現在まで大きく変わっていない。主に、(a)共有壁や建物の更新に関する規定と、(b)壁自体の互有の定義に関する規定に分けることができ、両者とも非常に詳細で具体的である（表01）。

これは、互有が19世紀以前にすでに確立していたパリ地域の慣習法に基づいていることに関連している。互有に関する民法の条文は19世紀から現在まで大きく変化していない。

たとえば1841年の判例では、相隣者が建物更新の際に壁を互有化しようとし、既存の採光窓が争点になっている（表02）。このような訴訟は19世紀以前から多発していた可能性が強く、更新の際に自由な建設を求めて→(a)、あるいは互有に関して既存の環境の維持を望んで→(b)、訴訟が多発した。その蓄積が規定の詳細化につながり、互有の柔軟性と持続性を特徴づけているといえる。

また1875年の法律手引書には、素材や構法に関する細かい「標準仕様」に関する記述が多数見られる（表03）。仕様だけでなく空間構成に関する記述も多く、結果として、共有壁を隔てて対称的に、同じ建築の型が並ぶことを促進していたと考えられる。

一方現代では建築の型は多様化し、ケースバイケースで合意形成を行なっている。手紙などの当人同士の調整のノウハウの普及や、専門家の確立がこうした状況を支えている。

互有システムに対し、第一次世界大戦後の深刻な住宅難を背景として、新しく法的に整備されたのが区分所有システムである。互有システムでは、建物は躯体も含めて専有で壁のみを互有しているのに対し、区分所有システムでは各階／各部屋を専有し、躯体を専有部分の割合に応じて共有する。

4　共有壁と建物の更新の変遷

次に、さまざまな時代要素が混合している11区のサンタンブロワーズ地区を対象とし（図03）、パリ市所蔵の19世紀以降の地籍図を用いて、変遷と更新の様子を具体的に分析した。この地区は14世紀のシャルル5世の市壁跡や19世紀のサン・マルタン運河開通、オスマンによるヴォルテール大通り開通など歴史的な痕跡をもつと同時に、隣り合うマレ地区などのように保護指定されなかったため、小規模な開発も続けられている。

まず、共有壁が記されている地籍図を利用して、資料が得られた1860年以降で共有壁のネットワークを分析した。共有壁は地籍図上では三本線で示されている(図04)。

1860年から現在に至る対象地区の共有壁の変遷を図05に示す。1860年の共有壁のネットワークのなかには、前述したような19世紀以前の歴史的痕跡に由来する特徴的なネットワークが見られる。たとえばヴォルテール大通りは1857年に開通したオスマンの典型的なブルバールで、共有壁が道路に垂直につくり直されている(図06)。オスマンは共有壁のシステムを変えるのではなく、それに則って利用したため、新しい街路沿いにオスマン型アパルトマンと呼ばれるような建物が並んだのである。

19世紀以前から現在まで変化の見られない共有壁のネットワークが存在する一方で、時代を経るごとに、個々の建物の更新に伴う共有壁の更新や、街路の開通など都市構造の変化に伴う共有壁の更新が見られた。また、共有壁は変更されない場所でも、建物のみ建て替え・増改築される事例も多く見られた。

共有壁のネットワークは、ひとつの街区内でも、持続性の傾向に差が見られた（図07)。たとえばネットワークAは共有壁と建物の変化が少なく、街並みも19世紀のままであるが、ネットワークBでは共有壁も建物も大きく変化しており、街並みも現代的なファサードが並んでいる（写真04、写真05)。このように共有壁ネットワークが建物群を構成し、街区内に異なる性質のネットワークが同じシステムによって縫合されることで、重層的な都市構造になっている。

都市構造の変化の跡は、共有壁が全面露出し、個々の建て替えや増改築の跡は、高さ方向や奥行方向に共有壁が部分露出することが多い。また、露出壁に絵を描くのは非常に一般的で、その地区のアイデンティティとなっている。

最後に、地籍図に加え建築許可証などの資料をもとに、個々の建物の更新に共有壁が与える影響を分析した(図08)。インテリアの更新の事例では、共有壁はほとんど描き込まれておらず、無意識のインフラのような存在であることが分かる。街並みは統一されたまま維持されている。嵩上げ・増築の事例では、隣の建物の高かった部分の壁を互有化して、梁を打ち込むなどして利用している。高さにばらつきはあるものの、類似したファサードが並んでいる。既存の共有壁を残して、その内側に柱や壁を新設し、建て替えている事例では、既存共有壁が鋳型のような役割をしている。異なる年代の建物のファサードが連続し、街並みを多様にしている。

一方、街区規模の建て替えでは、共有壁は喪失し、互有システムからの逸脱が見られた。これは区分所有のシステムの発生を背景とするもので、街並みや更新のタイプはまったく異なっている。このような民間の開発は1970年代前半に多く行われたが、街並みの破壊が問題となり、その後は地区にもよるが共有壁をもつインフィル型の更新が行われている。

5　結

本研究では共有境界壁のシステムと都市構造の変遷の関係を明らかにした。パリでは共有壁の建設を原則としており、詳細なルールや専門家の存在によって成り立っている。

互有というシステムは、長い時間のなかで培われた相隣関係の経験に基づいており、環境を維持しながらおのおのの多様な住への要求を追い求めようとしてきた人々の苦闘の集積と捉えることができる。また19世紀ころまでは、慣習的な標準仕様など半無意識的に同類の住宅の型を連続させる効果ももっていた。

共有壁の実態に関しては、ネットワークごとに持続性の傾向に差があるが、それらが縫合されることで重層的に都市が構成されること、共有壁を基盤としてさまざまな建物の更新が行われていること、さらに個々の建物の更新が時に共有壁自体の更新につながるなど共有壁が柔軟性をもっていることを明らかにした。

共有境界壁は、マクロな都市構造の変化にもミクロな個々の建物の更新にも相互に影響しあう中間的更新レベルとして位置づけられる(図09)。

個々の建物の更新は、共有壁の残存度から序列づけすることができる。図10左側で、インテリアの更新では、共有壁は基盤・制約となり、街並みが維持されるが、図10右側、嵩上げ・増築や建て替えといった更新タイプに伴って共有壁は変形し、街並みにも多様性が生まれる。区画の統合・分割によって共有壁は撤去・新設され、街区規模の建て替えに至ると完全に失われてしまい、街並みもまったく異なる。ネットワークごとの持続性の傾向の違いは、この更新パターンにおける偏りとみなすことができる。たとえば、変化の少ないネットワークAでは共有壁が残存する更新が行われており、変化の大きいネットワークBではさまざまな建て替えが行われている。

共有壁は、更新に幅をもつことで、基盤・鋳型として強い統制力をおよぼし、住環境の型を維持する機能と、時には柔軟に共有壁自体が変形・喪失することで

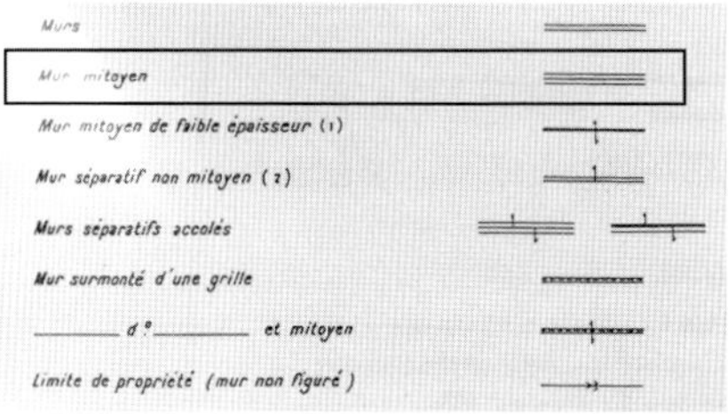

図04　地籍図凡例(Plan cadastre, Archives de Paris)

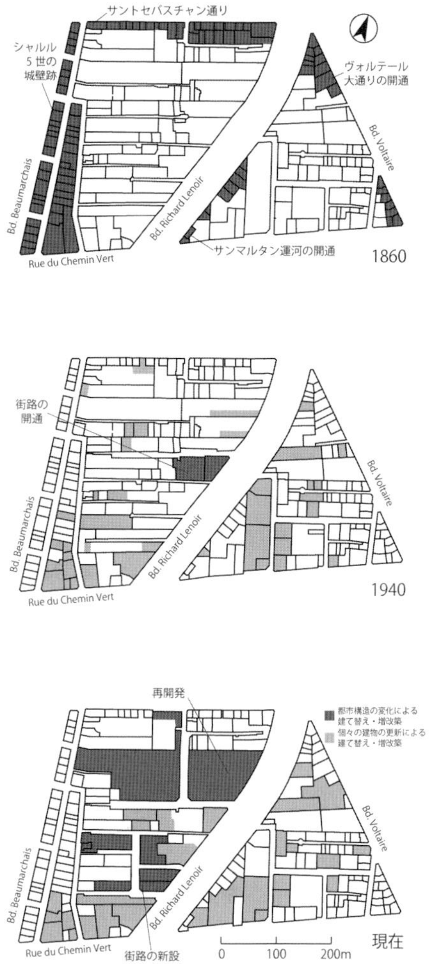

図05　対象敷地の共有壁の変遷

図06　オスマンによってヴォルテール大通りBoulevard Voltaireに垂直に建て直された共有壁(1860年地籍図 Plan cadastre)

個々の自由な更新を支える機能の、ふたつの矛盾する役割を担っているといえる。このように相隣関係から都市構造を分析する視点は、ミクロな関係の集積というパリ都市史分析の新たな手法としても、あるいは他都市の持続的な都市環境への提案としても、今後有効ではないだろうか。

［註］

1）森田芳朗・松村秀一「境界壁規程の法理に関する比較法的考察――フランスおよびイタリアの民法典とイギリスのパーティウォール法」『日本建築学会大会学術講演梗概集（北海道）』、2004年。

2）鈴木隆『パリの中庭型家屋と都市空間』中央公論美術出版、2005年。

3）共有壁は「互有障壁mur mitoyen」で、語源はmoi et toi（僕と君）あるいはmoitié（半分）からきているとする説がある。小沼進一『建物区分所有の法理』法律文化社、1992年。

4）O. Masselin, Traité Pratique Sur Les Murs Mitoyens, Paris, 1875.　L. Guchet, Servitudes Mitoyenneté Bornage-Clôture, Paris, 2010.

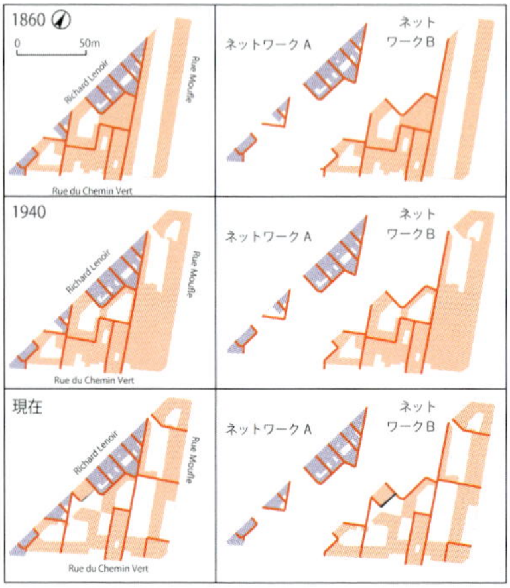

図07　1街区における共有壁と建物の変遷（A:変化小、B:変化大）

写真04　共有壁ネットワークAの統一された街並み

写真05　共有壁ネットワークBの現代的な街並み

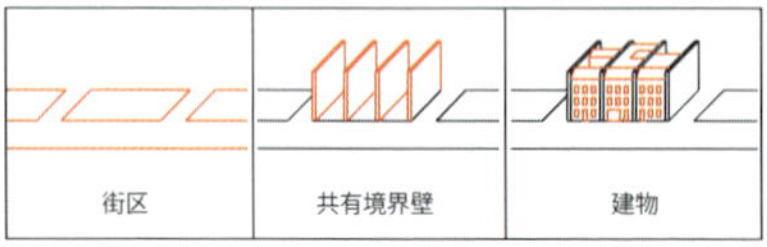

図09　更新レベルの概念1

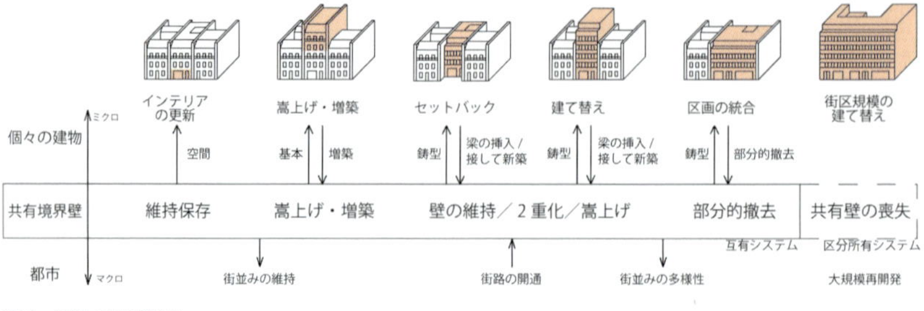

図10　更新レベルの概念2

インテリアの更新

Rue Amelot 54　1986年

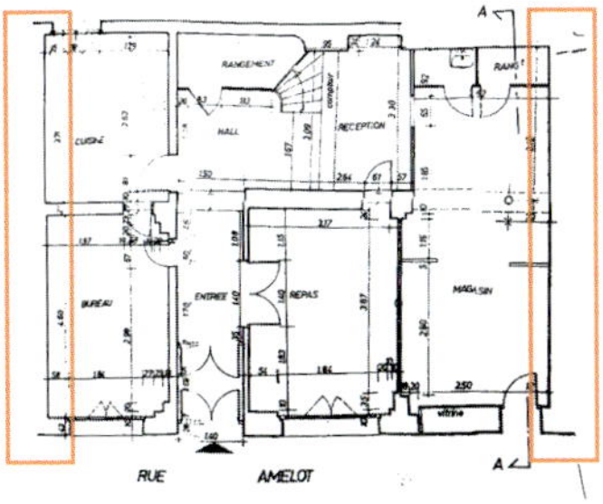

地上階平面図

共有壁

共有壁はあまり描きこまれておらず、無意識のインフラのような存在であることがわかる。
街並みは統一されたまま維持されている。

現在の街並み (Rue Amelot 側)

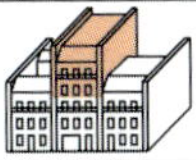

嵩上げ・増築

Rue Saint Sabin 62　1889年

断面図・立面図

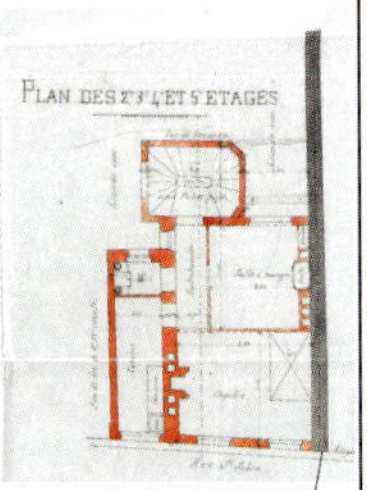

2・3・5 階平面図

共有壁

既存共有壁上部の相隣者の壁を互有化して、梁などを挿入し、嵩上げしている。
嵩上げ部分も既存の街並みを踏襲している。

現在の街並み

建て替え

Rue Saint Sabin 48　1910年

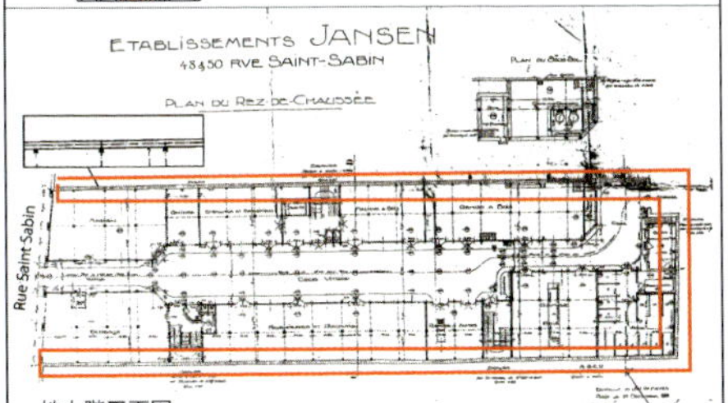

地上階平面図

既存共有壁

既存共有壁の内側に柱や壁を新築し、建て替えている。
異なる年代の建物が並び、街並みが統一感を持ったまま多様になっている。

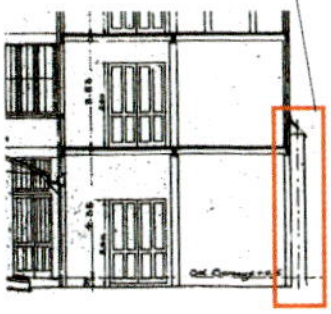

部分断面図

現在の街並み

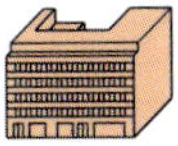

街区規模の建て替え

Boulevard Richard Lenoir 65 ～ 79

20 世紀の区分所有の発達を背景とした
街区型マンション。
共有壁は喪失しており、
互有システムからは逸脱している。
街並みは全く異なっている。

このような民間の開発は 1969 ～ 74 年頃盛んに行われた。

現在の街並み

図08　共有壁と個々の建物の更新

コメンテーター・コメント@公開討論会

後藤礼美／相隣と都市 パリにおける共有境界壁の実態と軌跡

三宅：たいへん興味をもって聞きました。実際にパリでずっとサーベイされたようですが、なかなか詳しいと思います。どういう手順で調査をされたんでしょうか。

後藤：共有壁というものを、システム面と物理面の両面から調査しようと思いました。システム制度は、1875年と現代で共有壁だけを詳しく扱った法律手引書が出ていたので、それをもとに比較をしました。さらにそのシステムが、実際の都市構造にどう影響しているのかを、地籍図と、建設行為をする際にパリ市に提出する建築許可書とを用いて分析しました。

三宅：日本にはこういう制度がないから、なじみのない人たちも多いと思います。これを調べると、こういうことが分かったとか、次に何が出てくるかということを、少し具体的に教えてください。

後藤：研究の動機として、東京などの都市では、建物の権利がバラバラで建て替えが頻繁に行われているので、街並みや建築物を群で捉える感覚がないというのがありました。それが、このパリでは全体で規制するのではなく、隣同士というルールによって、それが全体の街並みに大きな影響を与えていることが分かりました。今後、建物が長寿命化するなかで、日本でも住環境の持続性を考える時のヒントが得られるのではないかと思い、研究しました。

布野：三宅さんと同じ質問をふたつします。19世紀の更新事例がたくさんありますが、それはどうやって調べましたか。それから日本は現在区分所有法ですが、それとはどう違ってこちらにどういう可能性がありますか。

後藤：1875年まではかなり建築の型が決まっていたのに対し、逆に現在では壁自体がガラスブロックでつくられたりと多様化したことが分かります。その変化のなかで、相隣関係自体のあり方の変化を比較できるように抽出しました。具体的な対象敷地の調査は、パリのなかでも保護地区はほとんど変わっていませんが、郊外ではどんどん新しい建物が建っているので、その中間として市街地に程よく近く、更新も行われているということでここを選びました。また日本は区分所有というお話ですが、パリも、互有はローマ法から存在していて、区分所有は第一次世界大戦後、日本と同様なものが所有法として整備されます。日本の区分所有が、マンションなどで問題なのは、小規模の更新を個人が行おうとした時に、全体の合意が必要だったり、その合意基準が難しい。互有というのは、その相隣者同士で合意が成り立てば、民法から逸脱するようなことも可能です。個人の更新が少し自由度をもっていると同時に、完全な自由ではなくて統制力もあるという意味で、中間的な更新のシステムだと思っています。

平沢：区分所有法の場合、区分所有者全員でもっていると法律に規定されていますが、互有というのは法律上の文言で保障されているのですか。

後藤：互有の場合は、地籍図に記されているように、パリ市に登記をすることになるので、所有権として保障されるというかたちになっていると思います。

平沢：床や屋根、最上階に関しては、どういうふうに所有されているのでしょうか。

後藤：区分所有が法的に整備される前は、基本的に建物は個人所有で、つまり土地も建物も一体でひとりの所有者がいて、中を賃貸で貸していました。区分所有法が整備されてからは、その壁、躯体は専有部分の割合に応じて、全体で共有するというかたちになっています。ですから、床とか屋根といった分け方ではなくて、インテリアと躯体、専有部分と共用部分というかたちで、所有権を割合的にもつようになっているわけです。

アルゴリズミック・デザインの建築の設計への適用に関する研究

Name:
飯村健司
Iimura Kenji
University:
千葉大学大学院
工学研究科　建築・都市科学専攻
建築学コース　平沢岳人研究室

0. 研究の動機

本研究では、自身でプログラミングを行い、造形アルゴリズムを作成すること、そして実践として建築設計への参加を行なってきた（図1～図5）。これまでいくつかの競技設計においてある評価を得てきたが、このアルゴリズミック・デザインという手法の有用性はいかなるところにあるか検証する必要があると感じた。よって今回の修士論文では、建築の設計に用いる上でのアルゴリズムの作成法、またこれに沿って作成されたアルゴリズムにどのような特徴があるか考察を行い、手法の有用性の明確化、手法のあり方の提案を試みた。

1. はじめに

アルゴリズムとはある目的を達成するための一連の手続きを指し、建築の論壇においてもアルゴリズム的思考、またアルゴリズミック・デザインと形容され、しばしば取り上げられるようになった。そもそもコンピュータ・アルゴリズムを利用した造形の手法は1970年代に登場したのであるが、近年さらに注目を集めているのは、ハードウェアの発達に伴って、当初およそ不可能にも思われた複雑な処理が可能になったことに起因するであろう。

アルゴリズムは自然界における植物や生物のもつ合理性、審美的特性をその観念として据えられているも

Interview

Q:トウキョウ建築コレクションに参加しての感想
建築を起点として異なる方向に深く踏み入れた方々と、ひとつのテーマに沿って議論する中で、実はそれぞれが奥底・深淵で再びつながっているように感じました。

Q:大学や大学院での活動や研究内容
自身でプログラミングを行いながら、コンピュータを用いた建築設計手法、また都市の生成に関する考察を行なっています。

Q:修士修了後の進路や展望
同大学博士後期課程へ進学し研究を継続します。生産的視点を加味して、3次元CADの拡張や開発などを行う予定です。

のが多い。造形アルゴリズムとして有名なものにはバクテリア・コロニーの発達、雷という空気中の電子が伝達される現象の様子を示すDiffusion Limited Aggregation、木々の成長する様子を示すL-Systemなどがあげられる（図6）。これら造形アルゴリズムは、見事に対象とする形を再現する。ただ、アルゴリズムの特質は、表層的な形の模造を行うことにあるのではなく、その成長文法や物的特性といった形態にまつわる意味合いが生成される形に内的に含まれるということにあると筆者は考える。

1. 1. 研究目的

アルゴリズミック・デザインによる建築の設計では、これに用いるアルゴリズムの設計が重要である。アルゴリズムとは先述の通りある目的を達成するための手続きのことであり、アルゴリズミック・デザインに用いられるアルゴリズムも、建築の設計における目的、つまり設計要件から導き出されたテーマないし問題の解決のための手続きとして設計されるべきである。近年のアルゴリズミック・デザインによる建築作品は、成果物としての建築そのものと、その試行過程であるアルゴリズムとが併せて公表されている。このように建築にまつわる思考をアルゴリズムとして記述する事例はあるものの、手法の主題である思考のアルゴリズム化についての体系的な言及はあまり見られない。これは建築の設計と、アルゴリズムの設計を行う者が必ずしも同一であるとは限らないことに起因すると思われる。

本研究では、これまで筆者が行なってきた経験をもとに建築の設計、アルゴリズムの設計の両視点から考察を行いアルゴリズミック・デザインの体系化を図る。

1. 2. 研究手法

本研究では、これまでの人の手による設計（以下、在来手法）とアルゴリズミック・デザインとの手法上の共通点を見い出し、建築設計を行うためのアルゴリズムの設計法のいくつかの提案を行う。在来手法の設計論に見られる建築特有の語彙を用いてアルゴリズミック・デザインを解きほぐすことで、建築の一設計手法として位置づけを図る。とくに両手法における設計論理と形態操作との関係に焦点をあてることで、建築設計における思考をアルゴリズムへと変換する方法を探る。

2. 在来手法

まず、在来手法において、建築的諸問題に対して展開される論理を形態操作へつなげるための建築的語彙の役割について触れる。

2. 1. 幾何学

塩崎らは建築家が設計論において幾何学的言語を参

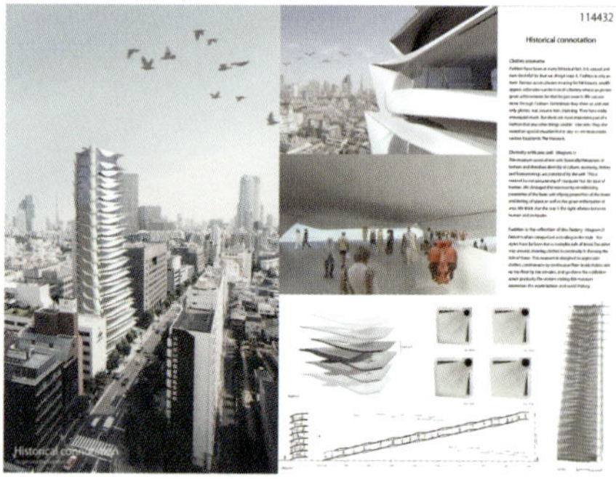

図1　arquitectum TOYKO 2010 FASHION MUSEUM、協働:馬場亮平

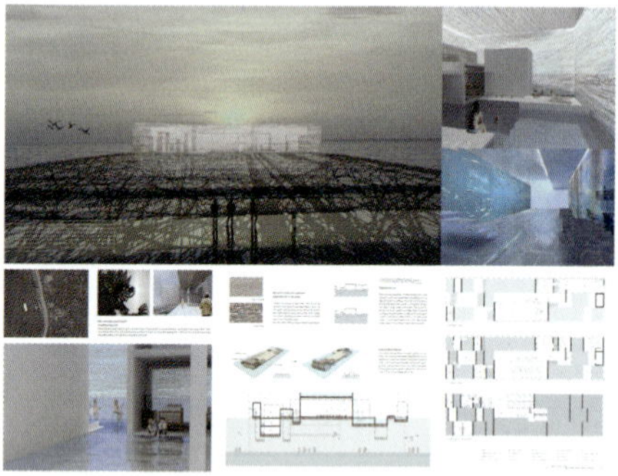

図2　arquitectum BALI 2010 marine research center、
協働:馬場亮平、佐藤陽

図4　arquitectum ROME 2010 Vertical SPA、協働:馬場亮平

照する枠組みを、利用の「根拠」とその際に着目される「幾何学特性」、そして幾何学が利用される「形式」という分類によって捉えた（図7）。結に「建築家は幾何学自体にまつわる性質や事例に触れ、自身の設計論を補完する」とあるように、幾何学は設計における論理と形態とを結びつける。

幾何は2次元、もしくは3次元における実体をもち、そのありようを言語で表現される（図8）。

2. 2. アナロジー

大村らは建築におけるアナロジー表現について、説明対象と参照対象と形容表現という要素からその構造を分析している。「参照対象として建築以外の事柄が多

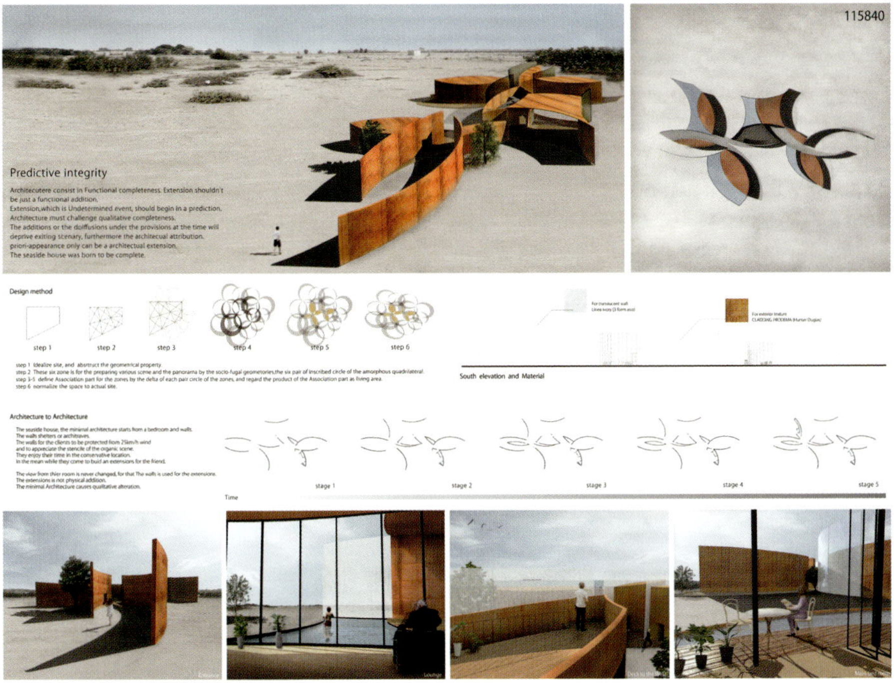

図3　arquitectum SEASIDE 2010 a house between the sea and the country、協働:和田彦丸

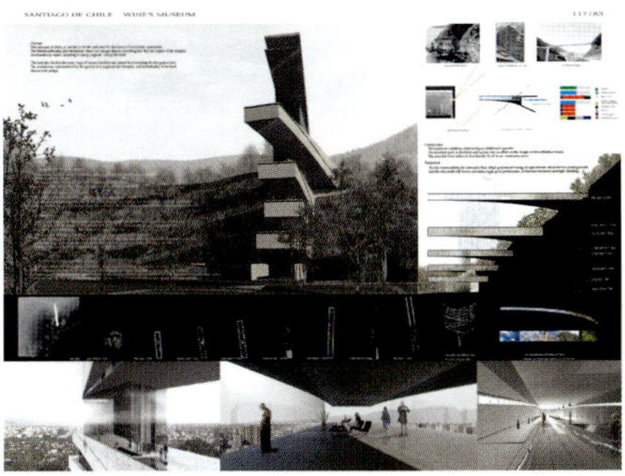

図5　arquitectum CHILE 2010 wine museum、協働:寺田達哉

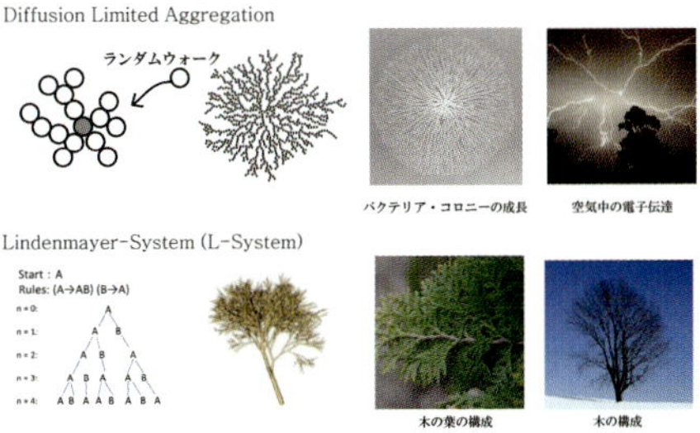

図6　有名アルゴリズム

くみられ、全体に関する建築像を提示するとともに部分的な要素に感覚的な意味づけをなす」と建築におけるアナロジーの効用が示されている(図9)。

建築の設計においては、しばしば要件から導かれる理想としての建築のありようが見い出されることがある。理想としての建築のありようを、現実の建築の形へと帰着させる方法としてアナロジーは用いられる(図10)。

3. アルゴリズムの構成

関数は、いくつかの引数の受け取り、引数や明示された変数の処理、処理の結果を返却値として渡す3つのステップからなる。関数は直列的、あるいは並列的に用いることができ、関数内部にまたほかの関数を組み込むことができる。複数の関数を組み合わせることで主関数が作成される。ここではこの主関数をアルゴリズムとして扱う。

3. 1. 関数

関数には数値の大小比較によって論理判断を行うもの、形を構成する要素を定義、また要素やその集合に修正を加えるといった幾何操作を行うものがあることが分かる(図11)。

3. 2. アルゴリズム

アルゴリズムにはいくつかの幾何操作関数が用意されており、論理判断関数によって幾何操作関数の選択、また与える引数の値についての決定を行う(図12)。

4. 手法比較

設計論理と形態操作

以上を踏まえ、建築の設計におけるアルゴリズミック・デザインを、在来手法との関わりによって縦軸に時間軸を設け図式化した(図13)。設計論理と形態操作という異なる位相の展開は幾何学によって架橋される。在来手法における幾何学の構成である根拠と形式は、アルゴリズムにおける論理判断関数と幾何操作関数に対応する。おのおのの関数の処理内容は在来手法同様に幾何学特性を引き合いに出すことで設計される。とくにアナロジーが用いられる時は、参照対象とその言説的特徴と形式的特徴をもち込むことで言説と形の整合が図られていると考えられる。つまりこれら関数の設計がいかなる言説のもとに行われ、何に由来するものであるかがアルゴリズムの分類に有効であると推測できる。

5. 他者による設計の分析と分類

前項で得た仮定をもとに、アルゴリズミック・デザインとして発表されている作品、かつ実施がなされたもの、もしくは決定しているものを対象として分類を行った。それぞれの分類は、論理判断関数、幾何操作関数の設計がいかになされているかに基づく。

実際アルゴリズミック・デザインにおいて、アルゴリズムはいくつか複合的に用いられることがしばしばあるが、

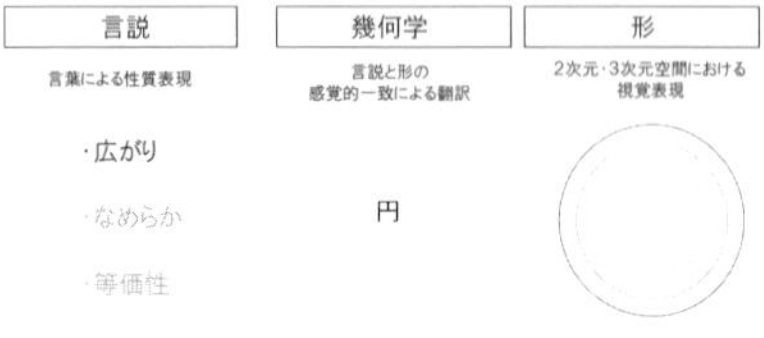

図7 幾何学の体系
塩崎太伸、他2名、2006「建築家の言説にみられる幾何学言語とその参照根拠－現代日本の建築設計論にみられる幾何学操作に関する研究(1)」日本建築学会大会(関東)学術講演梗概集、p.718、l.21-22、(社)日本建築学会をもとに筆者が再現したもの

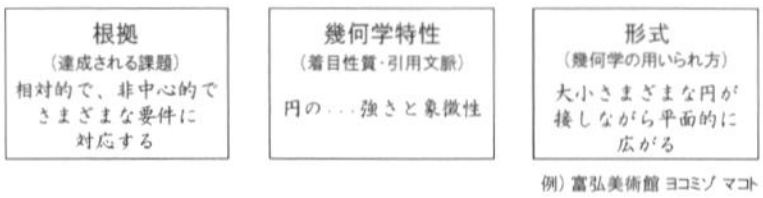

図8 幾何学による言説と形の架橋

図9 アナロジーの体系
大村卓、奥山信一、2001「建築誌にみられるアナロジー表現言語による建築・空間表現の研究その1」日本建築学会大会(中国)学術講演梗概集、p.654、l.50-54、(社)日本建築学会をもとに筆者が再現したもの

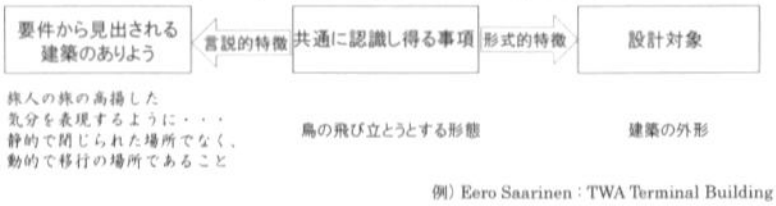

図10 アナロジーによる言説的特徴・形式的特徴による設計論の補完

ここで問題としているのはそれら建築設計に用いる各アルゴリズムがいかに設計されるかについての検証を行なっているため、もっとも顕著に利用されているアルゴリズムだと筆者が判断することで分類を行っていることを注意されたい。

(1) 補間 (2) 模造 (3) 形態模倣 (4) 性能 (5) 拡張

各分類に関する説明は省略(表1を参照)

6. 考察

6. 1. アルゴリズムの設計

関数の設計の仕方には、まず条件に対して一意的な計算をするだけのもの(1)、値として明確で裏づけは必要としないもの (4) があった。これらのアルゴリズムの設計には、アナロジーによる意味補足は直接関係しなかったが、このほかにアナロジーが用いられているものとして形ーform、形態ーshape、そして現象に着目する3つの分類(2)(3)(5)が得られた(図13)。

アルゴリズムは建築を設計する上で考慮される要件を満足するための手続きであり、その手続きは上記のような由来として確からしさが立証される(図14)。

6. 2. アルゴリズムの傾向

アルゴリズムを、入力と解との関係の明瞭性をもとに傾向づけを行うと、前者(1)(2)(4)は、入力が計画に用いられる寸法であるため解の関係が把握しやすく、コンピュータの高い計算能力を設計に取り入れることによる再現性や手続きの高速化の性質が強いといえる。

他方、後者 (3) (5) は前者と同じような性質も含むが、形態ーformや現象的な文脈によって取り出された法則に基づくアルゴリズムであることからも、優良解ではなく、ある優良な方式・仕方に重きが置かれていると考えられる(図15)。つまり、物事の法則を関数化し関数の限定的な挙動を利用することで、生み出される造形・手続きの、論理に対する従順性を高めている意味が強いと考えられる。

6. 3. 関数処理の従順性

アルゴリズミック・デザインによって得られる手法上の利点は手続きを高速に行えること、また複雑なモデルの表現が容易であること、さまざまな要件を視覚化できることがどの分類においても共通する。

これに併せて関数処理の従順性は、上記のように論理に対して従順な試行によってより観念的なモデルを表現するということが、必ずしも利点であるとはいえないが、在来手法と異なる手法上の特徴としてあげられる(図16)。

7. アルゴリズミック・デザインが抱える問題

アルゴリズミック・デザインの本質は、生成される形の内的な有意味性であると筆者は考えている。しかし、そうした文脈による造形の適用範囲は、造形の適用範囲が建築全体におよばず、内装やインスタレーションに偏り、建築の一部にとどまるものが多かった。これには解の明瞭性の低さも要因のひとつであろうが、今回の検証対象の選定基準でもある「実施」という条件のもとでは、無数の条件の上に成り立つという建築の性質が主たる要因となろう。

在来手法においても、主要な条件を選定し設計を行うこともあるが、経験・知識を背景とした操作に含まれる無意識的・感覚的作用によってそれ以外の条件も暗

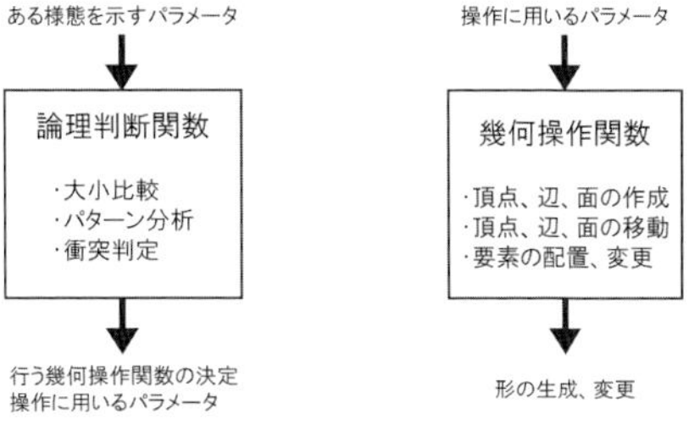

図11　造形アルゴリズムにおける関数区分

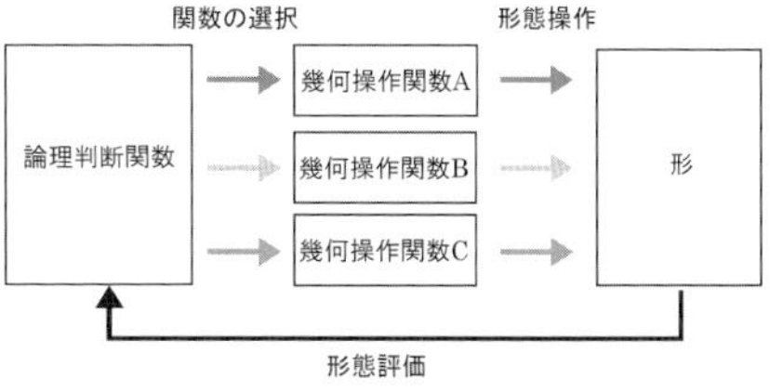

図12　アルゴリズムの構成

に処理される(図17)。アルゴリズミック・デザインにおいては、関数処理のもつ規則に対する従順性によってその作用が遮られてしまう。この関数処理の限定性が、設計要件を満足する形への到達を妨げる。(1)補間や(4)性能においては、建築の構成・寸法といった建築的な感覚・経験から導かれる値を利用していること、つまり感覚的入力によってこの問題が解決されていることからも同様のことがいえよう。

8. まとめ

本研究では、在来手法を用いることによってアルゴリズミック・デザインを分析し、両手法の架橋点を見い出すことで、建築設計の一手法としてアルゴリズミック・デザインを適用する方法を探った。アルゴリズムによる造形は、単なるCGやイメージ提案としてであればいくらでも可能であるが、建築の設計に用いる場合は当然建築に関わる問題を解くための手続きとしてアルゴリズムは設計されるべきであり、その手続きの確からしさは、数値のもつ確からしさに依拠すること、またはアナロジーによる別事象の参照によって保証がされる。特にアナロジーを用いる場合には参照対象のいかなる性質をアルゴリズム化するかが重要である。

	アルゴリズム	論理判断関数	幾何操作関数	作品例と言説のキーワード
補間	Bejier・NURBSといった補間アルゴリズム	なし	計算による補間座標点の作成	台中メトロポリタンオフィス(伊東豊雄):連続※ :カテノイド 鴻巣市文化センター(小泉雅生、C+A):Bスプライン
模造	ものの形を静的に真似る	幾何学的性質の抽出 (角度・長さ等)	要素配置	六甲枝垂れ(三分一博志):葉脈 Bridge Arts & Science Colledge(小嶋一浩):ペンローズ
形態操作	ものが形作られる動的な性質を真似る	運動・成長法則の抽出	要素配置・変形	北京国家遊泳中心(PTW Architects):水泡(ケルヴィン問題の解) C_Wall(Andrew Kudless):細胞(ヴォロノイ分割)
性能	構造・環境解析など	定量基準が明確な値の比較	要素減算・加算・配置修正	証大ヒマラヤ芸術センター(磯崎新):構造解析 アルゴリズミックウォール(Double Negative Architecture):構造解析
拡張	事象・現象をとらえた法則を利用する	非視覚的法則の抽出 実3次元以外の法則の抽出	要素配置・演算・変形	Villa kanousan (柄沢祐輔):スモールワールドネットワーク サーペンタインギャラリー(伊東豊雄+Cecil Balmond):点の軌跡

表1　アルゴリズムの分類
日本建築学会・編『アルゴリズミック・デザイン 建築・市の新しい設計手法』鹿島出版会、2009年、より選出。
その他、本人の言説、設計過程が確認できるもの数点を追加した。
＊台中メトロポリタンオフィスの発想の源泉としては「洞窟」というキーワードが伊東豊雄氏によって述べられているが、ここでは実際に3Dモデルをつくるのに用いられたアルゴリズムに着眼している。

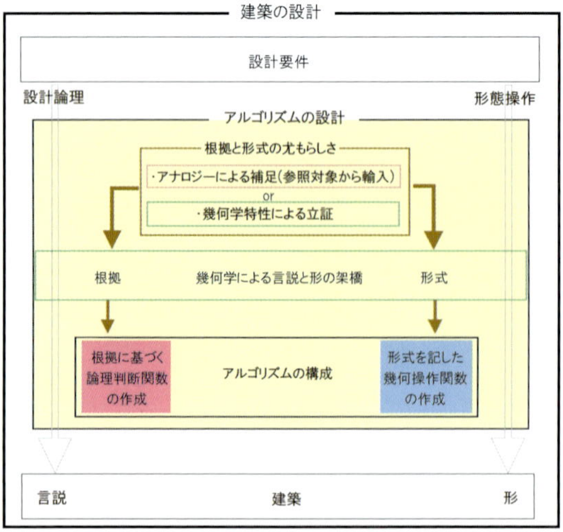

図13　アルゴリズミック・デザインの体系

9. 展望

今回の研究の対象は建築設計プロセスにおける、スタディやエスキスといった原案創出の段階についてであった。在来手法、アルゴリズミック・デザインどちらの手法においても、この過程で生み出される形は後に内装や設備の設計といったモデルの精緻化がなされる、いわば建築の原型である。アルゴリズミック・デザインによる建築の設計に関して、その必然的過程を踏む上で、人の手の介入は避けられない。しかしアルゴリズミック・デザインにおいて生成される3次元モデルは、現行の3次元CADにおいて、壁やスラブといった建築の部材としては扱われず、実装された機能を用いることができない。そのためモデルの建築化は難しく、時に不可能な場合もある。

今後は、3次元CADの拡張や生成モデルの情報構造の整理を行い、アルゴリズミック・デザインと人の手による設計とを架橋することで、建築設計プロセスのより広域にわたる、アルゴリズミック・デザインの建築の設計への適応を検証したい。

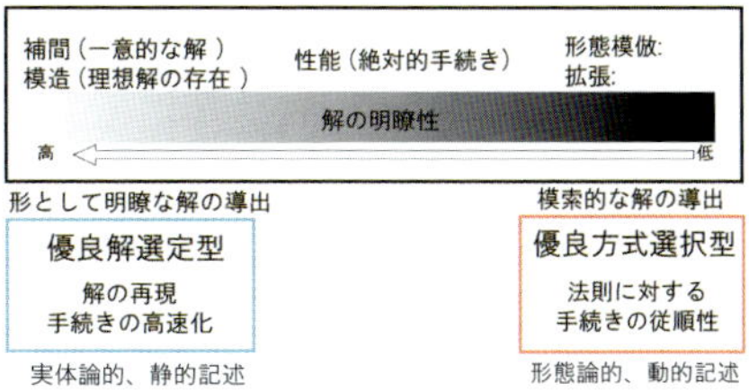

図14　アルゴリズムの傾向

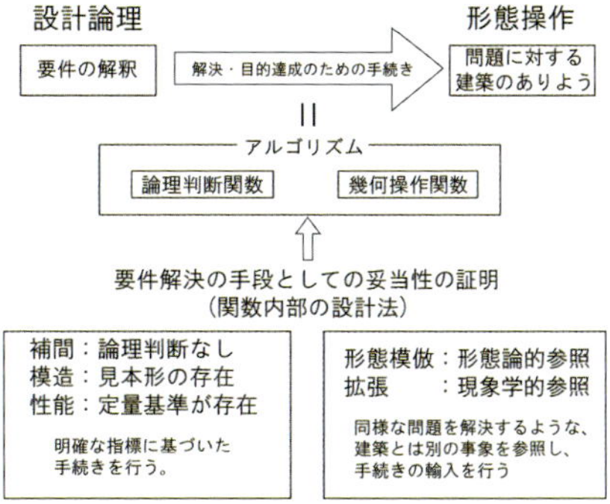

図15　アルゴリズムの設計

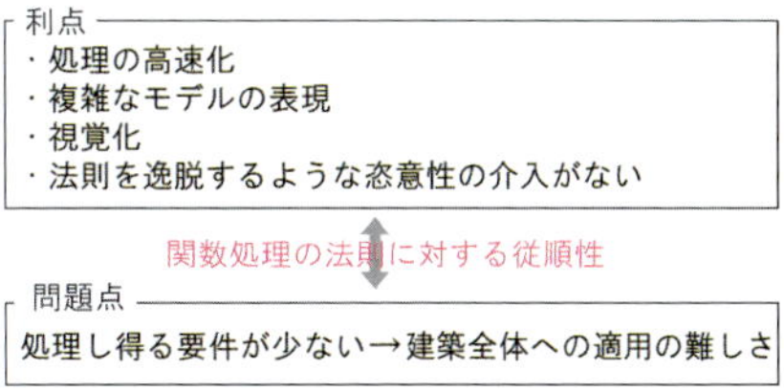

図16　アルゴリズムの利点と問題点

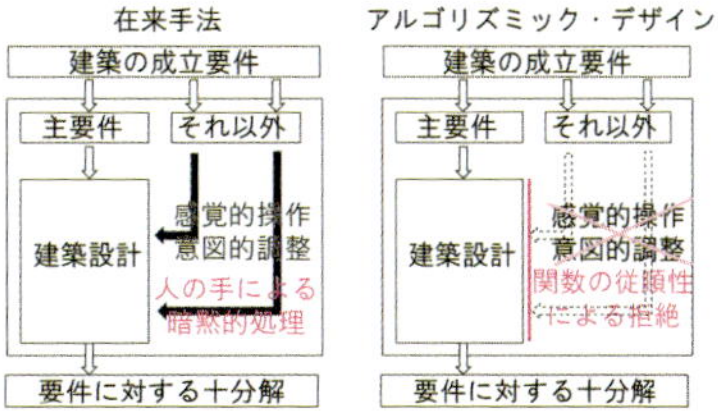

図17　設計における要件の処理

コメンテーター・コメント@公開討論会

飯村健司／アルゴリズミック・デザインの建築の設計への適用に関する研究

斎藤：今日的で話題になることが多いテーマです。タイトルに「の」がたくさん入っているのは気になりますが。デザインをする時に、やはり一番興味があるのはプロセスなんですね。なにを目指すかという目標があって、デザイナーの意思が働いてものをつくっていく。そのプロセスのなかで、アルゴリズミック・デザインの位置づけと役割はなにか、あなた自身の考えを話してください。

飯村：アルゴリズミック・デザインは一般的に設計を自動化するツールと思われがちです。しかし、要はツールでしかないものの、実際には「設計の目的に沿って」自動化するものと僕は思っています。こちらが設定した法則に沿って進めるツールです。アルゴリズミック・デザインにおいて重要なのは、建築の設計を行うアルゴリズム自体の設計なんです。実際に建築をつくる時、施工の技術などを自身で提案するのと同じように、ツールを自身で開発する必要がある。

斎藤：目的に沿って自動的にトントンとうまくいくような感じですが……。あなたから見て、今日、アルゴリズミック・デザインの成功した例と、うまくいっていない例をあげてもらえますか。

飯村：実現しているものに関しては、難しいものが多いように感じます。一番分かりやすい例が北京オリンピックの「鳥の巣」で、間近で見ると施工の精度、構造のディテールも美しくないところが多い。アルゴリズミック・デザインでつくったものは、今までの建築の設計、施工の技術と対立している印象を受けます。これで実際の建築をつくってしまう、つまりそのまま形にするのでは建築らしくない。一回、自分のなかで消化させるという意味合いで、僕はこの手法を考えています。あげた例のなかで好きなのは、柄沢祐輔さんのvilla kanousanです。アルゴリズミック・デザインを用いず豊かな空間実現をなし得ている、住宅作家の形態操作に近いことが行われていて、その操作が建築的だと感じます。

三宅：最近、アルゴリズミック・デザインを口にする人が非常に増えてきていますが、論文の書き方は難しいですね。ある意味、設計の結果によって価値が決められてしまう世界かもしれない。たとえば幾何学というのは、古典的な意味で形をつくるプロセスですよね。アルゴリズミック・デザインもそうだと思う。今回発表された設計では弱い感じがします。

斎藤：アルゴリズムがもっているパワーというのは、うまく整理されてたくさんの本に紹介されています。それを解読していくと、それぞれの作品がもつ役割が違うんですね。たとえば、石上純也さんの神奈川工科大学KAIT工房にも、伊東豊雄さんのサーペンタイン・ギャラリー・パビリオン2002にもアルゴリズムが出てきます。ただそこに、システムや力の流れ、ディテールやコンストラクションというものがないと、建築設計というものは最終的なものにまで進まない。それとアルゴリズムとをどう関連づけるかが問題になってくるわけです。

今村：アルゴリズミック・デザインが従来のものを実現するための道具にすぎなく、自動化することが基本的にはメリットだと飯村君が感じているとしたら、それは残念ですね。アルゴリズミック・デザインを採用することによって、今までとは少し違うものが発生するだろうという期待があるわけでしょう。それは飯村君も直感的に気づいていると思うんです。

飯村：僕はアルゴリズミック・デザインによって、形態を模倣しているものや、現象に着目してその性質を抜き出して建物をつくっているものに可能性を感じているのですが、そういったものはまだ建築としてこの世に現れていないものが多い。それで具体的に好きな建築作品をなかなかあげられずにいます。手法は別として実現されている建築のうち、最近注目しているのはザハ・ハディドのものです。あのようなものは、まだ実際に目にしたり、内部の空間を体験したことのない人が多いと思います。いろいろな障壁はありますが、そうした新しい空間をつくり出すのにアルゴリズミック・デザインが使えるのではないか。それに取り組んでいきたいというのが、僕の研究の姿勢です。

関西国際空港旅客ターミナルビルにおける「ジオメトリー」と「環境制御技術」による長大空間の設計プロセス

Name:
奥山浩文
Okuyama Hirofumi

University:
東京工業大学大学院
理工学研究科　建築学専攻
安田幸一研究室

1. 序

関西国際空港旅客ターミナルビルの特徴は、緩やかな曲面状の屋根をもつ全長1.7km・幅170mの長大空間である。主設計者の岡部憲明氏は設計コンセプトとして、「ジオメトリー：建築の形態と空間を決定し、同時に構成する部材を正確に位置づけるための論理」（注1）と、「環境制御技術：大空間の空調システムとして、天井面を流れる空気層によりマクロな空気の調整を行う方法」（注2）をあげている。計画初期からエンジニアとの協働を通して、これらは長大空間を設計する有効な手法であり、実際の設計への適用方法を明らかにすることは重要であると考えられる。そこで本研究では、コンペが開始された1988年3月から竣工した1994年6月までのスケッチや設計図書などを資料とし、岡部憲明氏への1年間にわたるインタビューを行なった。そこから、設計コンセプトの検討過程と形態を構成する被覆と構造の検討過程を併せて分析し、デザインとエンジニアリングという視点から具体的な設計プロセスの特徴を明らかにすることを目的とする。

2. 研究方法

2-1. 対象範囲

研究の対象とする範囲は、長大空間を構成するメイン

Interview

Q:トウキョウ建築コレクションに参加しての感想

研究は自分の世界に閉じこもりがちですが、討論会や発表の機会をいただいてたいへん勉強になりました。さまざまな大学の研究に刺激を受けました。

Q:大学や大学院での活動や研究内容

大学院では研究と並行して東京工業大学附属図書館のプロジェクトに参加していました。デザインとエンジニアリングに興味をもつきっかけとなりました。

Q:修士修了後の進路や展望

修了後は久米設計に勤務しています。研究やこれまでの経験を活かして建築設計で社会に還元していきたいと思います。

ターミナルビル最上階と滑走路に平行したウィング部分とする（図1）。竣工時の断面図に管制塔からの視認制限や高さ制限などの設計条件と各部材の名称を示した（図2）。

2-2. 対象資料

岡部憲明アーキテクチャーネットワークに所蔵されているスケッチ、設計図書、書類、写真の311点から、対象とするメインターミナルビルとウィングに関する91点および書籍などを併せて資料とした（表1）。作成日が分かる資料を時系列に整理し、スケッチはスキャニングし、図面はトレースを行い、2次資料とした。

3. 設計コンセプトの検討過程

3-1.「ジオメトリー」による外形の検討過程

「ジオメトリー」は幾何学を用い長大空間の形態を決定する手法であり、スケッチと幾何学形態の変化に着目すると、「ジオメトリー」による外形の検討過程は6段階に分けられた（表2）。スケッチに描かれた長大空間の外形をメインターミナルビルとウィングに分け、幾何学形態は曲面なしと曲面ありに分けられた。また、曲面ありは実現案における断面形の平行移動と回転移動に着目し、それまでの検討過程を分析した。曲面なしの幾何学形態は検討されず、回転移動による曲面が常に用いられている。第1段階は回転移動のみで、第2段階はメインターミナルビルに平行移動を用いている。さらに、接合部の問題を解決するため、第3段階のウィングは南と北と中央に分割され、中央ウィングは平行移動とされた。第6段階ではメインターミナルビルと中央ウィングに平行移動を用い、南北ウィングに回転移動が用いられている。第2段階は接合部、第3段階は屋根を覆う外装パネルの「ルーフクラディング」、第5段階は架構、これら部材の施工性を理由に再検討された。

3-2.「環境制御技術」による「オープンエアダクト」の検討過程

「環境制御技術」は吹出口とそこから流れた空気を天井面にあるガイドを用いて、メインターミナルビル最上階の空調を行う手法である。ガイドは空気の流れを制御する天井面に設置された膜で「オープンエアダクト」と呼ばれ、形状と素材の変化に着目すると、「環境制御技術」による「オープンエアダクト」の検討過程は5段階に分けられた（表3）。「環境制御技術」は、オヴ・アラップ社・設備エンジニアのトム・バーカー氏から送られたスケッチによってコンペ段階に導入が決まった。第1段階は風の流れが屋根形状の根拠となり、第2段階は流体力学による解析によって実証性が示されている。第3段階は「オープンエアダクト」の形状は近似的に円弧の組合せで決定された。第4段階は素材の変化に対し、長辺方向の形状は変化しなかった。第5段階の短辺方向は寸法の割り出しやすさから一定の角度となり、施工性から形状が変更された。

4. 長大空間の形態を構成する被覆と構造の検討過程

4-1. メインターミナルビルの被覆と構造の検討過程

写真1　ウィングのエアサイドグレージングとシェル構造

写真2　メインターミナルビルのオープンエアダクトとトラス構造

前出の3-1から「ジオメトリー」によりメインターミナルビルの形態は断面形の平行移動に決定された。その断面形を被覆と構造の断面図から分析を行う。被覆の断面形状と構造の断面形状、架構形式、部材寸法に着目すると、メインターミナルビルの被覆と構造の検討過程は4段階に分けられた（表4）。断面形状について、第1段階の架構はキャニオンと呼ぶ吹抜けによって2分割されていた。第1段階の設計者の説明から、被覆と構造の断面形状は円弧の組合せで構成され、第4段階から図面で確認できる。この作図方法は基本計画から竣工まで継続して用いられ、第4段階において被覆と構造の一部は4つの円弧が中心を共有して重ね合わされている。架構形式について、第2段階は滑走路側であるエアサイドのキャニオンがなくなり、ブーメランのような形状をしたリヴ構造からシェル構造を経てトラス構造に変更された。これはコンペ段階では複雑な解析が難しく、オヴ・アラップ社・構造エンジニアのピーター・ライス氏との間で、ウィングとともに一時的に「ブーメラン・リヴ」としていた。また、部材寸法について、第3段階では上弦材、下弦材、斜材の外径がそれぞれ統一されている。このように、「ジオメトリー」によって決定された断面形は検討過程で幾度も変更される一方で、円弧により描く方法は一貫して用いられている。

4-2. ウィングの被覆と構造の検討過程

前出の3-1から「ジオメトリー」により中央ウィングの形態は断面形の平行移動、南北ウィングの形態は断面形の回転移動に決定された。被覆は「形状」と「回転中心からの仰角」、構造は「形状」と「回転中心からの仰角」と「部材寸法」と「架構形式」に着目すると、ウィングにおける被覆と構造の検討過程は5段階に分けられた（表5）。南北ウィングの形状について、被覆と構造は立面図に第1段階から回転中心に向かって平行に移動させた線が描かれ、「ジオメトリー」によ

	基本計画			基本設計			実施設計			施工			その他			合計
	図面	写真	書類	図面	写真	書類	図面	写真	書類	図面	写真	書類	図面	写真	書類	
全体	0	0	4	8	0	9	107	0	24	72	3	17	29	21	17	311
対象	0	0	3	4	0	2	40	0	8	14	1	2	9	1	7	91

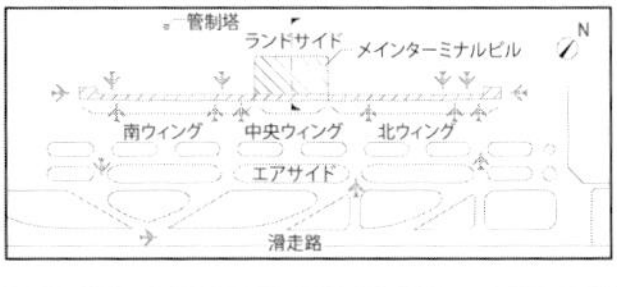

順に、中央上:表1　岡部憲明アーキテクチャーネットワーク所蔵の資料、右上:図1　配置図、下:図2　竣工図からみた条件と部材

写真3　緩やかな曲面屋根をもつ長大空間

		第1段階 88年09月	第2段階 88年11月	第3段階	第4段階	第5段階	第6段階 89年06月
		基本計画		基本設計			実施設計／施工
資料	スケッチ	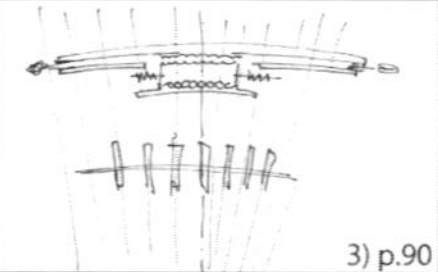 3) p.90	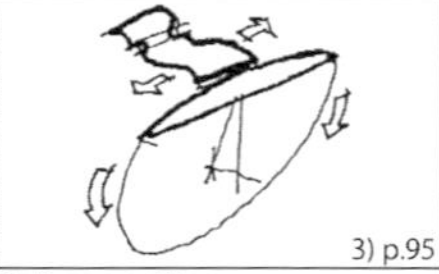 3) p.95	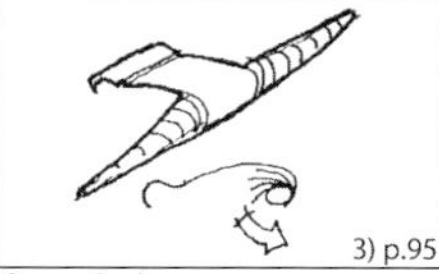 3) p.95	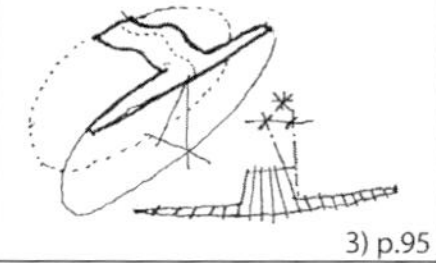 3) p.95	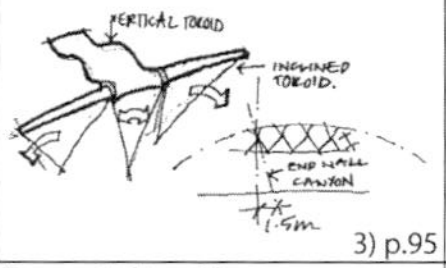 3) p.95	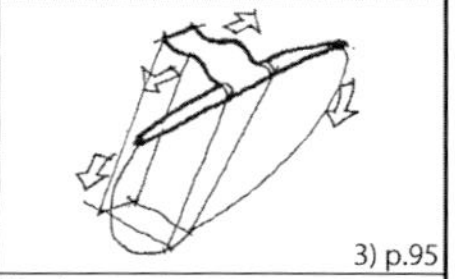 3) p.95
	説明	Competition study: Other issues leading on from this radial generation; Where does the radial generation of elements stop? 3) p.90	Paris competition: ・Extrusion and toroid ・Difficulty in combining two geometries 3) p.95	Genoa Osaka: ・Rotated WING section ・Similar to bananas ・No cladding repetition ・Warped surfaces between ribs 3) p.95	Single torus: Abandoned because of end wall being about 5 m off grid at canyon 3) p.95	Tangential toroids: Abandoned for two reasons: ・All cigars in MTB different ・Drift of end wall angle 3) p.95	Final geometry: ・Extruded MTB ・Toroidal WING tangent at end wall of MTB 3) p.95
考察	幾何学形態	（下表）	（下表）	（下表）	（下表）	（下表）	（下表）
	特徴	・長大空間の形態を1つの放射状の回転移動で定義	・平行移動のメインターミナルと回転移動のウィング接合に問題 ・部材の施工性を理由に再検討	・ルーフクラディング反復しない ・部材の施工性を理由に再検討	・エンドウォールがグリッドから5m外れる	・メインターミナルの構造が違う ・エンドウォールがグリッド外 ・部材の施工性を理由に再検討	・メインターミナルと中央ウィングは平行移動で最終的に解決

幾何学形態

		第1段階 メインターミナル	第1段階 ウィング 中央	第1段階 ウィング 南北	第2段階 メインターミナル	第2段階 ウィング 中央	第2段階 ウィング 南北	第3段階 メインターミナル	第3段階 ウィング 中央	第3段階 ウィング 南北	第4段階 メインターミナル	第4段階 ウィング 中央	第4段階 ウィング 南北	第5段階 メインターミナル	第5段階 ウィング 中央	第5段階 ウィング 南北	第6段階 メインターミナル	第6段階 ウィング 中央	第6段階 ウィング 南北
曲面なし																			
曲面	平行移動				○			○	○								○	○	
曲面	回転移動	○	○	○		○	○			○	○	○	○	○	○	○			○

表2　ジオメトリーによる外形の検討過程

		第1段階 88年09月	第2段階 88年11月	第3段階 90年01月	第4段階 91年02月	第5段階 92年03月
		基本計画		基本設計	実施設計	施工
資料	ダイアグラム	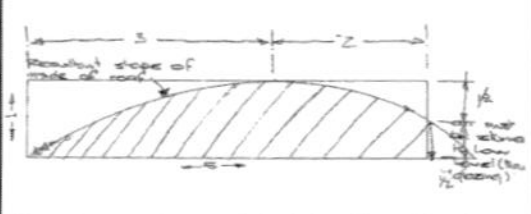Resultant shape of inside of roof is the trajectory of a jet of cold air unimpeded by building elements with a length to height ratio of 5:1. 3) p.152	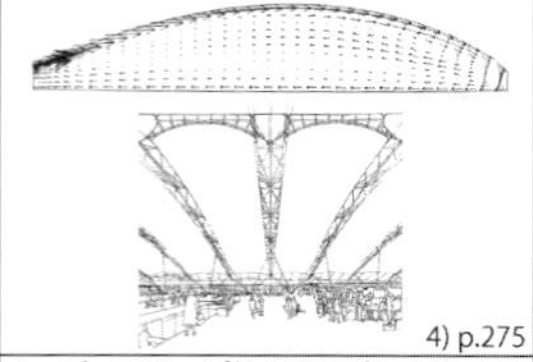 4) p.275	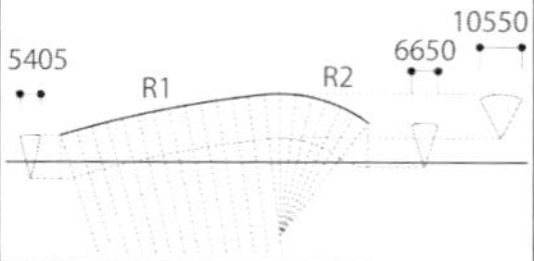R1 / R2 半径［mm］ 275300 / 36937 角度［°］ 10.8226 / 43.4384 3) p.154	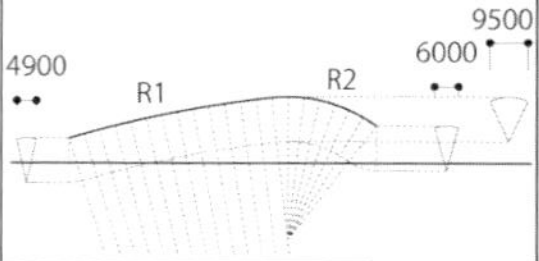R1 / R2 半径［mm］ 275300 / 36937 角度［°］ 10.8226 / 43.4384 注2)	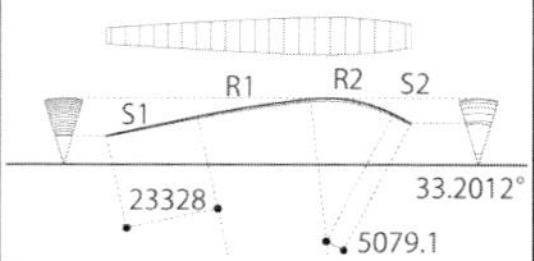R1 / R2 半径［mm］ 275300 / 36937 角度［°］ 5.9618 / 33.4778 注3)
	説明	設計エンジニア、トム・バーカーからファックスで送られてきたスケッチ 3) p.152	オーブ・アラップ社のコンピュータ・シミュレーションによって実証された 3) p.152	長辺を2つの接線曲線とし、短辺方向は各断面とも等しい曲率 3) p.154	短辺方向に均等な曲率を用いる 3) p.154	数値解析上明確に数字を出しやすい、回転体の形状にBWの手により変更 3) p.154
考察	素材	表記なし 3) p.152	Lightweight fibred plaster preformed with smooth reflective finish 注1)	滑らかに仕上げられ、見えないよう接合された二方向カーブの有孔補強プラスターシェル 3) p.154	テフロン膜 透過率10-14% 注2)	ガラス繊維に四フッ化エチレン樹脂 反射率70%以上,厚さ0.8mm,重さ800g/㎡ 5) p.208
	特徴	・空気の軌道が図示される ・屋根形状を決める条件になる ・エンジニアからの提案	・パースに部材として現れる ・解析によって実証性を可視化 ・コンピュータの導入	・空気の流れを近似的に円弧で作図 ・素材はプラスターシェルで割り付ける	・素材がテフロンに変更される ・短辺方向のみ寸法が変わる	・施工性を考慮し短辺方向は一定角 ・長辺方向は直線も併用

表3　環境制御技術によるオープンエアダクトの検討過程

		資料	考察				
		断面図・説明	架構形式・部材寸法			被覆	構造
第1段階 88年11月	基本計画	The exterior form is generated by pure geometry based on rotated (wing) or translated (terminal) circular arcs, for rational and economical construction. 注1) 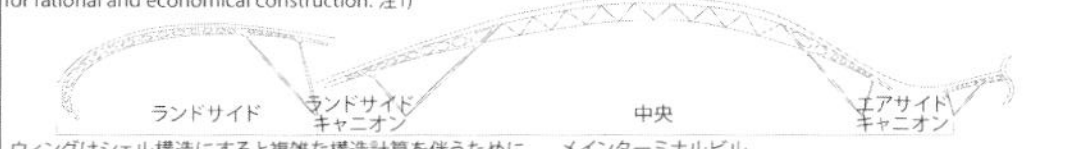 ウィングはシェル構造にすると複雑な構造計算を伴うために、コンペ時にはシェルに近似的なブーメラン・リヴ構造を提示した。5)p.62　4) p.271	注1)	ランド	中央	・メインターミナルビルは断面形の平行移動であり、その断面形状は複数の円弧でできた曲線だと述べられているが、図面からは確認することはできない。 ・被覆と構造は沿う形で緩やかな曲線とされている。	・架構はランドサイドと中央に2分割され、間にはキャニオンが設置されている。 ・架構形式は分割に合わせ、ランドサイドはブーメラン・リヴ、中央はトラスとなっている。 部材寸法は表記なし。
			架構形式	リヴ	トラス		
			上弦材 φ[mm]	表記なし			
			下弦材 φ[mm]				
			斜材 φ[mm]				
第2段階 90年02月	基本設計	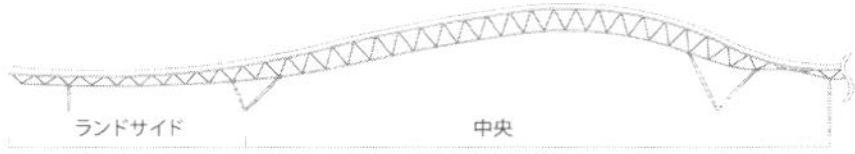 注4)	注4)	ランド	中央	・エアサイドキャニオンが廃止され、連続した被覆となる。 ・管制塔からの視認制限が変更される。 ・断面を構成する円弧の座標を示す数値は併記されていないが、基本設計検討図で使用していることから、円弧を用いて作図されたことが推測できる。	・エアサイドキャニオンが廃止され、連続した架構となる。 ・架構形式はトラスのみ。 ・基本設計図から鋼管寸法が明記され、ウィングとの接合部も詳細が描かれている。 ・鋼管寸法は上弦材と斜材に関して、ランドサイドと中央で異なる。
			架構形式	トラス	トラス		
			上弦材 φ[mm]	273.0	244.0		
			下弦材 φ[mm]	220.0	220.0		
			斜材 φ[mm]	89.0	130.0		
第3段階 90年07月	実施設計	基本設計から実施設計へと進むなかで、トラス構造とウィングのシェル構造の接合部に、屋根構造の軽量化と施工効率をはかることで構造的連続性をもたせ、デザイン的にも単純で明瞭な形態が与えられていった。3)p.100 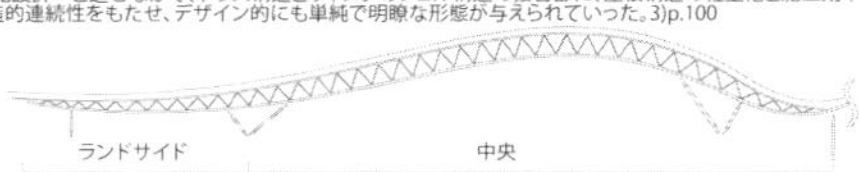 注5)	注5)	ランド	中央	・基本設計図から継続して連続する被覆となっている。 ・ランドサイドは基本設計図に比べて庇が長くなっている。 ・基本設計図と同様に、断面を構成する円弧の座標を示す数値は併記されていないが、円弧を用いて作図されていたことが推測できる。	・ウィングとメインターミナルビルの接合部が変更され、鋼管が一続きとされた。 ・架構の部材寸法は上弦材、下弦材、斜材はそれぞれ外径寸法が統一され、部材の共通化がされている。
			架構形式	トラス	トラス		
			上弦材 φ[mm]	273.0	273.0		
			下弦材 φ[mm]	420.0	420.0		
			斜材 φ[mm]	130.0	130.0		
第4段階 94年06月	施工	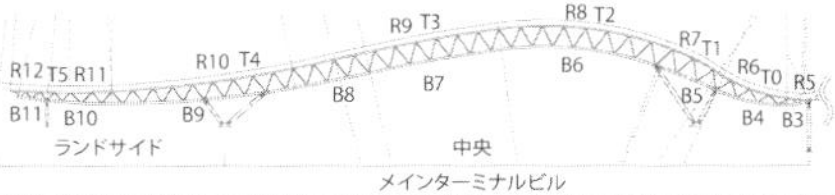 被覆 :R曲線 上弦材:T曲線 下弦材:B曲線 注8)	注8)	ランド	中央	・90年12月の入札前実施設計図面から被覆の断面形状は、中心座標と半径と角度によって表わされる円弧の集合で示されている。 ・被覆はR7〜R10の8つの円弧で構成され、上弦材を構成するT1〜T4の4つの円弧と中心点を共有している。	・架構部材の外径寸法は、上弦材、下弦材、斜材はそれぞれ統一されながら変更されている。 ・鋼管厚みを変えることで、外径寸法の統一を行っている。 ・上弦材は6つの円弧で構成されている。 ・下弦材は9つの円弧で構成されている。
			架構形式	トラス	トラス		
			上弦材 φ[mm]	267.4	267.4		
			下弦材 φ[mm]	406.4	406.4		
			斜材 φ[mm]	139.8	139.8		

表4　メインターミナルビルの被覆と構造の検討過程

			第1段階 88年11月	第2段階 90年02月	第3段階 90年12月	第4段階 91年02月	第5段階 92年11月
			基本計画	基本設計	実施設計	実施設計	施工
資料	中央ウィング	被覆・構造	ウィングはシェル構造にすると複雑な構造計算を伴うために、コンペ時にはシェルに近似的なブーメラン・リヴ構造を提示した。5) p.62 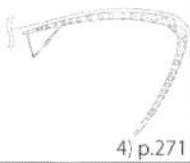 4) p.271	構造設計を担当したオーブ・アラップのピーター・ライスは、もしコンペに通ったらすぐにシェルにしてくれると約束してくれていた。5)p.62 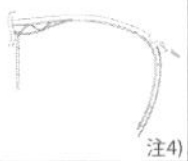 注4)	90年07月  注5) 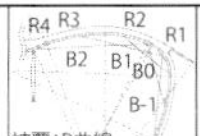 被覆:R曲線 鋼管:B曲線 注7)	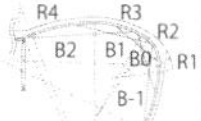 被覆:R曲線 鋼管:B曲線 注8)	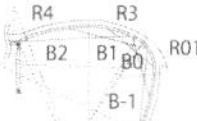 被覆:R曲線 鋼管:B曲線 注9)
	南北ウィング	被覆	 4) p.277	 注6)	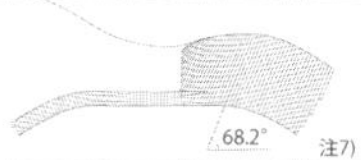 注7)	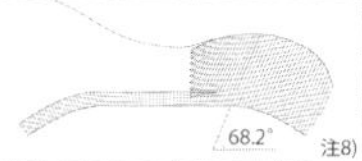 注8)	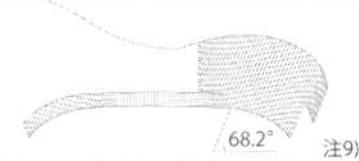 注9)
		構造	 注1)	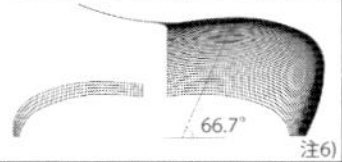 注6)		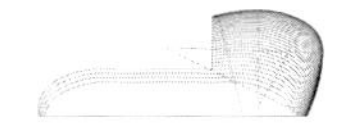	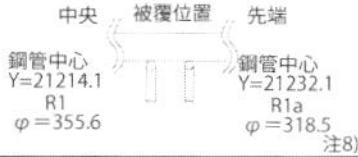 注8)
考察	寸法 仰角 架構		鋼管寸法 表記なし　仰角 41.0[°]　架構形式 ブーメラン・リヴ	鋼管寸法 φ＝320 [mm]　仰角 66.7[°]　架構形式 シェル	鋼管寸法 φ＝420 [mm]	鋼管寸法 φ＝406.4 [mm]　仰角 68.2[°]　架構形式 シェル	
	特徴		・南北ウィングは立面上で、部材線が回転移動の中心に向い反復して描かれる。	・架構形式がシェルに変更 ・南北ウィングの構造から仰角は66.7°	・中央の被覆は4つ、架構は4つの円弧 ・南北ウィングの被覆から仰角は68.2°	・構造は変更なく、エアサイドのルーフクラディングの庇が短くなる。	・被覆と構造の位置から、構造に対し被覆は優先されていることがわかる。

表5　ウィングの被覆と構造の検討過程

る回転移動が確認できる。これにより架構部材は同じ曲線になり、部材の共通化がなされている。架構形式は第2段階でシェルに変更され、第3段階、第4段階、第5段階は被覆に対し構造は変化なく、4つの円弧で断面形状が構成されている。また、ウィング先端で鋼管外径が変化する箇所に着目すると、太い鋼管の中心に対して細い鋼管の中心を18mm外側にし、被覆の位置を揃えることで構造に対して被覆を優先させている。

5. 形態の変化に関わる設計プロセスの特徴

設計コンセプトの検討過程と、形態を構成する被覆と構造の検討過程を併せて、さらに被覆のディテールである屋根を覆う外装パネルの「ルーフクラディング」と滑走路側にあるガラスファサードの「エアサイドグレージング」とを含めて、長大空間の設計プロセスを示した(表6)。形態の変化に関わる具体的な設計プロセスの特徴として、I形態の決定法、II円弧による作図、III曲面の近似、IV部材の共通化、V接合部の整理、VI解析による検証、の6つが見られた。3-1より「ジオメトリー」はIV部材の共通化を考慮し、長大空間に幾何学を用いて断面形を平行移動または回転運動させる方法がI-1形態の決定法とされた。その断面形はII-1、II-2円弧による作図を行い、さらにその曲線は被覆のディテール図面に描かれ、III-1、III-3曲面の近似を用いて断面形の曲線は直線の集合で近似された。この時にユニット化された「ルーフクラディング」と「エアサイドグレージング」のディテールが決まり、IV-2、IV-3部材の共通化が実現された。本設計のような曲面形態を精密に外装パネルで屋根を覆う場合、それぞれ異なる曲面パネルとなる。しかし、緩やかな曲面と規模の大きな長大空間であるため、曲面パネルを単一の長方形パネルで近似した変形量は施工精度より微細で、その変形量を目地で吸収することで基準化した長方形パネルで曲面を覆うことが可能となった。また、構造に関してV接合部の整理があげられ、メインターミナルビルと中央ウィングの第3段階で、接合部は鋼管を連続させて外径も統一され、ウィングの二次部材は外側に変更された。その間、VI-2、VI-3、VI-6、VI-7解析による検証が繰り返し行われた。これら一連の過程から「ジオメトリー」は施工性を内包し、被覆から構造へと幾何学を段階的に用い、検証を併せて形態を決める手法であることが分かる。次に、「環境制御技術」は風の流れをI-2形態の決定法として、流体力学に基づいて「オープンエアダクト」が提案された。設計プロセス初期のコンペ時に導入され、その形状はメインターミナルビルの形態の根拠とされた。風の流れをII-3円弧による作図と、III-2曲面の近似を用い、VI-1、VI-4、VI-5解析による検証を経て「オープンエアダクト」の形状は決定された。

6. 結

関西国際空港旅客ターミナルビルの設計コンセプトの検討過程と形態を構成する被覆と構造の検討過程を併せて分析し、6つの設計プロセスの特徴を導いた。また、新しい空間の提示としてI形態の決定法、その根拠として、IV部材の共通化は施工性、V接合部の整理は空間性、VI解析による検証は合理性、設計方法として、II円弧による作図と、III曲面の近似と捉えることができ、デザインとその根拠、および実際にものをつくる方法を並行して思考する設計プロセスが明らかになった。

[注釈]岡部憲明アーキテクチャーネットワーク所蔵資料から、スキャニング画像とトレース図面の資料名を示す。
注1) COMPETITOIN　注2)オープンエアダクト実施設計図
注3)オープンエアダクト工事図面　注4)基本設計図 建築・構造
注5) KIA DETAIL DESIGN　注6) WING
注7)入札前実施設計図　注8)実施設計図　注9) ROOF CLADDING　注10) THE ROOF GEOMETRY REPORT
注11) VISIBLE LINE POSITION
注12)ルーフクラディングダイアグラム　注13) AIR DUCT 1
注14) ROOF DYNAMIC PROPERTIES

[引用文献]
1) 岡部憲明『可能性の建築』日本放送出版協会、2005.12、p.232
2) 岡部憲明『大規模国際空港旅客ターミナルビルのデザインの方法』神戸芸術工科大学院芸術工学研究科、2006、p.21
3) レンゾ・ピアノ・ビルディング・ワークショップ『関西国際旅客ターミナルビル』講談社、1994.11、p.251
4)『a+u 建築と都市』1989.3臨時増刊、『Renzo Piano』p.266-277.
5)『プロセスアーキテクチュア』122、『関西国際旅客ターミナルビル』1994.12、p.201

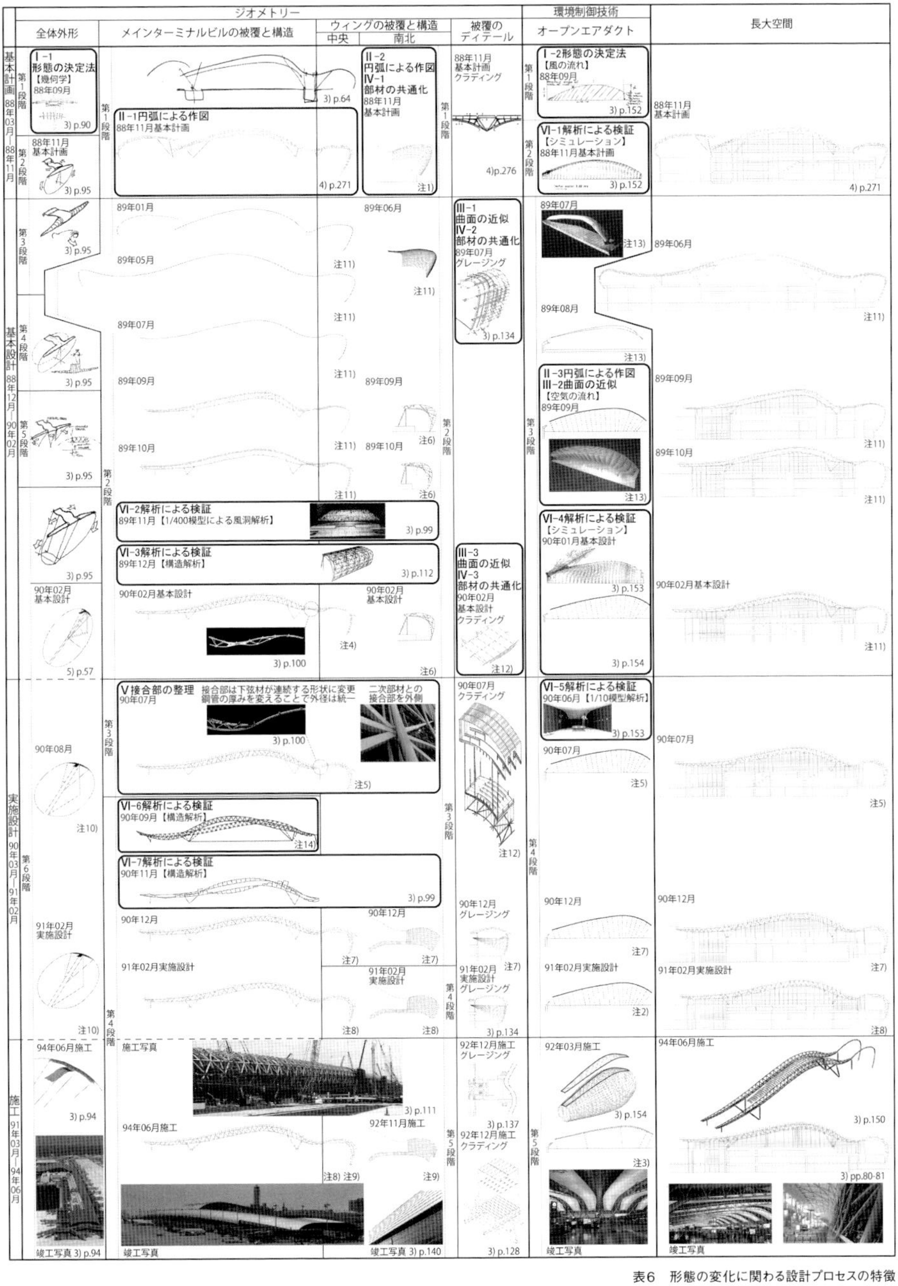

表6　形態の変化に関わる設計プロセスの特徴

コメンテーター・コメント@公開討論会

奥山浩文／関西国際空港旅客ターミナルビルにおける「ジオメトリー」と「環境制御技術」による長大空間の設計プロセス

斎藤：私もこの建築が好きで、何回か見に行っています。この論文では、ジオメトリーと環境との統合をおもしろく読みましたが、設計当初はどちらがどう誘導されていったのですか。

奥山：コンペ初期の段階から、幾何学を用いて全体を構成しようという意図はありました。そのなかでメインターミナルビルの屋根の形態を、シンメトリーなど構造そのままではなく、何か新しい要素を加えたいという設計者の意図があったんです。その時にトム・バーカー氏とのやり取りのなかで、空気を流すことを形態の根拠に用いるという考えと結びついて、最終的にこのような形態につながるという過程を経ています。本当に初期からそうしたエンジニアとの協働が多く、それがこの設計プロセスの特徴的なことだと考えています。

今村：コンペの段階では、この架構はひとつではなく3つに分割されていましたよね。その時からすでにオープンエアダクトの考えはあったということですか。

奥山：その通りです、ありました。

今村：しかしそのアイデアがすでにあれば、最初からひとつになりそうですが。

奥山：最初の段階では構造やプラン的に3分割されていましたが、全体をひとつの連続空間にする意図はありました。また、オープンエアダクトはその中央部分に用いられたアイデアです。設計が進むにつれて予算の問題などさまざまな厳しい条件によって大きな変更がありながらも、連続的な曲面をどのように表現してエンジニアリング的に解いていくか検討が行われました。そして、最終的な新しい形態へと結びついていったということです。

平沢：論文を拝見して、結論だけを見ると、言いたいことがやや分かりにくく感じました。この設計は20年前に行われたわけですね。あなた自身は、今これが行われるとしたら、この方法が通用すると思いますか。

奥山：この設計の特徴は、手描きとコンピュータ技術との過渡期にあったことだと思います。現在では構造の解析や環境のシミュレーションを行うのは当り前になっていて、もちろん図面はCAD化されています。今は何でもできるような技術をもつ時代になり得てしまった。そうなった時に、建築家は何を設計の根拠にもち込むかというのが、今この論文を書いた理由です。この建築の特徴は施工性にあって、あれほどの曲面に対して、屋根パネルを標準化して1種類で納めた。合理性がすごく追求されて、意匠性と施工性の融合を目標に掲げるというひとつの建築の方向性を提示している作品だと思います。

今村：この論文を見ると、非常にリニアにいろんな要素がすべてインテグレートされたすばらしい解答に見えます。しかし実際は、おっしゃったようにコストのほか、法規、安全などさまざまな問題があったのでしょう。いろんな変更が生じ、良い方向だけに進化しているはずはない。それを後からどう評価するのか、興味があります。

奥山：厳しい条件や困難のなかでも、貫かれたコンセプトと解決方法から設計者の意図や方法論を読み取ろうと考えました。それらは設計者自身の経験や過去のリファレンスやエンジニアとの協働のなかから生み出されていることを学びました。この論文を書いている時は、デザインとエンジニアリングという考え方がいつも頭のなかにありました。目的とする空間をどのようにエンジニアリングで解いていくかということに関心があった。たとえば、ある連続した空間で鋼管の外径寸法をそろえていく。でも同じ厚みでは力の分布によって無駄が出てくるので、鋼管の太さを変え、肉厚を変えて、そこでどう外側のラインをそろえるか、とか。そんなふうにデザインとエンジニアリングとは密接な関係にある。この建築ではそれに重要な意味合いがあり、たとえばクリスタルパレスのように、長い歴史のなかでひとつのコンテクストに位置づくのではないかと思いました。

螺旋形木造シェル形架構の開発研究

Name:
森 稔
Mori Minoru
University:
九州大学大学院
人間環境学府　空間システム専攻
末廣香織研究室

1. はじめに

持続可能社会の実現に向けて、近年日本の伝統的建築材料である木材を有効利用するための取り組みが各地で行われている。そのなかでも貫などの仕口による日本の伝統工法は、木の素材特性であるしなやかさを活かした工法であり、またリユースが可能な循環型資源としての木材への期待からもその重要性は大きい。一方で伝統工法は、職人技術の低下や現在の建築生産システムとの整合性、長期的なメンテナンスなどの問題を抱えている。

そこで、木材を利用し、建方に特殊な技術を必要としない新たな木構造として、螺旋形木造シェル形架構を開発した（図1、図2)。本架構は、曲げ処理をせず、ポストテンションにより曲面を形成することで施工性を向上させた、木の素材特性を活かした架構である。本研究では、試行建設と鉛直加力試験により本架構の特徴を把握し、得られた知見から今後の発展可能性を探ることを目的とする。

2. 螺旋形状の特徴

旧正宗寺三匝堂（通称：さざえ堂）に代表されるように、多くの建築に螺旋形状が利用されている(図3)。こうした建築に見られる空間特性としては、(1) 分節しながらも一体的な空間である、(2) ひとつの明確な入

Interview

Q:トウキョウ建築コレクションに参加しての感想

自分の研究についてさまざまな視点から議論でき、非常に勉強になった。何が伝わり、何が伝わらないかを知ることで、さらにデザインを改善していけると感じた。

Q:大学や大学院での活動や研究内容

木の素材特性を活かした新たな木架構の提案。自ら設計した架構を自らの手で施工し、構造実験などにより優位性や発展可能性を探る。

Q:修士修了後の進路や展望

ゼネコン設計部。

図1　架構内観

建築物	螺旋形状の応用	
 会津さざえ堂	最上階で二重螺旋が交わっており、上に昇る参拝者と降りる参拝者の動線が交差しないように設計されている。	円筒螺旋
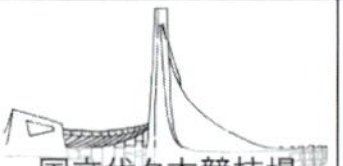 国立代々木競技場第二体育館	螺旋形状により、明確なエントランスを作っている。	円錐螺旋
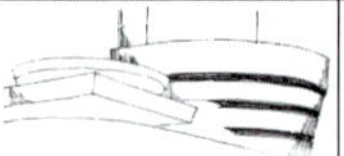 ニューヨークグッゲンハイム美術館	螺旋状の動線に内包される吹き抜けは水平と垂直を結ぶ求心的で上昇感のある神秘的な空間を作っている。	円錐螺旋
 国立西洋美術館	平面螺旋を平面のプランにそのまま採用しており、中心部から外部へ拡張が可能であるというコンセプトを具現化した美術館である。	平面螺旋

図3　螺旋形状の建築物

図2　斜材補強、外観

図5　試行建設、現場建方

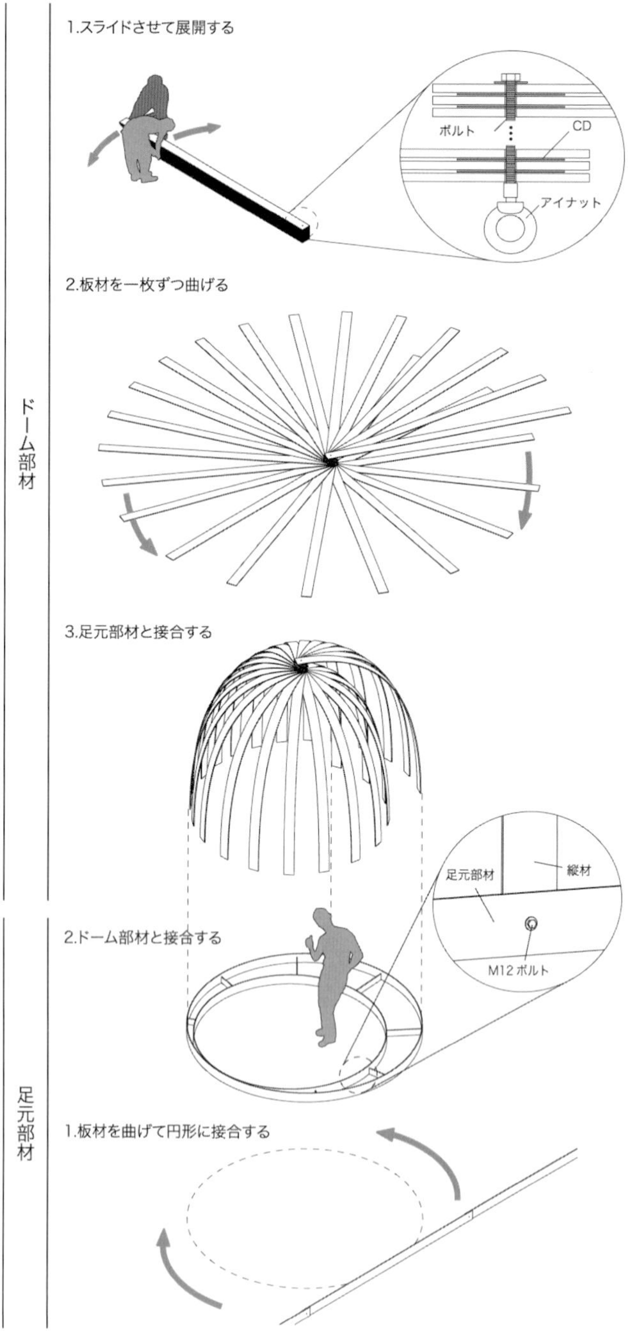
ドーム部材
1.スライドさせて展開する
ボルト
CD
アイナット
2.板材を一枚ずつ曲げる
3.足元部材と接合する
足元部材
縦材
M12 ボルト
足元部材
2.ドーム部材と接合する
1.板材を曲げて円形に接合する

図4　構造システム

口を確保できる、(3) 拡張可能であるといった点があげられる。

一方で、螺旋形状を構造体に利用した場合、非完結形状であることに起因して構造的な歪みが生じる。本架構も螺旋形状であることから架構に歪みが生じている可能性があり、また厚9mmの杉板材を使用しているため変形が大きく、歪みも大きくなると予想される。したがって、構造的歪みの原因となるねじれ変形を拘束する補強が必要となると考えられる。

3. 架構概要

本架構は、25枚の板材の一端をボルト接合してつくるドーム部材と、円形に曲げた板材を組み合わせてつくる足元部材とによって構成される。ポストテンションにより曲げたドーム部材を箍《たが》となる足元部材で固定することで安定する、折り畳み可能な可搬性のある架構である(図4)。また、ドーム部材と足元部材は部材数を増やすことで拡張可能であり、さまざまな規模に応用可能な構造システムと言える。なお、ドーム部材を構成する板材単体を指す時は縦材と称し、内側から名称を、V1、V2、……V25とする。

4. 試行建設

本架構の構法の検討と施工性の検証をするため、3,400×3,400×2,670mmの実大スケールで試行建設を行った。施工はすべて学生の手により行い、現場建方における作業員は2~6名で、作業時間は60分であった。

工場での作業工程は、断面寸法150mm×9mの杉板の製材加工とドーム部材の製作である。本架構は材のばらつきにより、板材が設計値通りの曲線を描かず正確に加工することが不可能であるため、ドーム部材足元のボルト穴など一部で現場合わせの加工を必要とした。現場建方は、特殊な工具や重機を使用することなくすべて人力で行った(図5)。板材はすべて人力で曲げることが可能であり、ドーム部材を箍となる足元部材に接合したあとは、各板材が力を及ぼし合い架構が安定した。今回の試行建設は安全面を考慮し最大6名で作業を行なったが、現場の状況から4名程度まで人員を縮小することが可能であると考えられる。

5. 鉛直加力試験

直径3,433mm、高さ2,670mmの実物大の試験体を用いて鉛直加力試験を行った(図6)。ウィンチを用いて頂部を鉛直下向きに加力したときの鉛直変位と水平変位を測定し、それぞれから架構の強度と構造的歪みを明らかにする。試験は以下の5タイプの試験体を用いたが、各試験は同一の試験体を加工して行った。type1~3,5では内法高さ2,100mmまで、type4では2,034mmまで強制変位を与えた。

type1:未補強

type2:地上2,000mmをバンド補強

type3:地上2,000mm、1,000mmをバンド補強

type4:type3に回転補強

type5:斜材補強

type2~4で使用したバンド補強では、一般的な梱包用のバンドである幅15mmのポリプロピレン製バンドを用い、隣り合う縦材同士を専用のストッパーで縛り留めた。接合位置は模型検討の結果、加力時に部材間隔の変化の大きかった地上2,000m、1,000mmとした。type4で使用した回転補強は、縦材の回転を防ぐことを目的に、各縦材の足元をビスで2カ所固定した。type5で使用した斜材補強は、厚5.5mm・幅120mmのラワン合板をドーム部材の曲面になじむように斜め方向にボルト接合していき、ドーム部材と足元部材を拘束した(図2、図7)。

各試験の結果から、頂部の水平変位曲線図を図8に、荷重ー鉛直変位曲線図を図9に示す。鉛直変位と荷重の関係からすべての補強で架構強度を向上させるのに効果があったことが分かる。とくにtype5は、未補強のtype1の3倍以上の強度を示した。水平変位を見ると、type1ではV10方向に大きく変位してる。これは、ドーム部材が線材の集合として働いているため、平面上二重になっているV1、V25側が強く、その反対にあたるV10側が相対的に弱くなったと考えられる。一方、架構強度を向上させるのにもっとも効果的であったtype5では、頂部がtype1とはほぼ正反対のV1、V25方向に推移した。これは、斜材補強

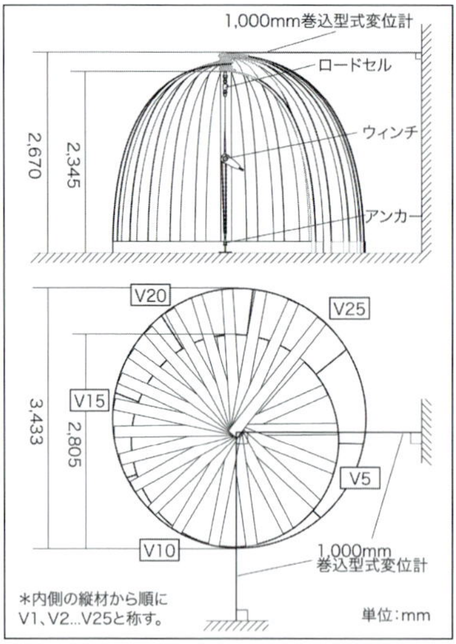

図6　鉛直加力試験概要

図7　斜材補強、内観

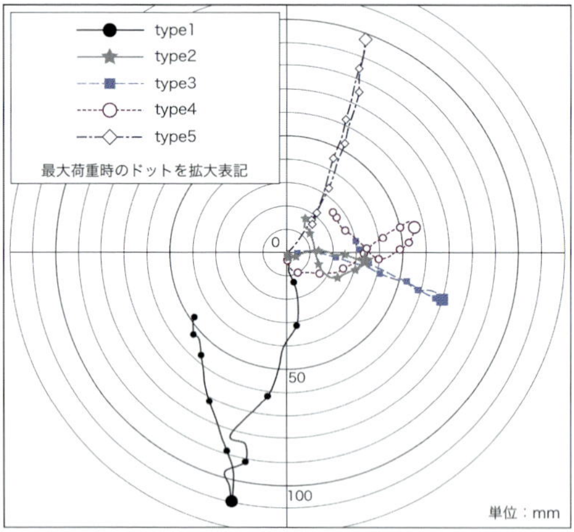

図8　水平変位曲線図

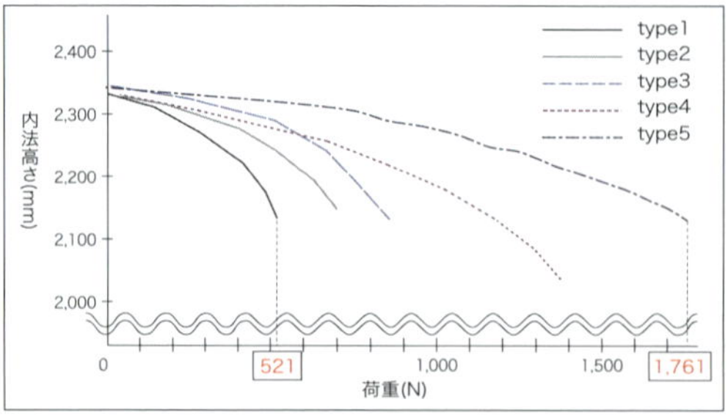

図9　鉛直変位曲線図

図10　屋台利用イメージ

によりドーム部材が一体化し、各縦材が影響を及ぼし合うようになったことから、ドーム部材が線材の集合から面材に近い状態で機能するようになったため、面的に拘束されていない架構の端部にあたるV1、V25が相対的に弱くなったのではないかと推測される。架構の強度をより高めるためには、V1、V25の板厚を厚くするなどの対策が必要である。

6. まとめ

本架構は軽量で加工が容易、折り畳み可能で可搬性があり、素人でも短時間で製作可能な非常に施工性の高い架構である。1本のボルトによる頂部の接合は、冗長性という点では不利であるが、折り畳み可能な構造システムの実現や施工性の向上に大きく寄与していると考えられる。また、補強方法次第では構造的な歪みを軽減させることも可能であることが確認できた。可搬性があり、施工性が高いことからテントの骨組みや屋台、災害用のシェルターなどの仮設建築としての利用法や、補強の工夫により構造的歪みを軽減させ無柱空間を実現できることから、板厚を大きくすれば大規模なドームにも応用可能ではないかと考えられる。

屋台のような軽量構造物として利用する場合、風荷重が支配的であり、転倒が大きな問題となる。ここでは、床材を放射状に配し、腕を長くして抵抗モーメントを高めながら床板を仕上げる方法を提案している（図10）。この方法の場合、床材の長さを自由に設定することが可能で、使用目的、規模に応じた平面を実現でき、複数の屋台を組み合わせて利用することも想定される。

今後の課題としては、内部の居住環境を向上させる仕上げの検討や架構規模に対する適切な板厚の検討などがあげられる。

コメンテーター・コメント@公開討論会

森 稔／螺旋形木造シェル形架構の開発研究

斎藤：たいへんおもしろいプロジェクトで、汗を流してつくっていて、内観がとてもきれいです。これは、螺旋を実現したかったのか、人力によるテンポラリースペースがつくりたかったのか、どちらを優先しているんですか。

森：発想の原点は、木の素材特性、柔らかさを活かそうというものです。はじめは完結した円の形状でつくっていたのですが、その状態では入口を確保できません。規模や材の寸法も併せて考えると、螺旋形状がもっとも良いと思いました。螺旋形状が最初にあったのではありません。

今村：私も実際に製作されたのを好ましく思います。ただ、あくまでも円形のバリエーションとしての螺旋にも対応可能というふうに見える。螺旋ならではの構造、施工法があり得たというのがあるとおもしろいのですが。

森：円でつくる場合、各部材に均等な力のかかり方をするのが合理的です。しかしここでは施工性を優先して頂部をボルト1本で留めたため、内側の材と外側の材では位置がずれてくるし、長さも変わってきて、曲線部材の負担する力の大きさが変わってきます。螺旋形状にすると、ドームを形成するすべての曲線部材が相似に近い形で対応できます。そうすれば、負担する力をある程度、均等化することができるのではないかと考えました。

平沢：上から見たときに螺旋なのですね、立面形ではなくて平面形が。写真を見ると節のかなり多い材を使っていましたが、とくに曲率の強いところは施工時に気になりませんでしたか。

森：実はモックアップで検討している時に、大きな節の部分で割れたことがありました。足元を形成している内側の部分が一番、曲率がきついのですが、モックアップの段階で見当をつけて平面に対応させています。

布野：自腹を切ってやったんですか。

森：北九州で日本建築家協会のワークショップがあり、それに入選して資金をもらいました。ただかなり少なかったので、先ほど節が多いと言われたように、すごく安い材を使っています。

布野：これは膜構造になりますよね。テント膜を張ったら、これほど部材はいらないのではないですか。

森：そうかもしれません。そのあたりは検討不足です。

上野：たとえばこの建築を大きくした場合、足元のバンドが爆裂しないかといった構造的な検討はしていますか。

森：それはするべきだと思います。ただ私は構造が専門ではないので、分からないというのもあります。厚さ9mmの杉板材を使っていますが、つくってみて一応安定していたので、板厚を変えて調整することで対応できるかと思っています。この論文で一番考えたのは、木を使った伝統工法の柔らかさを、新しいアプローチの仕方や技術で活かせないかということです。金物で留めてガチガチに固めるという在来工法の考え方は、合理性に欠けています。しかし伝統工法を現在のシステムで大量生産するのは難しい。ここでは、ストレスをかけることで構造を安定させ、なにか新しいものをつくれないかと考えました。

佐藤：私は実は、これにすごい衝撃を受けました。雨や風に強いし、内部の熱の上昇に関しても良い。周囲の状況や温熱環境に対して、この形はもっとも優れていると思います。プロトタイプをつくって終わりではなくて、水に浸けるとか、別の材料を使うとか、足元の直径を変えればボリュームも変わってきますよね。すごく発展性のあるアイデアです。たとえば難民シェルターのためにも、ぜひ考えを進めてほしい。

森：環境面を考慮した上で、発展させていきたいと思います。

立体的用途複合都市における交通ネットワーク構成に関する研究

Name:
渡邉純矢
Watanabe Junya

University:
芝浦工業大学大学院
工学研究科　建設工学専攻
八束はじめ研究室

都心の人口密度増加と移動機械装置の発達により、立体的な都市を構成する際には、交通ネットワークを考える必要がある。そのひとつめの理由として、エレベーターのコア面積と専有面積の関係から、200階以上の縦型高層は経済的に成り立たないことがあげられる。また、ふたつめの理由として、従来の袋小路のロッド型高層ビルから、街区を超えた水平立体的都市を考慮しなければならないことがある。高密度都市社会においては、立体的電車システムなどの大量交通とそれぞれの人たちが自由に選択可能な交通とを選べる、リゾームとしての都市交通ネットワークを組まなければならない。これによって従来の建築、都市形態が変化するのではないだろうか。

序章

1〜3節　研究背景、研究目的、関連研究

本研究は、芝浦工業大学八束はじめ研究室の一連の研究である、建築、都市における“量的”な研究テーマのひとつとして提示する。過密化された東京や他の諸国の首都圏においては、複数の用途の無秩序な面的拡大から脱却する都市の立体的構想が不可欠である。同時に、立体的な交通が都市本来の効率化を生み出さなければならない。

本研究の目的は、複合用途高密度都市に必要な

Interview

Q:トウキョウ建築コレクションに参加しての感想
さまざまな分野の人と議論し合えたことはとても有意義なひとときでした。この場をつくってくださった方々に感謝です。どんどん次につながっていってほしいです。

Q:大学や大学院での活動や研究内容
学部：建築形態の身体的描画法。大学院：高密度複合用途都市、エレベーター交通、丹下健三「東京計画1960」。

Q:修士修了後の進路や展望
石本建築事務所。

立体的ネットワークシステムを構築することである。主に、高密度化される複合用途開発を研究し、これらを効率よく結びつけるネットワークにはどんな形態の交通システムを用いればよいのかを研究する。

先行研究として、同研究室の小川（註1）と田丸（註2）によるものがある。前者は、複合用途開発（MXD）における複合用途構成とそれに関する立体的土地利用の交通時間を研究している。また後者は、人工土地を用いた立体的利用を基盤とした研究を行なっている。本論では、これらの視点を前提として、交通ネットワークを主体に研究を進めていく。また、これら先行研究とゼネコンの超々高層ビル計画、ハイパービルディング時期以降の大量輸送である立体交通のシステムに着目する。加えて、エンジニアリング振興協会が、エレベーターを含む大量交通について、技術的検証のもとに研究報告書をまとめている雑誌『エレベータ界』についても参照する。

第1章　高密度立体都市におけるメリットの整理

1-1. 都市の人口密度

1-2. 都市の巨大さ——Bigness

1-3. 都市の多様性

1-4. 都市の高度利用

高密度都市の必要性として大きくふたつの要因がある。ひとつ目として、「Demographia World Urban Areas」（Fig.1-1）によると、1,000万人以上の世界主要都市は、26都市（2010年）から39都市（2030年）とわずか20年で1.5倍に増える推計データが得られる。東京首都圏だけではなく、発展途上国を中心とした首都圏で高密度な人口統計が得られ、それに伴う計画が必要である。ふたつ目として、エレベーター、エスカレーターという機械装置の発明が建築の巨大さをもたらし高密度化させた。レム・コールハースは彼の著書『S,M,L,XL』で、Bignessについて「エレベーターに関連した発明は建築の古典的な能力の範囲を無効化させる。（中略）移動は機械的な装置により、技術により建築のスケールを変えていく」と述べており、高密度の状態が我々の行動範囲をより高密度化させる（Fig.1-2）。

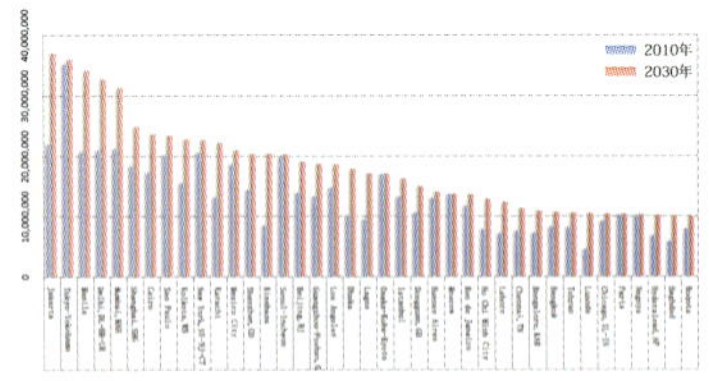

Fig.1-1　2010年から2030年の都市人口の推定
Demographia World Urban Areas: Population & Projections: Edition 6.1 (2010.07) からグラフ作成

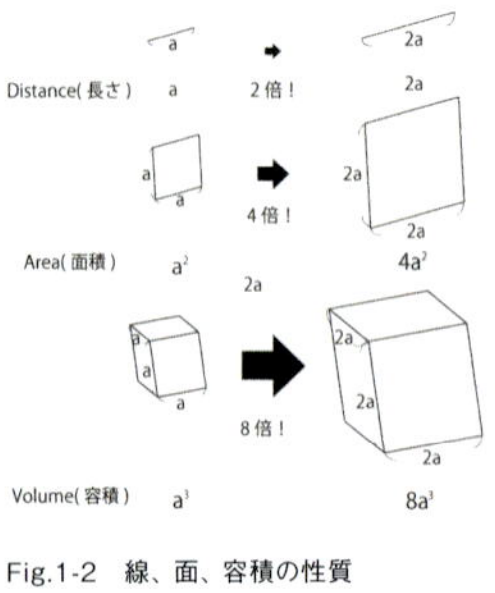

Fig.1-2　線、面、容積の性質

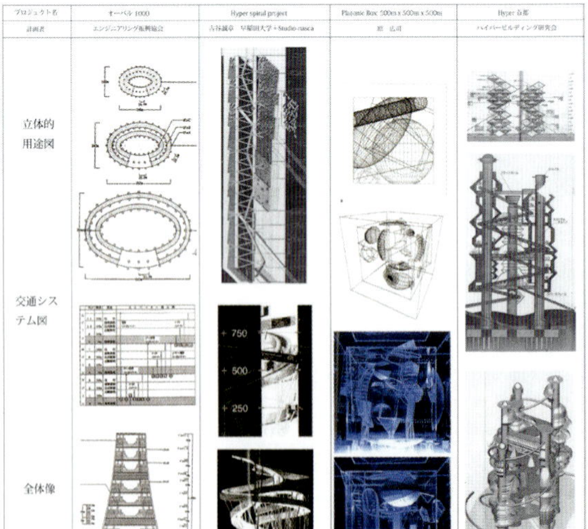

第2章　立体用途都市の配置論

2-1. MXD――複合用途開発

2-2. 複合用途としての実施プロジェクト

2-3. 複合用途としてのアンビルトプロジェクト

2-4. 第一次産業の立体化

2-5. 小結

1950年末以降に実施されたMXDのプロジェクトや1980年代末以降実現されなかったハイパービルディングの計画から、立体的用途の機能配置をどのように構築するかに着目する(Fig.2-1)。

一般的に、MXDのように第三次産業を含めた3種類以上の複合用途開発で、経済効果がより相乗効果を発揮させることができる。よって、これら各用途が歩道などで機能的にも物理的にも連続してつながっていることが重要である。また、第2節にあるように、複合用途としての文化機関が重要であり、機能もしくは交通（第3章で述べる）としての“アトラクション”により、人々を引きつける戦略も重要である。六本木ヒルズでは最上部に美術館と展望台を複合させており、人を上層部に“吸いあげる”機能をもつ先駆的な例であった。尾島俊雄は、縦型高層案においては、正方形垂直混在型より、60層ごとに用途地域を設けている正方形垂直集中型が圧倒的に多い、と述べている(Fig.2-2)。第1章で述べた通り、ある程度集積されている方が同じ業種、住まい方など管理面の部分で構成しやすく、同種の用途でフェイス・トゥ・フェイスの機会を増すことが可能である。

第3章　縦型と高層水平型交通

3-1. エレベーターの現状と定義

3-2. 小規模輸送交通

3-3. 中規模立体交通

3-4. 大規模輸送交通

3-5. オペレーションリサーチズ

3-6. 水平移動としての可能性

3-7. 小結

大規模プロジェクトのなかで、人の流れをつくり出す交通インフラに着目する。縦型交通としてのエレベーターの概念コア配置や、さまざまな交通形態の有効性などを過去のプロジェクトや研究を参照にしながら検証す

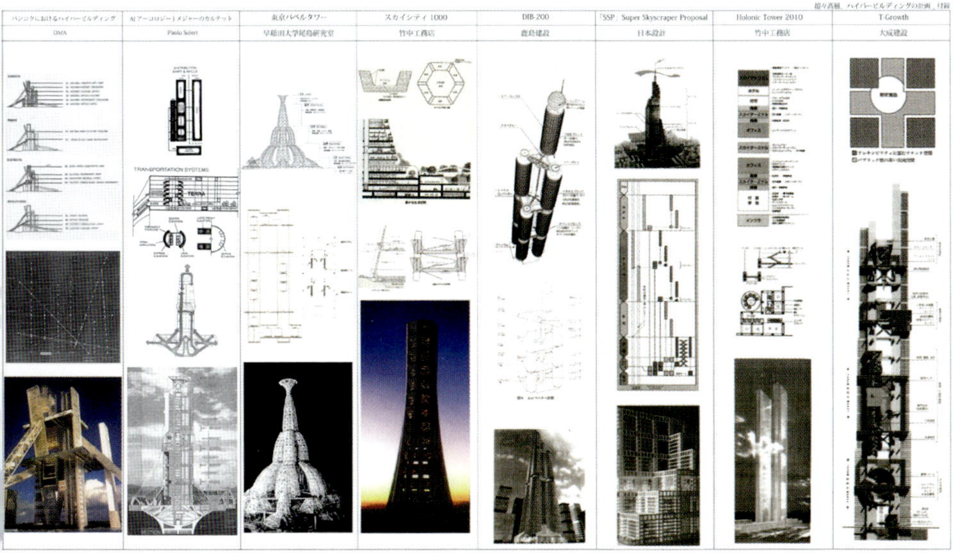

Fig.2-1　超々高層プロジェクト、ハイパービルディングの計画一覧。出典：『エレベータ界』141号〜180号(2000年1月号〜2010年10月号)。エンジニアリング振興協会「超高層都市空間システムの開発に関する調査研究報告書」1991年。グループV1000『縦型都市構想スカイシティ1000』KIBUNDO、1989年。尾島俊雄『千メートルビルを建てる』講談社選書メチエ、1997年。「HYPER首都」編集委員会『HYPER首都――世界に向けて発信する1000年都市』(財)日本建築センター、1991年。その他多数

る。また、既存の高層ビルのコア面積のリサーチ、縦型から水平型交通の可能性についても言及する。

超々高層ビルにおいて縦動線を可能にするエレベーターは、複数かごを縦に積むマルチデッキに構成することで、占有面積を大幅に減少し、フロアに対しての貸付面積が十分有効に利用できる。しかし、いくらマルチデッキやスカイロビー方式を用いても建築面積を極端に増やさないと、超々高層200階以上の建物は経済的

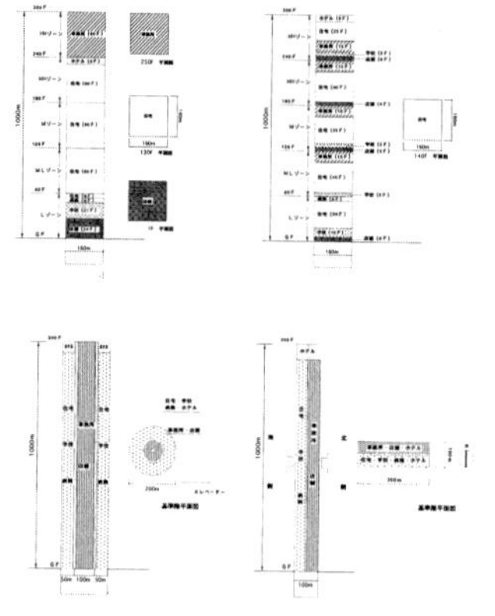

Fig.2-2　4つのタイプのビルの断面分布図（出典：尾島俊雄『千メートルビルを建てる』講談社選書メチエ、1997年）

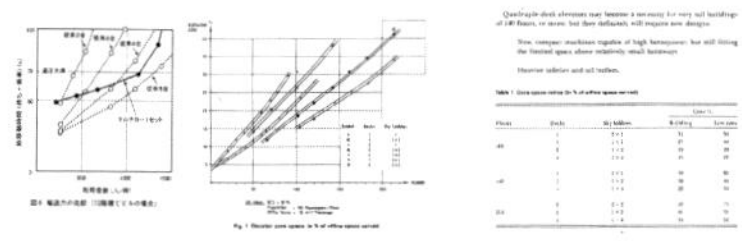

Fig.3-1　200階以上のエレベーターの効率性。Council on Tall Buildings & Urban "Second Century of the Skyscraper" Springer, 1988

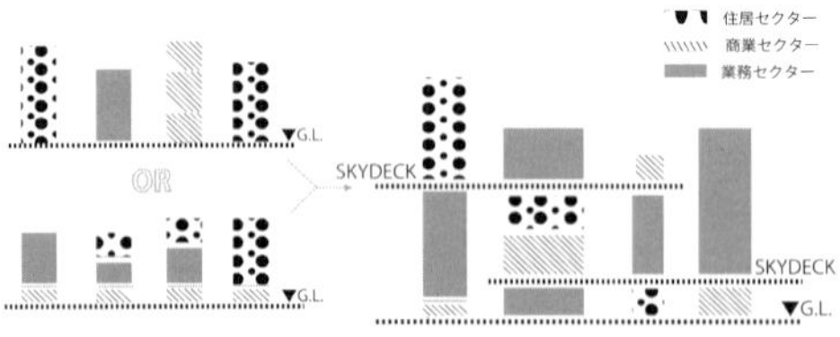

Fig.3-2　立体水平移動による不動産価値の変化の可能性

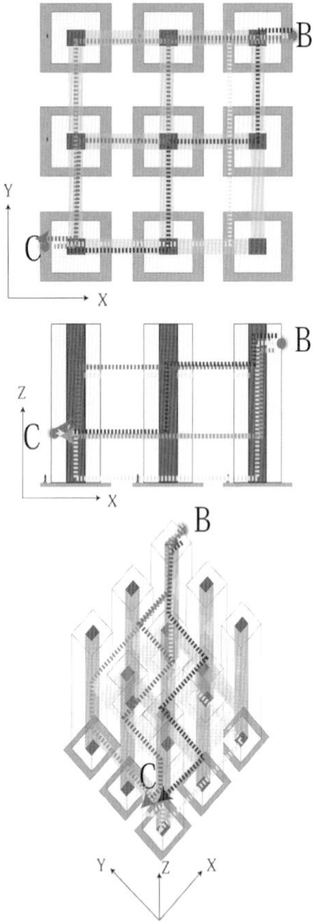

Fig.3-3　立体水平移動による複数通りの道順

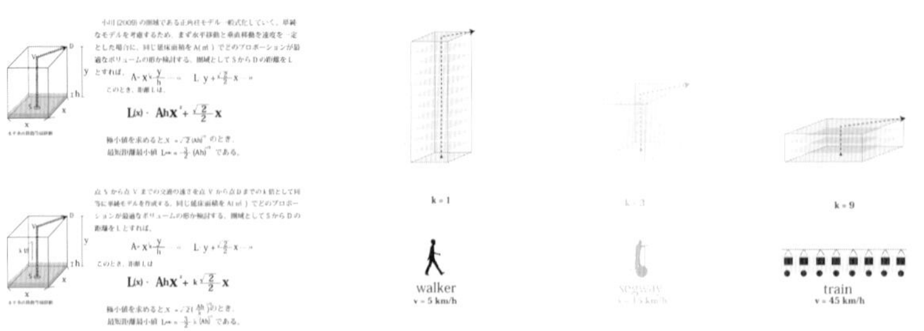

Fig.4-4　水平速度によって異なる建物のプロポーション

に成り立たなくなる（Fig.3-1）。つまり、縦に高層化するのに限界があるので、水平方向に建物をつなげるスカイブリッジが必要である。スカイブリッジを適用することにより、目的地への所要時間が短くなるため、不動産価値が変わり、さまざまな用途変更が可能になると同時に（Fig.3-2）、目的地まで複数路の道順が形成される（Fig.3-3）。小川（註1）が述べるように、目的地の時間短縮だけではなく、利用方法とそれを構成するネットワークこそが重要であるということが言える。

一方、今村創平氏との対談を通じて、これからの都市においては、効率性が必ずしも豊かさにはつながらないことがわかった。自由度の高い交通、あるいは交通そのものを楽しむ"ドライブ"、"スキー"、"観覧車"は交通の文化として発展させることを考えなければならない。交通が本来内包する"アトラクション性"が人を引き寄せ、アミューズメントパークのようにその乗り物だけを楽しみに来ることが、都市をより活性化するひとつの方法でもあるかもしれない。

第4章　立体的交通ネットワークを踏まえたモデル構築

4-1. Possibility case 1
——Elevator city 1（Fig.4-1）

4-2. Possibility case 2
——Elevator city 2（Fig.4-2）

4-3. Possibility case 3
——Slab city（Fig.4-3）

4-4. 小結

1～3章の既往研究をもとに新しい都市立体モデルを構築する。このケーススタディにより可能態を提示して、都心部の人口集中、物流集中による経済活動に寄与するモデルをつくることを目的とする。まず、それぞれの用途の特性を整理したモデルを提示し、それらを複合させる。

立体的用途複合都市は、冗長性の高い複数通りあるさまざまな交通形態をもつことが好ましい。また、目的地までの経路が複数あることにより、ピーク時の混雑が緩和され、エレベーターコアに対する専有面積をさらに大きくすることが可能になる。

Case 3では、都心部の拡大に伴って、"受け皿"として平面的に開発された臨海副都心を対象地とした。平面的に計画されたゆりかもめの土地利用を立体的に構成することで、より現在のエレベーターに近い形で電車交通が立体的に介入することが可能になる。

また水平型の立体都市における建物の最適なプロポーションは、Fig.4-4に示すとおり、水平方向のスピードが増すほど、より水平方向に広がる形態となることが数式によって実証された。

エンジニアリング振興協会は、交通の同様の形態について述べているが、Case 1～3の可能態から、短距離の自由交通形態、スカイロビーによる中距離の形態、電車システムを取り入れた循環型交通の形態へ分類される。Fig.4-3のように、直行型、往復型、循環型がそれぞれの目的に合った交通にふさわしいのではないだろうか。

総括　展望

高密度で連続的な複合用途の状況が、フェイス・トゥ・フェイスを成立させ、経済効果と利便性が相乗効果を発揮させる。スカイロビー方式、マルチデッキ方式を超えた、電車のような往復型あるいはループ型の公共交通体系を構築することで、専有面積に占める割合を大幅に減少できるであろう。

短距離の自由交通形態、スカイロビーによる中距離の形態、電車システムを取り入れた循環型交通の形態が分類された。高密度で複合的な建築や都市形態は、よりスピードや量によって規定されるであろう。

一方、都市に与える現実性としてスピードや量といった効率性以外の要素も考えなければならない。乗り物という文化が、人々を魅了する"アトラクション"であり、都市内部の交通そのものを求めて人々が集まり、経済活動に貢献するかもしれない。こういった交通機関が立体的な都市において、目的や手段に合わせて、選択可能であることが重要ではないだろうか。

［註］
1）小川有花（2009）「都市における立体的用途複合の研究——都市の立体的圏域」
2）田丸正和（2009）「空間高度利用の発展に関する研究——人工土地：概念の変遷について」

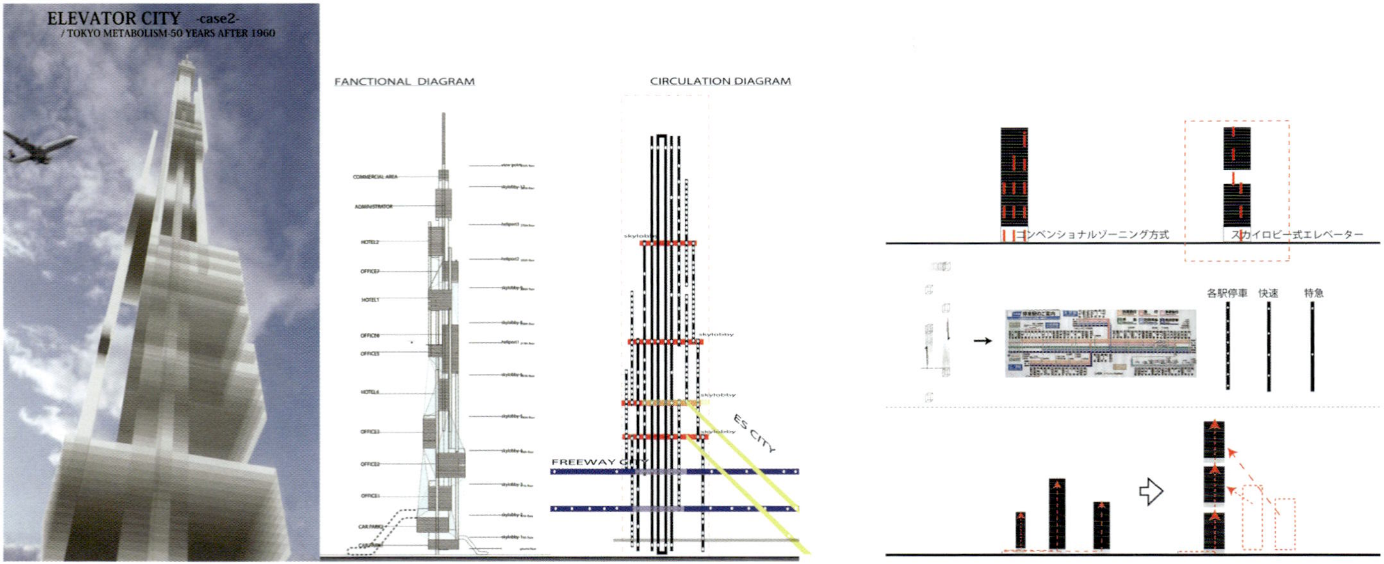

Fig.4-1　Case 1（左から外観図、立面図、交通システムのダイアグラム図、コンセプト）

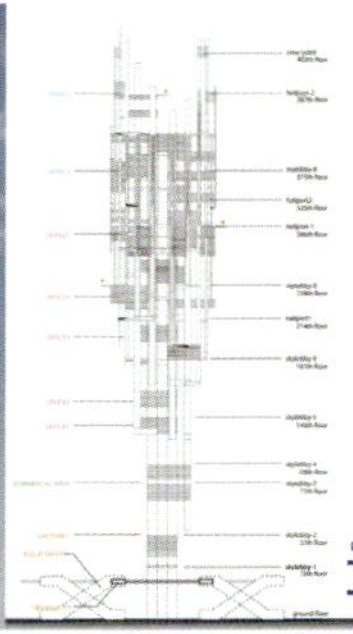

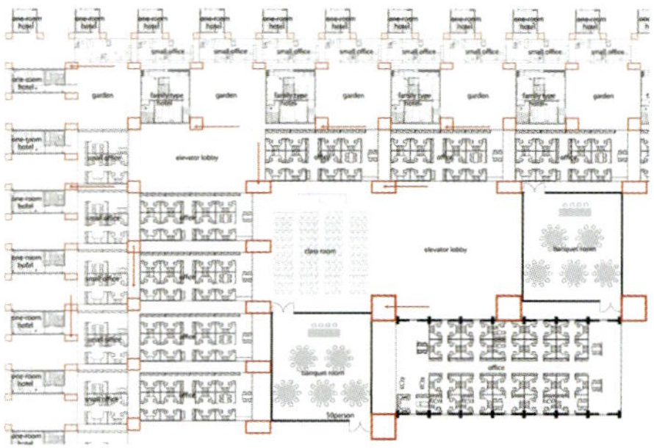

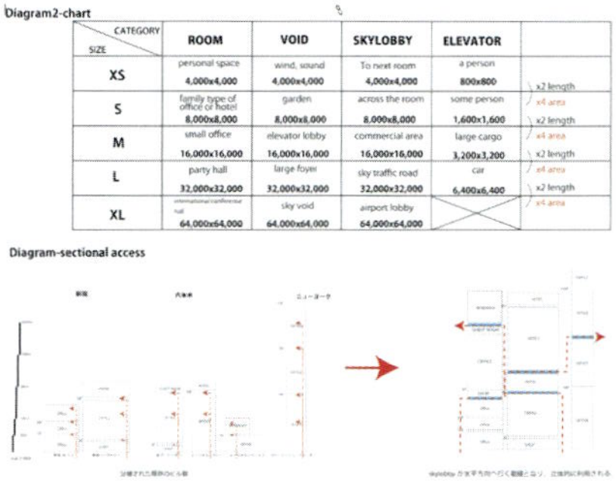

Fig.4-2　Case 2（左から外観図、立面図、交通システムのダイアグラム図、一部詳細平面図、コンセプト図）

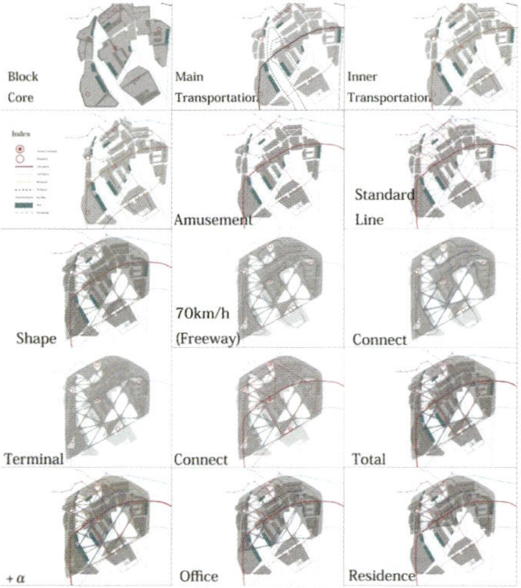

公共的な交通手段

交通型	直行型	往復型	循環型
交通形態ダイアグラム			
i .運搬力	△	○	◎
ii .順路の選択度	◎	○	△
iii .一個人の距離対費用	△	○	◎
iv .所要時間	◎	○	△
v .時間の正確さ	△	○	◎
交通の種類の例	タクシー	バス，鉄道、ゴンドラ	鉄道（山の手線）
特徴	• 個人移動がしやすく、最短で目的地まで到達できる。	• 自由移動がしやすいが、交通量によっては、昇りか下りで回送が必要になる。	• 定期的に人を分配できる。 • 大量輸送が可能である。

Fig.4-3　Case 3（左から、水平交通ネットワーク図、さまざまな交通媒体の利点欠点）。右図:エンジニアリング振興協会「超高層都市空間システムの開発に関する調査研究報告書」1991年をもとに作成

コメンテーター・コメント@公開討論会

渡邉純矢／立体的用途複合都市における交通ネットワーク構成に関する研究

平沢：結論を見ると、東京や大阪を思いつきました。移動手段としての山手線や環状線ですね。ああいうものを中心に都市計画を考えるわけですか。

渡邉：大量交通を循環型にすることで、より効率的に人を運ぶことができると思います。ただ東京もやはり平面的に構成されているので、さらに高密化するには立体的な交通ネットワークを考える必要があると考えています。

平沢：具体的にどういうものになるのですか。たとえば東京であれば人口密度があがってきた時に、どのようなインフラが誕生しますか。

渡邉：電車のように時刻表どおりに動くものが、大きな立体的な交通として、公共の交通として必要です。それに加えてエレベーターという交通が小さいレベルで入ってくる。大きい交通体としての電車、小さいネットワーク・個人交通としてのエレベーターと、細分化されていくことが考えられます。

三宅：最初に人口1,000万以上の都市の話がありましたが、都市の規模との相関、建築との相関について説明してください。

渡邉：都市の規模としてはかなり大きなものを想定しています。よりコンパクトにつくるため、ここでは10kmという枠で交通ネットワークを組んでいますが、それにより従来の都市の形は変わってくると思います。

三宅：その場合、ガバナンスとの関係が大きな議論となってきます。中国や高度成長期の日本のような中央集権型システムなら、こうしたネットワークの緊密化を想像できます。しかし人口の分散化あるいは衰退化が喧伝されている日本社会では、どんな可能性があるかを考える必要がありますね。

平沢：素直に読むと、スカイデッキが張り巡らされていて、そこに鉄道ができるというイメージが浮かびます。

布野：かなりリアルな提案のバックグラウンドとして検討されたということですか。

渡邉：逆ですね。リアルではないですが、オペレーションリサーチという、本来数値的にはこうつくった方が良いだろうということをもとにつくっています。

布野：イメージとしては上海とか東京とか、平沢先生が言われたようなことがイメージされるわけですね。10年ほど前から、都市社会学の分野ですが、EMR（extended metropolitan region）という概念が出されています。アジアでいうとハノイからホーチミンまで、あるいはシンガポールからバンコクまで、ダラダラーっとつながって巨大都市化する。実際に起こっていることです。その場合キーになったのは、バイクと携帯電話なんです。農村が、情報的には携帯で近くの町にバイクで直結する。ハノイに直接行かなくても、情報だけ受け取って、農村部に住んでいればいい。そういう平面的に広がるEMRという形態をどう思いますか。

渡邉：今のお話だと一点に集中するかなという感じがします。線的につながった都市も想像できるのですが。今、中国でもスカイデッキがつながっていくようなプロジェクトが見られます。それがさらに立体的になるのであれば、地上階にしかなかった交通ネットワークが上空階にも入ってくると思います。現在のところ人の活動というのは地上階に多いですが、それがどんどん上空にあがっていくような都市が、見えてきても良いのではないか。今回は提案というかたちですが、そのように考えています。

今村：この超高層ビルで想定されているのは、各フロアを別々のテナントに貸すという従来のビルのシステムですね。しかしこれまでとは違う巨大都市コンプレックスのようなものができ、プログラムがバラまかれ、人々が自由に移動するようになると、今までとは違った動きの振る舞いが生れると思います。そのシミュレーションをした上で、「最適」を考えなければならない。

渡邉：そうですね。そこまではできていないと思います。

商業美術と建築運動の関係性について

1920〜30年の活動

Name:
小川武士
Ogawa Takeshi

University:
芝浦工業大学大学院
工学研究科　建設工学専攻
伊藤洋子研究室

研究背景

セセッションやデ・ステイルなど、歴史的なデザイン運動では、建築分野と諸・美術分野のコラボレーションが起こっている。一方、世界的に有名な日本のデザイン運動はメタボリズムであるが、100年近く前の日本に初めて建築運動と言えるものが起こった。1920年代に活躍した建築・美術運動の参加者は現代人には考えられない程、情熱をむき出しにして活動を行う。それらの運動は、社会的性格を帯びながら建築と美術の境界を横断しつつ、ひとつの成果を成した。現在では当たり前にある商業広告やショーウィンドーといった商業に関する美術を「商業美術」として定義づけたのである。その活動に至るまでに、建築家や美術家は、海外の最新傾向を取り込みながら自由奔放に活動を展開していく。日本デザインの混乱期とも言える、1920年代の建築運動について論ずる。

本論の目的

1920年代の近代建築運動による明確な功績の一断片として、「商業美術確立」への関わりをあげる。商業美術を確立する活動には、美術分野の個人・団体を中心とし、建築運動団体からの関わりも確認できる。しかし、商業美術確立までの建築団体と美術団体の実質的な交流はいまだ明確化されていない。本研究

Interview

Q:トウキョウ建築コレクションに参加しての感想
論文を書いたのは初めてでしたが、他大学・他分野の研究に対して話し合いをもつことができ、とても良い体験となりました。

Q:大学や大学院での活動や研究内容
大学では施工を専門として実物をつくり、大学院では歴史研で古民家の調査などを行いました。並行して学外・国外で設計の勉強もしていました。

Q:修士修了後の進路や展望
現在、組織設計事務所で意匠設計をしています。これからも歴史や理論に対する知見を広めることで、設計に反映させていきたいです。

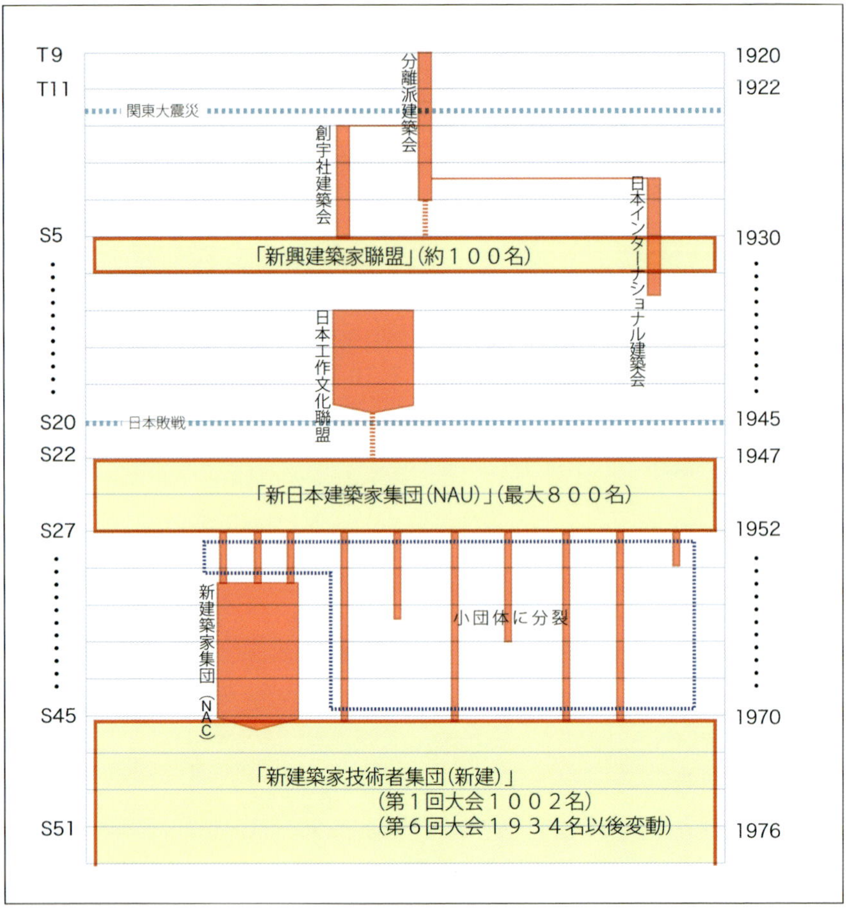

図1　日本建築運動の節目

図2　現代商業美術全集

図3　「建築にもっとも調和して効果のある看板」小川光三。出典：『現代商業美術全集 7 実用看板意匠集』(アルス、1928)

	出筆	図案寄稿号数
分離派建築会		
石本喜久治	○	10
蔵田周忠		2, 10
創宇社建築会		
岡村蚊象		7, 10
小川光三		7, 9, 10
竹村新太郎		7, 9
渡刈雄		9
梅田譲		7, 10
海老原一郎		9
古川末雄		9
マヴォ		
村山知義		2, 5, 7, 16
大浦周蔵		16, 20
バラック装飾社		
今和次郎	○	
吉田謙吉	○	2, 16

図4　現代商業美術全集の寄稿者

では、建築団体参加者が商業美術確立に関わる経過を追っていくとともに、1920年代の建築運動団体と美術団体の関係性を明確化することで、建築を越えた他分野とのコラボレーションの存在を考察する。

第一章 近代建築運動と商業美術

1.1 日本建築運動の第一世代

建築運動を歴史的に見ると、3つの節目を見い出すことができる。ひとつは、1930年に起こる「新興建築家連盟」の発生と解体。ふたつ目は、戦後における「新日本建築家集団（NAU）」。そして、3つ目は、現代まで続く「新建築技術者集団（新建）」の成立。これら3つの節目は、それぞれが諸処ある建築運動団体の集約された集合体である。造家学会や建築家協会の発生など、アカデミズムに権力が集中した職能の問題を扱う運動をのぞき、社会に立脚した自己創造を発信する運動を日本における建築運動の発生とした時、分離派建築会から新興建築家聯盟の解体までをひとつの区切りとし、1920〜30年を近代建築運動の第一世代とする。（図1）

1.2 商業美術の興りとその定義

1926（大正15）年、東京に商業美術家協会が設立され、協会名に商業美術という名称が初めて選ばれた。純正美術は表現の芸術、工芸美術は生活の芸術として存在し、目的・手段の芸術として新たなパートを担う為に「商業美術」が登場した。時代の要求と表現の効果を商業政策上の必要な手段として用いることで、当時から盛んになりはじめた産業主義と大衆主義の要求を満たすことを目的とした美術である。

1.3 商業美術確立と建築団体の動向

商業美術の確立に差しあたって、『現代商業美術全集 全24号』および『商業美術月報 全24号』が1928〜30年の間に刊行された。この雑誌は商業美術の専門書であると同時に、国内海外の図案・インテリア・建築・町並みなど、多岐にわたる事例の紹介をも含む体系図書であり、当時の都市状況を伝える資料である。この全集の特徴として、分離派建築会や創宇社建築会、マヴォやバラック装飾社などの参加があった。この全集刊行への参加者の多様性からも、「商業」というカテゴリーへ、美術と建築の業界から広く参入がなされたと言える。（図2、図3、図4）

第二章 1920 年代の建築・美術運動

2.1 建築団体と美術団体の関係性

20年代の建築・美術団体の実際的な関係性をみると、「バラック装飾社」と「単位三科」の結成に深い両分野の関係性がうかがえる。

尖塔社とアクションが合流することで生まれるバラック装飾社は、震災復興期の都市文化と商業美術の局面に重要な役割を果たした。彼らの作品は一見落書きとも思われる表層的な手法であり、ダダイズムに大きな影響を受けている。バラック装飾社の成立には、リーダーであった今和次郎の交友関係が存在した。尖塔社は表現派建築家として名を馳せた岩元禄が所属した芸術家グループである。また、アクションは前衛芸術家集団の先駆けとして、海外の新興芸術運動や流行を多分に取り入れる活動を行なっていた。つまり、バラック装飾社は、装飾と新興芸術思想を持ち合わせ、それらを融合した芸術家グループと言える。

未来派美術協会からマヴォへと発展し、単位三科に合流することで、創宇社などの建築団体と結びつく。1926年に結成された単位三科は、団体として三科である前に個人として三科であるべきだとする主張から、単体の集合体としての三科とされた。団体構成メンバーの専門領域は多岐にわたり、映画監督、建築家、演劇家、デザイナーなどであり、創宇社建築会のメンバーも多数在籍した。（図5、図6）

2.2 作品・思想からみる分類

分離派や創宇社をはじめとした建築系団体の展覧会出品題目から、発表された作品の施設・用途の変化傾向を見ると、もっとも変化がうかがえたものは、文化施設の減少と住宅施設の増大である。この傾向は、芸術至上主義であった分離派建築会の主要作品が大きく関わっている。20年代の前半は会館や、音楽堂などの文化施設に対する草案が大半を占めるが、20年代中盤頃からは、住宅や別荘などの実作のスタディ段階での草案出品が増加している。27、28、

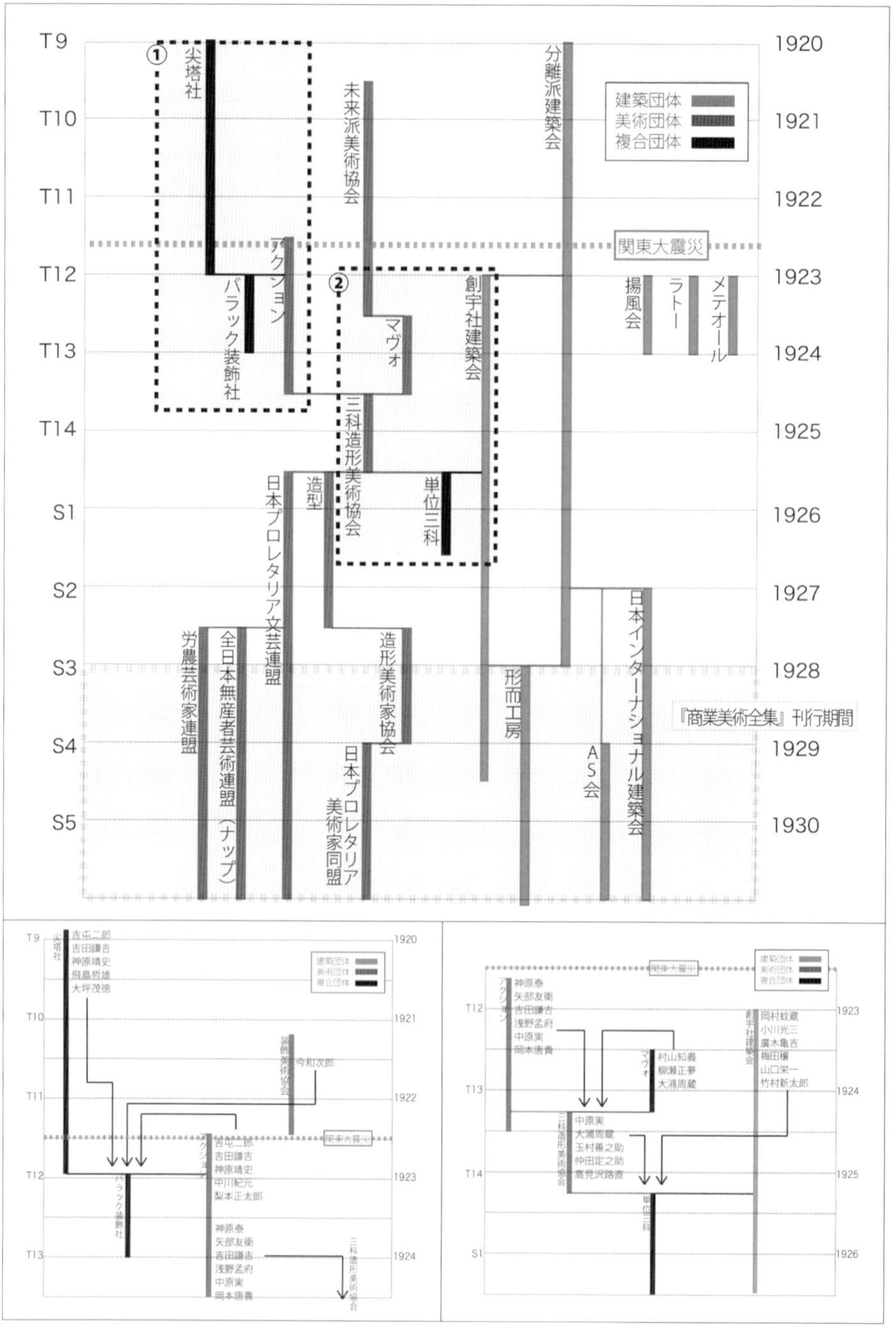

図5　建築運動と美術運動の相関図。左下はバラック装飾社の結成、右下は三科の結成。

図6 「建築構想、No.1（形態陰影）」藤田巌
出典:『銀座モダンと都市意匠』(主催・発行:資生堂企業文化部、1993)

29年と20年代後半には商業建築の割合が増加している。この時期には、「商店」、「銭湯」、「食堂」といった、作品が目立つとともに、創宇社の出品作品には、「無料図書館」、「労働診療所」、「女子職業学校」など、下層労働者や弱者に対する社会的サービスや教育の向上を連想させる作品タイトルが目立ってくる。これらの傾向は、20年代の後半に建築家の中でも「商業や大衆」というものの見方に、変化が見られたことがうかがえると考察できる。

第三章 言説による再考

建築運動参加者の過去の回想記やインタヴューを元に考察を行う。(主な文献:『竹村文庫だより（全10号)』、インタヴュー対象者:鈴木進[竹村文庫事務局]／菊地潤[分離派建築博物館主催]／植田実[建築評論家]／伊達美徳[元RIAスタッフ])

3.1 分離派建築会と創宇社建築の差異

分離派建築会の運動には、それまでの構造主義への批判的精神はあったが、元々エリートのため、階級闘争的思想が生まれる由縁はなかった。しかし、アカデミックとはかけ離れたメンバーが多くを占める創宇社には、そのような階級闘争への芽生えが生まれるのは当然であり、それ以前に同じ境遇の建築団体はみられない。

3.2 建築運動の社会的意識

コンポジッションという造形追求が目立ったのは創宇社第5回展(1927)までであり、6回以降から会の意識が転換された事が確認できる。また、海老原一郎の「労働者クラブ」や「演説ができる劇場」は多分にロシ

図7　ルサコフ労働者クラブ

図8　「協同組合アパートメントハウス」今泉善一・道明栄次。出典:『竹村文庫だより　9号』(竹村文庫編、1995)

ア構成主義の影響がみられる。(図7、図8)

3.3　美術団体との関係性

仲田定之助の持ちビル「三喜ビル」は、現在でいう芸術家アパートのような状態であり、創宇社メンバーのほか、川喜田煉七郎が出入りしていたことが分かる。この川喜田の教育活動は、我が国初めてのバウハウス教育の実践機関として、後に新建築工芸学院と改称し、バウハウス留学から帰国した山脇夫妻を迎え、発展していく。

3.4　建築と美術をつなぐキーパーソン

過去からつながったアカデミックな建築の本流には、国家的なプロジェクトに近いものがあるが、その蚊帳の外にいた創宇社メンバーのような非エリート団体に関しては、民間資本としての商店などとつながることが必要であった。建築運動団体と美術運動団体をつなぐキーパーソンが浮上した。このキーパーソンのほとんどの者も、商業美術全集の関わりをもっていたことからも、建築と美術の橋渡しとなっていたことがうかがえる。(図9)

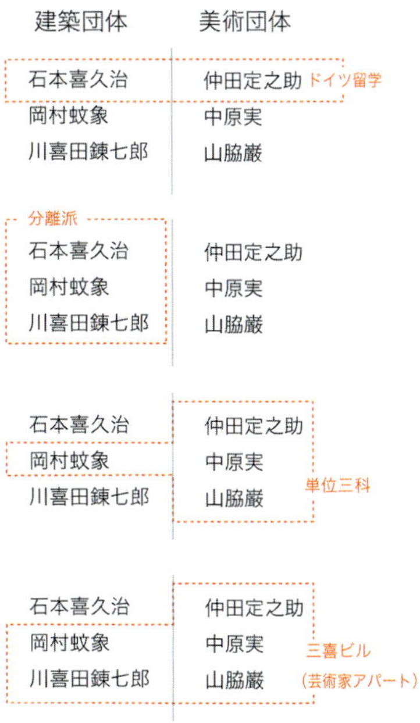

図9　キーパーソン関係図

総括

それまでの建築様式からの脱却をはかり、1930年以後に続くモダニズムの源流として、模索と混乱が続いた時代が1920年代である。この激動の時代にあり、建築運動の中核をなした分離派建築会や、それに続く創宇社建築会が、いく度かの美術団体との接触を経て商業美術確立の活動に貢献した事実は、日本における建築運動団体と美術運動団体の実際的コラボレーションの典型と言える。それまで建築界が一極に集中したアカデミックな流れであったことに対し、この建築運動の流れは、商業という新たな市場開拓や階級闘争、美術の大衆化などプロレタリア階級へと広がりをみせる一躍を担う活動であったと考えられる。

本論を通して、建築運動の中心には常に創宇社建築会が存在した事実は言われようのない事実である。しかし、これまで多くの近代建築史研究では創宇社建築会の活動に対し極端に低い評価が与えられる様子が度々見られる。本研究をもって、創宇社建築会の先進的・精力的活動の評価を見直されることを期待する。

謝辞：本研究に資料提供してくださった方々、インタヴューをお受けいただいた方々に御礼申し上げます。

主要参考文献：『マヴォ 1-7』(マヴォ出版部、1924)、『現代商業美術全集 1-25』(アルス、1928-30)、川添登『建築家・人と作品 上』(三昌美術製版株式会社、1968)、長谷川堯『神殿か獄舎か』(相模書房、1972)、五十殿利治『日本のアヴァンギャルド芸術<マヴォとその時代>』(青土社、2001)、本多昭一『近代日本建築運動史』(ドメス出版、2003)

図10　創宇社建築会展覧会の便り。提供:竹村文庫

コメンテーター・コメント@公開討論会

小川武士／商業美術と建築運動の関係性について 1920～30年の活動

今村：1920～30年代としていて、20年代がはじまりだということがありましたが、30年代で切ってる理由は、なぜでしょうか。それについて聞いたのは、現代もまた建築と商業美術というのはかなり分離されていると思うからです。おそらく、どこかでこの協力関係が終わってしまったからだと想像するのですが、20～30年代での共同活動がどういう理由で終わってしまったのか、そのあたりを教えてください。

小川：研究の当初の目的として、『現代商業美術全集』にかかわっていた人たちの人間関係はどこで築かれたのか、ということからはじまりました。まず、全集の刊行があった時期から逆算し、その前の接点を洗い出すために、30年代で切っています。また、もうひとつの理由として、20年代の建築運動の主幹を成した創宇社建築会のリーダーであった岡村蚊象（山口文象）がドイツに渡り、創宇社が解体したためです。

布野：「建築家」の問題を考えるという意味で、この時代は、またひとつのバックグラウンドになると思います。結局、この論文で最終的に明らかになったことは何なのか、ということを聞きたいですね。それから、キーパーソンの関係図（前ページ参照）について単純な質問ですけど、ドイツ留学をしていたのが仲田定之助・石本喜久治だけになっているけど、これは全部含まれていると考えればいいのですか。そのふたりを点線で囲ってありますが、ドイツ留学なら岡村蚊象（山口文象）も山脇巌も行っていますよね。

小川：図の左が建築運動関係者、右が美術運動関係者と大別していまして、その中で建築と美術という、厳密ではないですが垣根があります。現代商業美術全集に至る時にその垣根を超えて、両団体、両方の分野から参加しているのですが、それでは、なぜそこに……。

布野：いや、単純に事実を確認したいだけです。（図では分離派に分類されているが）川喜田煉七郎は分離派建築会に所属していましたか。それから、今言ったドイツ留学は岡村蚊象（山口文象）も山脇巌も行ってるんですが、という単純な確認です。

小川：石本喜久治と仲田定之助は、ドイツに渡る時に船で出会って、行動をともにしていたということで関係が築かれました。川喜田は分離派建築会の正会員ではなかったんですけど、参加・出品していました。

布野：川喜田煉七郎の『建築工芸 アイシーオール』という雑誌がでていますよね。あれは扱ってないのですか。

小川：あれは、30年代から出てしまうので扱っていません。

三宅：今回、残念ながら落選してしまったのですが、『戦後日本における建築専門誌の表紙に関する研究』（市川紘司／東北大学大学院）という論文がありました。各年代の『新建築』の表紙を並べていて、戦後の建築雑誌メディアが発しているメッセージのようなものを見ることができて、なかなかおもしろかった。そこで、小川君に質問したいのですが、日本の1920年代のそうした建築運動はその後どのように続いていくのですか。戦前から戦後というのは連続性がありますよね。たとえば、産業史においては、1920年代から30年代はじめまでと1950年代というような波があって、それを連続させて書くことができる。そうやって続けて書くとどうなるのか。

小川：建築運動を連続してとらえるということでよろしいですか。

三宅：そうです。

小川：僕は調査の段階で創宇社建築会関係者にコンタクトを取って、その人たちにヒアリングしたり、文献を見せてもらいました。創宇社建築会に参加していた人たちに話を聞くと、自分たちは一回も終わってないとおっしゃいます。創宇社建築会の流れをくむ新建築家技術者集団は現在も続いていて、彼らは一貫してそうした建築運動を陰ながら支えていたんだという主張があるんです。彼らの運動は、門間君の論文の鹿島論争が起きる建設業界の流れにもつながっていると思います。

アルド・ロッシの建築思想における〈断片〉

Name:
千葉美幸
Chiba Miyuki
University:
京都大学大学院
工学研究科　建築学専攻
高松伸研究室

序章　建築という断片

建築は、建ち上がる時、その存在を獲得する世界へひとつの異物として現出する。それは容易には周囲へと溶融しえない一塊、いわば絶ち離された断片といえよう。そのような建築をどのように建築家は想像し、創造するのであろうか。

無論、建築は現われ出る場所や時代に関連する。まずそれら場所や時代に異物としての建築を自覚的に溶融させていき、調停していくことが建築家の態度としてあるだろう。その時代において使用しうる技術や材料を駆使し、いまだ見たことのない空間の構想を主眼に置くこともあろう。あるいは主体としての作家性を後退させ場所に根ざしたかのようにみえる「建築家なしの建築」のような建築を擬似的に生成しようと構想する態度もあげられるだろう。

しかし建築が具体的形態である限り、周りと絶ち離された断片としての強度といったものが存在しているはずである。建築家はその強度をどのように操作しうるのであろうか。

本論は、アルド・ロッシ（Aldo Rossi 1931-1997）の言説を、「断片｛(伊) frammenti,（英）fragments｝」なる鍵概念のもとに分析し、その建築思想の特質の読み解きを試みるものである。それを通して、建築設計の実践における、「断片」の思考とそ

Interview

Q:トウキョウ建築コレクションに参加しての感想
ある程度閉じて書いていた論文を、開かれた場で多くの方に見ていただくことに不安でしたが、興味深く尋ねていただいたりし、純粋にうれしく思いました。

Q:大学や大学院での活動や研究内容
設計演習や研究室で行う展覧会活動等。目標を自分の設計論の組み立て、と風呂敷を広げて作家の言説分析研究をしてきたつもりですがこれからです。

Q:修士修了後の進路や展望
現在設計事務所に勤務。建築の幅と奥行きを勉強しつつ、よい建築が現れる地点で、物事に携わっていきたいと思います。

れによる手法の現代的意義を明らかにすることを目的とする。

第1章　＜断片＞の概念

ロッシの言説から＜断片＞に相関する言葉を時系列順に概観すると、かつて保持していた全体性を失い、新たな意味が積み重ねられ利用されうる事物が＜断片＞と捉えられており、『科学的自伝』以降では、＜断片＞の概念に、制作に向かう思考としての機能を見出していると看取できる。そして最終的にそのような＜断片＞の概念が「生活」、「人生」といったより大きな枠組みの中に展開されていくことが解る。（年表参照）

　また、『都市の建築』において、「個別性」と「永続性」について論じられている次の文章は、＜断片＞の概念のさらなる領得を可能にする。

「一体どこから都市的創成物の個別性が始まるのか…それは、出来事とその出来事を示すしるしにおいてだ、…初源的要素と形態との区別…これは古代世界では完璧に了解済みであったように見えるが、ここから立ち現れるのが、我々がそれらの形態のなかに認めるところの永続性なのだ。またそのゆえにこそ、およそ偉大なる建築はすべて古代の建築の再提起の姿をとるのであり、…しかしまたそれらのどれも異なる個別性

fig.1：ドローイング 'fragments', 1987
引用出典＝Rossi Aldo, Diane Ghirardo, Chiara Spangaro: "Aldo Rossi Drawings", Skira, 2008, p.144

1931	ミラノ生まれ
1959	ミラノ工科大卒、カサベラ誌の編集に携わる、事務所開設
1966	“L'architettura della città” (邦題『都市の建築』) 出版　「モニュメント」,「断片」
1969-73	「ガララテーゼの集合住宅」を設計
1976	テキスト「類推的都市」を発表　「元型的対象物 (英 Archetypal objects)」
1971-84	「サン・カタルドの墓地、モデナ」を設計
1979	「ヴェニスの世界劇場」を設計　「オブジェクトたち」(『Aldo Rossi in America: 1976 to 1979』序文)
1981	“A scientific autobiography” (邦題『アルド・ロッシ自伝』) 出版 「断片」,「部位脱落 (デポジツイオーネ)」,「信号、象徴、警報といった僅かのエレメント」 「再び寄せ集められた断片からのみなる統一体、ないしシステムを念頭においている」
1986	テキスト「farmmenti」及び同題のドローイングを発表　「断片」,「より大きな体躯から絶ち離された小さな切れ端」,「より大きな作品の残骸」,「個体として、構築されたエレメントとして、そして理論上の (仮想の) エレメントとして所属する」
1988	テキスト「このたびの作品について」を発表 「都市の生活も人間の人生も常に、より完璧な何か、あるいはかつて完璧だったに違いないはずの何か、あるいはもうなくなってしまった何かの残部、といったものの『フラグメント (断片)』なのである」
1990	プリツカー賞受賞

アルド・ロッシ年表 (赤字部は<断片>への思考とみられる語群 (論者による抜粋))

をもって再提起されるのである。」[AC 165]

この文章と他の言説を重ね合わせると、「類型{type}」される「初源的要素」、すなわち＜元型{arche-type}的イメージ＞とも呼べるべきものが存在して、それらが異なる時代、異なる場所に具体的「形態」として現れ出るとき、「出来事」を起こし、「個別性」をもつと解することができる。本論ではそのような繰り返し「再提起」され「永続性」をもつ＜元型的イメージ＞を、＜断片＞と定義し、そのあらわれとして「個別性」をもつ「形態」自体を＜断片的形態＞と定義し、区別することとする（図1）。繰り返し使われえない形態は、反復して提起される＜断片＞たりえず、単なる「物体」（「このたびの作品について」、a+u、1988:06、p.25）として消費されやがて失われることも述べられている。

第2章　＜断片＞の構造

1973年、ロッシは“Architettura Razionale”と題されたテキストを発表し、「合理的建築」を標榜する。ロッシにとっての「ラショナリズム」は、「論理的体系」すなわち理論が、「計画」という実践において「実証」されることが主眼に置かれていると解される。『都市の建築』は「解析のための材料」が詰め込まれた理論であり、そこからロッシは「類推的建築」という実践へとつながる概念を構想するが、そのような理論と実践の間に、ロッシは「個と集団」および断片と全体、建築と都市のような対照関係を置く。それらの言説を統合すると断片の総体としての建築、建築（都市的創成物）の総体としての都市、という＜断片＞と＜全体＞の二重構造を導き出すことができ、そうしてそれらの行き来によって分析（すなわち理論）と、統合（すなわち実践）がなされると捉えられる（図2）。またその行き来に時間軸を導入すると、理論と実践を繰り返しつつ発展していく螺旋状の図式が見い出されるであろう。（図3）

そして、それらの図式の基盤は、場所や時間という物理的前提ではなく人々の「記憶」に置かれており、その上で展開されていると言説より捉えられる。また、ロッシにおける理論を「類型」と、実践を「類推」と捉えなおすと、図4のようになり、「記憶」という広大な原野から「類型」によって＜断片＞を選り分けすくい取り、「類推」によって新たな＜全体＞を生み出し「記憶」を紡いでいく積極的手法としての構造が図式化された。

第3章　＜断片＞と制作

ロッシの作品制作と、＜断片＞的思考との相関を本章において読み解く。制作に関する言説に頻出する言葉と、第2章で導いた図式の照合は、図5のように示すことができる。また、本論では対象とする建築作品を「劇場」に限定する。それは、ロッシの建築作品が、ピュリスムの時期から記憶のイメージへと移行した転換点、及びその後の思考法を支配していたと考えられるのが「劇場」の概念である、と彼自身の年代記的記述からうかがえるためである。

ロッシによる「劇場」の観念は、各々の記憶を宿した「断片」的事物たちが、ひとつに統合されずに各々の役を演じる演劇場であり、そこには演者としての「断片」の相互間に生まれる「類推」や「出来事」によって

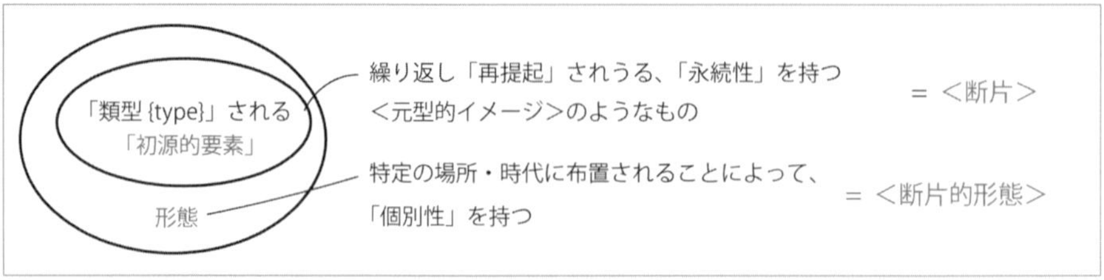

図1　＜断片＞と＜断片的形態＞

＜もう一つの世界＞が構成されている場である、と言説よりまとめることができる。その＜もう一つの世界＞は時が来ると閉幕を迎え、僅かに変化が加えられつつ演劇という「出来事」が繰り返し再演される「反復」の場でもあり、それはロッシの目指す建築そのもの、都市や世界そのものと捉えられているともいえよう。

ロッシは「あらゆる建築は同時に内部の建築」であり、内部、外部の事物はともに「内部からもうひとつのファサードを築き上げる」と述べている。このことから、「出来事」の起こる演劇場が「劇場」という建築の「内部」世界とすれば、建築の周辺に広がる外部世界と拮抗する強度をもった、認識の＜もう一つの世界＞が「内部」に築かれ、開かれていると考えられる(図6)。

その「劇場」の概念の具現化例としてロッシの建築作品、「世界劇場」(1979)があげられる。これは海上を移動可能な船でもある、ヴェネツィア建築ビエンナーレ展のための仮設小劇場である。この船の建築は、具体的な外部空間であるヴェネツィアという都市への一時的停泊時に顕著に見られるように、土地から切り離された実際の＜断片的形態＞であることによって、どちらがどちらにつなぎとめられた世界であるのかといった、世界と劇場との包含関係の認識を揺るがせる建築として機能すると捉えられる。＜全体＞という都市の内でアイデンティティを発揮する＜断片＞としての建築のあらわれがそこにはあり、同時に、内部においてもアイデンティティを発揮する相異なった「エレメント」たちが各々の素材感や形態を失うことなく「ジョイント」「重ね合わせ」という操作によってそれぞれの役を演じていることで、＜全体＞という「劇場」建築の「仮設」さや「機械」性を生み出すことが目指されている。

ここにおいて前者の「都市」は建築やさまざまな事物といった＜断片＞からなる＜全体＞であり、後者の「劇場」は「エレメント」といった＜断片＞からなる＜全体＞である、と捉えられそのフラクタル構造が示される。後者は前者の縮図であると同時に、また前者に匹敵する＜もう一つの世界＞を構成しているといえるだろう。

結章　建築の＜強度＞

ロッシによる＜制作構造＞は、時間や場所という建築の基本的存在場の奥にある「記憶」という基盤の内で展開され、その広大な「記憶」から「類型」によって＜断片＞を、集団と分ち難い個人のフィルター濾しに自由にすくい上げては、その＜断片＞間に生まれる間隙補填としての「類推」を惹き起こし、また新たな＜全体＞という大きな「記憶」の基盤を構築していく、積極的手法としての反復的システムであることが明らかとなり、それを図4のように図式化することができた。この手法は、直線的「計画的知性」(注:「計画的知性」は『幻想の建築』U・コンラーツ、ハンス・G・シュペルヒ、

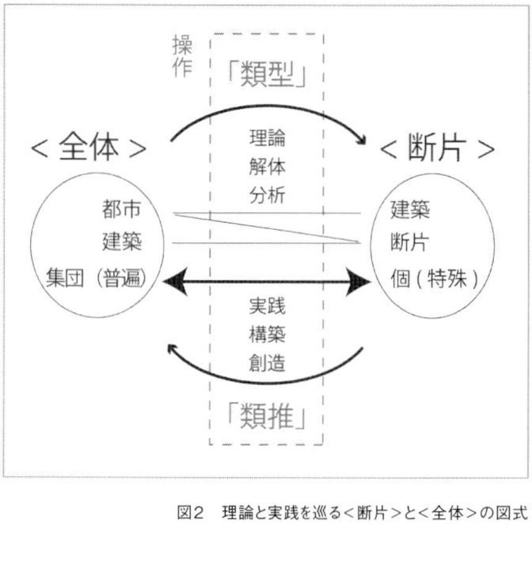

図2　理論と実践を巡る＜断片＞と＜全体＞の図式

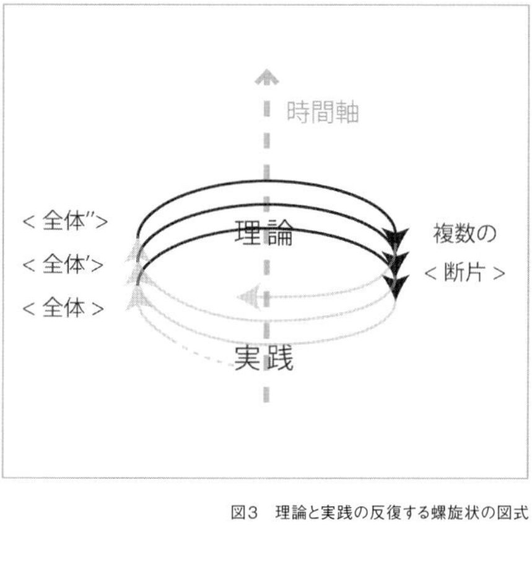

図3　理論と実践の反復する螺旋状の図式

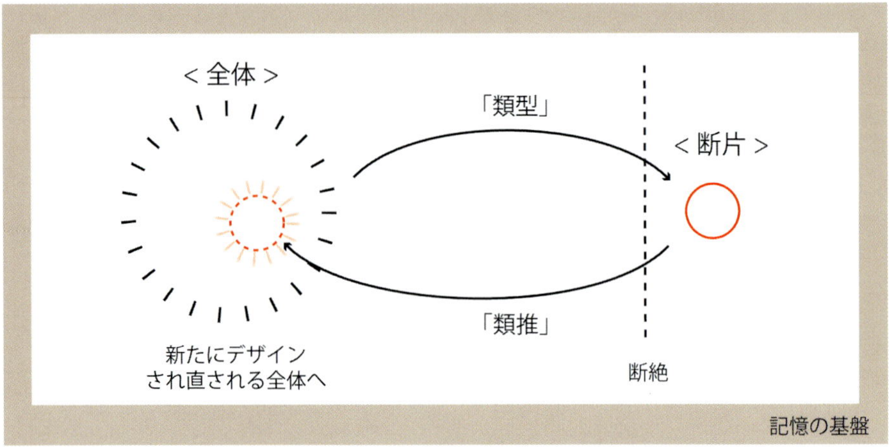

図4　記憶の基盤上で展開される＜断片＞と＜全体＞をめぐる図式

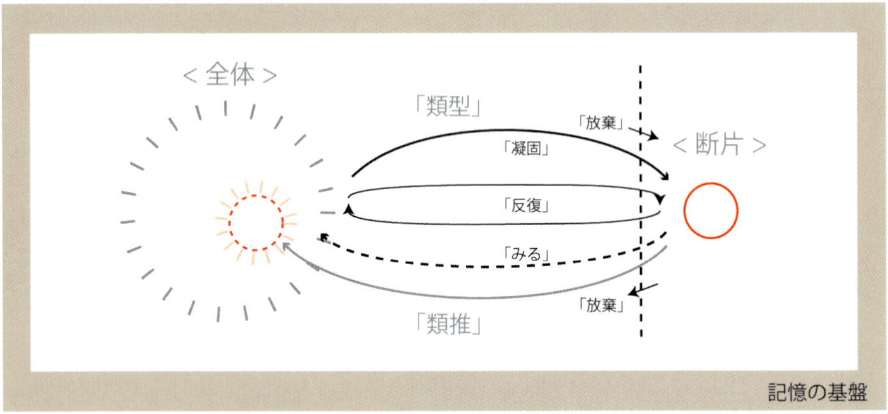

図5　ロッシの制作における言説に頻出する「凝固」「放棄」「反復」と＜断片＞と＜全体＞をめぐる図式

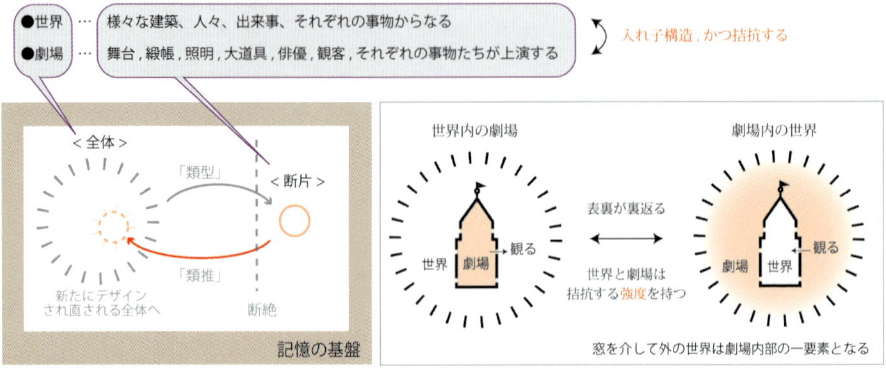

図6　劇場と世界

原著1956中で「想像的知性」と対置されている概念である）と並行、あるいは補完機能として表裏一体となっている方向性を示す円環・反復的「想像的知性」に絶えず働きかけることを可能とする手法のひとつであると考えられる。

また、そのような<断片>の<制作構造>によって構築された「出来事」の生起する演劇場としての建築は、内部にその<もう一つの世界>を築き上げることで、外部世界と拮抗する<強度>をもちえたと、ここで述べられるのではないか。

そして、グローバリズムの推進される現代において、技術を駆使し、生命とのアナロジーであるアルゴリズムやシステム理論でもって、集団性を建築設計に導入されることが試みられつつある現在、そこに、常に不可欠とされてきた建築のローカリズムや個人性、メタ論理となる想像性、曖昧性、記憶らをさらに含みこんでいく建築設計のひとつの手立てとしてロッシの手法を捉えることが可能ではないだろうか。

注記：文中の引用略記号は以下の本を示し、邦訳本の頁数を組み入れた。
[AC]：【邦訳版】『都市の建築』（大龍堂書店、1991）｜【イタリア語原書版】“L'architettura della città”, Marsilio, Padova 1966｜【英語版】“The Architecture of the City”, MIT Press, 1982
[AS]：【邦訳版】『アルド・ロッシ自伝』（鹿島出版会、1984）｜【イタリア語原書版】“Autobiografia Scientifica”,Pratiche, Parma, 1990｜【英語版】“A scientific Autobiography”,MIT Press, 1981

fig.2:「世界劇場」1979　ヴェネツィアのスカイライン
引用出典＝Aldo Rossi: “Aldo Rossi architetture 1959-1987”, Electa, 1987, p.162

コメンテーター・コメント@公開討論会

千葉美幸／アルド・ロッシの建築思想における〈断片〉

三宅：アルド・ロッシについては、いろいろと思い起こすことがあるので、特に興味深く読ませていただきましたが、この論文は非常によくまとまっていると思います。建築家の研究というより、建築家のディスクールをきちっと分析しているという印象です。このようによくまとまった論文は珍しいですね。ロッシの断片的思考や類推的思考といったものをうまくあぶり出しています。あなたは「計画的知性」や「想像的知性」という対置される言葉を使用しているように、この論文を今の世界の中に対置しようとしているのだろうと思いますが、あなたがその対置しようとしているものが何なのか教えていただけますか。

千葉：本日、これまでさまざまな論文の発表がありましたが、多くの論文が施工や環境について、過去を基準にしつつも現代的な発展に向かうようなある種の方向性があったと思います。しかし、この論文では、人間のイマジネーションや記憶、歴史といったものをすくい取っていこうと思いました。前向きな技術発展の思考に対置して、ある種後ろ向きともいえるかもしれないのですが、感覚的な思考をすくい取って、図式化しようと考えていました。

三宅：もう少し平たく言うと、技術論的な世界とは違う世界を見せようとしているのですか。

千葉：そうですね。最初はシュルレアリスムに興味がありました。建築そのものの形態への欲望。そういう人間のイマジネーションや、ものへの欲望を、いかに建築化するか、というところがはじまりでした。

三宅：ロッシの場合は、形態だけではなく、たとえば、出来事やシチュエーションなど、あらゆるすべてのものが制作の一部になっていますよね。そういったものも、建築家というものに帰属すると考えてよろしいのですか?

千葉：そうですね。ロッシ自身は個人というものは「集合的記憶」だと言っていて、自分と全員が重ね合わされているような感覚をもっている建築家です。ある種、集団への信頼みたいなものがあるのだと思います。

今村：三宅先生が訳された『アルド・ロッシ自伝』を読んでも、ロッシは論理で割り切るというより、彼のもっている世界観を描写するようなことをやっていると感じました。今回の論文では、そういった部分を読み解いて、まとめあげているところが、新鮮で印象的です。

そこで聞いてみたいことがあります。シュルレアリスムのような断片的なものが、いろんな連想を呼び起こして、本来ありえない組み合わせが何かイマジネーションを与えるのかもしれません。ただ、私のロッシの理解が足りないだけだと思うのですが、ちょっと分からない部分があるのです。あなたの論文を説明する具体的な事例の中に「世界劇場」が出てきます。劇場というのは断片的な記憶の集積だと、実際にロッシも言っているのでしょうが、これを見て何かの断片だということを自分で納得するのはなかなか難しかった。世界劇場という作品自体は非常にキュートで私も好きです。でも、集められた形はわりと普通の四角だと思いますし、意味があるというよりも、そうでないもので選んで構成しているようなところがあると感じます。そこが本当は何を意味しているのか。断片によって建築をつくるという手法が、この劇場でいかに実現されているかを説明してもらえますか。

千葉：断片の集積というのは、同じものを使って連続してつないでいくのではなく、木や銅、鉄といった素材や、ジョイント部分について、一つひとつの部材や要素をそれぞれの尊厳を保ったまま、各々を各々のままで組み合わせていきます。そうした断片の集積から出来事を起こしていくという意味です。実際に劇場では具体的な出来事を起こしていますし、イメージとしての出来事という意味もあります。

また、世界劇場自体が都市の中での断片だという意味もあります。世界劇場と金色の球体を乗せた海の税関の上部分を撮った「ヴェネツィアのスカイライン」（前ページ参照）という写真を見ると、どちらがどちらにつなぎとめられた世界であるのかという認識をゆるがせます。世界劇場が断片としてヴェネツィアにくっつけられたのですが、どちらがどちらに帰属するのか分からない。それが断片のシュルレアリスティックな効果だと思います。

Christopher Alexanderの建築理念

THE NATURE OF ORDERの読解を通じて

序論

1. 研究の目的と方法

建築家Christopher Alexander（1936- ）は『形の合成に関するノート』（1964）や『パタン・ランゲージ』（1977）等の理論を発表したことで知られている。それゆえほとんどの既往研究は、個々の理論の特異性や、理論間の変容に焦点を置いている（fig.1）。しかしAlexanderが建築家として設計・施工した作品自体は、一体どのようなものなのか。またそのデザインや建設手法は、何に着想を得た、あるいは何を目指したものなのだろうか。本研究は、彼の最近著The Nature of Order（Book1-4, Center for Environmental Structure, 2002-05, 以下NOO）で解説される設計意図の読解を通じ、Alexanderの建築の理想像を探ることを目的とする。

本論

2. 建築作品通史

まず、これまでの作品を時系列に沿って確認する。彼が最初に建設を行ったのは、24歳の時に滞在したインドでのことだった。《村の学校》での構法の考案と手作業による建設は、彼の原点となっている（NOO Book3_p.526）。その後は軽量ヴォールト構法の開発を行った《エトナストリートのコテージ》、その技術を

Name:
贄川 雪
Niekawa Yuki
University:
早稲田大学大学院
創造理工学研究科　建築学専攻
中谷礼仁研究室

Interview

Q:トウキョウ建築コレクションに参加しての感想

学生最後の区切りではあったけれど、今後継続して探求すべき疑問の一端をあらたにつかんだはじまりのように思います。

Q:大学や大学院での活動や研究内容

クリストファー・アレグザンダーの著作翻訳。木割書の読解、神社仏閣の実測調査。

Q:修士修了後の進路や展望

出版社に就職。

応用した《メキシカリ・プロジェクト》、吹き付けコンクリート技術考案のための《スプレーコンクリートによる実験住宅》、初めて木造を用いたドイツデザインフォーラムのパビリオン《リンツカフェ》、そして彼の作品中で最大規模の《盈進学園東野高校》を建設する。以後は10階建て《札幌プロジェクト》（計画のみ）や東京の《江本アパート》など、日本で集合住宅計画にも携わっている。また一方で《東京フォーラムコンペ》《マリーローズ美術館》（ともに計画のみ）など、大規模公共建築はことごとく実現に至っていないが、ホームレスのためのシェルター《ジュリアン・ストリート・イン》や《ウエストディーン・ビジターズセンター》といった中規模公共施設の建設は確認される。近年は《サンタ・ロサ・デ・カバルの分譲住宅地》《アパム邸》など住宅作品が多い。そのほかに《フォートメイソンのベンチ》や《ソノマの浴槽》など建築以外の作品、《ネパールの寺院》《聖トリニティ教会》（ともに計画のみ）など宗教施設にも取り組んでいたことが明らかになった（fig.2）。

3. Alexanderの建設意図とその方法

NOOの実例集に当たるBook3で、Alexanderは自身の作品を新旧問わず紹介し、自らの理論や建設手法、その意図を説明する。その記述を要約し、ダイアグラム化を行う（fig.3）。

読解から、Alexanderは建設において周辺環境、さらには地球への＜帰属belonging＞を強く意識していることが明らかになった。これまでの一連の建設は、この＜帰属＞を生みだすことを根底になされており、そのために

①外部空間＞建物形態＞内部空間＞細部へと段階的にスケールを移行しながらも、常に幾何学による思考を貫く

②建物を物理的な実体と捉える

③順応性のある素材と技術を使用・開発する

という点が強く意識されていると言える。

考察1

4-1. ＜形態言語＞

では、Alexanderはなぜこのような建設意図や手段に至ったのか。Alexanderは「私たちが建物をつくり始めるとき、その建物を美しく仕上げるためには、建物の形やその様式をどこから得るべきだろうか」（NOO Book2_p432）という問いに対し、＜形態言語form language＞を提唱する。＜形態言語＞とは「建物をデザインし建設するための経験則を提供する図式」と表現されている。NOO内においては、建築家の取り組みに対し「＜形態言語＞の発見／発明への努力と

<table>
<tr><th>分類</th><th colspan="2">主な研究</th></tr>
<tr><td>Alexanderの理論
あるいはその変遷を扱った研究</td><td colspan="2">磯崎新『建築の解体』（美術出版社、1975）
難波和彦『建築の四層構造』（INAX出版、2009）
船橋耕太郎「クリストファー・アレグザンダーの建築理論の変容：「形の合成」「パタン・ランゲージ」「構造保存変換」の比較分析を通して」（日本建築学会大会講演梗概集、2007）</td></tr>
<tr><td rowspan="2">Alexanderの作品を扱った研究</td><td>Alexander自身による解説</td><td>THE OREGON EXPERIMENT（1975）
THE LINZ CAFE（1981）</td></tr>
<tr><td>第三者による研究</td><td>Stephen Grabow『クリストファー・アレグザンダー―建築の新しいパラダイムを求めて』（工作舎、1989）
Ingrid King『a+u クリストファー・アレグザンダーと現代建築』(1993年8月号)</td></tr>
</table>

fig1.主な既往研究（※筆者作成）

1936　ウィーンに生まれる
1958　ハーバード大学進学
1962　《村の学校》●
1963　『コミュニティとプライバシイ』出版
1963　カリフォルニア大学教授就任
1964　『形の合成に関するノート』出版
1965　「都市はツリーではない」発表
1967　環境構造センター設立
1969　《ペルー低所得者向け集合住宅コンペ》○
1971　《オレゴン大学ユージンキャンパス》●
1974　《エトナストリートのコテージ》●
1974　《27 世帯のユーザー参加によるアパートメント》○
1975　『オレゴン大学の実験』出版
1976　《メキシカリ・プロジェクト》●
1977　『パタン・ランゲージ』出版
1978　《スプレーコンクリートによる実験住宅》(～84)●
1979　『時を超えた建設の道』出版
1980　《リンツカフェ》●
1982　《盈進学園東野高校》●
1982　《札幌プロジェクト》○
1983　《サラ邸》●
1985　《ソノマの浴槽》●
1986　《ベリエッサ邸》●
1987　《マウンテンビューシビックセンターのコンペ》○
1987　《ジュリアン・ストリート・イン》●
1987　《江本アパート》●
1988　《フォートメイソンのベンチ》●
1988　《フレズノの農作物直売所》●
1989　《東京フォーラムのコンペ》○
1989　《カイザー邸》●
1990　《白鳥計画》○
1992　《マリーローズ美術館》○
1992　《オレゴン大学エーガット学生寮》●
1996　《ウエストディーン・ビジターズセンター》●
1996　《オースティンの住宅地》●
1992　《サンタ・ロサ・デ・カバルの分譲住宅地》●
1998　《アパム邸》●
2001　《メガロ・ムスキスのコンコース》△
2002　THE NATURE OF ORDER 出版

●実際に建設されたもの　○計画のみ　△不明

fig2. 活動経歴抜粋
これらはStephen Grabow, CHRISTOPHER ALEXANDER "ALEXANDER BIBLIOGRAPHY "、NOOなど文献で記述された年号を基本とし、存在が明らかになっている作品を古いものから序列している。文献によって発表されている制作年にばらつきがあるため正確な時期が断定できない場合、同時期にプロジェクトが並行して進行されている場合の順序は定かではない。また作品名についても統一がないので、特に決まった名称がなければ筆者が呼称をつけている。

いう観点で評価した場合の是非」が述べられおり（fig.4）、その中でN. J. Habrakenのみが①現行の形態言語への修正に評価が為され、②作品自体にまったく触れられていない。加えて、Habrakenも自著The Structure of the Ordinary（The MIT Press, 1998）にてAlexanderの理論を言及していたので、両者の言説を比較分析した。

4-2. N. J. Habrakenとの比較

オランダの建築家N. J. Habraken（1928- ）は、60年代初頭、第二次世界大戦後の住宅不足により促された画一的マスハウジング（住宅大量生産）を批判し、現在のSI住宅の基礎理論となるオープンビルディングの理念とスケルトン / インフィル手法を先駆的に提唱した。

●類似：思想

両者が「①住民自らによる②生活変化に伴い半永続的に為される住環境設計と③それによって達成される建築の多様性・独自性」を建設の前提としている点に類似を指摘できる。<構築世界built environment>に対し、建設を位置づけ関係をもたせること、そこに建設に無縁の人々を参画させることが両者の目標であり、人間性を無視しない住宅のあり方は双方にとって根源的な主題であると言える。

●齟齬：形態の追求

一方で、両者の形態や様式に対する言及については、Alexanderが幾何学による美しい形態の実現に取り組んでいる。だがHabrakenは、様式や形態とは距離をとっていることがうかがえる。

●技術観

上記の齟齬を決定づけるのは、両者の「技術観」とそれゆえ現れる手法にあると考えられる。同時代の建築家であり、マスハウジングにおける「住民の主体性を実現する手法」を模索する二人だが、Habrakenが最先端の工業技術と建築生産の研究に没頭していく一方、Alexanderは手でつくられ容易に修正がきく

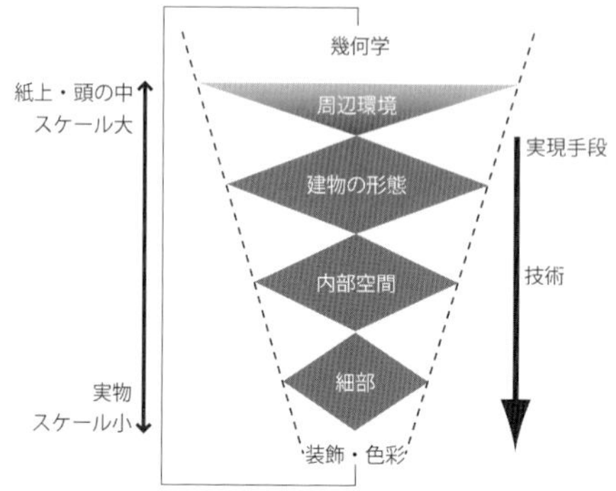

fig3.Alexanderの設計プロセス（※筆者作成）
建物形態や装飾のみならず、力学、室内での人の動き、部屋と光の関係に至るまでを幾何学に一元化して設計を試みる。技術はそれを実現する手段であるため、手戻り可能で誰もが扱いやすくなければならないと考えられている。

Geoffrey Bawa	スリランカのGeoffrey Bawa、スウェーデンのRagnar Ostbergの作品は、真の物理的な美しさへの道を開くのに役立ち、技巧artificeによって汚されていない。(*NOO* Book2_p436 下線は筆者)
Frank Lloyd Wright	生きたプロセスにおいて役割を有する素材の発明に寄与した建築家の中に含まれ得るのは、Auguste Perretとその鉄筋コンクリートの使用、ライトと彼のマヤ的な成型ブロックや意図的に小さな規模の横断面、地球やその他の生態学的に友好的な素材の使用を強調した自然建築運動the natural building movement、人道的なものへ向けたフレーム構造の変換を行なうその他現代的努力である。(*NOO* Book2_p436 下線は筆者)
N. J. Habraken	「オープンビルディング」の達成に向けたN. J. Habrakenによる世界規模の努力は、個々の建設行為に都市構造においてより大きな役割を持たせる意図によって、使用中の言語を修正するのに役立った。(*NOO* Book2_p436 下線は筆者)

fig4.他建築家に対する<形態言語>としての評価（※筆者作成、引用元は表内に記載）
NOO Book2での記述を抜粋。翻訳は筆者による。

素材や構法をさらに探求していくようになったと言える。NOOの中でAlexanderは、建設に熟練の技術者を要し、寸分の変更の余地を与えないインフィルシステムは失敗だと述べている。

しかし、彼の主張する「手作業による質感を生みだす素材や、フィードバックを繰り返し、必要なら手戻りして補完する建設プロセス」は、建設規模が大きくなればなるほど実現が困難であることも事実である。Alexanderは、一旦はHabrakenの理論を参酌し、現代の大規模で高密度な集合住宅建設に対応できる手法を模索していたのではないだろうか。しかし結果的には、やはり工業システムでは手づくりにより達成される質を超えることはできないと結論づけたと指摘できる。

fig5.トルコ絨毯
Alexanderは特に13-17世紀のトルコ絨毯を対象として研究した。その成果は、A Foreshadowing of 21st Century Art: The Color and Geometry of Very Early Turkish Carpets (Oxford University Press, 1993)にまとめられている。

考察2

5-1. Alexanderの抱える課題

以上より、Alexanderの抱える課題のひとつが<形態言語>の生成であると言える。<パタン・ランゲージ>の失敗として、美しい幾何学形態を達成するための

- 「アルハンブラ宮殿、シャルトル聖堂、伊勢神宮を半日でまわりきることは不可能です。もしできたとしても、ひとつひとつが存在としてあまりに圧倒的である。」(『クリストファー・アレグザンダー』_p286)
- 「また宗教では、それが日本の寺院であろうとゴシックカテドラルであろうとイスラム建築であろうと、ある種の純粋性、簡素さ、複雑さや私の感覚を私の感覚を引きつけてやまない奇妙なものすべてが昇華されているということにも気づきました。」(『クリストファー・アレグザンダー』_p275)
- 「例えばシャルトルを取り上げましょう。これが偉大な建物であることに意義はありませんね。」(「ピーター・アイゼンマン vs クリストファー・アレグザンダー 建築の協和音と不協和音」)
- 「シャルトルの場合も集団の人間が共有のパチン・ランゲージの範囲内で、ランゲージに深く関わりながら建設したものである。それは、決して製図板の上の「設計」から生まれたわけではない。」(『時を超えた建設の道』_p177)
- 「シャルトル大聖堂の作り手が、〈存在〉に満ちた構造を意識的につくり出したということにはほとんど疑いがないと私は思う。」(NOO Book4_p85)

fig6.教会・シャルトル大聖堂に対する発言(※筆者作成、引用元は表内に記載)NOOからの引用文の翻訳は筆者による。

情報を組み込めなかったことは彼自らも認めるところである（NOO Book2_p.434）。では、Alexanderの理想とする<形態言語>とはどのようなものだろうか。

5-2.「絨毯のような建築」

『パタン・ランゲージ』発表以後、Alexanderはトルコ絨毯（fig.5）を対象とした幾何学研究に没頭している。絨毯は幾何学模様が美しく、また色彩も豊かであり、かつ人の手で漸進的に織り上げられ、温かみ（=質）を備えている。それは彼が、自らの建設の中での達成を切望するものである。つまり、Alexanderにとって絨毯は「2次元における形態言語」と解されていると言え、ゆえに彼の目指す建築は「絨毯のような建築」と表現することができる。

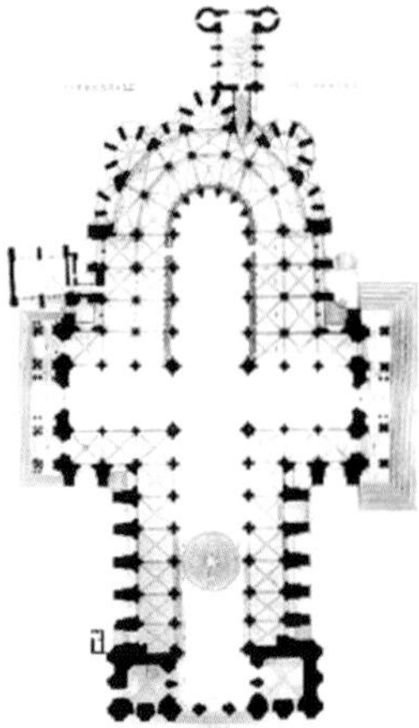

fig7.シャルトル大聖堂平面図
引用出典＝Christopher Alexander, The Nature of Order, Book4, 2004, p.84

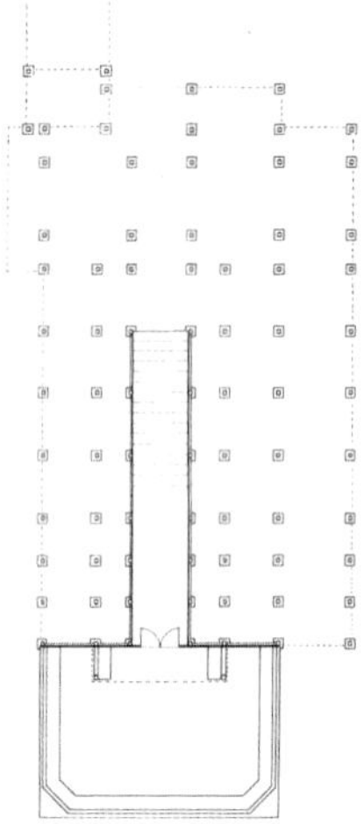

fig8.《リンツカフェ》平面図
引用出典＝Christopher Alexander, The Nature of Order, Book2, 2002, p.409

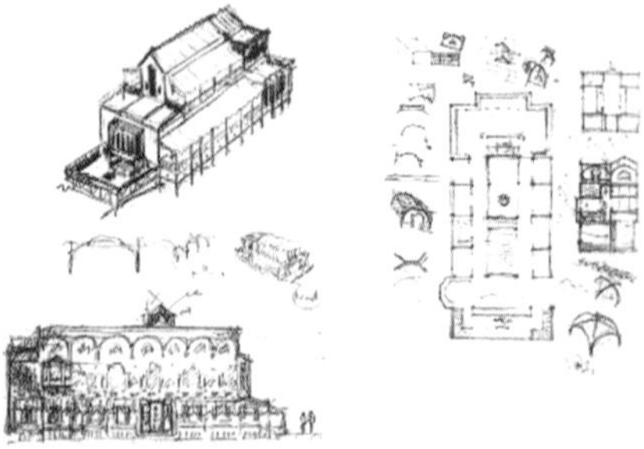

fig.9《リンツカフェ》構想スケッチ
引用出典＝Christopher Alexander, The Nature of Order, Book2, 2002, p.408

fig.10《盈進学園東野高校》アルコーブ。Alexanderが多用するアルコーブも、おそらく教会建築の影響と思われる。
引用出典＝Christopher Alexander, The Nature of Order, Book3, 2004, p.203

5-3. シャルトル大聖堂への憧憬

そのひとつに挙げられるのがシャルトル大聖堂である。これまでにも、著書やインタビューの中でシャルトル大聖堂を絶賛する記述が散見される（fig.6）。そしてそれ以上に、Alexanderが自らの根源にある思想や内面を吐露しているNOO Book4において記述や写真が多数確認できることから、シャルトル大聖堂への強い関心が裏づけられる。

確かにAlexanderの作品には、教会やシャルトル大聖堂を模範としたのではないかと思われる箇所がある（fig.7-11）。つまりAlexanderにとって、シャルトル大聖堂は、理想とする建設手法と出来上がりの美しさを実体として体現する形態言語であると言える。

結論

Alexanderの建設および建築理想像のひとつがシャルトル大聖堂であることを明らかにした。それは「住民参加建設」という同じ思想を持つHabrakenとの比較を通して明らかになったAlexanderの求める手法や技術によって建設された大規模な建物であり、かつ、幾何学的審美性を備えているゆえであることを指摘した。

fig.11 シャルトル大聖堂
引用出典＝Christopher Alexander, The Nature of Order, Book4, 2004, p.85

贄川 雪／ Christopher Alexanderの建築理念 THE NATURE OF ORDERの読解を通じて

布野：アレグザンダーの最近の活動まではとても追いかけていませんが、私は卒論でアレグザンダーを研究したので、途中まではトレースしています。だから、たくさん聞きたいことがあるのですが、特に最後の結論が「シャルトル大聖堂」、「絨毯のような建築」だと言われると、どうなんでしょう。アレグザンダーの新局面として、形態言語(form language)があって、形態にのめり込んでいった結果として、最後は「シャルトル大聖堂」に行き着いたというのが結論ですか?

贄川：「パタン・ランゲージ」や「都市はツリーではない」などといったアレグザンダーの理論は、理知的ですごく洗練されているという印象がありました。しかし、盈進学園東野高校など、実際の建築を見てみると、その理論とは比例していないように感じ、形態的にも美しいと言いがたいのではないかと思っていました。その矛盾がどこから生まれるのだろう、というのが根源にある研究背景です。そこで、アレグザンダーがヒントにしているものがあるのではないかと、研究をはじめました。それが具体的に、『THE NATURE OF ORDER』を読んで、明らかにできたのではないかと考えています。

布野：ハブラーケンとの比較が出てきますが、それはその問題とどのように結びつくんですか。説明を聞くと、SIが出てきて、生産と現場の対比のようなことがされていますが、アレグザンダーはインドの村の学校のころから、数学的な理論と現場の実践を両方やっていますよね。そのあたりのことは、1985年に出版された『The Production of Houses』にも書かれていると思います。なぜ、ハブラーケンなのですか。

贄川：アレグザンダーが具体的に目指してきたものに、幾何学的一元化があると分かったのですが、それだと一体何を目指しているのか、どうも可視化できない。では、他の建築家との比較、または、アレグザンダーが他の建築物に対して良い悪いと是非を問うている言説を集めることで、具体的に見えるような形で提示したいと思いました。『THE NATURE OF ORDER』の中で形態言語としての是非を問うという場面があります。モダニズム建築、ジェフリー・バワ、フランク・ロイド・ライトに対しては、「形態言語を生み出すような取り組みをしてきた」と評価している反面、ハブラーケンに対しては、「形態言語を修正するのに役立った」と書いていて、どうも扱い方が違うんです。実際、上の三者に対しては建築物を見て評価しているのに対し、ハブラーケンに対しては理論に対して言及している。そこに、何か特異なものを感じて、ハブラーケンとの比較を試みました。

上野：アレグザンダーとは、大変懐かしい。よく勉強しておられると思います。論文の題名が「クリストファー・アレグザンダーの建築作品に関する研究」(論文提出時の題名)となっているのですが、あなたはアレグザンダーが設計した建築作品をどう見ておられるのか、もう一度聞きたい。論文の中にそのことをもうちょっと明快に書いてみるのもひとつの方法だったんじゃないかなと思うのですが、いかがですか。

贄川：最初はアレグザンダーの建築作品を客観的に見たいと思いました。自分が感じている理論との乖離や個人的な趣味といったものをどのように評価すればいいのかと考えた時に、やはり、図面を集めなければならないのではないかと思いました。しかし、図面を使って建築作品を研究するのは難しい。というのも、アレグザンダーはそもそも図面をあまり描かないんです。むしろ描くべきではないという主張をもっている。布野先生がおっしゃっていた『The Production of Houses』という本にも書かれていますが、アレグザンダーが推奨するのは、現場での設計施工や、スケッチによって手戻りしながら随時行うプロセスです。それゆえか、図面があまり掲載されていない。アレグザンダーのスケッチという抽象的なものから建築作品の良し悪しを指摘することはできないのではないかと思い、今回のような方法になりましたが、彼の建築作品に注目していることは、既往研究と異なる観点だと考えています。

鹿島論争（設計施工一貫分離論争）に関する歴史的研究

建築家の職能を軸として

Name:
門間正彦
Momma Masahiko

University:
明治大学大学院
理工学研究科　建築学専攻
青井哲人研究室

0. はじめに

今日、建築生産は多様化している。建築家とて、その例外ではない。筆者は、建築家といわれると丸眼鏡に髭をたくわえアトリエで黙々と作業をする芸術家のような人を想像する。しかし、一概に建築家といっても組織設計事務所に所属する者、建設業に所属する者、フリーアーキテクト像を推進する者、地域に根ざす者などと今日においてはかなり多様化している。これらの間には、互いの職能像をめぐって論争は起こっていない。

1968年、当時鹿島建設会長で参議院議員、法学博士の鹿島守之助とフリーアーキテクト像を追及する日本建築家協会（JAA）との間で互いの職能をめぐって鹿島論争（設計施工一貫分離論争）という論争が起こっていた。本研究ではこの論争を近代日本の建築史に位置づけようというものである。

1. 前史

明治後半に入ると日本にも民間建築設計事務所が数多く開設されるようになる。そうすると、西欧社会に建築家の職能が成立しているのに鑑みて日本の建築家たちも職能を樹立すべく建築家法を制定しようとする。これが日本建築士会による建築士法制定運動である。この建築士法制定運動は、1925年の第50

Interview

Q:トウキョウ建築コレクションに参加しての感想

率直な感想として、自分の不勉強さを感じました。次に、生産技術と職能の係わり合いを他の発表者の研究を通して感じ、あらためて建築の広さを感じました。

Q:大学や大学院での活動や研究内容

大学では、建築史・建築論研究室に所属していました。仲間たちとフィールドワークや読書会、互いの研究に関してのディスカッションをしていました。

Q:修士修了後の進路や展望

修士修了後（現在）は、設計事務所に勤務しています。さまざまな分野の専門家達とかかわることでより深く建築家の職能を考えていきたいと考えています。

	建設業	日本（全国）建築士会（1914～）	その他（建築運動、建築論争）
		明治末～大正初　民間建築設計事務所の増加	
1914		全国建築士会の結成	
1920	シカゴのフラー社による丸ビル提携工事	日本建築士会による建築士法制定運動	分離派建築會
1923	関東大震災による復興工事		創宇社
1925	S、RC、SRCのオフィスビルの需要高まる	第六条問題	官公庁営繕課の製図工を中心とした社会基盤に根ざした運動
1930			新興建築家聯盟
1937	日中戦争		
1940	軍需工事	日本設計監理統制組合	
1945			
1947	進駐軍工事	日本建築設計監理協会	新日本建築家集団（NAU）　1947～48 近代建築論争
1948			
1950	朝鮮特需によって建設業の躍進		
1951		日本建築士会、解散。日本建築設計監理協会が社団法人に改組	
1955		UIAの日本支部になる	1955～56 不安感論争
1956		日本建築家協会（JAA）	
1957			1955～58 伝統論争
1958			

鹿島論争の前史（建築家・建設業・その他の動き）

第 50 議会	建築士法制定ニ関スル建議案衆議院通過
第 51 議会	同建議案上程但シ討議ニ及バズシテ議会閉会
第 52 議会	同建議案衆議院通過同請願貴族院ニ於テ採択
第 56 議会	建築士法案（議員提出法律案）衆議院ニ於テ可決通過、同議案貴族院に回附同日議会閉会
第 59 議会	建築設計監督士法案（議員提出法律案）衆議院ニ於テ委員付託但シ審議ニ及バズシテ議会閉会
第 64 議会	建築士法案（議員提出法律案）衆議院ニ於テ委員付託但シ審議ニ及バズシテ閉会
第 65 議会	建築士法案（議員提出法律案）衆議院ヲ可決通過、同議案貴族院ニ回付同院ニ於テ委員付託、但シ審議ニ及バズシテ議会閉会（再度衆議院ヲ通過ス）
第 67 議会	建築士法案（議員提出法律案）衆議院ニ於テ委員ニ付託但シ審議ニ及バズシテ議会閉会
第 70 議会	建築士法案（議員提出法律案）衆議院ニ於テ委員付託同委員会可決通過
第 73 議会	建築士法案（議員提出法律案）衆議院ヲ可決通過、同法案貴族院ニ送付翌日議会閉会（参度衆議院ヲ通過ス）
第 74 議会	建築士法案（議員提出法律案）衆議院ニ於テ委員付託同委員会可決通過
第 75 議会	建築士法案（議員提出法律案）衆議院ヲ可決通過、同法案貴族院ニ回付会期終了ニテ審議未了（四度衆議院ヲ通過ス）

図1　日本（全国）建築士会による建築士法制定運動の経過
出典：山本正紀『建築家と職能―建築家のプロフェッションとは何か』清文社、1980.10、p.142-143（下線は筆者による）

帝国議会から1940年の第75帝国議会まで12回にわたって提案されていく（図1）。建築士会による建築士法案の第六条に建築士の兼業を禁止する旨の条文が記載されていたため建築学会や建設業などから大きな批判を受けていく。いわゆる第六条問題である。この第六条問題から建築士法案は次第に職能法ではなく資格法へとその性格を推移していく。

建築士会が建築士法制定運動を展開していたのと同じころ、社会の変革と建築家の職能を結びつけて立ててきた建築運動が起きていた。この運動は、1923年の創宇社から1947年の新日本建築家集団へと続いてきた。戦後になると、近代建築論争や伝統論争、不安感論争といった建築論争が目立つようになる。これらの論争で論じられていたのは、資本主義が発達していく中で建築家の職能をいかに位置づけていくかであった。

一方の建設業は、戦前のフラー社との提携工事にはじまり進駐軍工事などによって技術の吸収をし、力を蓄えてきた。1950年になると朝鮮特需をきっかけとして建設業界は大規模化・複雑化した工事の量が増えるようになる。そして、これまで蓄えてきた力を一気に示し時流に乗っていく。これにより建設業はその地位を築いていくようになる。

図2　鹿島守之助氏。出典:鹿島建設社史編纂委員会『鹿島建設:百四十年の歩み』（鹿島建設、1980）
<略歴>
1896（明治29）年　兵庫県揖保郡半田村新在家（たつの市揖保川町新在家）に生まれる。
1920（大正9）年　東京帝国大学法学部卒業。外務省入省。
1927（昭和2）年　鹿島卯女と結婚。鹿島姓になる。
1934（昭和9）年　法学博士号取得（東京大学）
1936（昭和11）年　株式会社鹿島組取締役に就任。
1938（昭和13）年　同社社長に就任。
1942（昭和17）年　大政翼賛会調査局長を務める。
1953（昭和28）年　参議院議員当選。
1957（昭和32）年　第一次岸内閣国務大臣北海道開発庁長官に就任。
1959（昭和34）年　学士院賞受賞。
1973（昭和48）年　文化功労者となる。
1975（昭和50）年　没。

2. 鹿島論争（設計施工一貫分離論争）

建設業が躍進しはじめたのと時を同じくして1950年に建築士法が制定される。一見、戦前の建築士会の活動が実ったようにみえるがこの建築士法は、構造設計者や設備設計者、施工者、設計者という建築生産にかかわる技術者たちの資格を定めた資格法に

図3　霞ヶ関ビル。出典:三井不動産株式会社『霞ヶ関ビルディング』（三井不動産、1968）

	5.24 鹿島	5.27 JAA	
コスト	⑤コスト・ダウンのためにフィード・バックが必要 ⑦フィード・バックによってコスト・ダウンが可能である ⑧⑦の例としてJV 、一貫体制、代案入札 ⑩分離体制は非能率的でコスト・アップを招く ⑫一貫体制は国家の利益になる	④日本の工事費が国際水準に比べて高い事に注意すべき、業者の特命にもその原因があるのではないだろうか	
契約	②分離体制は近代的なものではない ③責任を一括して請負う近代的な契約方式として一貫体制 ④③の1つの例として代案入札 ⑫一貫体制は国家の利益になる ①JV の増加 ⑪設計と施工は対等 ⑨成功例として霞が関ビル	②海外における一貫業務はごく少ない ③一貫体制をより合理的に行うための企業努力はよいが、設計監理専業者を否定するものではない	
競争	⑥国際競争に勝つために一貫体制が必要 ⑫一貫体制は国家の利益になる		
第三者管理			
その他		①設監業法案をきっかけに出されたのであれば誤解である ⑤鹿島氏の意見に関心を有するものなので、今後は詳細な検討を行って意見を表明したい	

図4　鹿島論争前半のまとめ

	鹿島守之助	JAA
兼業の禁止（無登録業の禁止=設監業法案第一三条）	①対象を設計監理専業者としているにもかかわらず、登録するのは「設計監理専業者」のみと主張するのは明らかに誤り ②兼業者に対する罰則があり総合的に判断すれば建設業は同法案では、活動できない。	①専業者の職能の純化 ②建設業設計部への門戸を開き建築界全体の職能の純化
工事監理（建築士法第一八条）	①建築士の義務を規定したもの ②設計部が工事監理の仕事を請けた場合は適用されるが、建設業が設計施工で仕事を請けた場合は"建設業者"が対象であり、建築士ではないため士法の適用はうけない	①第三者管理の明記をしたものである ②工事監理者の設置をするのは、建築主であり一貫体制における工事監理者の設置は免除されていない。
委任と請負	実費や定額、無償でなければ金をもらう限り請負である	特殊な事務行為であり、利潤の追求をするものではないため委任である
利潤と報酬	①（報酬）-（経費）＝（利潤）	①（経費）+（報酬）　（報酬はもらえないときもある。経費の数%） ②（報酬）は、生活を営むため、書籍を購入するためのものであり事務費と変わらない
工事契約	一般的に公正さを保つため競争契約が原則	建設業の場合は物的規約のため一般競争入札であるが、建築家の設計委任契約は人的契約であるから随意契約が原則

図5　鹿島論争後半のまとめ

	6.1　JAA	6.19　鹿島
	①妥当な価格で購入するための競争入札、依頼者の権利をまもるため ③特命は何倍もの利益をもたらす、第三者管理がない	③フィード・バックを行うことによって国家の利益となる
	②世界的には分離体制が常識 ⑤JVは増えていない ⑦近代化は建設業の力ではない	①設監業法できると、一貫体制ができない
	①妥当な価格で購入するための競争入札、依頼者の権利をまもるため ③特命は何倍もの利益をもたらす、第三者管理がない ④値段は競争で決められる	②特命は請負に対する信頼から
	③特命は何倍もの利益をもたらす、第三者管理がない ⑥代案入札は誰がチェックするのか ①妥当な価格で購入するための競争入札、依頼者の権利をまもるため	②特命は請負に対する信頼から ①設監業法できると、一貫体制ができない

過ぎず、建築家たちののぞんだ職能法ではなかった。1960年代になると、日本建築家協会（JAA、当時は建築士会から建築家協会に改組していた）は建築士法を不服として、改正運動を起こしていく。1968年になると、建築士法を建築士の資格を定めたものでしかないと定義し新たに建築家の業務法として「建築設計監理業務法案」を提案して法改正運動を展開していく。建築家は施主の代理人として純粋にその要望にこたえるために諸生産業者からは独立したものであるとしたフリーアーキテクトの理念に則って骨子は、①第三者監理、②建築士事務所の開設者は建築士に限る、③建築士の材料業や施工業との兼業の禁止、④建築設計事務所は建築設計監理業務法人とするという4点であった。

この法案に対し、当時、鹿島建設会長で法学博士、参議院議員の鹿島守之助（図2）が“霞が関ビル（図3）がJVによって建設されたことに鑑み、安く、早く、良い建物を提供でき、ひいては国家の利益になる”設計施工一貫体制を否定するものとして反論をしていく。この議論は1968年5月24日から9月28日までの約半年間、続いていく。これが鹿島論争（設計施工一貫分離論争）である。この論争は、当初は設計施工一貫か否かをめぐって①契約、②競争、③利益（建設コスト）、④第三者管理という建築生産に関する4点を争ったものであった（図4）。次第に議論は、法文解釈の問題へとずれ込んでいき争点は、①兼業の禁止、②工事監理、③委任と請負、④利潤と報酬、⑤工事契約の5点へと変化していく（図5）。

さて、こうして議論を重ねてきた鹿島論争であったが両者の意見は互いに平行線となり、交わることはなくなる。9月28日発表の鹿島守之助による「設計施工分離・一貫性論議の結びとして」という意見書において「第三者の公正な判断をまつことにしたい」とする鹿島の主張によって論争に幕が引かれる。これが鹿島論争の全貌である（図6）。

こうした鹿島論争について当事者以外からはどうみられていたのであろうか。それを示しているのが「座談会　建築家のプロフェッションとはなにか―建築設計監理業務法案の提案に関して―」である。この座談会は、JAAの機関誌『季刊　建築家』1968年秋号に掲載されたものである。出席者は、沖種郎（JAA広報委員会委員長）を司会者に迎えて、円堂政嘉

日付	論者	意見	
5.24	鹿島	「建設産業近代化の趨勢─設計施工の一貫性─」	「設計施工一貫か否か」 ①契約 ②競争 ③利益（建設コスト） ④第三者監理
5.27	JAA	「鹿島発言について」	
6.1	JAA	「設計施工の一貫性問題に関する意見書」	
6.19	鹿島	「再び設計施工の分離・一貫性問題について」	
6.22	JAA	市浦スポークスマンの記者会見	「法律問題について」 ①兼業の禁止 ②工事契約 ③委任と請負 ④利潤と報酬 ⑤第三者監理
7.16	鹿島	「設計施工一貫性の論旨の明確化について」	
7.18	JAA	古沢専務理事の記者会見 「鹿島氏の設監業務法案の意見について（反論メモ 2）」	
8.1	鹿島	「重ねて設計施工一貫性に関する法律問題について」	
8.12	JAA	古沢専務理事の発表談話	
9.1	JAA	「鹿島氏設監業務法法律問題意見書に関する反駁（設計施工一貫問題メモ 3）」	
9.28	鹿島	「設計施工分離・一貫論議の結びとして」	

図6　鹿島論争の経過
鹿島守之助「設計施工の一貫性問題について」（鹿島建設株式会社、1968.12）より筆者作成

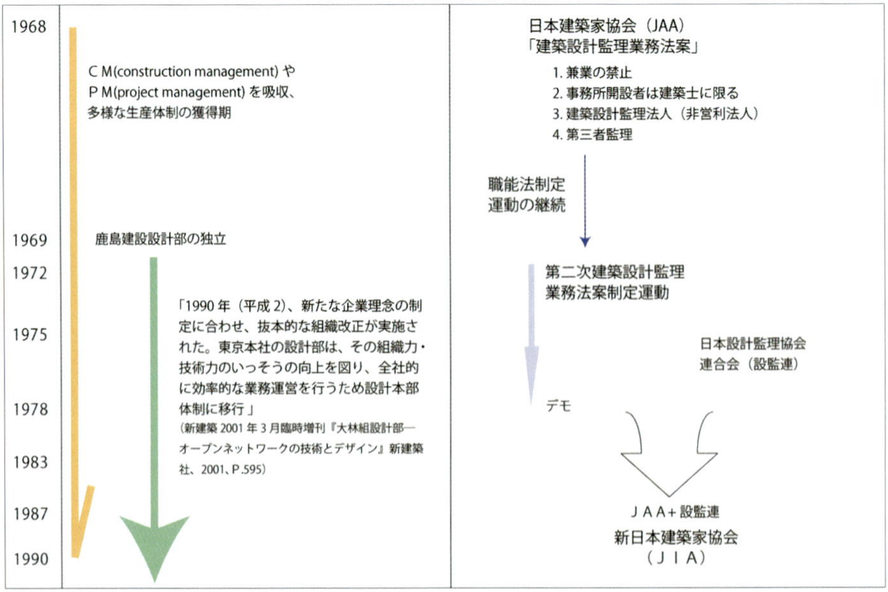

日本建築家協会（JAA）と建設業設計部のその後

(JAA理事)、橋本邦雄(JAA職能委員会委員長)、前川國男(JAA理事)、市浦健(JAA副会長)というJAA側の建築家たちと、批判的見地からの主張を述べる者として池辺陽(東大教授)、村松貞次郎(東大助教授)という東大教授陣である。

池辺は、ゼネコンも建築家もアセンブリーで仕事を行うに過ぎず結局のところ現場からの不信感があると建設業同様に建築家に対しても不信感があるとしていた。村松は、鹿島の主張というのは建設業が仕事を拡大していこうとしたときにでた発言であり建築家たちは変に意識しすぎているとしていた。

つまり、これらの発言から考えるに、当事者以外から鹿島論争をみると鹿島(建設業)が優勢であるとか、JAAが劣勢であるとかということではなく、建設業は建設業として業務を拡大してく時にでた発言であり、JAAの職能法制定運動もそれを実現させる生産的基盤が希薄なものでしかないと映っていたのである。

3. 建設業設計部とJAAのその後の変遷

鹿島論争以後もJAAによる職能法制定運動は続いていく。1975年には、設監専業者事務所14団体によって日本建築設計監理協会連合会がつくられ共に運動を展開していく。一時はデモ運動にまで発展、大きな勢いをもつものとなっていた。しかし、同時期に「建築家は事業者か」をめぐって最高裁の審議にまで至った公取問題の判決とともに運動は、終息していく。こうして、1987年、JAA外の会員たちを招きいれて設監連と大同団結し新日本建築家協会(現・日本建築家協会、JIA)が誕生する。

他方の建設業設計部は、海外技術の吸収期にあった。これにより、PMやCMといった新たな生産体系を獲得しその生産体制を発展させていった。それに伴う業務の多様化や責任の分化に対応していくため、建設業は設計部を本部化、独立化させていく。

以降、現在まで建設業と建築家の間で大きな論争は起こっていない。

4. 結

1) 鹿島論争を生む歴史的背景の解明

建築士会の建築家・建築運動の建築家・建設業の3者によって建築家の職能は相対化されてきたと考えられる。しかし、建設業の拡大に伴い建築士会(建築家協会)の建築家対建設業という明確な構図をもつようになり論争へと展開していくと考えられる。

2) 鹿島論争の概要および争点の把握

鹿島論争の争点は当初、①契約、②競争、③利益、④第三者管理の4点であったと考えられるが6月22日以降の論争の争点は法文解釈をめぐって①兼業の禁止、②工事監理、③委任と請負、④利潤と報酬、⑤工事契約の5点へと変質していき鹿島の第三者に任せるとした発言で論争は終結する。これが鹿島論争の争点および概要である。

3) 鹿島論争後の両者の関係動向の追跡

鹿島論争以後のJAAは「建築設計監理業務法案」制定運動の失敗、公取問題による報酬規定の撤廃によって挫折していく。そこから、JAAは自らの会則の偏狭さを反省しさまざまな建築家と大同団結した新日本建築家協会(JIA)を誕生させる。ここに明治以来の正統な建築家像の変化が現れる。

一方、建設業の設計部はPMやCMといった生産体制の多様化に伴って、1969年に鹿島建設の設計部が本部化したのをはじめとして1983年には清水建設が、1990年には大林組が設計部を本部化していく。

これ以後、建設業と建築家が鹿島論争と同じように激しくぶつかり合うことはなくなっていく。

4) 残された課題

以上のように、鹿島論争は建築家たちによるフリーアーキテクト的職能確立運動の「業務法」制定への展開と、設計施工一貫により大規模開発の受注を増やしつつあった建設業の躍進とが鋭く対立するに至った日本近代建築史上の特異な位置にあるといえるが、①鹿島論争がJAAや建設業設計部に与えた影響、②関係者の鹿島論争に関する考えをより追求することで、さらにその史的評価が明確なものとなるであろうと考えられる。

コメンテーター・コメント@公開討論会

門間正彦／鹿島論争（設計施工一貫分離論争）に関する歴史的研究 建築家の職能を軸として

佐藤：これはとても大きなテーマで、「建築家」という定義と「建築士」という資格の問題が、現在まで続いています。本文では、鹿島論争が終息したことになっていますが、鹿島守之助が「第三者の判断に任せる」と言ったことで鹿島が勝ったとされているのが一般的な評価です。それをここで、あえて取り上げた理由は何ですか。

門間：目的にもあげたように、まず、鹿島論争について、はっきりとした位置づけが行われていないことがあります。また、現在の状況が、1970年代の経済的状況に近づいていることや、業界としての生産が縮小していくなかで、今、法改正が行われると、また同じような論争が起こるのではないかということから、鹿島論争に学ぶ部分があるのではないかと考えて、取り上げました。

布野：鹿島論争の後に、なぜJAA(日本建築家協会)がJIA（新・日本建築家協会）になったのかというと、公取問題が起こったからです。業務独占ということで、職能団体という理念を否定されたので、やむなく新JIAになった。あの当時、JIAは2000人規模だったのが、その後8000人くらいに拡大したんです。もうひとつ、ゼネコンが設計部門を分離したのは、公共発注の問題があったからです。公共建築を受けるためには、設計と施工を分離しないといけない。現在、設計施工一括発注方式は、生産の中ではむしろメリットが大きいとか、スーパーゼネコンが社会的信用を担保できるという話とは別に、PFI方式が増えてきた。そうして、事業全体、設計施工一貫的なものを受け入れる仕組みに切り替わっていくと、ますますゼネコンタイプが受注しやすくなり、事態はもっと深刻になる。それから、姉歯問題以降、特に構造の事務所がほとんど生きて行けなくなっていて、分かりやすく言うと、アトリエ的な事務所が廃業せざるを得なくなる、大変な事態が起こりつつある。こういうことは理解していますか。

門間：はい。JAAがJIAになることは論文で触れていますし、建設業がそうやって独立していく背景には、見かけだけでも独立させておけば、実施コンペ、公共発注も受けやすいからだと考えています。また、PFIについては、建設業とか建築家がPFIを行う事によって、職能を吸収し合って、お互い学ぶ部分があると考えています。

布野：学び合うって何を？

門間：建設業が設計部を独立させた背景には、ひとつはもちろん公共発注の問題があるんですが、ゼネコン設計部の人間が海外の建築設計事務所でその体制を学んで、日本に導入した影響もあるそうです。そういう意味では、PFIを用いることによって、対立みたいなものはあると思うのですが、お互いの学ぶ部分を確認しているのではないかと思っています。

布野：たぶん、PFIの審査は我々ぐらいの年齢の人間しか経験していないから、若い先生方には分からないと思うんですよね。今、とんでもない事態が起こっています。だから今おっしゃったようなことは、ピント外れだと思いますよ。

門間：そうですか。勉強不足でした。

上野：PFIの話に加えて、たとえば、福島県にある三春町立三春病院は、設計施工一括で発注して3年位前に建設されました。今、地方自治体もそこまでやりはじめている中で、一体建築家の職能って何だろう、と考えます。私は、日本医療福祉建築協会の理事をしているので、これについては極めて深刻な状況になっていると感じます。そういう意味で、建築家の職能についてあらためて真っ向から挑もうとした、この論文について私は高く評価したいと思います。

門間：ありがとうございます。

全国修士論文展｜公開討論会

コメンテーター:

上野 淳
斎藤公男
佐藤英治
平沢岳人
布野修司
三宅理一
今村創平

参加者:

■第1章「都市とフィールド」
飯田敏史（滋賀県立大学大学院 ※当日欠席）p.171
石榑督和（明治大学大学院）p.179
後藤礼美（東京大学大学院）p.187

■第2章「設計と技術」
飯村健司（千葉大学大学院）p.195
奥山浩文（東京工業大学大学院）p.203
森 稔（九州大学大学院）p.211
渡邊純矢（芝浦工業大学大学院）p.219

■第3章「思想と言説」
小川武士（芝浦工業大学大学院）p.227
千葉美幸（京都大学大学院）p.235
贄川 雪（早稲田大学大学院）p.243
門間正彦（明治大学大学院）p.251

「建築家の作家性と結社性」

今村創平：今回は、第1章が「都市とフィールド」、第2章が「設計と技術」、第3章が「思想と言説」という3部構成になっていますが、ここからは全体を通した討論に入りたいと思います。グループ分けに関係なく、自由に発言をしてください。

上野 淳：後藤さんの論文には、日本をはじめとした都市における持続的な都市構造の更新システムの提案としての可能性を秘めてるのではないか、と書いてありますが、その部分をもう少し具体的に語っていただけると、あなたの論文はもっと迫力を増すのではないかと思います。

後藤礼美：もともと、私の研究の出発点だったのが、ハブラーケンのオープンビルディングの考え方でした。ハブラーケンはアーバンティッシュというレベルを主張していますが、更新のレベルが複数あって、そのレベルごとに合意形成することで、持続的な住環境を考える。その中で共有という権利が大きく影響しているのではないか。そのあたりに可能性を感じています。

そのハブラーケンとアレグザンダーを比較をした贄川さんの研究は、すごくおもしろいと思いました。市民参加という部分は共通しているけれども、一方で、手づくりと工業製品という違いがある。贄川さんご自身の意見としては、作家性のデザインの方に可能性を感じているのか、それとも問題点を感じているのかをお聞きしたいと思います。

贄川雪：一概には申し上げにくいというのが正直なところです。ハブラーケンはインフィルシステムを用いて、住民によって独自性をもたせるという取り組みをしている一方で、アレグザンダーもパタン・ランゲージの理論によって同様の取り組みをしています。実際、現代において、それらが市民をどのように参加させることができるのか。技術が発達してそのように出来ることもあるだろうし、逆に技術によって建築家の入る余地がなくなるかもしれない。なので、一概には申し上げにくいし、アレグザンダー自身も作家性を排除できているかと言ったら、そうではない。

布野修司：アレグザンダーに会ったことがあるのですが、彼は結構ワンマンですよ（笑）。パターンにしても彼の価値観が全部入っている。盈進学園のときも、彼が全部色を決めたそうです。だから、贄川さんの結論はおそらく正しいというのが、私の直感です。ただ、そうだったとして、アレグザンダーの都市理論はどうなのか。そこがひとつのポイントではないかと思います。

贄川：アレグザンダーは、都市はツリーではないと言って、複雑に絡み合うセミラティス構造を主張していますし、住民参加のパタン・ランゲージは人の欲求と形を組み上げる理論として応用すべきということからはじまっていることを根拠に推察すると、都市に対して恣意性はないはずです。しかし、実際に小さな都市計画をやっているのですが、そこでも、やはりアレグザンダーしかみえない構造や、彼の意図的なパラメーターによるシステムがあるのではないかという印象を受けました。

斎藤公男：門間さんの鹿島論争についてですが、実際のところは、一種の勢力争いですよね。今年の秋に、UIA（世界建築会議）が東京で開催されるのですが、こういう機会だから、なんとかしてまとめられるところだけまとめて日本の建築家像を世界に見せたい。じゃあそれがどういう戦略になるかというとまだ見えない。そんな折にこの論文を興味深く読みました。内容に関しては、全体の流れは私も大体は分かっているのですが、鹿島論争を歴史的研究としているところがどうも気になっています。あなたのこの文章だと歴史的評価を明確にすることが、課題だと言ってるのだけど、そうではなくて、今も進行形のこの形が何なんだろうということをもっと考えてほしかった。関係動向の追跡で終わってしまっているので、そこに残された課題は何か。鹿島問題は過去の問題ではなくて、今も生きてる自分たち

の将来の問題であるという視点を入れることが、僕は歴史を勉強することかなと思います。そういう期待がありますので、ぜひ続きを頑張ってください。

門間正彦：おっしゃるように、現在の行き詰まった状況の中で、過去にあった鹿島論争の問題が生き続けていて、歴史的な意義があるのに掘り起こされない、ということからこの論文を書きました。文献調査の方がメインだったので、タイトルに「歴史的研究」とつけましたが、現在の問題につながっているということは意識していました。

三宅理一：鹿島論争も含めて、海外から見て日本の状況はほとんど知られてないんですよね。歴史的に見ても、日本の建設業の「特殊性」がある。たとえば、竹中工務店は織田信長の時代から続いている会社であり、鹿島も江戸時代のはじめに起源があって、そこからみんなつながっている。何百年も歴史をもっている日本の建設業は世界の中でも特殊です。これが一体何なのか。どうシフトしていったかを追っていくとルーツが見えてくるんじゃないかなと僕は思っているんです。良いか悪いかは別にして、日本の建設業はそういうバックグラウンドをもっているから、クオリティが高いという見方もある。

この問題を考えていくと、建設や建設組織の話につながって、建築家の問題も出てくる。建設業の組織もいろいろありますが、たとえば、アレグザンダーはかなり癖のある結社性をもってる建築家ですよね。もっとも結社性のある建築家はフランク・ロイド・ライトだと僕は思います。社会から受注した良い建築をつくるというよりも、自分のもっているコミュニティ像に対してまっしぐらに進んで、ほとんどクライアントをだましながらに近い方法で建築をつくる。そういう視点で、設計論だけではなくて、設計組織論と社会組織論を組み合わせて論文を書くことはできるかなという気はします。逆に、ロッシのようにディスクールが自己完結してる文学者のような建築家もいて、非常に読みにくいですけれど、そういうタイプの建築家は組織論では絶対見えない部分がある気がします。そのあたりを突っ込んでやればおもしろくなると思います。

「共有に対する意識」

佐藤英治：闇市の論文に質問があります。その時代は、終戦というものすごい変動が起きたん

ですね。そこでいわゆるテキヤがだんだん力をもってきて、焼け跡に杭を打って、縄を張って、自分のものにした。実は、テキヤは建設業界と深いつながりがあって、意外に鹿島論争と結びつくのですが、それがいまだに続いています。ただ、区画整理の話は本当なのですか?

石榑督和:はい、本当です。新宿駅近傍の闇市を起源とするマーケット群は、終戦から1948年春にかけて、2〜3年の間に疎開空地を公権力の公認であったとはいえ不法占拠し、できあがります。そのマーケット群のうち東口のものが、1950年ころから区画整理によって整理されていくのですが、その過程は常に漸次的で、ここのマーケット営業者に対してはあっちに代替地を与え、こっちの営業者には隣地に一時的に移転をしてもらい、できた空地を暫定的な駅前広場とするというように。その中で、インフォーマルな存在であったマーケットが、恒常的な都市組織に位置づいていったこと。本来土地を所有せずに商売を行うテキヤが、土地を取得し、恒常的な都市組織の形成に参加していったことを観察しました。

佐藤:その時に建築家は何をしていたのでしょうか。その闇市が実際、街中にたっているとき、もう職能として成り立っていなかったのでしょうか。ただ、我々がそういう話をしたときにリチャード・ロジャースはこう言ったんですね。「唯一のチャンスを東京は逃したんじゃないか」と。むしろ何もないところに都市計画があるべきだった。アーキテクトが戦後きちっとして確立されたのは、かなり後だろうと思います。今回のこのテーマは、戦後の混乱期にアーキテクトは何をしたのかという問題を突きつけているという可能性もあると思います。

今村:最近、学生の設計課題を見ると、コモンというものをテーマにしている人が実に多い。集合住宅の中でそれぞれの個室はとても小さくて、あとは共有のキッチンがあったり、シェアハウスだったりするわけです。今日、話を聞くと壁

の共有の話や闇市などのマーケットの話に、共通する感性あると思いました。その際に、所有をどうするのか。法的にどう整理するかという問題がある。たとえば、フィリピンなども整理されてくると、それが近代化されてエッジになるかもしれない。でも一方で、どこか共有に対するモチベーションが、あなた方の世代の中にあるのではないかなと僕は感じています。共同する想像力とか、アレグザンダーが言うような共同もそういうことなのかもしれません。

布野:コモンに対する意識は昔からあったと思うんですけどね、でも、ただコモンスペースをつくればいいという話ではないと思うんですよ。私は滋賀県の彦根という田舎に住んでいるのですが、やっぱり地域社会は壊れてるんです。東京はまだ元気でいいと思います。そういう意味で言うと、タウンアーキテクトやコミュニティーアーキテクトのような、自治体とコミュニティーをつなぐ職能が今、必要だと思いますね。

あと、すべてアルゴリズムで設計して、コンピューターで現場で全部墨出しができるというような話は、実際現場でやると、いろいろなことがある。本当にその現場を支える職人さんや技術に一番の危機があるわけです。そういう現場をつくらないとそういう技能者が育たない。木造を設計して、しっくいを使って仕事をしていかないと職人も育たないという話と同じです。アルゴリズムの設計に一定の層がないと、いくらコンピューターで墨出しができても、なかなかいいものができない。日本で住宅の着工戸数が昨年80万戸を切って、今年ちょっともち直して大体80万戸なんです。学生さんたちは知らないと思いますが、我々は190万戸建った時代を知っている。オイルショックの直前にそれだけ建ったのですが、今は80万戸になってそのうちの半分がプレハブメーカーです。そうすると大工さんが消えていく。だからこの部分をどうするかという議論は、そんなに無縁ではないと思います。

平沢岳人:確かに、プレカットによって昔のような大工は減りましたが、今はそのプレカットされた番号の書いてある部材

を指定された場所に的確に運んではめる人がいますから、それはそれでつくり方が変わっただけだといえると思います。全体的にロードをどこにもっていくかが問題で、設計初期にロードをもっていくとコストが安くつくけど、プロジェクトの終わりの方に変更をもってくるとコストが上がってしまって話にならない。そういうわけで前の方にロードをもってくる、と。プロジェクト全体の中で、細かいことまで決めるのをできるだけ早めにやるというのが全世界的な潮流になっているわけですね。その中で、プロジェクト全体の負荷が前の方に来たときに、もはや建築家は絶対に一人ではいられないはずなんですよ。誰かと組んでやらないと仕事はできない。そういうところが、今後、みなさんが仕事をやっていく上で課題になってくると思います。

布野：その言い方だと、アレグザンダーなんか失格だよ（笑）。

平沢：実はそれが言いたかったんです（笑）。アレグザンダーは数学的なセンスがあって、ある意味で形に関する造詣が深い。なのに、エンジニアリングを拒絶していますよね。そのような思考が得意な人であれば、現代の21世紀のエンジニアリングをとても興味をもって見られるはずだと思うのですが、贄川さんの表を見る限りでは、完全にハブラーケンとは逆の方向にいっていますよね。なぜそうなるのか不思議なのですが……。

布野：人間ってそういうところがあるじゃないですか（笑）。建物を使うのは生身の身体をもった人間ですから、事前にすべて決定していくというやり方は、それとかけ離れたやり方になる。そういう方法は標準化や定型化した技術をもった安定した組織じゃないと建設できないということになってしまう。

「歴史と未来をつなぐために」

今村：アルド・ロッシのような建築家の設計の方法論を研究した千葉さんから見て、「設計と技術」というカテゴリーの第2章の人たちに対して、何かコメントはありませんか。

千葉：修士論文で作家論を書いたのは、作家としてどう考えて、どうやって建築をつくるのか、ひとつの手法を知りたいと思ったからです。一人の作家に依拠することで、それを探ろうとしました。つくるという欲望が人間にはあると思います。新しいものをつくっていかないと、文化というものは発展していかないと思いますが、その新しいものをつくるという手法としてアルゴリズムやエンジニアリングの共同などという話が第2章で出てきたので興味深く聞かせてもらいました。私であれば、新しいものをつくりたいという、すごく自己実現的な個人的欲求みたいなものがあるのですが、何を目的にして、そういうデザインコンテクストを使っているのか、これからどう進んでいくのかお聞きしたいと思います。

飯村健司：目的はアルゴリズムの抽出と還元ですね。もうひとつはアレグザンダーがもっているような絶対的な野望ですね。その野望に向けてアルゴリズムの抽出を行う。ロッシの断片などの言葉の図式にもからめて言えると思うんですが、その抽出する作業というのは、相当偏って行われると思うんですよ。その偏りは何か。建築家だったら、都市に対する問題がある。そういった意味で、できるだけ自分の野望をからめて物事を抽出しようというふうに普段から考えています。

千葉：その野望というのは？

斎藤：（飯村氏の作品を指さしながら）野望のようなものをつくっているじゃない（笑）。

飯村：自分の作品自体が野望というわけではないのですが、僕自身は見たことのない空間にワクワクするんです。そういうワクワクするようなものをつくることができるのが建築家のすごいところだと思います。

斎藤：アルゴリズムでそれができる？

飯村：できると信じたいです。

奥山浩文：基本的に研究というのは、今あるものをリサーチしたり、過去のものをリサーチしていくわけですが、実際それをリサーチする目的というのは、未来に対する提案をするためだと思います。もちろん、アルゴリズムというのはすごく現代的なテーマなので、本日みなさんの話を聞くと、現実的には予算の問題やネガティブな話もあって、ちょっと夢がなくなってしまう部分もある。でも、自分は関空のプロジェクトを見ると何かを実現したいというすごく強い意志があって、非常に有能なエンジニアたちとの相互の協働があって、こういうものが実現できているというふうに感じます。やはりデザインの力をまだ信じていたい。学生最後ですが、そういうものをもって、まだ先までがんばっていきたいと個人的には思っています。

今村：ほかにも、自分はこういう思いで論文を書いたという人がいれば、最後に話してください。

森稔：自分が論文で書いたことは学術的に今後何かすごく有意義なものだとは思っていません。ただ、実際に設計をしてつくることで、建築の難しさや、どういうことを考える必要があるのか身をもって体験したかった。そういう感覚を今後も大切にしていきたいと思います。

小川武士：海外には、ウィーンのセセッションやオランダのデ・ステイルなど、建築家と美術家が一緒に活動したグループがありますが、日本ではどれが最初なんだろうという疑問から着想して、この論文を書きました。一見、地味な歴史研究に見えるのですが、建築家と美術家の共同など、現代にも通じる部分があると考えています。

渡邊純矢：現代的なテーマの論文を書いたからといって、歴史的なことを批判しているわけではなく、逆に僕はその歴史的な言説からヒントを得て、現代の都市を未来に向かってつくっていけたらいいと思っています。ただ、1960年代、1970年代に当時の建築家が思い描いていた都市像は、何らかの形で現代の都市に影響しているかと僕は思います。今になっては、歴史的なことが地味に感じるかもしれませんが、根本的な原理や思いが今日にもつながる新しい世界をつくり出そうとしていたことに違いはありません。今回、設計に近い提案という形で論文を書きましたが、やはり歴史と未来をつなぐようなものとして、人に何かを考えてもらえるといいなと思います。

今村：修士論文というものは、どうしても検証性や客観性が求められるため、現代建築や現代都市については扱いにくいところがあります。今回審査員全員がちょっと危なっかしいなと感じつつも、現代都市やアルゴリズムをテーマにした論文を入れたのは、今を生きている我々が、何かを生み出すところを見たいという期待からだと思います。

［2011年3月4日、代官山ヒルサイドテラスにて］

プロジェクト展

原蚕の杜プロジェクト

「プロジェクト展」開催概要

大学院で行われているプロジェクトを展示し、また実際に社会で活躍されている実務者の方々と学生とで議論を行う場が「プロジェクト展」です。

大学院の研究室または団体のプロジェクトは、社会との協働によるものが多いことから、学生の活動の中で、もっとも社会に対して対等な立場での成果であると考えます。本企画は、こうしたものにスポットを当てることで、本展覧会のメッセージを明確に示すとともに、議論を通し、学生と社会の相互発信という性格をもつものです。

また、各プロジェクトの理解を深めるとともに、今年度は「建築家とは何か?」という全体のテーマに沿った議論を展開。プロジェクト展が建築の職域・職能の広がりや多様性を考える場となり、また建築学生の将来における新たな可能性を見出す場となることを目指します。

プロジェクト展 コメンテーター紹介

加茂紀和子 かも・きわこ

1962年福岡県生まれ。1987年東京工業大学大学院修士課程修了。1987～91年久米建築設計事務所（現・久米設計）設計室。1995年みかんぐみ共同設立（共同：曽我部昌史、竹内昌義、マニュエル・タルディッツ）。2004年～ICSカレッジオブアーツ講師。2008年～東京理科大学、昭和女子大学非常勤講師を務める。

韓 亜由美 はん・あゆみ

アーバンスケープ・アーキテクト。ステュディオ ハン デザイン代表取締役。人がヒトとして人間らしく生きられる棲息環境としての都市、そこに棲む誰もが主体的に享受できる豊かさの新しい価値を求め、パブリックスペースを対象にインテグレーティブなデザイン活動を展開する。空間的レイアウトや知覚的テクスチャをデザインすることで、モノや領域を超えて状況そのものを再定義することを意図している。

山崎 亮 やまざき・りょう

studio-L代表。京都造形芸術大学教授。地域の課題を地域に住む人たちが解決するためのコミュニティデザインに携わる。著書に『コミュニティデザイン（学芸出版社）』、『ランドスケープデザインの歴史（学芸出版社：編著）』、『震災のためにデザインは何が可能か（NTT出版：共著）』などがある。

五十音順

近大展プロジェクト

University:
近畿大学大学院
人間文化学研究科　生活文化学専攻
建築設計意匠研究室　小島孜研究室

プロジェクトの概要と背景

「近大展」プロジェクトとは、近大展（近畿大学理工学部建築学科卒業設計・論文展および近畿大学大学院総合理工学研究科環境系工学専攻修士設計展）に対する取り組みである。本展覧会は、建築学科の学生の卒業制作の一環として行われるものである。そして毎年、卒業制作作品を展示し常勤の先生方や非常勤の建築家の方々を招き講評会を行っている。しかし、近大展の現状は単なる「作品展示の場」に終始してしまっており、展覧会とはいいがたいものとなっている。情報はほぼ学科内にとどまり、学年間での共有もほとんど見受けられない状況である。また、本展覧会だけでなく学科全体でこのような現状があるようにも思われる。

そこで、本プロジェクトは展覧会のプログラム、サイン計画、会場構成、広告などを媒体として、建築学科内部、建築と社会、これらの新たな関係性を創造することを目的としている。今年、第一段階としてまず、つながりのプラットフォームをつくることを考えた。本プロジェクトは会期終了後も、建築学科を更新させるものとして企画、運営している。

プロジェクト提案

「蓄積プロジェクト」、「会場構成」、「サイン計画」、「記録集作成」によって新たな関係性をつくろうと試みた。

近大展プロジェクトのシークエンス

蓄積プロジェクト

蓄積プロジェクトとは、卒業制作の過程で生み出され、捨てられていく模型端材などを用い、「蓄積する空間」をつくるプロジェクトである。端材、エスキース帳、近大展ポスターを用い、日々更新されていくインスタレーションで、近大展に向けての空間的な広告である。建物内で行われ納まってしまっている制作行為や、内でしか行われていなかった近大展を、外へと時間軸をもつプロジェクトとして表出させることを試みた。このプロジェクトは、近大展および卒業制作を行う学生達に帰属したものとなっている。ゆえに、学生達と外とをつなぐ新たな関係性を生む場としての取り組みだといえる。

蓄積プロジェクト(担当:岡本雄大)

会場構成・サイン計画

展覧会の会場はさまざまな人々のコミュニケーションの場であると考えている。しかし、展覧会場やサイン計画の中には単なる作品展示の場、情報伝達のためのツールに終始してしまっているものも少なくない。これまでの近大展もまた、そういったものの一つであったと考えられる。今回私たちは、主催者側が来場者へのおもてなしの気持ちをもつこと、来場者が作品と良い心理状態で向き合うことが出来るようサイン計画および会場構成を行った。そしてコストや計画労力を極力押さえながらも、いかに普段と異なる空間を生み出すことが出来るかということを考え、「ゆらぐ三角」（会場構成）、「noren」（会場構成）、「もうひとつの世界との対話」（サイン計画）の3つを計画した。

展覧会後、展示パネルと模型台に使用したダンボールは模型の梱包に使用し、無駄のないようにした。

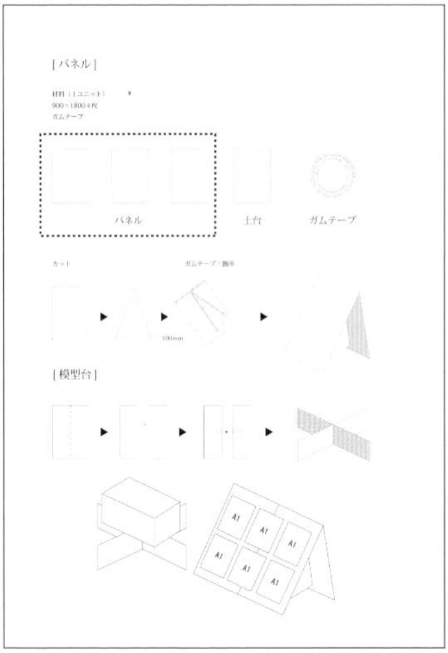

「ゆらぐ三角」（会場構成）段ボール製展示パネル・模型台の設計

展示会場の11月ホール内観

展示パネル・模型台の再利用

「noren」(会場構成)

「もうひとつの世界との対話」(サイン計画)

近大展 on Twitter

近大展 on Twitterとはウェブ上の近大展である。来場者は展覧会の様子や意見などを投稿し、運営者側は日々の展覧会の様子やそれまでの制作プロセスを社会に対して発信することで、来場者と運営者のインタラクティブな関係をつくることを目的とした、大学内の枠を越えたものとして位置づけられる。

記録集

記録集についても今回まで作成されたことはなく、初の試みとなった。逆にいえば、今までの状況では学年間や研究室間の連携を取り、学校全体として向上させる取り組みが行われていなかったのだ。これは現在進行中のプロジェクトで、この記録集が各学年の卒業制作が蓄積されるような土台となり、学年間で情報を共有できるような媒体となればと考えている。また、この記録集を学外で販売することで、社会へ発信し、社会と接続することも目的としている。

まとめ

これらは「作品展示の場」でしかなかった近大展を「展覧会」にまで昇華させるための試みであり、そのことを通して社会と建築や学科内の関係性をつくり出そうとするものである。一連のプロジェクトを通して自主的に行動すること、自分たちを取り囲む環境に対する能動的なアプローチの重要性を近畿大学の学生だけでなく、今回のトウキョウ建築コレクション2011への参加を通して全国の学生にまで伝えることができればと思う。

[Project Members]
谷口勇貴(発表者)

近大展ポスター

とよさと快蔵プロジェクト

Group:
とよさと快蔵プロジェクト／近江楽座
（滋賀県立大学大学院
環境科学研究科　環境計画学専攻）

とよさと快蔵プロジェクトとは…

滋賀県で一番小さな町、豊郷町。近江を拠点にし、全国で多彩な活躍をみせたアメリカ人建築家W.M.ヴォーリズによる設計の旧・豊郷小学校がランドマークである。数年前には、この校舎の取り壊し騒動などあまり印象のよくないニュースにもなったが、近年ではアニメ『けいおん!』によりオタクと呼ばれる層からの関心が高まったことで観光地化しはじめている。

豊郷は江戸時代の五街道のひとつ中山道沿いに位置し、間（あい）の宿として栄えてきた。伊藤忠商事・丸紅などの創設者である近江商人・伊藤忠兵衛らを輩出している。しかし近年では、若い世代が京都・大阪などへ流出して、空き家の増加や住人の高齢化、主産業である農業の担い手不足など、どの全国の地方も抱える問題が目にうつる町でもある。

プロジェクトのはじまり

近江商人たちの残した大きく立派な建物が多いことがこの町の特徴である。そして弁柄色で塗られた板塀、白い漆喰壁の蔵などが古き良きまち並みをつくり出している。しかし、空き家となり朽ち果てつつある建物も数多い。私たちのプロジェクトは、古民家・古蔵を改修し、ここにしかない地域の歴史、景観を守っていくものである。この改修活動を通じて地域活性への貢献という問題提起を自らに与え、「学生だからできること」の試行錯誤を繰り返している。

学生らしいのアイデアの提案

主に学生シェアハウスへ改修を行い、そこで得られる家賃を収入として次の物件の改修資金へと繋げる。改修では学生のアイデアを加えて活用方法を提案していく。このシェアハウスも学生によるアイデアからはじまった。現在ではシェアハウス以外にもさまざまなアイデアで空き家に新しい命を吹き込んでいる。

〈利用者〉までデザインする

改修した物件を通して地域の方との交流場面をつくり出していくことを目指している。その代名詞といえる改修物件が、コミュニティハウス「おやえさん」、「いそべ邸」、「恭やん」の3つと、バー「タルタルーガ」である。地域の利用者と関わることができる環境をつくり、自分たちの活動とフィールドとの関係を築いていく。

さらなるコミュニケーションにむけて

地域との関係を深めていくために、改修以外の活動も行う。地域のイベントに参加したり、逆に私たちが

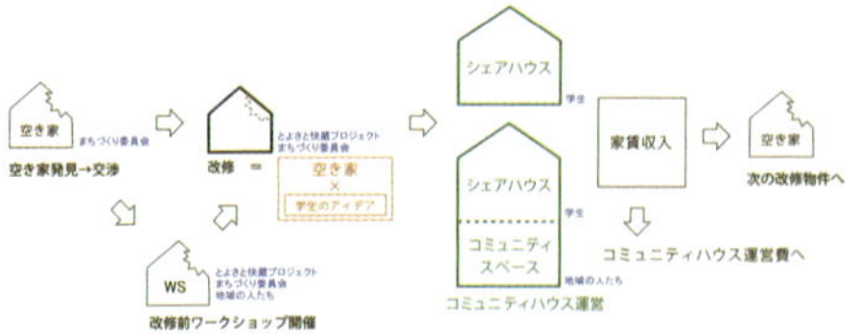

改修プロジェクトのシステム

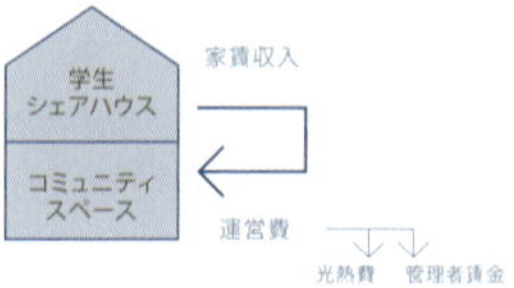

コミュニティハウスの運営モデル

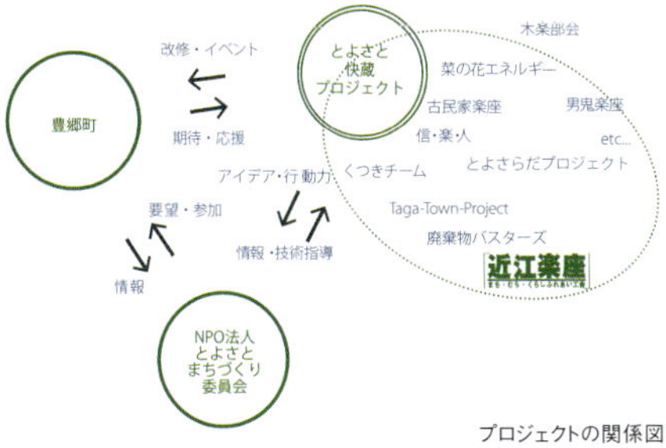

プロジェクトの関係図

イベントを行って交流する機会を得てきた。活動を行うには私たちを理解してもらうことがとても重要なのだ。新聞に取り上げられるなどで広まる情報もあるが、それよりも私たちは人々と直接取るコミュニケーションが大切だと感じている。

プロジェクトのつながり

NPO法人とよさとまちづくり委員会

地元の若い人たちが集まってしゃべれる場をつくろうと、2000年に発足した。現在30歳代前後の人たちが20名ほど参加し、まちを活気づけるさまざまなイベントを企画・運営。壊される予定であった土蔵を借り受けて改修を行い、自分たちの活動拠点としている。これが現在私たちが行っている改修事業のさきがけとなる「辻長蔵」である。委員会には地元の大工さん、ガス屋さんなどが所属しており、私たちだけでは限界がある工事も、彼らが指導・協力してくれる。

近江楽座

「スチューデントファーム近江楽座／まち・むら・くらしふれあい工舎」は、学生が主体となって地域活動を進めるプロジェクトである。アイデアを募集し、採用されたものに対して調査、研究、活動などの経費を助成する。学生を主体とする「近江楽座」の活動は、地域の方々へ大きな期待をもって迎えられており、この間に培ってきたノウハウや地域とのつながりなどをさらに継承、発展させていくことが、大学の地域貢献という視点からも非常に重要である。

もともと「近江楽座」は、平成16年度の文部科学省の現代的教育ニーズ取組支援プログラムに採択されたものである。3年間の活動実績を踏まえ、平成19年度からは、大学独自の取り組みとしてより一層パワーアップした活動が展開できるよう充実を図っており、6年間で延べ139のプロジェクトが活動を展開している。

コミュニティハウス

大学生のシェアハウスと地域の方に開放したオープンスペース（コミュニティスペースと呼ぶ）の複合施設。コミュニティスペースは週3日地域の方に開放され、おじいちゃんやおばあちゃん、子連れのお母さん方、小学生以下の子供たちと多くの方に利用されている。このスペースはキッチン、居間、トイレを学生シェアハウスと共用しており、地域の方と学生が場所を共有することで自然とコミュニケーションが生まれる仕組みである。お昼ごはんを一緒に食べたり、世間話をすることが日常的に起こっていくのだ。複合化のメリットは、学生の家賃を収入源とすることで、コミュニティスペースの光熱費や管理者の人件費をまかない、外部からの金銭補助なく運営していけることにもある。

目指すは「地域の縁側」

高齢化の進む豊郷町では高齢者福祉が大きな課題となっている。町内にある豊郷病院は、いつもお年寄りの方で溢れかえっている。しかし、ここに来られている方みんなが頻繁に通院しなければならないような病状ではない。病院にいけば、誰かに会える——通われている理由は、外に出ること。つまりコミュニケーションを求めている。そんな方が多いのではと感じる。そうすると、コミュニティの場として現在の病院という場所は適切なのだろうか？　コミュニケーションを求めているならば、そのような場所をつくればいいのではないか。

そこで考案されたのがコミュニティハウスである。過去のシェアハウスとしての改修経験とモデルを活かし、学生でも地域の方でも何気なく利用できる「地域の縁側」のような施設を目指した。用途は一切規定されていない。お喋りをするのもよし、ご飯をみんなで食べるのもよし、趣味をご近所さんに教える教室にするのも

コミュニティハウスの外観

子供からお年寄りまで、地域の方が憩う

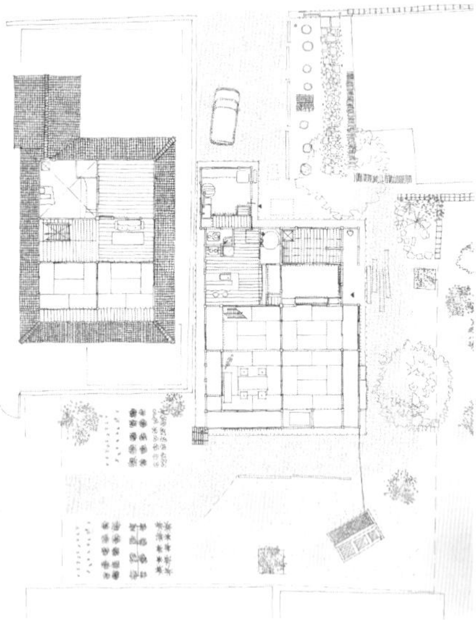

コミュニティハウス「いそべ邸」平面図

よし、つくった野菜を直売するのもよし、カラオケをするもよし。実際にこのほかにもさまざまな取り組みの場として利用されている。また、住む学生の日常生活動線と重なり合う平面計画としたことで、学生も含めた交流が生まれる。栄養が偏りがちな学生のご飯を見かねて「これも食べ!」とお裾分けをいただくことも多々。何気ないことだが、日ごろから顔を合わす仲だからこそ生まれるシーンではないだろうか。

このように、学生の面倒を見てあげなくては!（そんな決まりはないのだが）とやりがいをもたれ、通うようになってから元気になったというおばあちゃんもおられる。これもまた、「学生力」なのではないだろうか。

将来的な展望

現在、町内に3つのコミュニティハウスがあるが、どこを誰が利用しても構わない。高齢の方は家から一番近いコミュニティハウスを利用されていることが多いが、必ずしも皆が徒歩圏内に住んでいるとは限らず、クルマで来られる方もいる。高齢化の進む町で福祉という点から見てみよう。今はまだ元気よくこられる方々は5年後、10年後、本当に通い続けることができるのだろうか。

こんな思いの中、豊郷町が私たちの活動を評価し「将来的には、町内の各字に1件のコミュニティハウスを」というビジョンを抱いていただけた。具体的な建設ペースなどの目途は立っていないが、町からの評価を得たことで、地域に大きく還元できる可能性が感じられた。

タルタルーガ

バー「タルタルーガ」の常連さんは地元の方々だ。飲食店の少ない地域でバーを開設。「車を利用しなくても徒歩圏内に飲み屋に行けて助かる」という嬉しい言葉に支えられている。

タルタルーガは、過去の改修から現在の運営・経営に至るまで、学生の手で行ってきた。これは町に入らせていただいている学生から地域の方への感謝の表現でもある。お酒を交えての会話をすることで、シラフでは話してくれないような町への熱い思い、自分たちプロジェクトへの期待やお叱りといった、生の声に触れるきっかけづくりにも一役買っている。この場での交流によって、プロジェクトの次の指針を見つけ出すこともあり得るのだ。

まちの溜り場

地域の老舗造り酒屋が所有する、長らく物置として放置されていた空き蔵を改修して、タルタルーガは誕生した。以前から地元の方の間で蔵を改修して飲み屋を開きたいという話があったのだが、実際に指揮をとる人がおらず、実現していなかった。そんなまちの人の夢物語に手を挙げたのが、私たちのプロジェクトだった。これは私たちにとって住居以外の活用方法を創出して、空き家活用の可能性を広げるためのチャレンジでもあった。現在受けている近江楽座の活動助成金、コミュニティハウスなどの家賃収入に次ぐ新たな運営資金を得るモデルとして計画がスタートした。

「タルタルーガ」で談笑

「タルタルーガ」のロゴマーク

普段の改修に加えてメニューの考案、食器類の選定、屋号のネーミング、ロゴのデザインなど、見えない部分の段取りが多く四苦八苦する毎日。無事にオープンを迎えてから今日まで、日々の営業を続けていくためにまた頭を悩ませる。運営・経営をすることの大変さを痛感した。それでも私たちが続けていこうとするのは、ここで過ごすまちの人との時間がとても大切だと感じるからだ。お酒というツールを使っての意見交換はもちろん、ただ談笑することも、地域の中で活動していく活力になっている。一人ひとりにとって大切な居場所となり、この場所の必要性が続いていく。そんな小さく長い夢をタルタルーガは見ている。

名前の由来について

タルタルーガとはイタリア語で「亀」の意。これは彦根城(金亀城)を居城とする彦根藩主・井伊直弼から酒蔵・岡村本家が「金亀」を屋号にもらった逸話、また童話「ウサギとカメ」の亀のように、歩みは遅くとも一歩一歩確実に前進していきたいという願いから命名。奇しくも考えていたメニューが郷土料理の他にイタリア料理をメインとしていたので、この響きが良いイタリア語の名前に決定した。

これからの課題

学生が経営に主体となって携われることは非常に大きな経験になる。しかし、やはり難しい問題が多くあることも事実。日ごとにスタッフが入れ替わりで営業を行っているため、連絡ミスによってその日の買い出しのリストが伝わらないといった事態は簡単に起きてしまう。また、4年間で卒業していく学生だけで店を継続していくのは、さらに大きな問題である。金銭面の管理者を誰が引き継いでいくのかなどが課題となる。それでもこのタルタルーガの存在は、苦労を上回るだけの価値を感じられるものである。存続していく中で、ここが自分たちの活動にどのような意味を与えているものなのかということの共有が重要である。

[Project Members]
山口健太(発表者)、橋本知佳、中川雅史、西村 眸、
刈谷奈都紀

モラトリアム新潟

長期未完都市計画道路の地域インフラ化の提案

University:
新潟大学大学院
自然科学研究科　環境共生科学専攻
岩佐明彦研究室

1.プロジェクト概要

「モラトリアム新潟」は、新潟市に眠る未利用地の可能性を探るプロジェクトであり、長期未完成状態の道路の実態を探る「Research」と、その典型的活用アイデアの「Prototype」と、その実地での展開の「Case Study」から構成され、都市計画道路の完成が猶予されることで生じた暫定的な時間の隙間を活かすデザイン提案を行なった。

モラトリアム道路とは?

日本の都市計画行政は決して後戻りをしない。ひとたび決定された都市計画道路は、その役割が陳腐化してもひたすら完成を目指し続ける。本プロジェクトでは、都市計画決定後、20年以上経っても完成しない道路を「モラトリアム道路」と命名した。道路になることを猶予され、都市の中で延々と「自分探し」をするモラトリアム道路は、新潟市内に実に101路線も存在する。

2.Research

道路となることを猶予されて20余年、モラトリアム道路は新潟の都市の中でどのように生きているのだろうか。新潟市内101路線の実踏調査によってモラトリアム道路の実態を明らかにした。

モラトリアム道路はさまざまな状態で都市に存在している。用地買収され手つかずのまま放置された土地、水田の中の細長い更地、拡幅完了後も供用されない場所、建築制限の課せられた状態の土地などがある。長い年月の中で、周辺環境に対して異質な場所を形成している場合も多く、さまざまな状態で都市の中をさまよっている。

モラトリアム道路を規定する建築制限

モラトリアム道路と周辺の違和感はどうやって生まれるのだろうか。たとえば、都市計画決定された道路の計画区域内には「2階建て以下でかつ地下室がない、木造・鉄骨造・コンクリートブロック造の建築物」しか建てることができない。モラトリアム道路は長期に渡って建築制限がかけられるため、建築制限がかかっていない周辺に対して変質した場所が形成されている。また、道路計画の進捗や元々の土地利用によっ

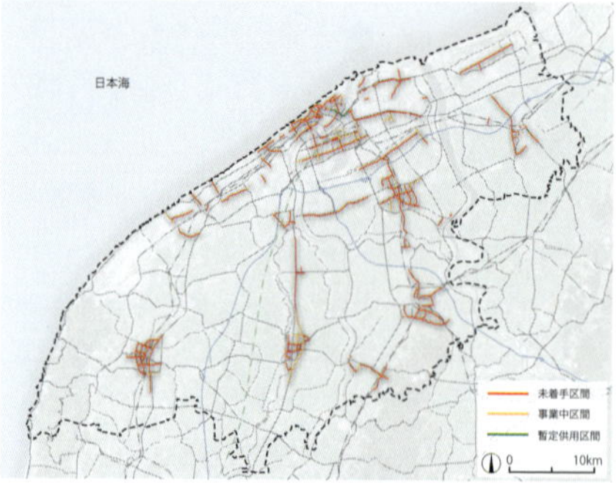

新潟市内のモラトリアム道路の分布

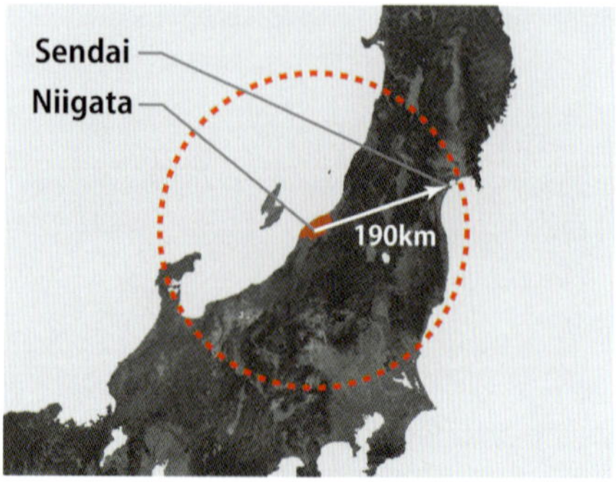

新潟市のモラトリアム道路の総延長は、新潟仙台間に匹敵する

水田の中の細長い更地

拡幅完了後も供用されない場所

ても周辺とのコントラストはさまざまである。

モラトリアム道路の潜在力

都市の中で休眠しているモラトリアム道路の潜在能力をいくつかの数字で紹介したい。

【190km】モラトリアム道路は長い!

新潟市のモラトリアム道路の総延長は190kmに上る。これは新潟市内の都市計画道路の総延長の37.1%を占め、直線距離にして新潟から仙台までの距離に相当する。

【51歳】モラトリアム道路は古い!

新潟市のモラトリアム道路の都市計画決定後の未完期間は、平均すると51年となる。最古参は83年間未着手で、この間、計画区域には建築制限が課せられ続けている。

【331ha】モラトリアム道路は広い!

モラトリアム道路の幅員は平均すると17mとなる。これを基に190kmにおよぶモラトリアム道路を広さに

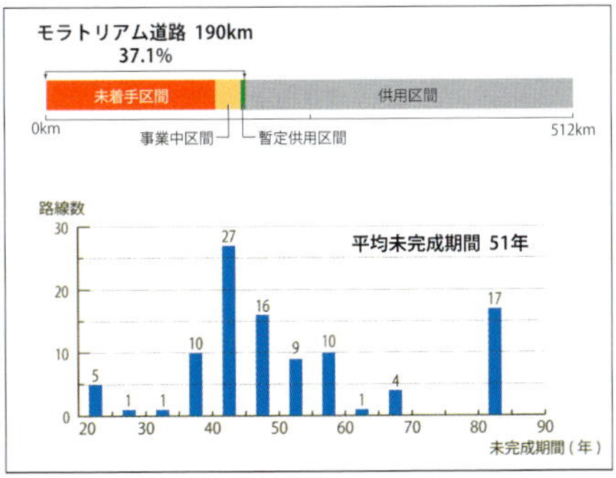

（上）モラトリアム道路の長さの割合、（下）モラトリアム道路の未完成期間

換算すると331haとなる。331haがすべて水田面積ならば1752トンの米が収穫でき、駐車場ならば日本中のタクシーが駐車できる面積である。

3. 地域の生活インフラ化するモラトリアム道路

総延長190km, 面積331ha、平均51年もの歳月を無為に過ごしてきたモラトリアム道路は大いなる無駄なのだろうか。我々は実踏調査を通して、モラトリアム道路が道路とは異なる形で周辺地域に良好な環境をもたらしている事例を多く見つけることができた。

クルドサック化しているモラトリアム道路

先が未完のために行き止まりとなったままのモラトリアム道路は, 長い建築制限の間に取り囲むように住宅が建ち、クルドサック状の空間として活用されている。

クルドサック化しているモラトリアム道路

農園化しているモラトリアム道路

宮城県仙台市の「まちなか農園・藤坂」は農園として暫定使用されているモラトリアム道路である。農園だ

けでなく、産直市などのイベントも開催されており、地域住民のコミュニケーションが促進されるきっかけとなっている。

モラトリアム道路は完成を猶予されている期間、単なる無駄な場所ではなく、地域の生活資源として機能する可能性があり、これらの事例からは交通インフラを地域の生活インフラに転じるためのヒントを見いだすことができる。

まちなか農園・藤坂で開催される産直市

4.Prototype

プロジェクトでは、モラトリアム道路の形質を周辺環境も含めて分類し、道路完成までの猶予期間を暫定的に活用するアイデアを考えた。下図の7事例はその一部である。

5.Case Study

新潟市内のモラトリアム道路を2つ選び、先のPrototypeを投影することで、モラトリアム道路を地域の生活インフラとするデザイン提案を行った。

6.今後の展望

財政が逼迫し、建物や道路をつくることが罪悪のように語られる今日、モラトリアム道路のような「つくることを猶予された」場所が都市の中に増殖している。この猶予の期間中に、暫定的な時間の隙間を見つけデザインしていくことは、建築家の職能に他ならない。今後はプロジェクトの実践を目指して，行政との連携を模索したい。

[Project members]
佐藤貴信、大図健太郎(以上、発表者)、高坂直人、鶴見哲也、會澤裕貴、河野泰教、田沢孝紀、植松拓人、亀田浩平、田邊健人、野口剛正、深澤新平

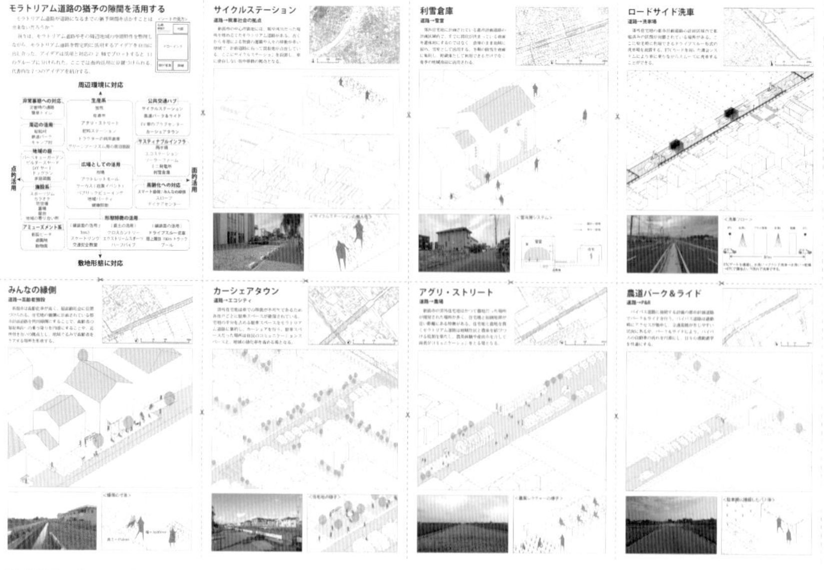

暫定活用のプロトタイプ

新潟市南区におけるCase Study

新潟市秋葉区におけるCase Study

マイタワークラブ

University:
東京藝術大学大学院
美術研究科　建築専攻
元倉眞琴研究室

2010年10月7日～11月25日、東京藝術大学・台東区・墨田区が合同で「GTS観光アートプロジェクト」を開催し、いくつかのチームが期間限定で作品をまちに点在させた。その中で私たち元倉研究室を中心とするチーム「マイタワークラブ」は、東京スカイツリーの麓の東武線高架下にあり、現在利用されていない倉庫を自分たちの手で加工し、さまざまなイベントを行うことでまちへの仕掛けを試みた。

概要

東京スカイツリーをはじめとする「タワー」の存在に注目し、「マイタワークラブ」というチームを結成。「人は誰でも心の中にタワーをもっている」という仮説を打ち立て「タワーを通してまちを考える」空間をつくった。敷地となった鉄道高架下倉庫は隅田公園と北十間川の間に位置している。使われていない倉庫が壁のように両側を隔て、夜になると暗く、人通りも少ない場所だった。そこに「常に人がいて、何か活動をしている」状態をつくり出し、GTS期間中、祭りの提灯のように周りを照らして盛り上げていこうと考えた。

建築と空間

倉庫を提供した東武鉄道からの条件は、1）重機を使用しないこと、2）躯体に手を加えないこと、3）浮浪者が侵入しないこと――の3点であった。加えて、与えられた予算と約2週間という準備期間の中で、倉庫

外観

工事前の2階内観

2階の床を吹き抜けにする

公園側の壁を一直線にカットする

外壁にロゴマークを貼ってゆく

の改造工事はすべてメンバーの手作業で行った。まず、倉庫の壁をGL＋1800mmのレベルで一直線にカットし、透明の板をはめ込んだ。これによって公園と川が視覚的につながり、また内部の活動を外に開くことができた。次に高架下特有の天高（GL+7000）を体感できるような吹き抜けをあけ、音・光が層を超えて共有される空間をつくった。また、既存の大きなシャッター、床のレベル段差（600mm）はそのまま残し、緩やかに空間が分けられるようなインテリアとした。インテリアは、GTS会期中に行われるイベントに応じて毎回つくり替えた。

出来事のデザイン

マイタワークラブではさまざまなイベントと創作活動が行われた。それらの企画・運営も私たち学生が自ら行い、「出来事」も含めた場のデザインを行った。

〈イベントの種類〉

・芸大の活動を出張するもの

　例）公開ゼミ、講演会

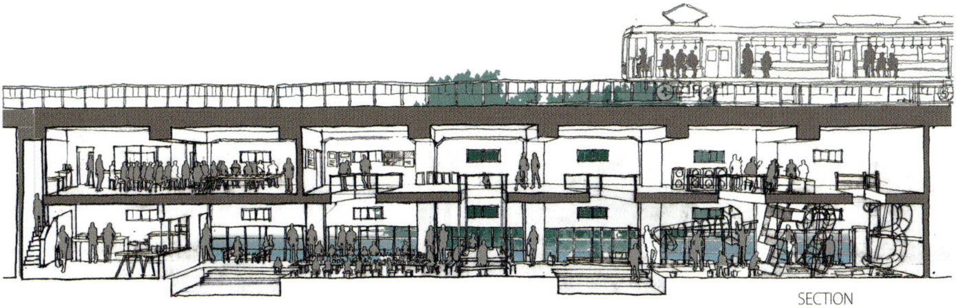

断面パース

ワークショップ「マイタワーをつくろう」

シンポジウム「鉄道高架下からまちを考える」

演奏会のイベント

・周辺住民を招いて行うもの

例)音楽、ダンスイベント、ワークショップ

・周辺住民からもち込み企画されたもの

例)映画上映会、収録

なかでも、シンポジウム「鉄道高架下からまちを考える」では、パネラーに高架下で設計の実績もある建築家の横浜国立大学・飯田善彦氏、神奈川大学・曽我部昌史氏を迎え、墨田区役所・東武鉄道・住民などが直接意見を交わす貴重な機会となった。また、地元小学生と行ったワークショップ「マイタワーをつくろう」では、小学生を通してその家族にもマイタワークラブの存在を知ってもうことができた。そして出来上がった作品を見に、何度もマイタワークラブに訪れてもらうきっかけとなった。

作品制作

イベントがない日は、アーティストの公開制作場所となった。その中の東京藝術大学の日比野研究室による「こよみのよぶね」は、周辺住民を交えての制作が昼夜行われた。「何をつくっているのですか?」という問いかけからはじまり、次第に多くの人が集まるようになっていった。他にも数人のアーティストによる作品がつくられ、GTS開催期間の後半になると、マイタワークラブの空気は一気に、アトリエからギャラリーに変わった。

作品「こよみのよぶね」

チームづくり

マイタワークラブは場所や作品の制作過程、講演の準備段階からすべてをまちに公開しレスポンスを受けながら皆で一緒につくり上げていくワークインプログレスである。ロゴマーク、ユニフォームを制作して、周囲の方々への挨拶や説明を日課とした。その結果、徐々に認知度が向上し、何度も足を運んでくれる人も現れた。HPでは制作状況やイベント予告、結果報告、制作状況やイベントの動画配信も行った。また、ツイッター上ではリアルタイムでの情報発信や意見交換が行われた。これにより、地元住民だけでなく、幅広く社会に知られることを試みた。マイタワークラブ公開期間の最終日には、ツイッター上で多くのメッセージが寄せられた。

まちとのつながり

もちろん否定的な意見も寄せられた。しかしそれは、外とのつながりが希薄なままでは起こりえないことである。つまり私たちの総合的な活動は、少なからずまちに何かを仕掛けていく点では「成果があった」と捉えている。今回のプロジェクトでは空間としてもて余された鉄道高架下に、まちの一部としての価値を与えることを行った。鉄道高架下利用は、その可能性をめぐってさまざまな試みがなされている。私たちは今回のマイタワークラブの活動を、ハードとソフトを一緒にデザインしていく高架下利用の実例として捉えている。また多分野を総括してプロセスから「場所」をつくり上げる活動を、実社会の中で学ぶことができる貴重な機会であり、来年度以降も継続していきたいと考えている。

マイタワークラブのロゴマーク

WEBサイトで動画を配信

[Project Members]
津布久 遊(発表者)、藤井和典、下司 歩、森 純平、
西川 練、山内晃洋

月影小学校
再生プロジェクト

Group:
月影小学校再生プロジェクト／
早稲田大学大学院 古谷誠章研究室
＋法政大学大学院 渡辺真理研究室
＋日本女子大学大学院 篠原聡子研究室
＋横浜国立大学大学院 北山恒研究室(現Y-GSA)

月影小学校再生プロジェクトは2001年に閉校になった新潟県にある浦川原村立月影小学校を宿泊体験交流施設に再生する長期計画である。法政大学大学院の渡辺真理研究室、早稲田大学大学院の古谷誠章研究室、横浜国立大学大学院(現Y-GSA)の北山恒研究室、日本女子大学大学院の篠原聡子研究室の4大学の学生が関わり、今年度で10年目を迎える。

月影の郷全景。宿泊交流施設として2005年に竣工

10年の軌跡――ハードとソフトに関わる

地元の方々との協議の末、「地元の食材を使った郷土料理」「グリーンツーリズムと連携した宿泊施設」「地域に伝わる田舎体験」の3つを提供する宿泊体験交流施設として小学校を改修することが決定。4大学の学生により、セルフビルドとワークショップを通して2005年に竣工。「月影の郷」としてオープンした。

その後、代を重ねながら、運営の方法や施設の使い方を提案するなどソフト面で継続的に関わっていった。そして今年度、3階の教室を地域で使われていた民具の展示室に、図書室を地域のアーカイブ室に変更する改修が完成し、プロジェクトとして1つの節目を迎えた。

4大学の学生が共同でセルフビルドやワークショップを通して活動を行った

わらを用いた民具展示教室計画

地元で使われていた生活民具を3階の教室に展示する計画である。計画にあたって民具とともに当時の生活に密接に関わっていた「わら」を活用することを考えた。わらは今では利用する機会がほとんどなくなったが、加工の仕方によって使われ方が多様であり、そのような生活の知恵を学びつつ、新しい形でデザインすることで地域の生活や文化を知るきっかけになる場を

地元の人との対話をしながら地元の人に愛される建築の使われ方を目指した

春・夏・秋の民具展示教室。稲を収穫するまでに利用する民具の展示

冬・生活の民具展示教室。稲を収穫したあと、生活に利用する民具の展示

目指した。2つの教室を使って、「春・夏・秋の民具」と「冬・生活も民具」というように季節ごとに分けて展示し、それに合わせてわらの使い方の異なるデザインを考えた。「春・夏・秋の民具展示教室」では「はさがけ」を模した、パーテションに円形に巻きつけたわら縄を什器としてデザインした。「冬・生活の民具展示教室」では、わらを多様な形で加工しブロック状の什器やインテリアのデザインを行った。

図書室計画「記憶の部屋」

3階図書室を小学校や地域の歴史やプロジェクトの活動記録、そして訪れた人の記憶を保存する「記憶の部屋」と称するアーカイブ室として計画した。板を積層させた棚に日々記憶が蓄積されていく。人々の思い出を語る場とした。

わらを積層させた土台と小学生が編んだわらマットの天板でできたテーブル

はさがけを模したわらのパーテションとわら縄の展示台を用いる

珪藻土をまぜた仕上げの展示台

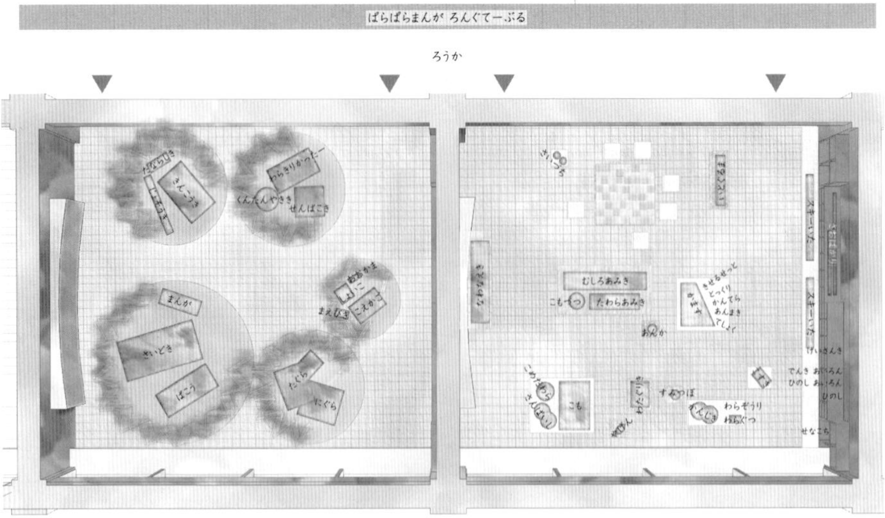

2つの教室は異なるわらの加工方法を用いて展示空間をデザインした

図書室は「記憶の部屋」と称する地域のアーカイブ室に

わらの加工も自らの手で行う

民具は地域の人同士が思い出を語るツールになる

今後も行われるイベント建築トークイン上越

月影の郷の今後

今後も施設の利用の仕方を提案していく。中でも2009年からはじまった、全国の学生や建築家と地元の人とが地方都市について議論するイベント「建築トークイン上越」は、利用の仕方のひとつとして発展していくだろう。

[Project Members]
吉田遼太（早稲田大学大学院 古谷誠章研究室、代表、発表者）、青柳有依（日本女子大学大学院 篠原聡子研究室、副代表）、田中由美（法政大学大学院 渡辺真理研究室）ほか
[月影小学校再生プロジェクト]
メール……tsukikage_r@hotmail.co.jp
ブログ……http://tsukikag.exblog.jp/

プロジェクト展

スタジオトーク1

コメンテーター：韓 亜由美

参加グループ：
近畿大学大学院 小島孜研究室
とよさと快蔵プロジェクト／近江楽座（滋賀県立大学大学院）
新潟大学大学院 岩佐明彦研究室
東京藝術大学大学院 元倉眞琴研究室
月影小学校再生プロジェクト／早稲田大学大学院 古谷誠章研究室＋法政大学大学院 渡辺真理研究室＋日本女子大学大学院 篠原聡子研究室＋横浜国立大学大学院 北山恒研究室（現Y-GSA）

プラットフォームをつくる

韓 亜由美：最初の発表者の人から振り返りましょう。私がいくつか質問をしながら、他のみなさんの意見も聞きたいと思います。まず、「近大展プロジェクト」（p.270）。これは現在も行われていますか?

谷口勇貴（近畿大学大学院 小島孜研究室、以下 小島研）：はい、これから記録集を制作していきます。

韓：いつもより人は集まってくれましたか?

谷口（小島研）：「いつもと雰囲気が違った」といった声が寄せられ、プロジェクトの効果があったのではないかと実感しています。

韓：最初のこのプレゼンテーションで、あなたの問題意識がすごくよく分かりました。一方、大学の中って、一生懸命やった成果が埋もれてしまうということがあります。もっと大胆にできたのではないかな、と。

谷口（小島研）：このプロジェクト自体は私が自発的に行なったもので、大学側から指示を受けたものではありません。私の修士論文が終わった時期——2月の最初の週から2週間で計画しました。周囲に声をかけた時、4回生は卒業設計で忙しく、いろんな人の賛同を得ることに時間を使

いました。このプロジェクトはこの1回限りではなく、僕が実現に移すことで、プラットフォームになるものをつくりたかったのです。もっと大胆なことは今後引き継ぐみんなにやってもらいたいと思っています。

韓：では、谷口さんの決断と実行力がキーだったのですか?

谷口（小島研）：インスタレーションに関しては、4回生の岡本くんも一緒に行いました。会場計画とサイン計画は私が行いました。

韓：非常に少人数で行なったんですね。なんとか次の世代にバトンタッチして、中身の充実を図れるといいと思います。建築学科は作品づくりを後輩が手伝ったりしますよね。でも最近は、就職活動などでそれが希薄になりつつあるとしたら、ちょっと寂しい。自分が一人で体験することよりも、先輩後輩が同時に体験出来る方がいいですよね。

社会問題を引き受ける建築家像

次に「とよさと快蔵プロジェクト」（p.274）。今回滋賀県立大学からは、非常にたくさんのプロジェクトが提出されていますが、すごく地元と結びついた活動が行われていますね。どのようなところが主体なのですか。

山口健太（とよさと快蔵プロジェクト／近江楽座、以下 とよさと）：近江楽座は大学が主体となっています。NPOは完全に地域の方々で行われていて、30歳代後半から40歳代前半の、違う職業の方で構成されています。

韓：このプロジェクトは建築学科カリキュラムに組み込まれているのですか?

山口（とよさと）：いいえ、有志の学生の活動です。もともと福祉に関する助成金があり、それを利用して一部を開放するという案でした。

韓：やはり、建築学科の学生は図面だけを引いていればよいのではなく、社会の問題をひき受けていかなければならない。集まったプロジェクトを見ても痛感します。アーティストはとっくに、そういうことをしています。それから、バー経営って結構大変だと思う。大人でも難しそうですよね。そのような経験も積んでいるという事ですね。酒蔵を改装して、ということでしたが地元の伝統的価値を建物が介して紹介できるというのはなかなか良いですね。

会場：最初、どうやって市民の方に親しまれるようになったのか。定着させるまでの、そのプロセスは?

山口（とよさと）：最初にコミュニティハウスの案が出来たとき、僕たち学生が行って聞いて下さいというのは難しい。そこで企業の方を通して提案しました。

韓：コミュニティハウスのようなものが欲しいという地元の要望があった。そのニーズに呼応できたというのは良いですよね。すごく貴重な体験。是非ともこういうノウハウがここにいる人たちと共有できると良いと思います。小さな町や村との関わりからプロジェクトが生まれてくることもあるだろうし、のちに出てくる「モラトリアム新潟」のように中央省庁に提案していく可能性もある。あるいは「月影小学校再生プロジェクト」は10年を通して地道に、非常にトータルな提案をしている。そのような実績は他にも必要とされている場所があると思うんです。

まちづくり――行政との可能性

韓：さて次は「モラトリアム新潟」(p.278)ですね。私は工事現場の仕事をいくつかやっていますが、都市の中でヴォイド、つまり取り残された空間をどう考えるか。新潟は、月影小学校も上越ですし、トリエンナーレも行なって、随分いろいろな形でそういうプロジェクトを受け入れる土壌があるのかなと思います。今回はもう少し具体的提案があると面白かったですね。それぞれ道路のある場所によって違うんでしょうけども、モラトリアム道路が市民農園や直売所のようになっていたり、地域活動の拠点として使われているとありましたが。

佐藤貴信（新潟大学大学院 岩佐明彦研究室、以下 岩佐研）：はい。新潟市は郊外に住宅地がどんどん広がって、公共交通がバスしか通らず、本数も少なく、車がないと不便な土地です。そういったところで発生する渋滞などの問題を解決するために今までさまざまな都市計画がありましたが、ずっと完成されずにきています。理由のひとつに財政難で道路をつくる予算をまわせない、また完成しないうちに人口が減っていく時代に入ったことが挙げられます。自動車交通も少しずつ減っていくことが予想されます。であれば、パーク&ライド、関係のない牧場や農地にする可能性がありうると思います。

韓：行政の求めているものと一致すれば、実現可能なことではないかと思います。前例があればノウハウも蓄積される。

佐藤（岩佐研）：ちょうど2001年から都市計画の見直しが行われていて、結果そういった計画がなくなるかもしれない状況でもあると思っていて、行政のやりとりを実践的に行いたいと思っています。

韓：そうですね。行政側も若い担当者を当てて、若い提案者とざっくばらんに議論していくと突破口があると思うのですが。私が関わった工事現場もそうでしたが、逆に、前例がないだけにあまり規制がかかっていないんです。ドラスティックに変わる可能性はあると思います。

継続して根付かせる役割

では次は「マイタワークラブ」(p.282)。行政の方から東京スカイツリーを記念したアートイベントをして欲しいということですよね。

津布久 遊（東京藝術大学大学院 元倉眞琴研究室、以下 元倉研）：はい。藝大と台東区と墨田区の3カ年計画です。東京スカイツリーの観光アートで、3カ年の中で期間限定でイベントを行なっています。今回が1年目です。来年以降はどういった形で参加できるかまだ決まっていませんが、希望としては今回やったようなことを続けていくことに意味があると思っています。

韓：すごく藝大らしい（笑）。アートや音楽などの内容があって、ちょっと祝祭的な、ある期間集中的に盛り上がっていく計画ですね。すごく精力的。これは建築の学生が主体ですか?

津布久（元倉研）：はい。研究室内だけでなくその周りの研究室や学部生も手伝ってくれました。

韓：短い期間ではあるけれども面白い試みで、何だかもったいないですね。逆に1ヶ月だから出来たというところもあるだろうけども、日常的にもそういった交流の場所があるといいんですけどね。藝大のおひざ元だし。

津布久（元倉研）：通行人の方々が私たちの活動しているところを発見して、「何やってるんですか」と興味をもってもらったり、「開催期間中にも関わらずまだできないんですか」といったような具合でした。一度見てまた別の日に家族連れで来てくれた方もいます。

韓：意外と都会の方が、顔の見えるつながりに飢えていたりしますよね。地方での取り組み、「月影小学校再生プロジェクト」の方から見て感じることはありますか？

吉田遼太（早稲田大学大学院 古谷誠章研究室、以下 古谷研）：地元の人たちとの対話を通じて地元に根付いていくようなプロセスを踏んでいけば、高架下という空間が公共スペースとして重要な可能性をもってくると思います。ぜひ継続するためにも、地元の人にもアピールすると同時に、地元にとってのメリットを考えていけばさらに面白くなると思いました。

韓：継続して根付かせる作業は建築学生がキーマンになり

えるのだと思います。アーティストはものをつくって終わりがちです。もう少し長い期間でその場所と結びついていければ、とよさとのような顔の見える良い関係が出来るのではないかと思いますね。社会的な意義を実感し、意識をもってできると、次の方向性も見えてくるでしょう。

地元とのつながりを

では、最後に「月影小学校再生プロジェクト」(p.286)。この計画は、やりながら考えていくというようなところが良いと思いました。みなさんは研究テーマをこれに関連させてもっているのですか?

吉田(古谷研):個々人で違います。このプロジェクトは研究室全体で進めているので、個人によって参加する目的は違うと思います。今回自分たちの得られたことは、ひとつは藁の技術。藁がもともと多様な使われ方があるのを学ぶことは、自分たちのデザインに応用出来ます。使われなくなってきている藁の、活用の提案ができたと思います。

韓:この計画は完結したのですか?

吉田(古谷研):改修計画は今年で完結しましたが、建築トークインなどのイベントで月影の場所を活用しています。
会場:この4つの都内の大学が、なぜ新潟なのですか? また地元の大学生との関わりはありませんか?
吉田(古谷研):大学研究室の教授と新潟とのつながりをきっかけとして仕事がはじまりました。長期的な滞在も毎回は難しいので、地元の大学といかに関わっていくかも重要な課題だと思います。ただ小学校の改修の際には、地元の新潟の方に手伝っていただきました。
韓:地域活性化でよく言われるキーワードが「よそ者、馬鹿者、若者」なんですね(笑)。つまり地元の方には地元の良し悪しが見えにくく、客観的になれないようです。だから地元の方と外部からのクリエーターとの意見交換から新しい状況が生まれてくることは充分にあり得ると思います。
吉田(古谷研):私たちも地元の方々とコミュニケーションをとりながら、実際の運営について計画しています。最近の特徴として、運営される地元の方のモチベーションが非常に高く、双方からの提案が出来ているように思います。
韓:両方に利がある関係でないとなかなか難しいですね。私にも新宿歌舞伎町でコマ劇場が解体された後どうするかという計画に関わったことがあり、何度か提案の形でチャレンジしましたが今のところ何もはじまっていません。ここで発表されたプロジェクトは各々、実体験として糧となるので、みなさんもぜひ今後も続けて、それぞれ次の段階にステップアップさせることを意識してください。

都市と市民の接点という意味で、バランスの良いプロジェクトが多かったように思います。何を求められているのか、自分たちがそこにどういうアプローチをしているのかを理解しなければいけませんが、現実の課題は重いものが多いので、そこにあるコンテクストを大切にしながらデザインの方向性、ソフトに対する提案を考える。その場所空間から喚起されるものは非常に大きいのです。いくら広告をうったり、ポスターを貼っても伝わらないことがあります。そのあたりこそ、建築を学ぶみなさんが引き受ける可能性ではないでしょうか。とても意欲的な計画が集まりました。本当はもっと議論が深められるとよいのですが、ここを始点とすることにしましょう。

Ogama（おおがま）改装プロジェクト

Group:
信・楽・人
—shigaraki field gallery project—
（滋賀県立大学大学院
環境科学研究科　環境計画学専攻）

1. Ogama 改装プロジェクト

Ogama 改装プロジェクトは信楽に残る登り窯と周辺建物を改装するプロジェクトで、2007 年に学生主体で結成された「信・楽・人」を中心にして進められた。観光客や地元の人など同じ場所に集まることがなかった人たちが出会うことができる場所、同じ興味をもった人が集まることができる場所づくりを目指した。

信楽は良質の土が取れることから、古くから陶器が盛んで、瀬戸焼、備前焼とともに日本六古窯のひとつとされている。滋賀県の南部、三重県と京都府との県境に位置し、新名神高速道路の信楽IC、また国道307号線が通っていることから、大阪や京都など周辺地域から車のアクセスは比較的容易な地域だ。電車の場合は信楽高原鉄道の終点、信楽駅が最寄りである。信楽駅から新宮神社へ向かう北西方向の道を歩くと、陶業を営む窯元が数多くある長野地区に至る。長野地区には有志の窯元が集まった窯元散策路があり、古くからの道が残っているため、区内は道が曲がりくねって、坂が多い。そのため、歩いていると次々に変化する風景が楽しめる。その坂道を歩

Ogamaカフェ、ショップ全景

いていくと突然大きな登り窯が現われる。それがOgamaの登り窯である。

Ogama の登り窯は昭和初期に建造されたといわれる。当時火鉢の国内シェアの大半を信楽が占めていたこともあり、大物の陶器を数多く焼成していた。登り窯は焼成のサイクル、陶器の小型化などの影響により、重油窯、そして電気窯、ガス窯に取って代わられたが、Ogamaの登り窯は屋根が残っていたことから、風雨にさらされることなく、状態よく保存されている。

2. 現地調査(2010年5月〜6月)

窯元のひとつである明山陶業(めいざんとうぎょう)から登り窯と周辺施設の改装を依頼されたのは2010年4月だった。ご親族が以前信楽人メンバーとして、同じ長野地区内のギャラリー shiroiro-ie (しろいろのいえ) の改装に関わっていた経緯から声を掛けていただいた。

5月末から現地調査を行なったが、当時の敷地全体は草木に埋まっている状態であった。さらに登り窯の最上部には、煙が近隣の迷惑にならないように高さ3メートルの壁が設置してあり、それによって道路側から直接登り窯を見ることができなかった。また隣接している作業場内部には昔の作業に使われた道具やものが溢れて、開口部が少ないため薄暗く、雑然とした空間だった。作業場北側にあった陶器の型を保管していた倉庫は柱が傾き、基礎もないことから安全上解体する必要があった。現地調査の結果、改装の前段階として、整理整頓を行い全体像を把握する必要があると考えた。

3. 第一期改装作業(2010年7月〜10月)

2010年7月から改装作業を開始した。まずは保管されていた物の選別作業を明山陶業の方と行い、重要ではないものの撤去処分からはじめた。並行して、障害物となっている防煙壁、作業場北側の倉庫を解体した。

次に陶器を焼成する時に使用する陶板が数多く保存されていたため、登り窯前に陶板を敷き詰めることで、広いスペースとして使用できるようにした。登り窯

登り窯

以前の作業場1階(現カフェ)

第一期改装作業:陶板敷き

へのアクセスも以前は斜面で、困難であったため、保存されていた耐火レンガを使って階段を作り改善した。

作業場は長年放置されていたことから、23本の柱のうち8本の下部が腐っていたため交換し、登り窯への眺望と採光を確保するために窓を新設した。また基礎は礎石のみであったため、新しい基礎の打設を行なった。躯体の補修工事など難工事は地元企業に依頼し、仕上げを学生と明山陶業で行なった。

4. 信楽まちなか芸術祭（2010年10月～11月）

信楽町全体で開催された信楽まちなか芸術祭（2010年10月1日～ 11月23日）では、明山陶業の先祖・石野伊兵衛が江戸期、幕府に献上した茶壺など、信楽焼の歴史の一部をパネルにまとめ、登り窯内部で展示した。登り窯最上部では信楽小学校の小学生と窯業試験場による、信楽透器（透過性のある陶器）のランプを展示した。また登り窯前では第一期改装作業の写真を展示した。

作業場1階ではOgamaカフェ&ショップを期間限定でオープンし、軽食やコーヒーなどを振る舞った。オープン当初は疎らだった観光客も、他の窯元さんからの紹介やメディアの取材により徐々に増えていき、最終的には来訪者は数百人となった。地元の方も来店していただき、この場所に登り窯があることを知らなかった方や、子供の頃にこの登り窯でかくれんぼなどをして遊んだという方から、「綺麗になったね」、「よくやってくれた」などの励ましの言葉をいただき、この登り窯が地域とって重要なものだということを実感した。

5. 第二期改装作業（2010 年12月～2011年2月）

まちなか芸術祭後、第二期改装作業を行なった。対象は作業場で、1階をカフェ、2階をギャラリーとした。1階のカフェではスタッフが常駐できるように、事務スペースと調理スペースの充実、2階では作品の展示

Ogamaカフェ内観

Ogamaショップ内観

信楽まちなか芸術祭:登り窯内部展示風景

が行えるようにすることが求められた。

片付ける前の作業場1階は冬場、生乾きの陶器が水分の凍結で割れることを防ぐために、室内でストーブを焚いていた。そのため壁面に煤が付着し、部屋全体が黒かった。そこで、1階の内装は黒色、2階の壁面は白色にし、作品が栄える壁面にした。過去に1階と2階は全く別の使い方をしていたことと、今後もカフェとギャラリーという、別プログラムであることから、別々の内装にした。しかし机や椅子、什器の仕上げを茶色で統一することで、建物全体のつながりをもたせようと考えた。

設計後、壁面素材や照明位置など詳細部分については大工さんや電気屋さんなどと逐一、現場で相談しながら詰めていった。第一期改装作業と同じく、難工事は地元企業に依頼し、学生と明山陶業で壁面、床面の仕上げや家具の製作を行なった。

6. 第三期改装作業(2011年3月〜)

第三期改装作業はカフェの横にアトリエを増設する予定である。以前は物置として使われていた半屋外空間であり、2つの建物の隙間にあることから屋根が複雑に架けられている。そのため新しく屋根を架け、壁、床を新設することでアトリエとして使用できる空間にしようとしている。アトリエでは陶芸教室、陶芸体験、また陶芸に関するワークショップが可能。これによりOgamaではギャラリーで陶器を見て、カフェで陶器を使い、アトリエで陶器を作るという陶器を中心とした体験を行うことができる。

7.今後の展望

Ogamaという名前はさまざまな輪(O)が、登り窯(gama)を中心として集るようにという思いを込めて、作業していた人たちで名付けた名前である。今春(2011年4月)には新しいスタッフを迎え、Ogamaカフェ、Ogamaギャラリーとして正式にオープンした。金曜から月曜の営業であるが、登り窯が窯元散策路からとてもよく見えるため、観光客が寄る場所となりつつある。しかし現状に満足せず、さらに充実した場所となるように、活動を継続していきたい。

第二期改装作業:カフェ内装工事

Ogama改装プロジェクトは、場所に込められている人々の思いや歴史を地元の人は何とか残したいがやり方が分からない、学生は何かをしたいがやる場所がない——そんな両者の足りないところを補いあってできたプロジェクトである。地元の人と学生が共に作業する中で、地元の人は今までは見えなかった登り窯が綺麗になっていくこと、作業をしながら昔のことを思い出すことで、地元の魅力を再発見することになった。一方、学生は建設現場で職人さんから、学校では学ぶことができない現場の難しさ、面白さを体感し、地元の人と話す中で信楽という町について知ることができた。また普段、年齢が近い友人と接する時間が多く、違う年代の人と交流することが少ないことから、さまざまな年代の人と話をする貴重な経験となった。

信楽のように、都会ではないけれども、何か新しいものを生み出そう、変わろうとしていて、若い人からお年寄りまで頑張っている地域はなかなかないと思う。信楽人もその一端を担うことができるように頑張っていきたい。

[Project Members]
木村真也(発表者)、田口真太郎、盛 千嘉、長 晃子、
西出 彩、寄川弥生、角 真央(OG)他11名
[協力]
株式会社明山陶業(Ogama所有者)
[協力企業]
トヨケン、有限会社東宝建設、株式会社信楽電水工業、
リーバード、秀熊左官店、嶋林瓦店、園田板金工業、
高本建具店、かじ宗設備
[活動ブログ]
http://sigarakipr.exblog.jp/

CRANK × CRACK

University:
京都大学大学院
工学研究科　建築学専攻
田路貴浩研究室

本プロジェクトは京都建築スクール（Kyoto Architectural School）というアーバンデザインの合同スタジオにおける作品である。スタジオは3年間の計画で、全体テーマに基づき毎年、課題が設定される。今年度は「ルールのデザイン／デザインのルール」というテーマのもと、5つの大学・学校で建築を学ぶ学生たち7チームがアーバンデザインに取り組んだ。

2009年……境界線のルール

2010年……アクティヴィティのルール

2011年……環境のルール

今年は、都市のアクティヴィティをテーマとして、2つのPhaseでデザインが展開された。まずPhase 1では、都市の形をアクティヴィティという視点から調査し、都市をつくるルールを作成した。続いてPhase 2では、ルールを他のチームと交換し、もらったルールにしたがって建築をデザインした。都市のデザインを2つの局面から考えることにより、都市のルールと個々の建築のあいだの緊張関係が、都市の形に生命を吹き込むことを私たちは願っている。

【Phase 1】

・現状を知る

a）どのようなルールが都市のアクティヴィティを制御するために設定されているか、それらのルールは実際にどのように作動しているかを調べる。また、それらのルールの問題点を発見する。

b）都市の形を制御するどのようなルールが設定されているか、それらはどのように作動しているかを調べる。また、それらのルールの問題点を発見する。

・ルールをつくる

1）建蔽率を0または現況（80か60）～100％までとする

2）駐車場のために前面道路に面して空き地を設けない

3）住人には敷地の前面道路を使用する権利が与えられる

4）容積率を最大325％にする

5）エリアの北側半分を近隣商業地域、南側半分を準工業地域とする

6）同心円状の新しい用途規制を加える

7）延べ床面積が100m²を越える場合、50m²以上の異種用途を複合させる

【Phase 2】

・ルールに応える

a）作成したルールを他チームと交換し、そのルールにしたがって建物を計画する。

b）計画するエリアは一つの街区、一つの沿道、一つの交差点など、あるまとまりのある範囲とする。

c）ルールに対して、デザインはルールの可能性をどれだけ引き出せるか、あるいはルールが制御できないこと

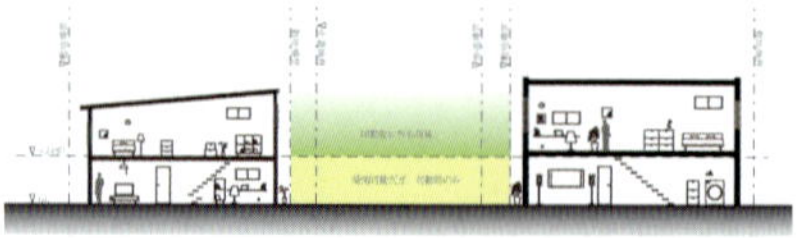

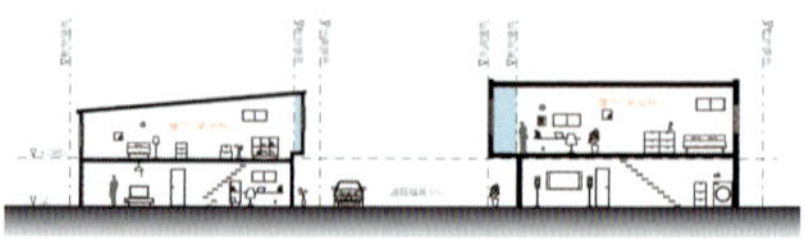

ルールの一例：前面道路に置かれた植栽、敷地境界線をはみ出す庇など、都市に対する主張が、日々享受・淘汰を繰り返し、重なり合うことによって、この場所にしかない空間を生み出している。そのような空間を描き出すためのルールである

をどのように補完できるか、あるいはルールの制御のなかでデザインはどれだけ自由を確保できるかなどについて考える。

——

以下は私たちの作品「CRANK × CRACK」の概要である。

【コンテクスト】

京都駅南の地域、東西は「烏丸〜油小路」、南北は「九条〜十条」に囲まれたエリアを対象に、職住混合の都市を構想する。八条口商業施設群の背後に広がるこの地域は平安京の南の「洛外」であるが、京都盆地のなかではほぼ中心に位置している。JRをはじめ私鉄・地下鉄・バスなど公共交通の便がたいへん良く、きわめてポテンシャルが高い。こうしたポテンシャルを活かせば、さらに魅力的なアクティヴィティが広がる都市へと展開できるのではないだろうか。

【設計主旨】

前面道路に置かれた植栽、敷地境界線をはみ出す庇など、都市に対する主張が日々享受・淘汰を繰り返し重なり合うことによって、この場所にしかない空間を生み出している。そのような空間を描き出すためのルールがPhase 1で与えられた。そのルールは〈set over〉と〈同心構造〉のふたつに集約されると私たちは解釈し、更地から都市の「形」を考えた。set overとは断面における「CRANK」操作である。さらにこの操作を平面にも適用して道路をCRANKさせると、風車型の街区分割が生まれる。そして街区中央に市場を設定し、そこを中心とした同心構造を与える。また「set overした分はset backする」というルールにより生じる私有空地「CRACK」の配置パターンを設定し、それらと道路の接続関係をデザインする。こうして生まれた異なる性質を持つ外部空間のネットワークにより、高密な都市は多様なアクティヴィティを誘発することができるだろう。

[Project Members]
熊坂大佑(発表者)

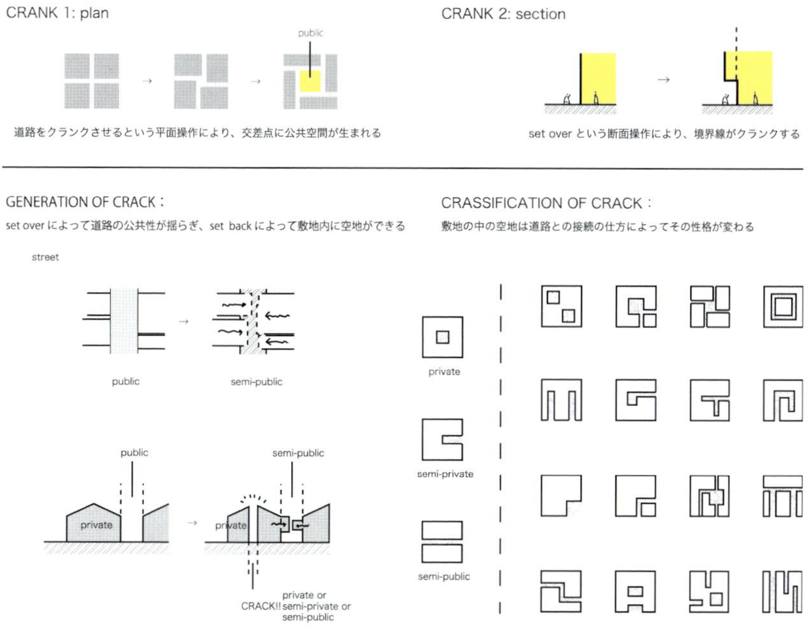

ダイアグラム1:受け取ったルールは〈set over〉と〈同心構造〉のふたつに集約されると解釈し、平面と立面にCRANKという操作を加えることで、publicからprivateに至るさまざまなCRACKのネットワーク化を試みた

YAGURA

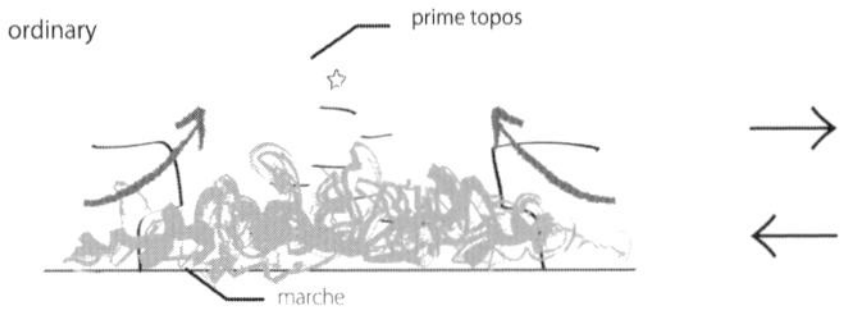

やぐらおよびその周りで行われる市場（公共空間・広場）

やぐらを中心に街区内のサーキュレーションに祭りのエネルギーが拡散する象徴としてのやぐら

THERMOGRAPHIC DIAGRAM

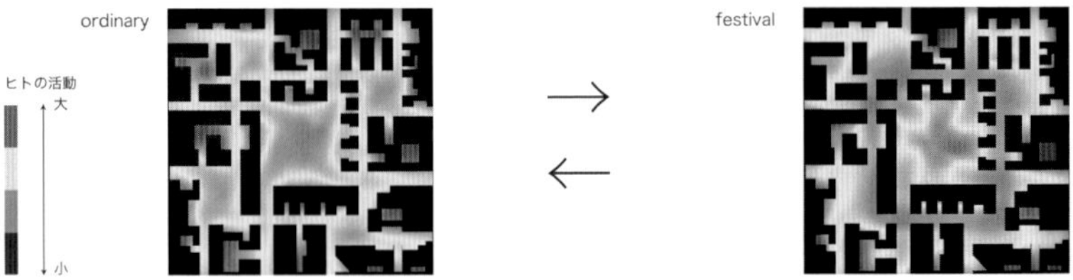

windmill の中心方向にアクティヴィティが集中する

中心部からパスを通じてアクティヴィティが拡散し
サーキュレーション上の動きが活発になる

ダイアグラム2

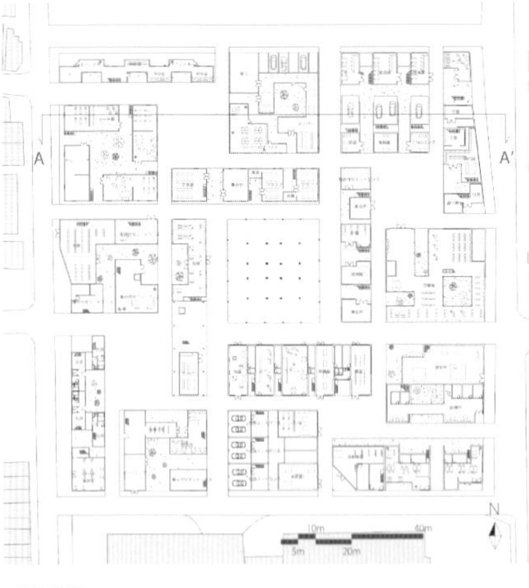

1階平面図

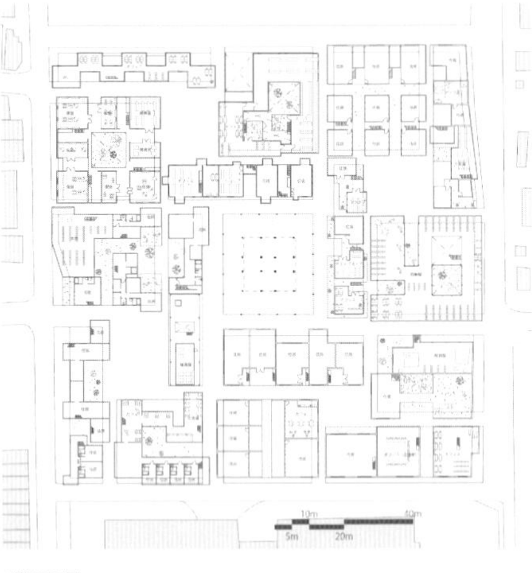

2階平面図

断面図

道路に対してせり出した建築群と街区中央の櫓市場。疎と密が一定のリズムで繰り返される

set overによって私有性を帯びた道路

道路の高密さとは裏腹にGLでは視線や動線の抜ける通りが多く存在する

櫓と周囲の建築との関係。windmillの中心部は建築物のset overも住民のせり出しも届かない揺ぎない公共性をもつ

東京工業大学
附属図書館

University:
東京工業大学大学院
理工学研究科　建築学専攻
安田幸一研究室

安田研究室では東京工業大学のキャンパス計画に積極的に参加している。特に大岡山キャンパスは地域に開かれた大学をめざし、附属図書館はプロムナードの延長としての広場を構成する計画だ。基本計画から竣工までの3年間にわたる設計・監理活動を紹介する。

グリーン・ネットワーク

東京工業大学の大岡山キャンパスにおいては、地域に開かれた緑豊かなキャンパスをめざし、大学敷地内と周辺地域の緑地をネットワーク化する「グリーン・ネットワーク」を構想している。新図書館の緑の丘はこのネットワークの中心となる場所に配置される。

大岡山キャンパス本館周辺は、本館をはじめとして、70周年記念講堂、百年記念館、事務管理棟など、近代建築史の上でも重要な建築が存在している。また現在、本館からの軸線上、東急線を越えた駅正面には2009年5月にオープンした蔵前会館（Tokyo Tech Front）があり、将来構想では、ブリッジによって本館前プロムナードのデッキと接続されることが期待される。

新図書館の4つのコンセプト

図書館は大学にとって「学び」の場の中心であり、また

ガラスハウス棟と地下図書館上部の広場

本館(1934年)東京工業大学復興部工務課

70周年記念講堂(1958年)谷口吉郎

百年記念館(1987年)篠原一男

緑が丘1号館レトロフィット(2006年)
安田幸一・竹内徹

東急大岡山駅上東急病院(2008年)安田幸一

東工大蔵前会館(2009年)坂本一成

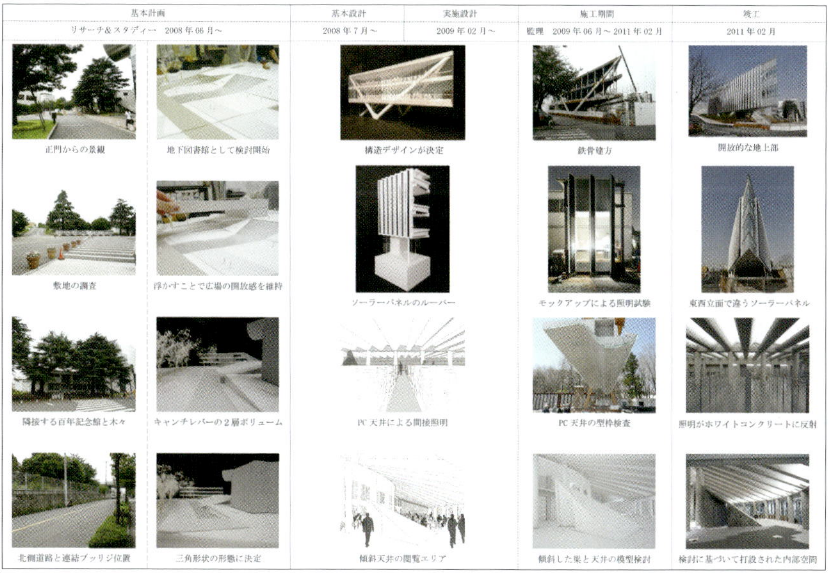

設計プロセス

「知の集積」の場でもある。そのため、大学図書館は「大学の顔」として、もっとも重要な施設のひとつであり、大岡山キャンパスの将来計画を見据えながら、規模設定や配置計画を慎重に行なった。建築計画に際しては、図書館の将来構想・計画敷地の特性を考慮し、新図書館建築の基本となる4つのコンセプトを設定した。

1. 大岡山キャンパスの動線の結節点となる建築
2. 緑に覆われた地下図書館
3. 地下図書館と地上学習棟の明快な構成
4. 自然光、自然通風を考慮した地下のワンルーム空間、学生のスタディルーム(書斎)

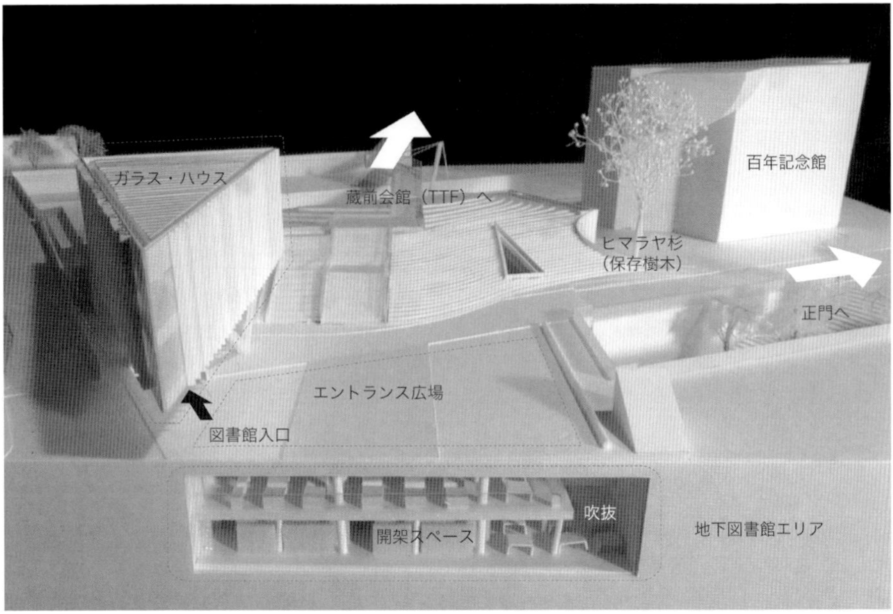

断層模型写真（断面を本館側から見る）

地下図書館エリア模型写真（正門側より俯瞰）

ガラスハウス先端部内観

ドライエリアに面する吹抜け

ガラスパターンとデスク

白いレンガ積みの図書館内部

保存樹木と隣接する百年記念館

高さを抑えた本棚

閲覧エリア

建物の基本構成

新図書館は、地下「図書館本体」と地上の「ガラスハウス」、そして「緑の丘」で構成。気温や湿度の変化が少ない地下空間は図書の保存に適し、閲覧室としても静かで落ち着きがあるスペースとなる。地下の図書館本体へはガラスハウスの庇の下からアプローチし、閲覧室は地下2フロアである。3階建てのガラスハウスは学生が自由に出入りできる学習スペースとなる。

地下は中央の閲覧スペースを挟み、北側を開架集密エリア、南側を開架エリアとしている。2つのフロアは大きな吹抜けによって一体化され、広がりのある空間構成だ。特に地下1階の書架は4段と低く設定され、部屋全体が見渡せる。吹抜けやドライエリアのまわりを閲覧エリアとして、学生が長い時間を過ごすスペースには自然光や自然通風が得られる計画とした。

[Project members]
設計:安田幸一研究室+佐藤総合計画
総括・監理:東京工業大学施設運営部
安田幸一研究室:安田幸一、廣野雄太、永野敏幸、奥山浩文(発表者)、乾谷 翔、鷲見晴香、Carlos Piles Puig、園田啓介、金子明日美、細谷喬雄

日韓国際交流建築ワークショップ2010
近江八幡市の歴史的特色を再構成する

University:
滋賀県立大学大学院
環境科学研究科　環境計画学専攻
高柳英明研究室

各大学の位置

日韓国際交流建築ワークショップ2010ポスター

経緯

2007年度に、中国の北京工業大学校建築大学と蔚山《うるさん》大学校建築大学が交流協定を結び、建築学生の国際的な共同教育を試みはじめた。一方、2008年度には滋賀県立大学の環境建築デザイン学科と蔚山大学校建築大学で日韓国際交流建築ワークショップをはじめとする交流協定を結んだ。蔚山大学校と滋賀県立大学は現在でも継続的に共同で国際シンポジウムおよびワークショップを開催しており、ワークショップは今年度で3回目である。この交流によって両大学の学生たちが多様な活動を通じてお互いを理解し、充実した国際的な経験が得られる機会となるように努めている。

このワークショップは各大学の周辺地域に対して国際的な視点で建築・都市の未来を描くことを期待し、将来的には現在ワークショップに参加していない北京工業大学校を加えて日・韓・中三国の大学の国際的交流を計画している。さらに、この計画が継続的なものとなることが望まれている。

ワークショップの運営

今年度は滋賀県立大学側で開催することになり、高柳研究室の大学院生を中心とした5名の実行委員によって運営することになった。2年前にはじまったワークショップは年々参加人数が増加し、今年度は合計124名の学生が参加するという大規模なものとなった。敷地の選定・課題づくりなどの概要作成から食事の手配まで、期間中の計画を学生主体で組み上げた。第1回目および第2回目は両大学で行う初めての日韓交流であったが、今年度は前回までの経験を活かすことができた。

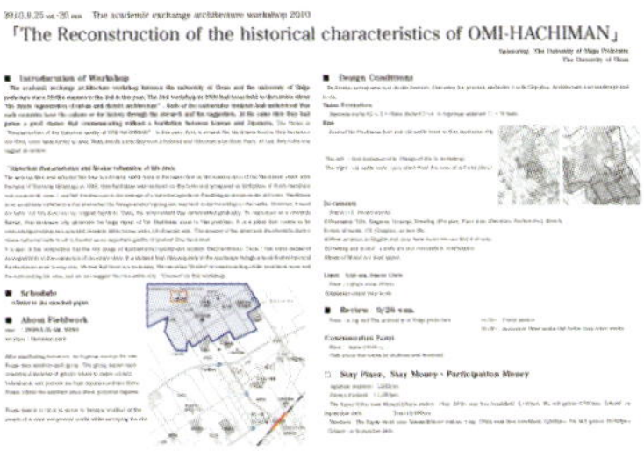

配布資料／ワークショップ概要

概要の作成

今回のワークショップの対象地は、第1回目の対象地に選ばれた彦根と同様に歴史的特色が残る近江八幡に決定した。事前に敷地調査を行い、本ワークショップの課題を作成した。前回同様に近江八幡の都市像を創造する課題であったが、今回はそれに加えて、観光資源としている歴史的特色と地域住民の生活空間がどのように位置づけられ、それらの要素がつくり出す境界を今後どのように計画していくべきであるのかという条件が付けられた。

ワークショップ概要作成後、参加者を募集し運営費管理を行った。当日までに学生配布する資料作成やスケジュールなどの運営に関わる準備を行い、当日はワークショップの進行を務めた。

テーマ:近江八幡の歴史的特色を再構成する

前回・2009年の第2回には、滋賀県立大学の学生が蔚山大学に出向き、「都市の再生と地域建築の未来を語る」というテーマのもと、国際シンポジウムとワークショップが行われた。両大学の学生が調査・提案を通じて互いの国のもつ文化背景や歴史について深く理解したと同時に、国境を越えた個と個の交流の絶好なる機会を得た。2010年の第3回は「近江八幡市の歴史的特色を再構成する」をタイトルとした。近江八幡市、特に八幡堀周辺を対象地に選び、両大学の混成チームごとにフィールドワークを行い、敷地選定・課題発見を通してその課題に対する答えを提案することとした。

課題内容

「歴史的特色と生活域の境界緩和」

近江八幡の歴史的特色と、現代の近江八幡の都市像との対比で見てみると、街全体のつながりに何らかの違和感をおぼえる。八幡堀周辺の局所的な要素は非常に豊かなのだが、その周縁からは景観的にも孤立しており、途切れや境界があるように感じる。そこで今回のワークショップでは八幡堀周辺とその周辺の生活域との間の「境界」を緩和し、都市全体が「つながる」提案を期待した。

Fieldwork

近江八幡市の八幡堀周辺の敷地を実際にフィールドワークすることで近江八幡市の都市像として考えられる問題点を提起し、その問題に対して都市計画、建築、ランドスケープなど多岐にわたる解答を班ごとに設計・計画し提案する。

日韓混成チームで
敷地を調査する

制作の様子

ポスターセッション

大ホールでのプレゼンテーション

フィールドワークはチームで行った。チームは滋賀県立大学の学生2〜3名と蔚山大学の学生3〜4名から構成され、そこに学生の運営スタッフ1名が加わる。チーム数は19。各チームでは、特徴ある都市を生活空間と歴史的特色の境界をつなぐための提案ができるよう活発に意見が交換されていた。

Making Sense

次に、近江八幡から彦根に移動して、滋賀県立大学環境科学部棟の製図室で制作に取りかかった。はじめに地図の上にフィールドワークしたことをまとめ、個々の意見を出し合う。滋賀県立大学の学生は英語に慣れていないため、スケッチブックに文字やスケッチを描いたり、身振りで必死に自分の意見を伝えようとする。蔚山大学の学生はまだ近江八幡という場所をあまり理解しておらず、敷地の特性を理解することに苦戦する。

Presentation

各班で制作したパネル（A1サイズ×2）と模型を交流センターのホワイエに展示、ポスターセッション形式で発表を行なった。制作者は、自分たちの提案を両大学の教員や同じ課題に取り組んだ学生に説明し、質問などに答えた。ポスターセッション後、教員および学生による投票を行い、大ホールでプレゼンテーションを行う上位3チームを決めた。

選ばれた上位3チームが交流センターの大ホールで発表10分、質疑応答10分のプレゼンテーションを行なった。プレゼンテーションは両大学の学生が一人ずつ日本語と韓国語で発表した。プレゼンテーション後に松岡教授およびユイ先生から総評を頂いた。総評後の表彰式では、松岡教授から上位3チームに表彰状が渡された。

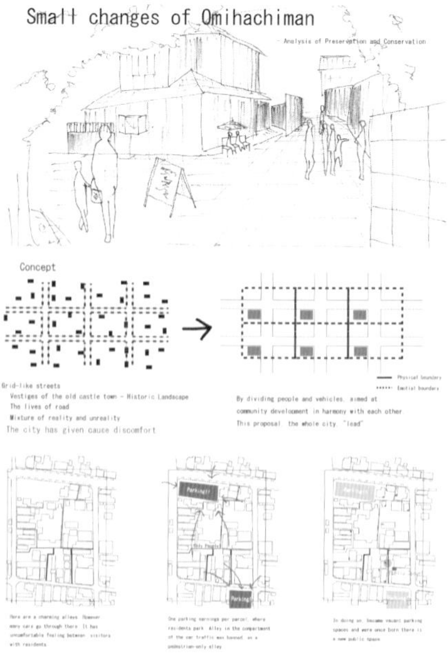

制作パネル例

Communication Party

滋賀県立大学の学生食堂で懇親会および修了証授与式を行なった。曽我学長も参加され、英語でスピーチをされた。去年は蔚山大学でピビンバが振る舞われたのに対して、今回はちらし寿司が出されるなど、大いに盛りあがる懇親会となった。修了証授与式では両大学の学生代表が布野教授から修了書を受け取った。

ワークショップを通して

日本と韓国の学生が共同で1つの課題に取り組むにあたって、まずはじめに直面するのが言葉の壁である。これまでお互い違う国の人とのコミュニケーションをあまりとったことのない学生が多く、英語で議論を進めることが困難であった。また、それと相まって特に日本の学生について言えることであるが、フィールドワークの時などは過去にこのワークショップを経験しているサポートの学生が間に入らないと成立しないほど、コミュニケーションに対して消極的であったことがあげられる。また、近い将来この国際ワークショップに中国の大学の参加も示唆されていることからも、先に述べた言語やコミュニケーションの問題はより難しいものになっていくことは明白である。

これからの課題

今後、本ワークショップを続けていき、意義のあるものにするためには、参加する学生が他の国の学生と共に議論し、制作を行うことができる環境が貴重であるということを自覚し、より積極的になることで、そこでの体験を自分の経験へ昇華させていくことをあらかじめ認識しなければならない。

また、運営に携わる学生も過去に自分たちが参加してきた経験を生かし、準備段階からワークショップに参加している学生が不足を感じることがなく、スムーズに与えられた課題に集中して取り組める環境づくりを徹底することが重要である。滋賀県立大学と蔚山大学との交流としてはまだ3年目。今年度は140人規模のワークショップの運営を行ったが、現状としては言語の壁が障害となり、国の垣根を越えた本質的な部分での議論まで発展させるまでにはいまだ至っていない。私たちの取り組みが、今後増えていくであろう国際交流を通した教育の事例となれば幸いである。

[Project members]
小川智哉(発表者)、尾崎裕次、大滝由香理、川尻大地、
酒巻大介

台南都市サーベイ
切断と反応、台湾都市建築のふるまい

University:
明治大学大学院
理工学研究科　建築学専攻
青井哲人研究室

はじめに

17世紀から19世紀に形成された台湾の都市は、日本の植民地支配（1895〜1945年）のもと市区改正によって切り刻まれていく。台湾最古の都市といわれる台南もその一つである。われわれのプロジェクトは、台南において、市区改正が先行都市を切断した際に現れる境界面を観察し、その切断面において建築あるいはその凝集構造である都市組織がどんな反応を起こしているのかを分析した都市サーベイである。

台湾都市の二重性

現在の台南を上空からマクロに観察すると、いくつかのロータリーとグリッド状の街区で構成されたバロック的な都市計画が行われた痕跡を見ることができる（図1）。この都市像は、19世紀までの台南のそれとはまったく別物である。かつて台南は、城壁のなかに細く湾曲した街路が広がり、その街路に面して短冊状の地割りが張り付き、そこに街屋が隣棟との間に隙間を空けることなく稠密に並んだ都市であった。

先ほどの台南の航空写真を解像度を上げて見てみよう（図2）。市区改正によってできたグリッド内部に、先行して存在した都市組織が保存され、巷は街区を跨いで連続している（図3）。市区改正は都市を切り刻んだものの、計画道路を敷く事が目的であったた

図1

図2

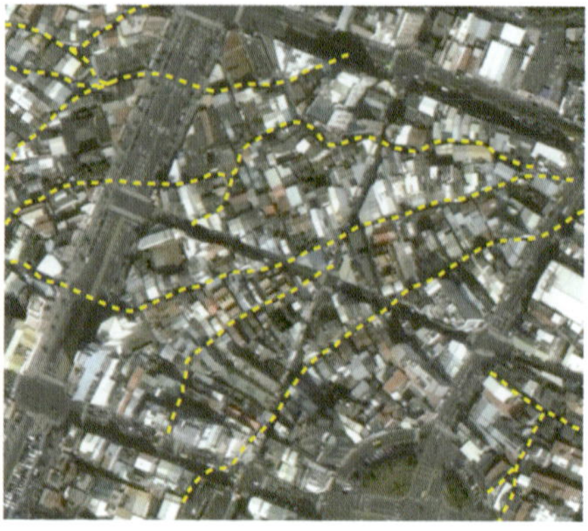

図3

図4

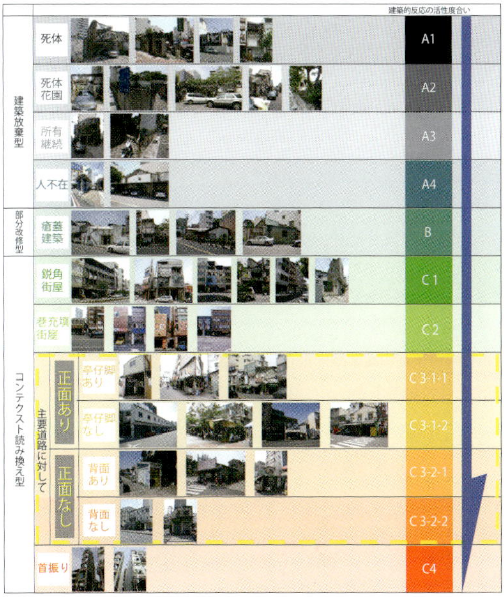

図5:反応様式のタイポロジー表

め、道路周辺の都市組織に対しては全く無関心であった。市区改正の先行都市に対する無意識こそが、逆に先行都市の性質を保存し、都市組織に二重性を生むこととなった。この二重性は建物が見えるレベルの航空写真を見れば明らかであるが、一つひとつの建築、あるいはその凝集構造である都市組織レベルではどんなふうに現れているのか。

台南都市サーベイ

2010年8月4日から10日の一週間、台南の街をプロジェクトメンバー5人で走り回った。そのなかで、市区改正による切断に対して、建築あるいは都市組織が反応した痕跡が読み取れるサンプルを可能な限り採集し、日暮れとともにホテルに帰っては、それら300ほどのサンプルを取捨し、反応の形式を類型化していった。さらにある程度類型が見えてくると、個別の事例に対し聞き取り調査と簡単な実測を行い、そのサンプルの生成過程を追った。

我々が採取したサンプルは、たとえば図4のような建物である。中央の建物は、写真下部から左方向に見える市区改正道路ができる以前は、この市区改正道路に対して直行する向きに通る巷に面して建つ街屋であった。階段の奥に見える壁はもともとの共有壁である。市区改正道路ができ敷地が細長く切り取られたため、残った一枚の共有壁以外を取り壊し、建物をつくり変えた。先行都市の細い巷よりも太く交通量も多い市区改正道路に向かってフロンテージを向け、間口が長く奥行きが浅い建築へと構成を変換した。1階は建物の中だけでなく外部も連続的に使用できるよう全面シャッターとし、2階への階段は敷地がもっとも狭くなっている場所に取り付いている。

我々が台南の都市を見る上で注視したのは、先行都市(華南的生成都市)が切断(市区改正)された時に建築、あるいは都市組織が起こす反応である。切断後の敷地には建築としての利用を放棄したもの(死体/死体花園/所有継続/人不在)、切断面を塞ぎ元の建物を利用し続けるもの(瘡蓋《かさぶた》建築)、新しいコンテクストを読み込み増改築あるいは新築したものが存在する。この都市サーベイではそれらの建築・都市組織において、切断に対する反応がいかに活性的であるか、その振る舞いによって類型化を試みた(図5)。

採集した事例の一部

鋭角街屋

純粋亭仔脚

再生産街屋

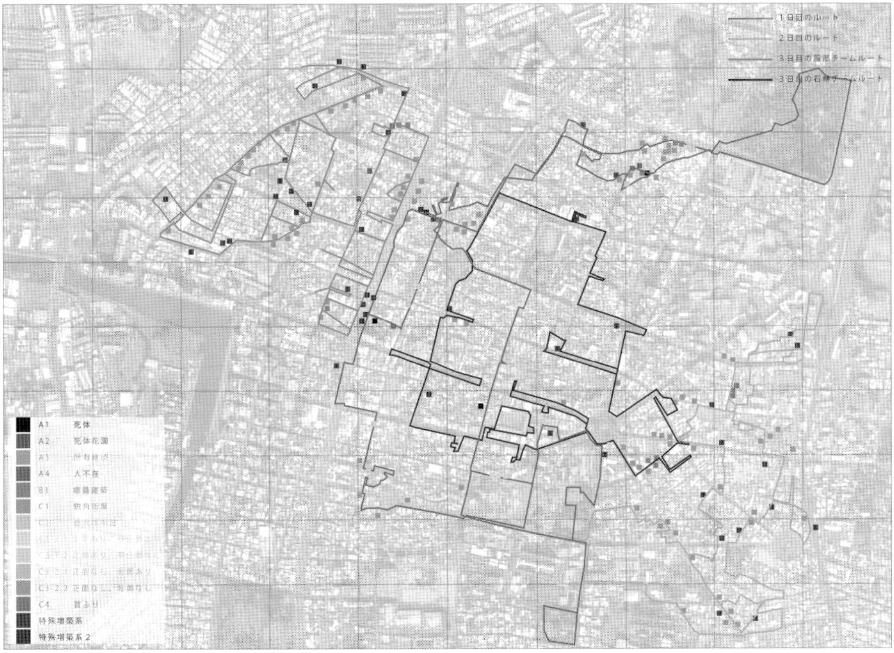

調査経路と類型のプロット

反応様式としての類型化

本サーベイでは、切断に対する反応を型として取り出し類型化した。たとえば[C1：鋭角街屋]はもともとの地割りに対して斜めに市区改正道路が敷設された事例である。地割りに従う内部の平面と、市区改正道路に正面を向ける立面、このズレをベランダがつじつま合わせを行われている。[C311：純粋亭仔脚]は市区改正道路の敷設により、土地がわずかとなってしまった事例。市区改正道路に対して亭仔脚を設けなければならないため、1階に内部空間がとれなくなってしまっている。2階へは梯子であがる。[C312：再生産街屋]は、もともとの土地が市区改正道路によって楔形に残された事例。建物の正面をもともとの巷から、市区改正道路側に向け、さらに間口を細分化し5つの店舗に変換している。

類型化の検討事項は台湾都市建築の原理を背景とし、特に[C3]の分類に強く現れている。すなわち、
1）街路に対して直行し、垂直に立つ共有壁の間を充填することで街屋ができること。
2）それゆえに、街路に面する立面が強い正面性をもつこと。
3）幅員の広い街路では、建物一階部分に街路に面してアーケード(亭仔脚)を有すること。

それゆえに、ここで集められた事例群は、一つひとつ個性的で特異なもののように感じるかもしれないが、むしろ共通性がある。特異な事例採集ではなく、反応の様式あるいは型の事例採集である。反応後に生まれる形態は、先行形態、切断の様態、都市建築の原理、建築法規などの複雑な絡み合いの結果として現れるが、それらの関係は固定された関係になく、また無限の組み合わせをもつ関係でもない、一種の論理的なマトリックスから選びとられるようにして生成されるのである。

[Project members]
服部征起(発表者)、石榑督和、肥後伯子、
渡邊映介、白 佐立

kamaboko curtain

University:
日本大学大学院
理工学研究科　建築学専攻
佐藤光彦研究室

概要

2010年春、愛媛県八幡浜市にて使用済みの「かまぼこ板」を用いた東屋の実施コンペが行われた。全国の建築系研究室やアトリエから応募があり、その中から3つのグループが市民へプレゼン。市民が最優秀賞を直接決める形式であった。

コンペへの応募

地元の特産品、かまぼこの製造過程で普段は廃棄される「かまぼこ板」を使った東屋の提案——これが愛媛県八幡浜市から提示された課題である。初めて取り組む実施コンペに対して、「案のリアリティ」と「新しい東屋」という2つの関係による普段取り組んでいる設計課題との大きなギャップに終始、戸惑っていた。実際に使用するかまぼこ板と同じサイズにカットしたスタイロフォームを大量に用意し、1／1サイズの模型（モックアップ）をいくつもつくってみる。高さ2.4mの小さな東屋とはいえ、1／1で組上げる感覚は非常に新鮮なものがある。さまざまな形態と板の組み方を考察し最終的にA1ボードにまとめあげる。提案のボード化に加え、提案書、予算概要、工程表など普段は考えないような提出物に対し研究室の修士1年生総出で立ち向かい、完成させる。

一次審査通過

提出完了し、数日後に1次審査通過が決まった。案の実現性と魅力を表現するために、さらなるスタディを重ねた。この時から構造・材料・植栽について斉藤先生、岡田先生、中田先生、山崎先生が継続的にご指導。案の実現に向けて多くの時間を割いてくださった。多くの分野のスペシャリストが揃っているこの大学のありがたさを改めて実感した。

二次審査、愛媛へ

愛媛県への出発の朝までプレゼンテーションスライドの作成は続き、飛行機と電車内でも改良が加えられた。審査会場では八幡浜市の市長を含む200人ほどの市民と審査員である北川フラム氏、武智和臣氏、和田耕一氏に向けてスライドでのプレゼンと質疑応答を行い、同じく一次審査を通過した東京理科大学の小嶋一浩研究室と足利工業大学渡邉美樹研究室と競うことになった。

審査は来場者全員に配られた「かまぼこ板」に3案のうち一つを書き込むというユニークな投票が行われた。質疑応答の時点で厳しい指摘をいくつか受けたが、一本の線を湾曲させ居場所をつくり、植物と来訪者の居場所をつくりだす点と工法のリアリティが評価され最優秀賞を受賞することができた。

ものつくり大学での実験

実施制作が決まり、「同じ素材を用いたモックアップ」、「自分たちでの材料発注」、「制作補助の募集」を開始した。実施制作はワークショップ形式。多くの学部生が参加を決意し、愛媛県まで足を運ぶこととなった。提案する東屋の工法の確認と構造の検討を行うために、ものつくり大学の大塚研究室に協力してもらい、工具の使い方を含め、一から東屋のモックアップを、手順と必要な技術を学びながらつくり上げる。

かまぼこ合宿、ふたたび愛媛へ

各部材の発注と各自の役割の確認を済ませ、修士1

年生は愛媛へと向かった。敷地の状況の確認と、市役所の方々や協力してもらう工務店の方への挨拶まわりを兼ねて、打ち合せを行う。次の日からは続々と有志の学部生が愛媛に到着し、いよいよ作業開始である。初日は市長をゲストに迎え地鎮祭が行われた。現場には全体量の約1／3のかまぼこ板が届き、まずは室内作業場でサイズ別の仕分け作業を行う。市民から集められた板は製造元によってサイズが違うので、1枚1枚手作業で仕分ける。仕分けた板を2、3、4、5、6枚のユニットに接着し、穴をあけ、必要な枚数を確保する。この時から市民ボランティアの方々が手伝いに来はじめた。屋外の現場では、工務店の協力のもと敷地に墨出しが行われた。墨出しに従って現場を掘削し、捨てコンクリートを打つ。

かまぼこ板、大地に立つ

発注していた鉄筋（全ねじ）が届き、接着した板を互い違いに組み込み、幅1.5mの部材をつくる。それらは端部同士を新たに鉄筋でつなぎ止められ、10mのカーテン（全長の半分）となる。地面に横たわらせた状態でつなぎ止め、それを市民ボランティア20人と学生みんなで起こし、現場に運び、形を整えながら設計した形に合わせていく。佐藤光彦先生の音頭で運ばれるカーテンは非常に迫力があり、まるでお祭りである。その日の地元のTVには、この光景が映っていたそうだ。

前半のクライマックスを終え、基礎の型枠と配筋をつくる。各自でのこぎりと釘、金槌、ハッカー、番線を駆使するという初めての作業ばかりであった。現場へコンクリートミキサー車が到着し型枠へと流し込む。学生全員でコンクリートを型枠内全体に行き渡らせる。中田善久先生の建築材料のアドバイスで言われていたことがいかに大切であるか非常に実感した日であった。
配筋し、コンクリートが固まり、型枠を壊し、土を埋め戻すという、建築では必ず行う作業を、今回のイベントで身をもってしっかりと学ぶことができたと思う。

残りのかまぼこ板を鉄筋にはめ込み、防腐材を何度もみんなで塗布する。最終日、最後の仕上げである上部の仕上げは、特注したスチールプレートとナットを組み合わせて圧縮をかける作業に夕方過ぎまでかかった。

完成披露会は市長やコンペの審査員を招き、八幡浜市を挙げての大イベントとなった。テープカットにはじまり、餅撒き、日大生による工作コーナーや産直市などの非常ににぎやかでさまざまな催しが行われた。

制作を終えて

かまぼこカーテンプロジェクトは、はじめにスケッチ、図面、パース、模型と姿を現し、最後には本物へと進化していった。自分たちで提案したものが実際に社会で使われることは嬉しい反面、非常に不安である。実際のサイズになって初めて気づくことも多く、まだまだ学ばなければならないことばかりであったが、無事に完成したことは学生全員にとって得がたい経験となった。提案が実現し社会の中で利用されることの責任を忘れずに、これからのメンテナンスを含め後輩に引き継いでいかなければならない。この作品は専門家から地域のお年寄りの方までの協力により完成した。建築家は沢山の人を巻き込むべきであり、社会性を帯びているものであるべきではないだろうか。

佐藤光彦先生には最後まで、分からない部分や重要な部分を厳しく指導をしてくださったことに非常に感謝している。参加してくれた有志学生のみんなも本当にありがとう! 最後になりましたが各分野でサポートをしてくださった多くの先生方、完成まで導いていただきありがとうございました。

[Project members]
池上晃司(発表者)、鈴木康二郎、高橋雄也、田中麻未也、土川菜々子、山中友希、森本栄貴、内山晃一、柴田俊太郎、渋谷 舞、太細雄介、鳥居智之、藤井玄徳、村山寛子、山田明加、楠 友介

プロジェクト展

スタジオトーク2

コメンテーター:加茂紀和子

参加グループ:
信・楽・人 ─ shigaraki field gallery project ─
(滋賀県立大学大学院)
京都大学大学院 田路貴浩研究室
東京工業大学大学院 安田幸一研究室
滋賀県立大学大学院 高柳英明研究室
明治大学大学院 青井哲人研究室
日本大学大学院 佐藤光彦研究室

プロジェクトの継続性

加茂紀和子:今回のプロジェクトたちはすごくバラエティに富んでいて、学生でこんなにいろいろな経験をしているのだなと驚きました。私が学生のころは、研究室で模型づくりばっかりやっていた記憶しかないのですけれども、今ここに紹介されたそれぞれの学生の方々はいろんな視点からプロジェクトに関わって2年間を過ごしている印象をもちました。街づくり、ワークショップ、サーベイなどを通してかなり経験していらっしゃるなという印象です。

奥山浩文(東京工業大学大学院 安田幸一研究室、以下 安田研):明治大学大学院のサーベイが非常に面白くて関心がありますが、ああいったリサーチはどういった枠組みでスタートしているのですか? たとえば、先生から「調査してこい」と言われたのか、あるいは自分たちではじめたとか。それからプロジェクトを連続的に、同じテーマで毎年やっているのか、そういう話が聞きたいと思います。

服部征起(明治大学大学院 青井哲人研究室、以下 青井研):青井哲人先生が個人のフィールドとして台南を調査してきてはいるのですが、僕らのプロジェクト「台南都市サーベイ」(p.312)はそれとは別軸です。研究室で都市を読む訓練として読書会をしたのがきっかけなんです。都市

の読み方を勉強して蓄積した上で、僕らが台南という都市にいきなり赴いて、その都市をどのように読み取れるかという試みでした。1週間という限られた期間でどれだけ台南を語れようになれるかということを漠然と考えながら行なったサーベイです。

加茂：いま修士2年生ですよね。1年生の時も台南に?

服部(青井研)：いいえ、研究室単位で継続的に台南へ行っているわけではありませんし、サーベイをしようというのも初めてです。今回のメンバーの5人中3人は初台湾でした。

加茂：先生は全然介入されていないの?

服部(青井研)：同時期に学年がひとつ下の、修士1年生のスタジオ設計演習が台南で開かれ、スタジオの指導担当として先生が赴いていました。僕らサーベイチームはそのスタジオとは別行動で、先生には宿泊していたホテルで2晩ほどご指導いただきました。青井研では毎年数名の学生が先生の都市調査に同行していますが、学生主体で台湾の都市サーベイをしようという試みは今回が初めてでした。

加茂：非常にエネルギッシュなサーベイでした。さてこういったプロジェクトには「信・楽・人」(p.296)や「京都建築スクール」(p.300)のように代々引き継ぎながら展開するといった面白さもありますね。

熊坂大佑(京都大学大学院 田路貴浩研究室、以下 田路研)：京都建築スクールのワークショップ自体は3か年計画なんですけど、ともかく毎年「建築家がある程度都市の建築の集合のルールを設定しなければいけない」という危機意識が引き継がれていますね。3年を通した大きなテーマに従って、形のルールを決める1年目、アクティビティのルールを決める2年目、環境のルールを決める3年目と、徐々に進化していくようにプログラムされています。

池上晃司(日本大学大学院 佐藤光彦研究室、以下 佐藤研)：そのようなワークショップをやっていく上で、それらをたとえば行政にプレゼンテーションしたり、雑誌掲載や書籍化などで外部に発信したりしているのですか?

熊坂(田路研)：何回か講評会をやっています。京都市の都市計画課の方に来ていただいて。それから記録は毎年の分を書籍化する予定で、去年のものは既に出版されています。

貴重な経験

加茂：プロジェクトに関わった経験は、これからの建築の道に強く影響していくと思います。都市計画的なアプローチや、実際の改修プロジェクトを通して、いまみなさんが考えていることや、発展させていきたいことってなんでしょうか。

池上(佐藤研)：少し個人的な話になるんですが、自分は人が空間を見たときとか、人と空間の距離感とか、空間を挟んでの人との距離感とかそういうものに興味があります。僕たちは「kamaboko curtain」(p.316)のプロジェクトで、建築がつくる風景、建築を介して見える風景を、実際のスケールや実際の素材で見ることができたのが大きな経験でした。今後もこの経験を活かしていきたいですね。

加茂：実際につくってみると、設計することとは全然違うレベルのものが現れてきたりしますよね。体力とか。

木村真也(信・楽・人 ー shigaraki field gallery project ー、以下 信楽人)：体力もそうですが、人になにかを伝えるというコミュニケーション能力が要求されますよね。現場に来る業者の方、信楽であれば大工や電機屋さんや左官さんと

のコミュニケーションが非常に重要だと思いました。皆さんその辺はいかがでしたか?

池上（佐藤研）：ボランティアで実際に来てくれるのが、高校生や中学生だったり、お年寄りだったりするんですね。そういう方々に図面を見せても全然伝わらないし、興味も示してくれない。かまぼこ板を2千枚仕分ける作業ですと言ったって、ゴールがどうなるのか想像できないとつまらないと思って。だから絵でイメージを見せたり、スタイロフォームでつくったモデルを見せてあげたりして、今やっていることの未来像を期待感をもたせて説明していました。

木村（信楽人）：僕たちも自分から積極的に声をかけていきました。会話の中で、近所の方に「ここに登り窯があることを知らなかった」、「こんな大きな窯があったんだ」、「よくやってくれた」といった励ましの声をたくさん受け取ったんですが、それがとても嬉しかったです。

加茂：ああいったワークショップをオーガナイズするってものすごい大変な作業ですよね。学生が主体でやっていく時に、何が一番大変でしたか?

小川智哉（滋賀県立大学大学院 高柳英明研究室、以下高柳研）：僕たちの「日韓国際交流建築ワークショップ」（p.308）は一昨年に日本、昨年は韓国で開催したのですが、一昨年は同じ大学の、ほかの研究室が運営したんです。ところが同じ大学内でもうまく引き継ぎが行われず、ワークショップの精神のようなものがあいまいになったままでした。ですから、たとえば敷地を選ぶ際などに、前回からどのように発展、ステップアップしていくべきなのかという部分でかなり戸惑いました。

加茂：最終的にはプレゼンをして理解してもらい、それが実現していく、そういった活躍がすごいと思います。みなさん真剣にやっているのが伝わってきました。プレゼンというと、「台南都市サーベイ」ではゲリラ的に現地の方にプレゼンをしたそうですね。相当勇気がいることだったのでは?

服部（青井研）：先に述べた別のワークショップがその日にレストランで打ち上げをするというので、ボードを使ってのプレゼンを決行しました。通訳は一緒にサーベイに参加した藤森照信研出身の白佐立さんという台湾出身の方が引き受けてくださいました。

加茂：地元の方々の反応は?

服部（青井研）：台湾の方々にとっては、僕らが着目したものは普通のものとして認識しているので、あまり興味を示さない人もいます。一方で外部の人間が分析する都市の構造に興味をもってくれる学生もいました。

加茂：台湾は、人間のエネルギーがそのまま建築化している感じでしたね。ところで都市構造や街区というと「CRANK×CRACK」も街区をつくっているような気がして、アジア的なのかヨーロッパ的なのか——不思議だなと思って見ていまし

た。立面を垂直に立てるとか、セットオーバーというのは、どういうところから発想があったんでしょうか。
熊坂(田路研):前提として既存の文脈を読みながらも、京都のいわゆる「田の字地区」に対して、ある程度の一般性を保つためにプロトタイプのようなものを提案したいという意図がありました。なので京都らしさ——間口が狭くて奥行が長いといったようなものをデザインするより、ある程度ニュートラルな気持ちで、アジアでもなくヨーロッパでもないところを目指す意図はありました。
加茂:何人ぐらいで行ったんですか?
熊坂(田路研):5人です。しかしその共同作業がものすごく大変で、ケンカに近いようなこともしながらずっと話し合い。エスキスも夕方からはじまって夜中まで、とにかく議論という感じでした。

初めてわかるディティール

加茂:みかんぐみもメンバーが多いですけど、共同作業はすごい大変ですよね。さて今回特に異色だったのが、東工大の羨ましい経験「東京工業大学附属図書館」(p.304)だったと思います。

奥山(安田研):安田先生の設計に、私たちが学生スタッフとして参加させていただきました。先生のテーマは「地下の図書館」からはじまり、面積的にもう少し床を増やす必要が出て、本館側からのプロムナードで敷地形状が切り取られた三角形状のところだけに、さらに地上に建てることになったのです。そういったスタディなどを手伝わせていただいた格好です。
加茂:大学の4年生で、すごい体験ですね。
奥山(安田研):自分はそれなりに建築学生としてやってきていたのですが、実際にディテールの図面を引こうとした時に全然描けない——このことに気が付いたんです。ガラスの納まりや手摺の納まりが分からず先生に聞いたり色んな人に聞いたり、建物を見に行くときに観察したりして、写真を撮って。そうやって自分が設計するときのリファレンスとして集めたんですね。ですから学生のうちから実際の設計に関われたことで、自分の建築を見る目が変わったことが大きいです。みなさんはいかがでしょうか。
木村(信楽人):僕は個人的に家具づくりが趣味なんですけど、ディテールに関してこだわるところがあるので、自分の部屋の改装であったり、そんなに困らなかったんです。だけど建築を扱うことになるとディテールを描く対象があまりにも多くて、考えたことと実際に実現できるかどうかということの間にあるギャップが難しかった。それを大工さんとコミュニケーションを深めながら決定していきました。自分の知らなかったディテール、不可能なディテールが明確になったこ

と、これが成長した部分かなと思います。
池上（佐藤研）：僕の場合は、かまぼこ板を積んでいったとき、最上部に数センチだけボルトを締め込むために余らせた鉄筋が見えちゃったんです。図面ではあまり気にならなかったんですけど、実際にモノが出来上がってそれを下から眺めると——一般人は気が付かないと思うんですけど、作品の完成度としてもう少し考えるべきだったかもしれないと、今は思います。一方でそれをなくしてしまうとメンテナンス上の問題がありますが……。いずれにせよ、図面上の板のディテールまで目が行き届かなかったのは盲点でした。
加茂：まだまだ話は尽きないのですが、時間だそうです。どれもエネルギッシュなプロジェクトばかりという印象でした。社会に出られる方も、まだ研究を続ける人もいると思いますが、頑張ってほしいですね。本日はありがとうございました。

原蚕の杜プロジェクト

旧蚕糸試験場新庄支場の保存・活用

University:
青山学院大学大学院
総合文化政策研究科
黒石ラボ

原蚕の杜プロジェクトは、山形県新庄市に現存する旧蚕糸試験場新庄支場(現:原蚕の杜)という近代化産業遺産の利活用の方法を模索しながら、新庄市役所、地域住民、学生が協力し、旧蚕糸試験場で「集いの場」を創造していくプロジェクトである。

プロジェクトではまず現地への理解を深めるために、新庄市や旧蚕糸試験場の歴史、生活文化、そして現在のまちの様子を、文献調査や新庄市民との交流、現地のフィールドワーク調査を実施。これらの調査の結果を行政や新庄市民を対象に発表したことで、旧蚕糸試験場でイベントを行う許可をいただいて市の企画として翌年には2度のワークショップを開催した。そこで、旧蚕糸試験場を集いの場とするべく建物を掃除し、地元の子ども達と一緒にワークショップを行なった。これらの活動の節目ごとに、活動の内容や旧蚕糸試験場を多くの人々に伝えるフリーペーパーの作成や展覧会を開催した。これらすべての活動を通して新たな人々との出会いがあり、その都度新たに活動に加わる方が集まってきた。

01. 学ぶ——文献で新庄を知る

まずは新庄という場所を資料によって理解することが必要であった。新庄市史を読み、その歴史を紐解いた。山形県の北東、山形市の北に位置し最上川中流域の新庄盆地に位置する新庄市には、江戸時代に新庄藩が置かれ、戸沢氏6万石の城下町であった。また、旧蚕糸試験場の建設当時の図面などを掘り起こし、旧蚕糸試験場を客観的に把握するようにした。

02. インタビュー——引き継ぐべき当時の言葉

旧蚕糸試験場の当時の建物の使われ方と働いていた人の思いを知るために、旧蚕糸試験場の元職員の佐

旧蚕糸試験場新庄支場の第1蚕室外観

地域住民との飲み会の様子

新庄の民話の語り手

藤喜美雄さんにお話を聞かせていただいた。当時の様子を知る数少ない人物だ。何十年も旧蚕糸試験場と向き合い続けていた喜美雄さんの「残してほしい」という思いには重みがあり、思いを広くつなげていく責任を負ったのだと感じた。改めて考えると喜美雄さんこそが旧蚕糸試験場に魅了された人なのかもしれない。

03. 飲み会――どぶろく片手に無礼講

人と交流を深めるといったらこれである。飲んで語る――この文化はどの地方でも一緒である。腹を割って話し、人と向き合う姿勢があったからこそ、この無礼講が成り立ち、人と人とのコミュニケーションの場となったのだと感じる。何か一つのものに向かっていく連帯感と信頼関係は、日々の所作や姿勢などから形成されていくものだと感じた。

04. フィールドワーク――歩くから分かる「まち」

まちは紙の上で分かるものではない。地図の上や文献からだけでは分からないものが、歩いて初めて分かる。歩き、感じてこそ、そのまちを知ることができるのではないか。実際に土地を生で感じ、歩いている人々と触れ合うことで、私たちはこのまちの特性を知ることになった。

05. 実測――今、生きている姿

旧蚕糸試験場を知るために、蚕室・本庁舎棟・廊下の実測調査、敷地内の植生調査を行った。時代とともに大きく用途が変わり、「使いこなされてきた」旧蚕糸試験場を記録し、それが図面として立ち上がる。「今、生きている姿」を収めた。

旧蚕糸試験場新庄支場での実測調査

06. 民話――新庄らしさを体感する

民話にはその土地の文化や風習が染み込んでいる。旧蚕糸試験場を知るためには、その建物が存在する新庄のことも知る必要がある。そう考え新庄の民話を聞く機会を設けた。民話の中には蚕糸に関係のある話もある。民話になるだけの歴史があるのかと思い、旧蚕糸試験場の歴史の長さを改めて感じることになった。

07. そうじワークショップ――建物の歩んだ時間に触れる

新庄市・地元農家・NPO・地元の高校生を交えて旧蚕糸試験場を掃除するワークショップを行なった。自分

の体を使って掃除をすることで、建物に新たな魅力を感じた。また普段関わりのもたない立場の人とも、ワークショップを通して親しくなる。通りがかりの市民が、私たちが活動しているのを見かけて入ってきて、思いもかけない人とつながったりもした。

08. 秘密基地ワークショップ——子どもとともに場所を使いこなす

秘密基地ワークショップで

食のワークショップでの、地元食材を使った料理

旧蚕糸試験場において、地元の子ども達とともに秘密基地をつくるというワークショップを行なった。まず、いくつかのグループに分かれ、大学生がリーダーとなって子ども達を先導する。そして旧蚕糸試験場を探検して回り、秘密基地をつくるのに最適な場所を話し合いながら探す。「秘密だから見つかりにくいところにしよう」など、子ども達ならではのものが挙がった。秘密基地はこうした意見をなるべく反映させる形でつくられたのだが、ここに意味がある。つまり自分たちの秘密の場所が壊れていないか、といった具合に基地の様子を見に来ることになる。それはまさに、これから先も子ども達が蚕糸に「集う」きっかけをつくったことになる。

09. 食のワークショップ——食材は土地の個性を表す

ワークショップでは地元の食材を使ったお菓子づくりも行った。私たちは新庄の旬の食材を知ることが、子どもたちの「食」に対する思いを高めるきっかけになると考えたのだ。旧蚕糸試験場には「産直まゆの郷」という契約農家の直売所がある。食べ物を一緒に食べるという空間を共有したことは、ここを特別な場所へと変化させた。そして、子どもたちがいつでも帰って来れる自分だけの居場所に旧蚕糸試験場が生まれかわったといえるだろう。

地域住民が開催したキャンドルナイト

青山での展示会

新庄の展示会でのトークセッション

10. キャンドルナイト――持ち寄られたイベント

秘密基地ワークショップ最終日の夜。地元の人が旧蚕糸試験場でキャンドルナイトと野外上映会を開いてくれた。地元の人たちがどこからともなく「持ち寄って」できあがったイベント。人が集まり、力が生まれ、何かが始まる。旧蚕糸試験場の持つ「場」の力を体感した一夜だった。

11. フリーペーパー――はじめのコミュニケーション『いち・に・さんし』

楽しくわかりやすく、親しみやすく――私たちは新庄の魅力を感じたまま、思ったことを素直に言葉にしてみた。新庄と東京という距離の中では、私たちの存在を新庄に知らせることは難しく、地道なネットワークづくりが必要だった。自分たちの言葉だからこそ自信をもってアピールできた。

12. 旧蚕糸試験場パンフレット――感じたことを紙面に込める

旧蚕糸試験場を目の当たりにして感じたことを形にした小さな「旧蚕糸試験場パンフレット」をつくった。建物の魅力は、人の言葉によって活かされている。形にすることで見えてきた旧蚕糸試験場。観光案内所や市内のレストランで手渡しで配られたパンフレット。それは少しずつ、けれど確かに活動の輪を広げてくれた。

13. 展覧会――東京と新庄の関わりを考える

東京の人にも旧蚕糸試験場を知ってもらう機会となることを目的に展示会を行った。2日間での来場者数はちょうど100名。たくさんの方にお越し頂いた。会期中に行ったトークセッションでは、都市と農村の交流やまちづくりとは何かについて改めて考え直し、多くの来場者と熱く意見を交わすことができた。東京での展覧会の際に、新庄でも同じ展覧会を行うことを提案していただき、新庄駅内ゆめりあで展覧会は実現した。

14. トークセッション――旧蚕糸試験場、新庄の今後を考える

地元の人々にとっての新庄・旧蚕糸試験場とはどんな存在なのか、さまざまな立場の方から生の声を聞かせて頂いた。まちづくりとは新しいモノをつくるだけではない。カタチあるものに新鮮な空気を送り込み、人と人が関わり合うことからも始まっていくのだと、トークセッションを通じて皆で共有することができた。

15. 今後の活動――広がる、繋がる

私たちはさまざまな人と出会い話す中で、新庄や旧蚕糸試験場の魅力を改めて認識し、共有していった。その人と人のつながりは自然と輪になって広がっていった。別々のフィールドに立っていた人たちが、何か一つのものをきっかけに同じ方向へ歩き出す。旧蚕糸試験場という歴史のある建物、場の魅力に人々が惹かれ、集まりだした。今後、建物自体に関わる活動に展開していきたい。

[Project Members]
黒石いずみ教授、板谷 慎、加藤寛正、大友綾香、朝岡大貴、永田由香莉、宮崎 豊、湯田真子、佐々木 捷、内田有紀、高橋 玲、長谷川裕隆、宮野孔陽、荒 ひかり、田中健太郎、森岡 渉、古庄英美梨

石山アートプロジェクト 2010

人と人、人と街をつなぐ風景

University:
滋賀県立大学大学院
人間文化学研究科　生活文化学専攻
佐々木一泰研究室

陶芸のWSでお店見学に向かう様子

プロジェクトをなぞらえる

石山アートプロジェクトは、石山でしかつくれないアートを制作し、ハンディキャップをもつ人・アーティスト・地域の人・商店街の人・学生、それぞれをつなぐプロジェクトである。２年目となる本プロジェクトは昨年度の取り組みをフォーマットとし、もう一度なぞらえてみることでプロジェクトの内容比較や課題を分析。今後の活動の方向性や位置付けについて検討している。

00. プロジェクトの概要

石山アートプロジェクト2010では、昨年度同様４回のワークショップ（以下、WS）、石山アートまつり、巡回展を実施した。WSはプレを含めると全６回行い、積極的に街中を巡るものを設定。さまざまな領域の参加者が主体的に街の要素を見つけ、記録することで多角的に石山の街を捉えることを目指している。

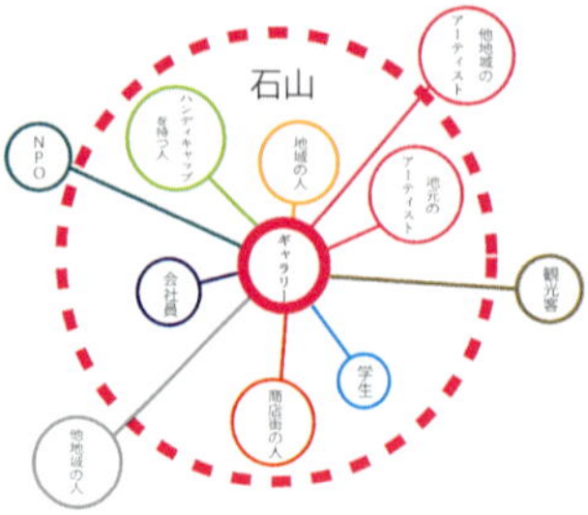

イメージ図

01. 街のギャラリー化

石山は、滋賀県南部の大津市に位置し、京都、大阪などの大都市圏へのアクセスが容易なため京阪神のベッドタウンとなっている。また、周辺には源氏物語で有名な石山寺、近江八景の１つである瀬田の唐橋のほか、東レやNECの工場などが立地し、多様な人が集まれる場としてのポテンシャルを秘めている。そ

石山のまちをさなざまな領域の人がアクセスできる場にできないか

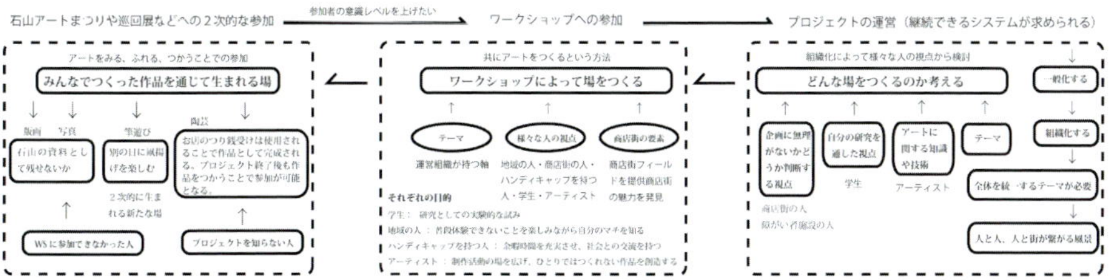

石山アートプロジェクト2010の構成

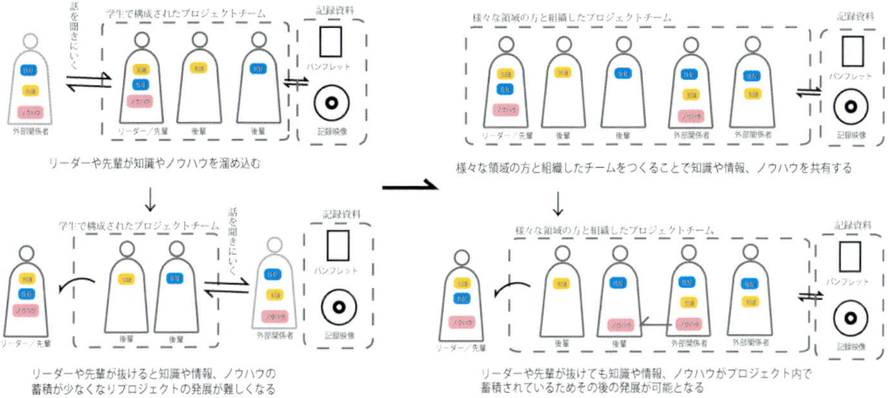

プロジェクトチームの組織化 ——知識・情報・ノウハウの共有

こで、商店街を中心とした石山の街を、さまざまな領域の人がアクセスできるギャラリーにできないかと考えた。

02. プロジェクト継続に向けた一般化

プロジェクトの継続を考える上で一般化する必要があると考えた。これは毎年メンバーが入れ替わっていく学生の取り組みを見ていて感じたことである。プロジェクトの継続のため、知識や情報を共有できる仕組みづくりが求められている。

03. 一般化に向けた組織化

そこで一般化へ向けた組織化の実験を試みた。今年度は、他大学の学生にプロジェクトチーム「いしアート」への参加を呼びかけ、ワークショップの企画、運営を協働した。今回、協働した他大学の学生のほとんどが教育学部の美術教育コースに所属する学生であったことからアートやワークショップへの関心が高く、プロジェクトへの参加につながったと考えられる。一方で、プロジェクトの初期段階ではさまざまな対象者がいる中で「子供にそこから何を学んでもらうか」など子供への視点が大きく、目的のずれを感じた。多くの場合、プロジェクトの運営は類似した専門領域を扱う人が集まる。まちの中での取り組みは、さまざまな領域の人が集まってプロジェクトを進める局面があることから、それぞれの領域を包括できる目的の設定が必要となる。

04. 組織化に向けたテーマ設定

組織化しプロジェクトをすすめる上で、イメージを共有できるテーマを設定することが改めて重要であることに気付いた。当初「風景」といった漠然としたテーマを設定していたが、イメージの共有を深めるため「人と人、人と街をつなぐ風景」と再設定した。ここから他大学の学生やアーティストと街の要素をどう発見するかという視点も共有でき始めた。

05. 直接意見を共有できる場

商店街の人やアーティスト、施設の人、学生が集まり、互いに直接意見を聞く場を設け、プロジェクトへフィードバックした。商店街の方からは「学生やアーティストが考えていることが直接話すことで理解しやすくなった」と聞いている。関係者が集まって直接意見を交換し、情報を共有することは、それぞれの立場での仕事を明確にし、その後の活動がスムーズに行えるといった利点があると考えられる。

06. 二次的な参加方法

陶芸のワークショップでは、石山に住む陶芸作家の方を講師として招き、唐橋焼でお店のつり銭受けを制作した。参加者とお店をまわり、気になったものをスケッチし、それをもとに制作する。参加者が商店街の人とコミュニケーションをとることで、商店街をもっと身近に感じてもらえる機会とした。また、ワークショップに参加できなかった人も利用できるつり銭受けをつくることで、二次的に参加できる方法を試行している。

07. 広域多数の参加者

初の野外での取り組みとなった筆遊びのワークショップでは、手すきの和紙に墨で「石山」からとった石の絵を描き、その横に商店街から集めた言葉をそえ、凧にして飛ばした。商店街が主催するイベントでの開催となり、これまでのワークショップと比べて広域かつ多数の来場者が訪れる。そこで参加費を設け、制作時の人の流れを重視した会場の構成を行った。結果、参加費を設けたことで一人ひとりが作品を制作することとなり、参加者同士の交流が難しいという問題も生まれた。

08. 街との新たな関わりを引き出す

写真のワークショップでは、商店街で余った空き箱でつくったピンホールカメラを使って、商店街を中心としたまちを撮影した。撮影ポイントは、近江八景になぞらえ石山商店街八景と名付けた場所である。ピンホールカメラは撮影時間が長いことから、普段は通り過ぎてしまうまちの一点に留まることになる。待ち時間が新たなまちとの関わり方を生んだ。撮影後、空き店舗のシャッターを閉め暗室にし、みんなで現像を行った。シャッターが閉まった状態での空き店舗活用の実験的な試みを行なっている。

プロジェクトの継続に向け、知識や情報の蓄積を目的とした一般化を試みる

プロジェクト終了後にも交流の場をつくりだせる制作物にできないか

空き店舗を活用したギャラリー風景

09. 街を観察する手法

地域の作業所の仕事の一つである版画を体験した。それに加えて、フロッタージュの技法を用い、お店の商品や看板などマチ採集を行った。グループに分かれて、凸凹したところを探しながら商店街を巡り、参加者それぞれの視点から気になったところをフロッタージュしていく。普段見ている街の小さなスケールに目を向けることで、違ったまちの見え方が提示できないかと考えている。

まちの調査でお店の人とコミュニケーションしながら、気になるものをスケッチ

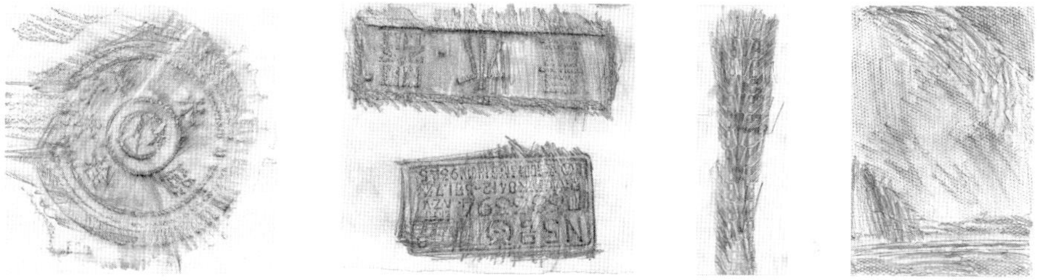

フロッタージュWSの作品。左からマンホール、水道管のふた、タイヤ、電柱の表面

ピンホールカメラWSの作品

10. 作品の二次活用

4回のワークショップでできた作品をワークショップ会場に展示し、ワークショップに参加できなかった人にも二次的に街を観てもらう試み。空き店舗をギャラリーとして活用し、普段とは違った商店街の風景を生む。また、今年度は京阪電車との共同事業にも取り組み、地域の活動と連携しながらまちのギャラリー化に取り組んだ。

11. 今後のプロジェクト

プロジェクトを知ってもらうため、美術館で巡回展示を行なった。また、商業施設や美術系専門書店での展示も行い、美術に関心のある人や他地域の人へ石山のまちを発信する。これまでの作品や記録を再構成し、プロジェクトを客観的に捉え直すことは一般化することにつながると考えている。

[Project Members]

いしアート:川村浩一(代表、発表者)、林 宏美(発表者。以上、滋賀県立大学大学院)、石川るり瀬、達脇知弘(滋賀大学大学院)、川村公也、柴田侑典、工藤 愛、深尾幸秀、村山圭祐、山田美津記、山本愛子、畑村勇気(滋賀大学)、近藤美乃里(フリー) ／担当教員:佐々木一泰、森川 稔／
協力:石山商店街、知的障がい者授産施設 瑞穂、大津の京阪電車を愛する会、京阪電気鉄道株式会社(石坂線みんなで文化祭)、麻田有代(筆遊びのWS講師)、白田祥章、丸山 桂(写真のWS講師)、若山義和(陶芸のWS講師)、鈴木由佳子、友光仁美(写真)、辻村敏之、中堀 努(映像・編集)、三澤明美(映像提供)、川口 歩、山崎沙織、箭野 遥(陶芸のWS臨時スタッフ)、大林みさよ、鈴木麻里、高橋真希、中上ちえ、吉田 綾(巡回展担当)／
協賛:滋賀県立大学 近江楽座、
平成22年度滋賀県にぎわいのまちづくり総合支援事業

雲南プロジェクト

University:
早稲田大学大学院
創造理工学研究科　建築学専攻
古谷誠章研究室

01. プロジェクト概要

雲南プロジェクトは、島根県雲南市で展開する、中山間地域における一連の設計・まちづくり活動である。私たち古谷研究室の雲南での研究と実践活動の目的は、市の政策であるブランディング化と協同しながら、市内遊休施設の有効活用と広域の連携を軸とした、新時代の地域社会の生活環境モデルを構築することである。

2007年度に内閣府より全国都市再生モデル調査を雲南市と共同受託し、市内の公有施設に関して悉皆的な調査・分析・提案を行なった。このデータベースを基に、これまで4つのプロジェクト「さくらまつり」、「オーベルジュ雲南」、「入間小学校改修計画」、「塩田小学校活用計画」が雲南各地で連関し合いながら雲南市との委託契約により進行してきた。本稿では2010年の主たる活動である「入間小学校改修計画」と「塩田小学校活用計画」を紹介する。

そして雲南プロジェクトでは単に企画や設計提案にとどまらず、地域の持続的・自発的な活動として定着するため、地元行政・住民・中学高校と共同でこれらのプロジェクトを進め、「アーバンデザイン部活動」として展開している。中山間地域における持続可能なコミュニティとは何かを自問する中で、都会へと働きに出ている人々がこの地に帰ってきたときの居場所となるような「里帰り観光」として確立することを目指し、ハード・ソフト両面からのアプローチを続けている。

※「さくらまつり」、「オーベルジュ雲南」についてはトウキョウ建築コレクション2010を参照されたい。

fig.1: 塩田小学校活用計画。閉校イベントと同時に、「新たなスタート」として小学校の利用方法を住民と共に考える

fig.2：入間小学校改修計画。閉校となった小学校を、広域なエリアを相互に関係づける多世代の交流施設として再生する

fig.3：さくらまつり。地域住民と共同し、雲南の魅力を伝える見本市を開催。長さ100メートルのロングテーブルが商店街を貫く

fig4-5：オーベルジュ雲南。築100年の古民家を、体験型ワークショップによって設計から工事へのプロセスを広く公開しツーリズムのハブとして再生する

fig.6：豊かな食の幸、自然の幸、人の幸を生かしたブランディングを進めている雲南市。写真は木次地区の桜並木の様子

fig.7：プロジェクトの所在地とフロー

fig.8：入間小学校外観。舞台は地域の神楽やまつりの舞台として使われる

02. 建築ストックを活用した拠点の整備
──入間小学校改修計画(雲南市掛合町)

雲南市内でも山間の掛合町では、2008年5つの小学校が統廃合により閉校となった。5つの旧小学校の連動的な活用計画を提案し、本計画はそれらの一つである旧入間小学校を里帰りや若者の活動の場として再生する計画である。設計・施工時のワークショップでは、議論は朝まで続き、住民と学生の膝を突き合わせた付き合いを通して構想を練り上げていった。改修工事は地域の人々の記憶が蓄積された空間を残しながら、前庭に開かれたテラスを新たな集いの場として増設した。インテリアは住民と学生がセルフビルドによって制作した。2011年4月オープンの予定である。

03. アーバンデザイン部活動
──次世代のまちづくりの担い手を育てる

アーバンデザイン部(以下、UD部)は、2009年8月のワークショップ「中山間地域で建築ができること」をきっかけに、古谷誠章、龜谷清、江角俊則、高増佳子、山代悟らによって始動した新しいまちづくりの枠組みである。現在島根県には建築や都市計画を専攻できる高等教育機関がない。そこで、本活動では中学生・高校生を学校横断的に組織化し、まちづくりに取組む仕組みをつくり、建築家や各分野の専門家の指導を受けながら、若い力でまちの魅力を引出すことを狙いとしている。将来的には、全国的にUD部の枠組みを広げる予定である。

04. UD部の実践

「雲南さくらまつり」は、雲南市木次町の商店街を市役所、住民との協働し、隣接するさくら並木の賑わいと連関させ、まちそのものの活性化を目指す試みである。2010年よりまつりの運営に中高生と協働をはじめた。中高生を対象としたデザインコンテストを開催してアイデアを広く募り、また会場の運営は中学生・高校生・大学生の混成部隊によって行なった（fig.9およびfig.10）。今後は地元大学とのさらなる連携を図りながら、持続可能なお祭りとして確立することを目指す。

一方、2011年3月に地区内の小学校が閉校する大東町の塩田地区では、在学児童がいる段階から児童・保護者・地域住民・行政・専門家がともに考えることで、より良い活用提案を模索できると考え、2010年8月「塩田小学校アートフェスタ——最後で最初の文化祭」を開催した。地区内外から集まったアーティストのワークショップ（fig.11およびfig.12）を通し、活用の可能性を探った。これらの活動にも多くの中高生が関わっている。

05. 展望

プロジェクトは4年目を終え、一定のハード整備を終えた段階にある。今後はプロジェクトのゴールを見定めながら、まちづくりの担い手としてのUD部の本格的な組織化を、雲南市と連携しながらリードしていきたい。

[Project members]
小堀祥仁（代表、発表者）、荻野彰太、塚田圭亮、寺岡 純、野村綾子、吉田遼太、長 侑希、高栄智史
[Blog]
http://www.furuya.arch.waseda.ac.jp/blog/

fig.9：中高生を対象としたデザインコンテストの様子（さくらまつり2010にて）

fig.10：設営をするのは中学生と大学生の混成部隊（さくらまつり2010にて）

fig.11：アーティスト小中大地氏の作品「顔ゴブリン」が学校中を彩る

fig.12：フードコーディネータwato氏と地元の婦人達による料理教室の開催

21世紀の森と広場
The Park Renovation

University:
千葉大学大学院
園芸学研究科　環境園芸学専攻

千葉大学大学院に属する建築、都市計画、ランドスケープ、植栽などを専門とする全15名の学生が公園の再活性化を提案するプロジェクトである。この提案は松戸市職員、パークセンター長、21世紀の広場管理事務所長へプレゼンを行い、その後松戸市みどり推進委員会において発表を行なった。本プロジェクトはまちづくりに直接携わる市職員に提案することで、実際に街の新たな風景を創出していくきっかけになることを目的としている。

対象地の概要

本プロジェクトの対象地は松戸市にある「21世紀の森と広場」で、公園は1993年にオープンした50.5haの面積を有する総合公園である。園内には、雄大な

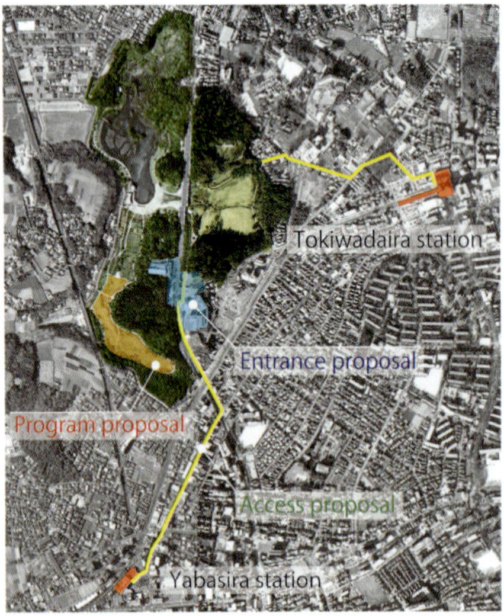

アクセス、エントランス、プログラムから提案を行う

「千駄堀池」、竪穴式住居が設置されている「縄文の森」、イベントの舞台となる「つどいの広場」があり、さまざまな形で自然に触れ合うことができる。この公園で特徴的なのが、「自然尊重型都市公園」という計画概念である。この理念のもと、公園内ではゴミの持ち帰り、ペットの入園禁止、自転車禁止などの制限を設け、自然への負担を減らす工夫をしている。

プロジェクトの概要

アクセス、エントランス、プロジェクトの3つの視点から公園の活性化を目指す提案を行なった。アクセスチームは街の景観向上・活性化という視点を含めて駅から公園までの道のりをデザイン。エントランスチームは公園とミュージックホール、博物館との結びつきをテーマに中央口の改修を提案。プログラムチームは自然尊重型公園という従来の公園コンセプトに基づき、住民やNPOを交えた農村風景創出プログラムを提案した。

アクセスチームの提案
——GREEN LANE

アクセスチームは「GREEN LANE」をコンセプトにし、緑を用いて公園と都市をつなぐと同時にまちの景観向上と活性化を図る提案を行なった。具体的には八柱駅から公園の中央口へ至るルートを「にぎわいの道」、常盤平駅から公園の五本木口までのルートを「やすらぎの道」とテーマを設定した。

にぎわいの道

このルートにはさくら通りと呼ばれる通りがあるが、その歩道の幅は狭く、所々で桜の根が舗装を押し上げ

ているなど多くの問題点を抱えている。そこで私達は（1）条例により建築のセットバックを促し歩道を拡張すること、（2）車道と歩道の段差を小さくし、舗装を石畳に統一することで車道と歩道の一体化を図ること、（3）時間制限を設けた歩行者天国を実施すること、（4）駅周辺の商業地域をさくら通り沿いに拡張すること――といった長期的な視点からまちの活性化を図る。また公園前の高架下においてサインを設置する。サインの内容は園内の動植物やイベント情報を載せ随時更新していく。

やすらぎの道

常盤平駅周辺と五本木口前の通りにおいてそれぞれ異なるアプローチで考えた。常盤平駅周辺では多くの駐車場が存在するため、条例により駐車場の接道部分を一部提供してもらうことで緑地帯へと流れをつくっていく。さらに舗装を石畳にし、自然と人を公園へ誘導する。五本木口前の通りは幅員が2.5m程度と狭く周囲に緑地

公園にアクセスする2つのルートをデザイン

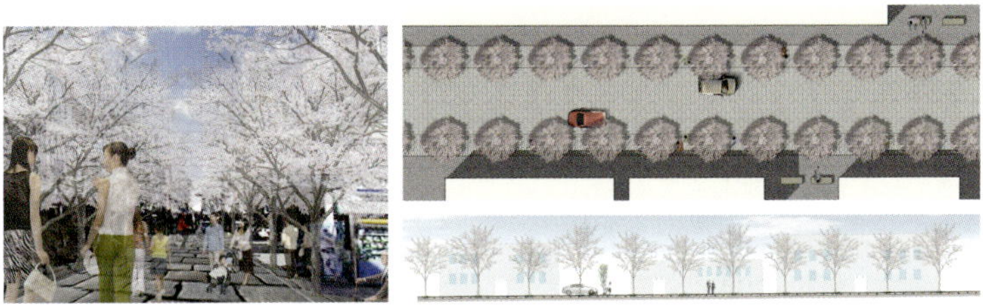
さくら通りの計画案

常盤平駅周辺の計画案

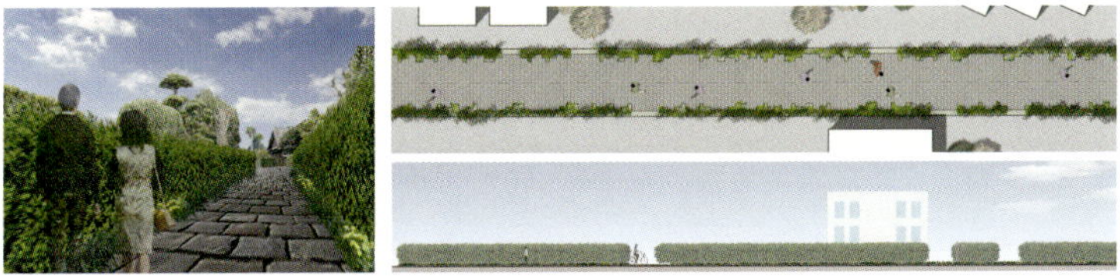
五本木口前通りの計画案

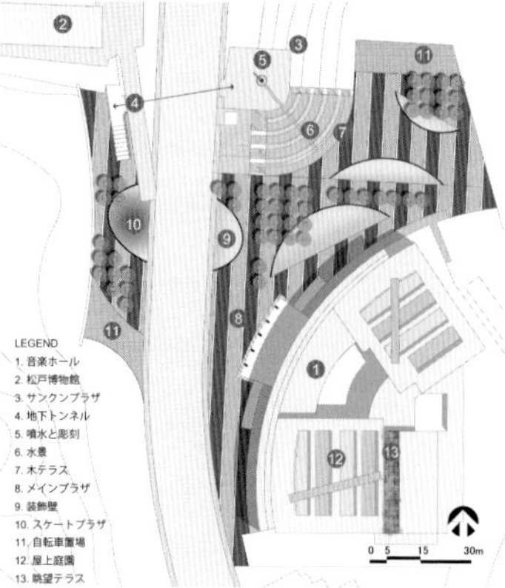

全体平面図

屋上庭園

メインプラザ

全体パース

スケートプラザ

も多く見られるため、公園へ至る露地としてデザインする。具体的には舗装を石畳にし、その両脇に植栽帯を設け、さらに条例により沿道に生垣を設置。また通りの入口には周囲の景観に合ったサインを設置する。

エントランスチームの提案——RECONNECTION

エントランスチームはRECONNECTIONをコンセプトにして公園のメインエントランスである中央口周辺の改修提案を行なった。まず、人々が現在どのようにこのエントランス空間を利用しているのか行動調査を行ったところ136人中120人がただ通り過ぎただけであり、食事や休憩などに適した場所がないことが判明した。このため、中央口と周囲に存在するミュージックホール、博物館を結びつけると同時に、人々の多様なアクティビティを誘発する空間を生み出すことで、人と公園を結びつけることを目指した。

具体的には(1)舗装や植栽の統一により一体感を創出すること、(2)中央口にある斜面を緩やかにすることで、周囲との景観的繋がりを生み出すこと、(3)ミュージックホールに屋上庭園を設けることで緑の連続性を生み出すと同時に、周囲への視点場を提供すること、(4)スケートプラザや芝生広場、ベンチやテラスなど人のさまざまなアクティビティを誘発する場所を設置すること——を提案した。

プログラムチームの提案——千駄堀の農の風

プログラムチームは千駄堀の農の風をコンセプトにして公園の新たな運営プログラムを構築した。21世紀の森と広場は、かつて千駄堀と呼ばれた場所に造成されてできた公園である。千駄堀では谷津の地形を活かした農業が行われ、谷津田が広がっていた。台地上に集落や畑、斜面には雑木林があり、その下の谷には谷津田、という構成である。それがいわゆる里山

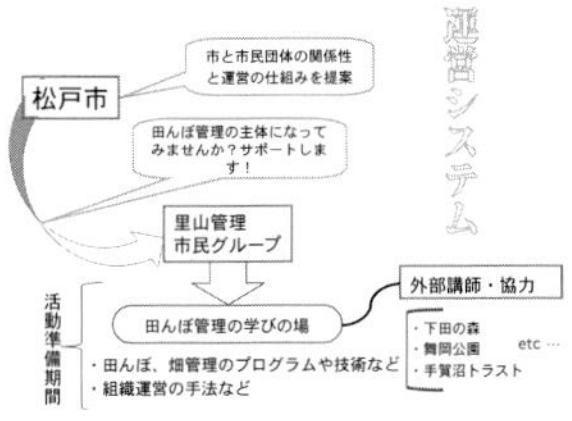

運営システム

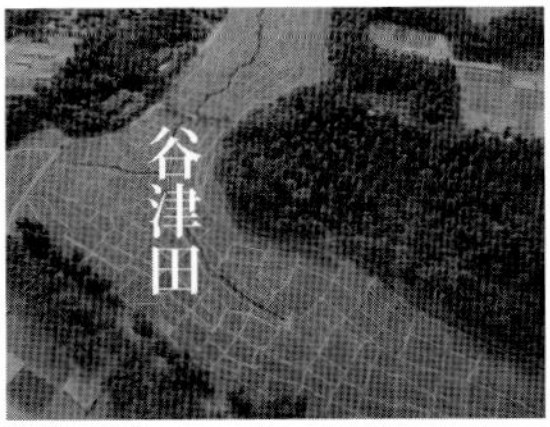

かつての千駄堀

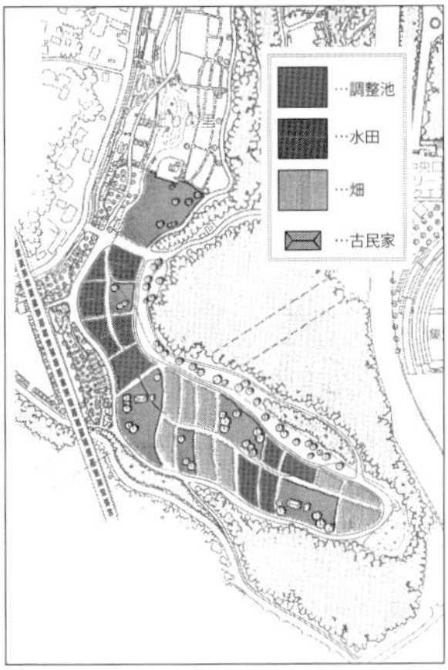

プログラム	4月	5月	6月	7月	8月	9月	10月	11月	12月	1月	2月	3月
田んぼスケジュール	田おこし 苗代づくり 種まき	田おこし 畦塗り 代かき	苗とり 田植え 田の草刈り 畦・土手の草刈り	田の草刈り 畦・土手の草刈り	畦の草刈り ネット掛け	かかし祭り ひえ抜き 畦の草 刈り水抜き	稲刈り 稲架掛け 脱穀 ネット収納	脱穀 籾摺り 精米 田おこし	水路・畦補修 かいぼり	堆肥入れ	堆肥入れ	田おこし 畦・水路補修 塩水選
畑スケジュール	サツマイモ種芋伏込み [illegible] 長ネギ畝づくり	[illegible] サツマイモ苗植え付け 長ネギ種まき	サツマイモ苗植え付け ジャガイモ収穫 草取り [illegible]	草取り サツマイモ苗床撤去 [illegible]	[illegible] 菜の花種まき 草取り、手入れ	カブの種まき 大根の畝づくり・種まき 草取り、手入れ	サツマイモ収穫 長ネギ収穫 堆肥の切り返し 手入れ [illegible]	サツマイモの種芋保存穴補修 [illegible] カブ収穫	サツマイモの種芋保存 畑周辺の手入れ 漬物用大根収穫 [illegible]	堆肥こし 菜の花収穫 畑周辺の整備	[illegible] 堆肥のすきこみ 畑のお疲れさま会 堆肥の切り返し	ジャガイモの種芋植え付け サツマイモの苗床づくり

年間プログラム

計画平面図

を形成し、人と自然とが適度な関係性の上に成り立っていた。その場所に設けられた芝生広場は現在イベント会場に使われているが、地形・地質ともに適しておらずイベントも月2回程度で、有効利用されているとは言いがたい状態になっている。

また公園関係者や公園に関わる市民団体へのヒアリング結果から、管理を委託しているために多額の費用が生じていること、市民参加型のプログラムが少なく、周辺住民の要求を満たしきれていないことが明らかになった。そこで（1）現在の芝生広場を地形・地質ともに適した昔の千駄堀ならではの農村風景に戻すこと、（2）周辺住民やNPOによる里山活動、稲作作業プログラムを提案することで維持費の低コスト化を図ること、（3）小学校や里山ボランティア団体、その他団体に農園を貸し出すことで住民参加型プログラムを格段に増やすこと──を提案した。

プロジェクトを通じて再考する、建築家の新たな職能の可能性

本プロジェクトを通して建築家がこれから取り組んでいく必要があると考えるのは、移り変わる都市の中で、その位置づけや価値が変わっていくものに対してどう対応していくかということである。「21世紀の森と広場」は未来へ向けた先進的な公園を目指すという意味合いで名付けられたものであるが、21世紀になった現在ではその従来の意味は機能しなくなっている。

イメージパース

公園のもつ機能も同様である。その周囲の環境や社会情勢が変わることによって公園のもつ機能と求められる機能との間にギャップが生じてくる。本プロジェクトは公園全体を変えるのではなく、その周囲、一部のハード面、それから運営プログラムを再考することによって、公園の位置づけや価値を時代に適合させようという試みである。建築界においても新しく建物を次々と建てる時代ではなくなっているなか、今あるものを時代にどう適合させていくのかに目を向けていく必要があるのではないだろうか。

［Project Members］
内田悠太（発表者）、Arive Budiman、石川真依、
オウ・センナ、カク・ショウイ、小玉知慶、桜井健太、関野 唯、
ハム・カンミン、藤 香、松本宏海、ヤン・キ、ヤン・セツ、リ・イク、
Lidiia Ristorska

DANWASHITSU

Group:
DANWASHITSU
(滋賀県立大学大学院
環境科学研究科　環境計画学専攻)

大学を一つの共同体、村と見るならば学生は村民か。まちづくりにおける住民主体の自立した持続的地域活動の重要性については言うまでもない。DANWASHITSUは学生主体の活動である。大学村の村民による自主的自発的まちづくりの実践。

片田舎の大学

滋賀県立大学は滋賀県彦根市にある。「ひこにゃん」で一躍脚光を浴び、国宝・彦根城を有する彦根ではあるが、駅前開発を行い、幹線道路沿いにはフランチャイズ店が並ぶ、どこにでもあるような地方都市の一つでもある。大阪、名古屋の中間に位置するが、多くの人にとっては通過するのみ。人によっては滋賀県が近畿地方であることさえ知らなかったりする。そんな地方の公立大学である滋賀県立大学の校舎は故・内井昭蔵のマスタープランに、5人の建築家がそれぞれ人間文化学部、工学部、人間看護学部などの各学部棟を設計している。建築学科は工学部ではなく環境科学部に所属し「環境学」という視点から建築・都市を捉え、開学16年、若い大学の特色を出している。建築学科に限れば、都会の大学と比べての情報量の差は大きなコンプレックスである。インターネットが普及し、TwitterやUSTREAMなどのツールがいくら整っても、直接触れて得られる経験には及ばない。

DANWASHITSU誕生

そんな地方大学の学生は飢えているのだろう。学外の建築家を招いて話を聞きたいという声が学生から出る。1999年、DANWASHITSU誕生である。学生が皆でお金を出し合って講師を呼ぶ、まったく自主的な学生主体の組織。学生有志の熱意が通じてか、多くの講師が快く引き受けてくださり、毎年講師が絶えることなく滋賀県立大学を訪れてくれている。2005年には、滋賀県立大学に赴任された布野修司氏が活動の意義を高く評価してくださった。その際、毎年の学科の共通費から予算の一部を捻出する提案を諮ってくださり、全教員一致で承認された経緯もある。そんなDANWASHITSUは、今日に至る11年間、片田舎のキャンパスと社会をつなぐ役割を担い続けている。大学院の開設と同時にスタートし、現在まで続くこの活動は、今や滋賀県立大学建築デザイン学科にとってなくてはならない企画として定着している。

講演会＋座談会＋飲み会＝DANWASHITSU

DANWASHITSUは講演会と座談会の大きく二部からなる。前半は講演会。最新のプロジェクトや独自の建築論などを紹介してもらう。活字でしか見ることのできなかった建築家の声が会場に響く。第一線で活躍するゲスト本人から最先端の情報が得られる貴重な機会である。講演会の後は座談会へ移る。DANWASHITSUメンバーの拙い司会のもと、先生方のフォローをいただきながらもパンパンにつまった会場からの質問を軸に進む。この時、アルコールとお手製の軽食を振る舞うのがDANWASHITSUである。お酒が入ることで会場の熱気も一段と高まる。音と匂いと熱に生で触れることは学生にとってこの上ない刺激である。そして、熱心に語ってくださる講師の人となりに触れることは何よりも貴重な体験となる。ここまで

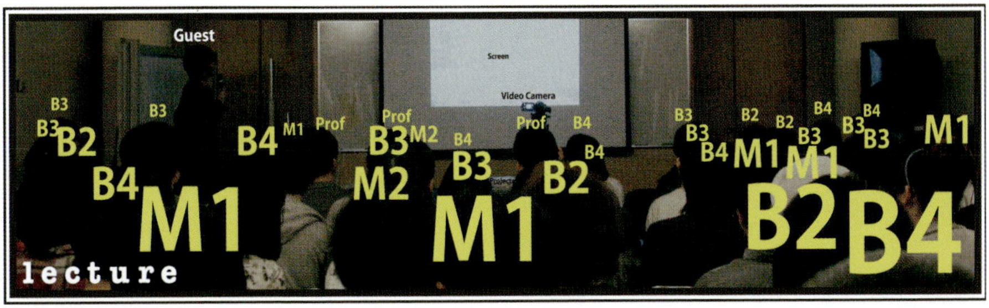
Guest
Screen
Video Camera
B3
B3
B2
B3
B4
M1
Prof
Prof
B3
M2
B4
Prof
B4
B4
B4
M1
M2
B3
B2
M1
B3
B3
B4
B2
B2
B3
B4
B3
B4
B3
M1
M1
M1
B2
B4
lecture

Prof
Prof
D4
Guest
Chairman
B3
B1
B1
B1
Beer
Beer
Cheese
Beer
To-fu
Snack
Beer
Beer
Beer
Beer
Beer
Beer
Snack
Beer
B4
discussion

Guest
B4
B4
M1
Prof
B4
M2
Beer
Beer
Beer
drinking
session

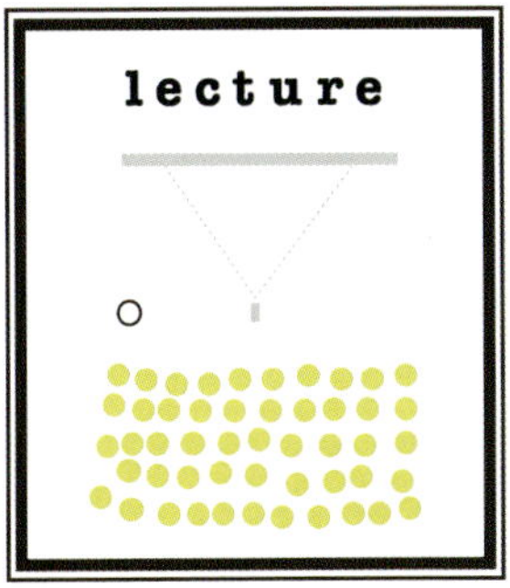
lecture

discussion

drinking
session

がオフィシャルなDANWASHITSUだが、朝までゲストを離さないことも稀ではない。冷めぬ熱気のまま二次会・三次会へ突入し、ゲストを囲んで学部の一年生から博士課程まで学年を超えた議論が続く。

おそらく「講演会＋座談会＋飲み会」という形式は学生だけでなく、ゲストをも惹き付けている。第25回のゲストである馬場正尊氏がこんな言葉を残している。「シンポジウムに来ているのか、座談会なのか、それともただ飲んでいるだけなのか。これは画期的なフォーマット。」(『雑口罵乱②』参照)

「片田舎の大学」も、考えようによっては悪いことばかりではないのかもしれない。都会の喧騒から離れた田舎だからこそザックバランに話しができる、そんな雰囲気がここにはある。講師の方々の言葉は都会で聞くものより、他所行きではない本音のように聞こえるのだ。DANWASHITSUは「地の利」ならぬ、「地の不利」を生かした一つのエンターテイメントであり、一つのメディアとして機能している。

記録として残す

やりっぱなし、たれ流しではもったいない。2007年より講演会・座談会を書籍『雑口罵乱』としてまとめ始めた。テープ起こしから表紙デザインまで、すべて学生の手による。その後も自費出版の書籍『雑口罵乱』は年に一回のペースで発行を続けており、学内の生協ほか、京都・大阪の建築専門書店に置かせていただいている。この『雑口罵乱』によって、DANWASHITSUは学外に対して発信するツールを手に入れた。外から内へ向けた講演会と、内から外へ向けた書籍。この書籍について、第一巻の発行時から通そうと思っている理念がある。それはできる限りDANWASHITSUという現場の空気、距離感を活字で表現することである。DANWASHITSUを経験した人はそれを読んで建築家の発した言葉を反芻するのもよし、経験したことがなければ入門編として興味をもってもらうのもよし。未だ四巻だが、学生との対話による一流建築家の生きた声を載せ、その時々の時代を切り取った記録として、巻が増すにつれ意義深いものになると自負している。

更新され継続する

DANWASHITSUでは学内コンペを主催する試みも行われた。また、学内の学生活動に対するインタビュー企画も予定されているのだが、これらの試みの背景にはDANWASHITSUは「自治組織」であるという強い意識がある。

学生団体はその時々に、自らの組織の意義を考え、動く必要があるだろう。無自覚なままプロジェクトを引継ぎ、やらされているだけ、こなしているだけの組織ではいずれ簡単に崩壊してしまう。大学におんぶに抱っこの依存した状態でもいけない。大学を一つの地域と見るならば学生は地域住民であり、まちづくりは住民の手によるものであるべきだ。学生が考え、手を動かすこと、さらにはそれぞれの時代で新しい試みに挑戦し、常に変化していくことが求められる。まちづくりと同様に、自立したシステムを自ら創出し、継続、更新する円環的構造によってのみ学生組織は存続しうる。DANWASHITSUとは何か、その役割を捉え直し、DANWASHITSUを活かした展開として先にあげた試みがあるのだ。

「建築」を俯瞰し、「建築家」とは何かを考える

最後になったが、過去にお呼びした講師を振り返り「建築家」とは何か考えてみたい。この11年の間に、お招きしたゲストは41人を数える。住宅作家から構造家、新進気鋭の若手から大御所までさまざまなゲストに来ていただいた。そのなかでもDANWASHITSUの特徴は、講師をいわゆる「建築家」だけに限定していない部分だろう。馬場正尊氏や松山巖氏、山田脩二氏、坂口恭平氏、山崎亮氏など、建築に関わりながらも従来の「建築家」とは一線を画すような活動をされている方を意識的にお招きし、非常に幅の広い「建築」を俯瞰しようとしている。

「建築家」とは何か、「建築」とは何か。そんなことを考えだすと、頭だけがぐるぐるとまわり、手や足が出なくなり、しまいには動けなくなってしまいがちだが、その問いの答えは決してひとつではなく、無数にあるのかもしれない。そしてその答えはゲストの“人となり”一つひ

とつに表れているのではないだろうか。

ある先輩が「時代の流れに一番敏感なのは学生だよ」と話してくれたことがある。流されやすく影響されやすい若者と皮肉を言ったのか。どのような文脈で先輩が話してくれたのか思い出せないが、若者は大人よりもアンテナをはっているとポジティブに捉えることもできる。多方面に関心をもち情報を集めることは、自分がどのように生きていくのか定まらぬ学生時代だからこそ可能な、決して無駄にはならない寄り道だ。建築を学んだからといって皆が設計図に向かわなくても良い。写真家や職人、評論家やカワラマンになっても良いのだ。各々の分野に各々が進み、その道を究め、結果として「建築家」の職能を更新していく、そのきっかけにDANWASHITSUがなれたらと思う。

転形期の自覚を胸に、DANWASHITSUは活動を続ける。

[Project members]
中田翔太(代表)、又吉重太、上田哲彰、桜井 藍、宇留野元徳、古橋香了、井上悠紀、林 裕太、山上 愛、井上遼介、西出 彩、山田大輝、丹治健太、川井 操、中川雄輔、高橋 渓、吉田敏也、水野博嗣、石野啓太、宮窪翔一、岸本千佳、吉岡あすか、葛西慎平、菅野愛美、土居正和、酒井麻南

「木のりんご箱の屋台」プロジェクト

大子町の地域活性化

Group:
あぐりんご
（大子町・筑波大学大学院共同チーム）

木のりんご箱をつくるワークショップ

はじめに

茨城県北に位置する大子町《だいごまち》は日本三名瀑のひとつである袋田の滝でよく知られる町。高齢化率が35%を超え、少子高齢化・過疎化が進み人口の減少が著しい典型的な中山間地域である。しかし「地域資源」として、豊かな自然やりんご、米、茶、こんにゃく、奥久慈しゃもなどの多くの特産品がある。また、ここに住む大子町町民は「内発力」と呼べる個性的で自発的な力能を有している。これらの地域資源と内発力の効果的な活用は地域振興の有効な方策の1つである。そのためには、地域資源を活かしながら内発力への気づきを導く体験的なプロジェクトの実践が有効であると考えられる。

プロジェクト概要

大子町と筑波大学が結ぶ連携協定の一環として、2009年度における当大学院の授業で大子町町民と大学院生がそれぞれグループを編成し、大子町の特産品であるりんご、米、お茶、こんにゃくをPRするための軽トラ屋台を企画した。その中で「木のりんご箱の屋台」が参加者および町の間で選ばれ、地元の木工芸品研究グループや高校生と共同でワークショップ（以下、WS）を行い制作されるに至った。2010年度には、大学のサポートのもと町民を中心に大子町屋台研究会が組織され、屋台の使用方法、販売商品の開発、運用方法を議論し、社会実験としてさまざまなイベントに出店した。

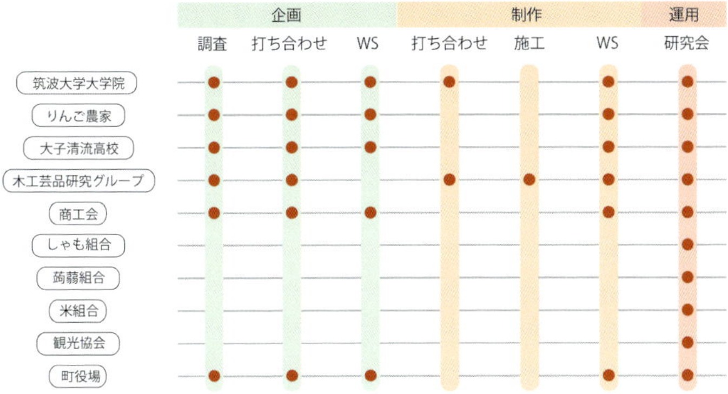

企画・制作・運用のプロセスにおいて関わってきた人々

木のりんご箱の屋台で「ひと」つなぎ

大子町はりんご、米など多くの地域資源を有しているが、その認知度が低いのが現状である。そこで「木のりんご箱の屋台」の企画・制作・運用のプロセスを通して、まちの各分野の「人」を「ひと」つなぎにすることで、それぞれに関係性をもたせ、大子町のブランディングを行う。

3つのデザイン

「木のりんご箱の屋台」の企画・制作・運用のプロセスにおいて以下の3つのデザインを行なった。

大子らしい販売スタイルのデザイン

お祭りや市などのにぎわい空間に大子町の特産品をPRする屋台が出て行く、という過疎地域に適した店舗スタイル。場の雰囲気や販売物に応じて、屋根のかたちやりんご箱の組み合わせを自由に展開することにより、にぎわい空間に楽しさを提供する。

大子産八溝杉の活用方法のデザイン

地産品の八溝杉を使用し、地元の木工芸品研究グループの協力により屋台やりんご箱の設計や制作を行うことで、木の屋台や木箱の普及を図り、林業の活性化を支援する。

大子を盛り上げる人のデザイン

商工会、役場、地域住民、大学院生、高校生が一体となって屋台の企画・制作・運用を行うことを通して、地域産業の元気な担い手を育成する。また、大子町屋台研究会を組織し、さまざまな分野の人をつなげる場をつくる。

プロセス1――屋台の企画

町民と大学院生が共同で企画

りんご農家や木工芸品研究グループへのヒアリング、町民と大学院生との間で打ち合わせを重ね、「木のりんご箱の屋台」を提案した。大子町と筑波大学では距離が離れているため、普段はメーリングリストやブログを使って情報交換を行なった。

地元のイベントで社会実験

地元のイベントで実際にりんごやオリジナルアップルティーを販売する社会実験を高校生や商工会メンバーと共同で行なった。木箱の代わりに段ボールを用いてりんごをディスプレイし、それに対するアンケートを実施することで試作品の検証を行なった。また、りんごに収穫日時や場所を示したタグをつけたり、紙袋をデザインするなど販売方法を工夫した。

木箱を段ボールに代用して商品開発を行う社会実験

提案内容

現在大子町で使われているプラスチック製のりんご箱は無機質で寂しいため、かつて町内のりんご園で使われていた木箱を再生する。木箱は移動するときにはトラックに積み込まれ、イベント時はテーブル、椅子、ディスプレイとして場を設える。また、旬の季節に完熟りんごを、それ以外の季節にはその時期に合った加工品を提供する。

プロセス2──屋台の制作

地元の木工芸品研究グループによる屋台制作

大学院生が作成した図面をもとに、木工芸品研究グループの方々と屋台の構造や形態について議論を重ね、そのメンバーに制作を依頼した。

木のりんご箱をつくるWS

大子町のイベントに合わせて、「木のりんご箱をつくるWS」を行なった。WSのコンセプトは、大子町の木材を使って、大子町民の手で木箱をつくることで、誰でも簡単に木箱を制作できるように木箱制作キットを木工芸品研究グループに用意してもらい、現地で参加者を募った。またそれと同時に、アップルティーの販売や活動紹介のパネル展示を行なった。このような活動は大子町の方々に屋台への愛着を持ってもらえるとともに、屋台のPRにもつながると考えた。

プロセス3──屋台の運用

大子町屋台研究会の発足

大子町屋台研究会は大子町のさまざまな分野の人材が集まり、大子町の魅力を発信するために屋台を使って特産品の新しい売り方を考えることを目的とし、2010年6月に発足した。毎月行う研究会では、屋台のデザイン班、商品開発班、マネジメント班に分かれてそれぞれ議論を行い、イベントで実際に商品販売を実施することでその検証を行なった。

研究会による議論

2010年度には計10回の研究会が行われ、イベントに向けての検討事項が話し合われた。まず、コンセプトや具体案から販売する商品を決定し試食会を行なった。そして3つの班に分かれ、屋台のデザイン班では屋台の配置やディスプレイ、商品開発班ではパッケージや価格設定など、マネジメント班は当日の担当や運営に関わる事項の詳細を検討した。その後、全体での意見交換を行い、イベントに向けての準備を進めた。

イベント出店による実践

2010年度には計4回のイベントに出店し、アップルティー、りんごのアイスクリーム、しゃもとこんにゃくの串揚げ、お茶ふりかけのおにぎりなど、大子の特産品を生かした商品販売を行なった。イベントごとに場所や季節に合わせ、屋台の展開の仕方や販売商品を変えて検討を行なった。イベントへの出店は、屋台の使用方法の習得や大子町のPRだけでなく、メンバーが大子町の魅力を再認識するきっかけとなる。

パンフレットとホームページの作成

今までの活動をまとめ、効果的に広報を行うために大子町屋台研究会のパンフレットを作成した。コンセプトは研究会のメンバーの顔や生の声を載せることによって、研究会を身近に感じてもらうことである。その

木のりんご箱をつくるワークショップ

りんご農家に普及させるために改良された木箱

新商品開発のための試食会

大子町の特産品である米、お茶、しゃもを使った新商品

祭りに合った屋台と木箱の展開

地元の料理人と高校生によるアイスクリームの販売

ためにメンバーに対してアンケートやインタビューを実施した。パンフレットの内容は、大子町、屋台、研究会の活動、商品の紹介などで、筑波大学の学生デザイナーにデザインを依頼して作成した。

ホームページは今後の研究会の活動を外部に発信していくためのツールとして作成した。そこでは研究会の紹介を行うとともに、研究会のメンバーが活動の近況をブログなどで発信していく。

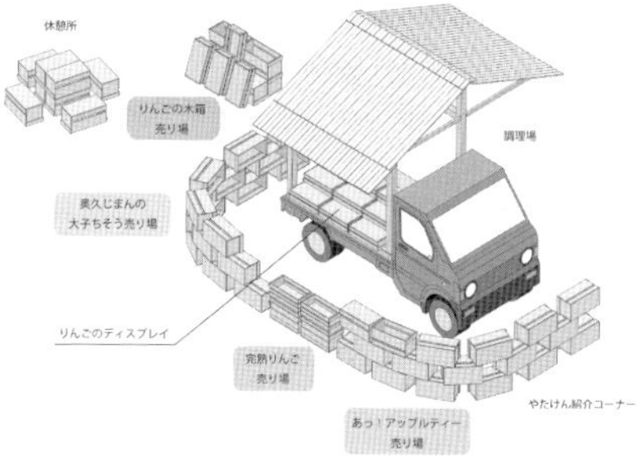

奥久慈大子まつりにおける屋台配置図

今後の大子町屋台研究会

これまでの活動を通して、さまざまな分野や世代間で、今までにない町民同士の関わりが生まれ、それを「楽しんでいる」「この活動に可能性を感じている」という意見が町民から聞かれるようになった。2011年度から大子町屋台研究会は段階的に町や大学から独立しての自主運営を目指している。十数名の継続するメンバーに加え、新たなメンバーを公募する。今後はイベントに積極的に参加し、特に町内だけでなく町外での出店を目指したいという声、また町中のりんご園に木箱を普及させたいという声がメンバーから挙げられ、今後のビジョンも徐々にできあがりつつある。

[Project members]
籔谷祐介（発表者）、小柳萌衣、下山万理子（以上、筑波大学大学院）、大子清流高等学校、大子町木工芸品研究グループ、大子町りんご部会、大子蒟蒻原料組合、大子産米販売促進協議会、奥久慈しゃも生産組合、大子町商工会、大子町観光協会、大子町開発公社、大子町役場
[Project producer]
蓮見 孝（筑波大学大学院教授）、貝島桃代（筑波大学大学院准教授）
[ホームページ]
http://yataken.jimdo.com/

プロジェクト展

スタジオトーク3

コメンテーター：山崎 亮

参加グループ：
青山学院大学大学院 黒石ラボ
滋賀県立大学大学院 佐々木一泰研究室
早稲田大学大学院 古谷誠章研究室
千葉大学大学院 環境園芸学専攻
DANWASHITSU（滋賀県立大学大学院）
あぐりんご（大子町・筑波大学大学院共同チーム）

地域への関わり方、去り方

山崎 亮：じゃあはじめましょう。まず「原蚕の杜プロジェクト」（p.326）の方に聞きたいことがあります。僕たちの経験だと、大学側でやっていたことを段階的に移譲してゆければいいのですが、そうでないと運営がうまくいかないことが多いんです。そのあたりはどのように考えられましたか？

板谷 慎（青山学院大学大学院 黒石ラボ、以下 黒石ラボ）：段階的に地域に渡していくのは理想的だと思います。しかし私たちの場合、ほとんど無計画でとりあえず何かやろうというところからはじめたので、逆に地域や行政の方から見てすごく不安だったと思うんですよ。それで手を差し伸べてくれたんです。そんな風に、図らずもみんなが当事者という空気ができていきましたね。

藪谷裕介（あぐりんご）：計画しすぎるのもよくないのかも（笑）。

板谷（黒石ラボ）：僕もはじめ計画しないでやるのが気持ち悪かったんです。資金面や作業する人の手配などなにも分からなかったですから。でも、実はその隙間というか、ゆとりが大事だったんじゃないかなと思います。そこに人が興味をもって入ってきたり、やれることをみんなで考えたりできましたから。プロセスだとか地盤さえも、一緒につくっていけ

ました。

川村浩一（滋賀県立大学大学院 佐々木一泰研究室、以下 佐々木研）：「あぐりんご」はもう来年度から市民の方が自主的に活動を始めるということなのですが、そこまでどのようにもっていけたのか伺えますか。

藪谷（あぐりんご）：今年で2年目なのですが、はじめは大学側が運営しすぎていたんです。しかしいつまでもそうしていられません。そこで思い切って街の方に投げてしまおうと。街の人にもっと危機感をもってもらうというというか、これは一方で危険なことなのですが、これでダメだったらこのプロジェクトはダメになると判断しました。大学との関係は一時切れますけれども、必要であれば街の方と個人的に僕らが支えていくことも可能です。

山崎：なるほど、では「雲南プロジェクト」（p.334）はこれからどうしていくのですか？ ずっと補助金があり早稲田大学がずっとここにいられるわけではありませんよね。

小堀祥仁（早稲田大学大学院 古谷誠章研究室、以下 古谷研）：僕たちも今そういう段階に進んできていると考えていて、その一つの核が「アーバンデザイン部」です。メンバーは中高生と地元の大学生。つまりその日に行って、帰ってこられる人たちを中心として、若手から街をかえていくという仕組みをつくりつつあります。

山崎：「石山アートプロジェクト」（p.330）はどうですか？

川村（佐々木研）：僕らのプロジェクトは大学から少し距離があるので、今年から地元の大学生にもスタッフとして入ってもらうことにしています。徐々に仕事を任せていこうとまでは考えてはいないのですが、組織化に向けて、とにかく一緒にやってみてどんなことが起こるのかを試している段階です。

山崎：「21世紀の森と広場」（p.338）は計画して将来のビジョンを描いたけれども、この後どうなるのですか？

内田悠太（千葉大学大学院 環境園芸学専攻、以下 千葉大）：行政の方々を中心に説明をして、そこで意見が通れば、徐々に受け入れられていく流れになっています。今後、桜並木沿いの活性化も実行に移される可能性はあります。

山崎：たとえば雲南では、住んでいる人たちがもっとも主体的になれるように、地元のアーバンデザインに対してノウハウを提供していくことはできるんですか？

小堀（古谷研）：今まだ模索している段階ですね。かなり東京と距離が離れているので、通う交通費も多大です。そこでかなり滞在型の活動をしてました。ある学生は3カ月間ずっと。ほかにもお祭りの時は2～3週間、学生10人体制で。

山崎：しかし日常の部分をつなぐのは地元の人材だろうということで、徐々に移行しつつあるということですね。

小堀（古谷研）：そうですね。それを地元と東京の二極化で考えるんではなくて、僕達のようなもっとも遠いところから外の視点でアドバイスする若手、もう少し近くの距離から週に1回でも2回でも関われる島根大学の学生、そしてすべての街の変化を感じとっている地元の中高生、という三者でプロジェクトをまわしていくということを考えています。

山崎：実際どういうふうに住民主体にしていくかというのはすごいテーマになるんでしょうね。たとえば3年で出て行くことを宣言しておいて、その間のアクションプランをたてる。そして写真の撮り方やポスターのつくり方を教えていくと同時に、こちらがやることをだんだん減らしていって——。そんな仕組みができ上がると、みなさんが今不安に思っている、いったいいつになったら抜け出せるんだろう、我々の後輩もずっとやりつづけるのかな、っていう不安が少し解消されていくのかもしれないなという気がしますね。

続けていくこと

山崎：建築設計とはかなり進め方が違うのがコミュニティデザインです。このデザインはいくつかの対象の「関係性やつながり」をデザインしなければならない——つながらされる方も実は性格を帯びているんですよ。うるさい人や静かな人、いろんな人がいる。だから場所場所によって進め方がかなり違うんです。いずれにせよ、持続可能なプロジェクトのためには、きっかけとして入った学生がどう抜けるかという技術も必要です。意味を理解してもらい、彼らが自発していけるシステム、その仕組みづくりをつくっていけることが必要になっていく。それは体育会系のサッカー部やラグビー部みたいなもので、地域の新しい人がどんどん入っていって、学生たちは体育会の広報の位置づけになればいいんです。自分が試合をするのではなく。

さて持続可能につないでいっている団体——お待たせしました、DANWASHITSU（p.342）さん。長い間活動していますよね。そのヒケツを教えてください。

又吉重太（DANWASHITSU）：1999年からやっています。僕は大学院から入ったのですけど、学部の時からDANWASHITSUに憧れていたんです。運営している学生たちは自分たちでメディアをつくっている——という憧れがあったんですね。新しく入らない年もあったそうですが、メンバーはそこに惹きつけられて、結果として代々続いているのかなと思います。

山崎：なるほどね。憧れていろんな人が入ってきているんですね。それは他のプロジェクトにも当てはめられることかもしれない。あそこのプロジェクトはすごい人たちがいる、それで新しく人が入ってくる、みたいな。ブランディングですね。ではこのあたりで会場から質問を受け付けてみましょう。

会場：自分が卒業したあとに社会人として今まで関わっていた地域にどう関わるのか。そこに考えがある方がおられたら答えて下さい。

藪谷（あぐりんご）：僕が来年度就職する先は茨城県デザインセンターというところです。県内中小企業の商品開発に対してデザイン支援を行う機関なのですが、これは僕らが「木のりんご箱の屋台プロジェクト」（p.346）で1年半のあいだ関わった大子町と近いからなんです。地域に思い入れが深くなって、まだちょっとほっておけないという思いです。センターで働きつつ、町の方にお願いして、僕が休日に大子町で活動する環境をつくっていけるかを相談しています。町の人たちがやっていくことは大切ですが、学生が街に残ることでも町民が喜びますから、気持だけでも残っていくことが大切かなと考えています。

山崎：すごく力強い。こういう学生が出てくるのはいいなと思います。この話から、こういったアーバンデザインをいかにして職業にしていくか、ということが提起できると思います。学生で地域づくりに関わっていて「どうもありがとう」で終わり、でもいいのだけれど、自分がそれで食べていくためにどこで成果を示していくか。建築の分野にはいろいろな仕組みがありますよね。設計料がいくらかなんて誰が決めたのか分からないけど明確に決められている。でもコミュニティデザインという分野ははじまったばかりで、ある意味ではどういった成果を残したかを皆で決めていかないといけない段階なんです。建築の職能がもう少し広がって、このあたりも建築家の仕事だという時代になったとき、それに対してどうやってお金がまわっていくかを、これから考えていけば良いかと思います。あと1つしか質問が受けられませんがどうですか?

会場：自分は来年大学院に進みます。自分もプロジェクトをやりたいと思っているのですが、みなさんのはじめようとしたきっかけを教えてください。

山崎：では自分からプロジェクトに関わっていった方に聞いてみましょう。

林 宏美（佐々木研）：私は石山アートプロジェクトのメンバーですが、もともとは彦根市の商店街でコミュニティスペースをつくる活動に参加していました。しかしまちの人にビジョンがなにもないままにプロジェクトが始まって、つくったあとの運営システムが確立できないままでした。そこでまちにすでであるもので関係性をつくりながら、まちづくりができないかなと思い、私は石山で活動をはじめました。石山の

フィールドでコミュニティスペースを新しくつくろうとしている、作業所の人と一緒に試みられている流れがあると聞いたので、ここならできるなと思いました。自分が自己実現しようとすることとまちのニーズが上手く組み合わされば、どのフィールドに出てもできるのではと思います。

建築家の職能を再整理する

山崎：僕の事務所のメンバーで、こんな女性がいます。彼女は学部4年生の時に、街づくりに関する研究、モノをつくらない研究をしたいと。そこで僕は「街づくりやコミュニティデザインをやるときに重要なのは、地域の人たちと話しをして、そこの地域が抱えている課題を整理していって、どの部分を解決するのが一番クリティカルなポイントなのかを見つけ出すこと。ここまでいけば卒業制作の半分は完成だから、それを解決するだけの具体的な提案をすればいい」と言いました。「自分が思い入れのある場所ではなくて、研究室に西日本の地図を張って、ダーツを投げて刺さったところにしなさい」と。それからがすごい。彼女はホントにやっちゃったんです。ダーツが刺さった、大阪から遥か西の、姫路の沖合にある島——人口7,000人だかの島を選び出して調査しに行っちゃった。地元の人にとっては怪しすぎる。でもそういったところから町役場やまちの人たちのコミュニケーションをとって、結果的に島の再生計画の委員になりませんかと言われてね。そのあと、その学生はうちの事務所に就職して、僕らが事務所の仕事としてその場所の総合計画をつくっていったんですね。

地域に迷惑をかけない程度に地域に入って、みんなが困っていることがどんなに小さいことでも、それをひとつづつ解決していく。その時に求められるものは建築を学ぶ者がもつバランス感覚だと思います。プレゼンテーションも綺麗にまとめてきますし、地域の人たちにとってはとてもありがたい。こういうことができる人たちと地元の人たちとの幸せな出会いが起こっていくと、感謝される仕事につながるんじゃないかなと思います。

建築の新しい職能をもう一度再整理しないといけない。全国の空き家率は13.9%。2060年までに55%になる。

2020年までに公共事業の新設がなくなる。美術館や博物館の国内の発注は0になる。人口が減って2015年から世帯数が減少をはじめて、新しい家が欲しいという人がどんどん少なくなってくる。仕事が少なくなっているからドバイが駄目なら次はベトナムかと世界中回りながらというのもいいけれど、その地域にはその地域の建築家がいますから、そんなに長い間日本人が設計し続けるのは難しいと思います。

街でみんなが困っていることはたくさんあります。たとえばTPPの問題をデザインの観点から建築的思考でどんな解決方法を見出せるのか。建築家の仕事がその分、広がっているのではないかと思います。今日集まってくれた人たちは学生時代から地域に入ったソフトの作業をしています。今悩んでいることは今後、大きな力になると思います。是非とも建築の勉強を続けつつ、そのバランス感覚をキープしたままで、いかに実践活動として地域にダイレクトに入っていけるかを、これからも続けて欲しいと思います。ありがとうございました。

プロジェクト展｜座談会

コメンテーター:
韓 亜由美
加茂紀和子
山崎 亮

参加グループ:

近畿大学大学院 小島孜研究室
とよさと快蔵プロジェクト／近江楽座(滋賀県立大学大学院)
新潟大学大学院 岩佐明彦研究室
東京藝術大学大学院 元倉眞琴研究室
月影小学校再生プロジェクト／早稲田大学大学院 古谷誠章研究室＋法政大学大学院 渡辺真理研究室＋日本女子大学大学院 篠原聡子研究室＋横浜国立大学大学院 北山恒研究室（現Y-GSA）
信・楽・人 －shigaraki field gallery project－（滋賀県立大学大学院）
京都大学大学院 田路貴浩研究室
東京工業大学大学院 安田幸一研究室
滋賀県立大学大学院 高柳英明研究室
明治大学大学院 青井哲人研究室
青山学院大学大学院 黒石ラボ
滋賀県立大学大学院 佐々木一泰研究室
早稲田大学大学院 古谷誠章研究室
DANWASHITSU（滋賀県立大学大学院）
あぐりんご(大子町・筑波大学大学院共同チーム)
※千葉大学大学院 環境園芸学専攻、日本大学大学院 佐藤研は都合により欠席

「建築家の俯瞰力が描き出すビジョン」

実行委員：本日の座談会では建築家の職能を考えていきながら、プロジェクトの意義やこれからの社会でどのようにそれが発展していくのというメッセージを伝えていければと思います。社会が残している課題をどう捉え、それをプロジェクトとしてどう動かしていくか。そして、これからの建築家の役割として私たちは何をしていくべきか――を話し合ってもらえたらと思っています。

韓：この充実した3日間で建築家の職能をめぐる議論のネタはかなり出たと思います。たとえば山崎さんは、私が以前どこかでお話を伺ったとき、「社会に転がっている課題から仕事をはじめる」って仰ってましたよね。

山崎：そうですね。学生の皆さんのお話をお聞きしていると地域の課題をかなり的確に掴んで、一つひとつ対応していこうとしている。建築学科の学生がこういうことに取り組みはじめたというのは、すごく勇気づけられたというのが感想です。僕が十何年前にこのようなことをはじめた当時は先輩方に「ソフトなんて建築じゃねぇ」って言われましたよ。ランドスケープデザインというのをやっていたので「お前は形をつくるのをやめたのか」とか「お前はランドスケープデザイナーではない」とかね。

韓：信じられませんね。そう言われたの?

山崎：ええ。建築の分野の人たちに「デザインの力を信じていないんじゃないか」と言われたこともありましたけどね。でも今じゃ現役の大学生あるいは大学院生たちが、そういうことをついにはじめていて、何か空間をつくれば、中心市街地の問題が解決しますという態度ではないわけです。すごく勇気づけられますね。しかしデザインや建築の手法を、どういう風にデザイン的思考、建築的思考としてソフトなものを解決するような手法に展開していくか。事例があまりないので、そのあたりでみんなすごく苦労しているんだろうなっていう気がします。

藪谷(あぐりんご)：僕のプロジェクトでまず良かったのは、こちらからビジョンを一度示して、まちの方に可能性を感じていただくということでした。もしかしたら、これが僕らのひとつの職能なのかもしれないと思います。まちの人達はやはり、いつかは自分たちの利益になるようなことをイメージできると、すごくやる気になるんだなと感じました。

佐藤(岩佐研)：仙台でモラトリアム道路を農園にしている場所があります。その地域に高層のマンションが建つことになりました。それは、町内にとって危機なわけです。これがきっかけで町内会に関わってこなかった住民が参加しだして、町内会の求心力が高まった。そんな背景があり町内会が運営する農園が実現し成功しているのですが、たとえば建築家がそういうきっかけをつくる可能性は考えていくべきなのかと思います。こういったネガティブなきっかけでなくて。

石榑(青井研)：そうですね。またネガティブをポジティブに変換していくのが、山崎さんがおっしゃった課題を発見・抽出することなんだと思います。内部からは普通すぎて見えないものを、外部の人が建築的な思考で。それは多分、僕たちが行なった「台南都市サーベイ」のレベルでも言えると思っています。

加茂：地域の人が何かに気づきはじめて、少しずつでも人が増えていくことで、そのまちが変わっていく実感はどなたにもあると思うんです。だから建築家の役割としては台湾のようにサーベイしたものをゲリラ的にでも発表して、「こんなことに気がついた」という気付きをまず示す。そして「こうしてはどうですか」というビジョンを描くことが、建築家の職

能——いわば次世代の建築家像だと思うのです。

山口（とよさと）：僕は必ずしも建築家がものをつくることで何か残さなきゃいけないとは思っていない立場です。建築をやっている人間の強みとは、「俯瞰する力」じゃないかなと思っています。一般市民の方は、そういった意味では建築家と比べて一点透視をする力の方が強い。建築家は一般市民のその力を、その先を見る力に成長させることが大事なのではないでしょうか。

韓：20年前、30年前の建築を志す人たちとすごく大きく変わっていると感じます。「デザインを信じていないのか」という話がありました。敷地があって、それをどういう風に解として解くか、意匠的にいかに新しいか。もちろんそれも建築家の職能としては大事な面なんです。でもみなさんの多くは「できるまで」だけでなく「そこから先のこと」をテーマにしていますよね。

山崎：それと同時に、建築家だけではなく、ほかの分野の人たちもすでに取り組みはじめていますね。都市計画家はもちろん、社会学、民俗学、芸術、経済学の方々が地域活性化プロジェクトというものに関わりつつある。加茂さん、建築を学んでいる学生だからこそ有利なことがもしあれば教えてください。

加茂：建築家って、やはり「場」をつくる職業なんです。全体をつくっていくという能力をもっている。いわばソフトを考えながら、バラバラになっているものを組み立てる能力。これは他の職能とは違う能力なのだと思います。だから建築学科の学生はどの職業に就いても、活躍する人が多いで

すよね。

奥山（安田研）：みなさんの意見とはちょっと異なるかもしれないですが、僕は建築デザインの可能性を信じているほうです。建築家としていろんなものを具体的に提案して、その空間を最後は人に利用してもらいたい。そういう意識を持ちながら、最後はハード的な空間を提案するということが最終的な目標で、それが実際にちゃんと機能すれば、はじめて成功したものだって言えるのかなと思いました。

韓：そうですね。建築家は空間を設計する職業でもある。いずれにせよ、人間の生活の中で大きな影響力をもつと思うのです。それぐらい責任がある、ということを感じつつやってほしいなと思います。

「経験のアーカイブ化を」

平林（篠原研）：私がここで感じたのは、私たちが取り組んでいるプロジェクトを外部にどう知らせていくか、です。私たちのプロジェクト（月影小学校再生プロジェクト）は、10年間継続し、関わった人も多いのでコネクションが成り立っていて、かなり地元と密着しているなって思ったんです。でも最終的にお披露目会をしたら、やっぱり知らない方もいらしていたので……。

小堀（古谷研）：僕も月影に何度か行ったことがあるのですけども。もう10年前からそういうことを先進的にやっていたので、そこは象徴的な場所なんですね。全国各地で行われているようなまちづくりの先進的な活動をもち寄って、2泊3日でひたすら議論す

るっていうイベントを去年やったんです。そういった形で毎年その1年の成果をもち寄って、こう——「まちづくり甲子園」のような、みんなで情報交換できるプラットフォームが必要かなって思います。

韓:月影小学校は、地域づくりのきっかけとしてひとつの成功例なんじゃないですか。そこでそういったプラットフォームが提案されるのは面白いですね。

山崎:月影まちづくり日本一決定戦、みたいな(笑)

吉田(古谷研):そういう意味では、このトウキョウ建築コレクションようにプロジェクトを俯瞰する場というのがとても貴重だと思いました。なかなか自分たちでは客観的にものを見れません。ここでは自分のプロジェクトが社会においてどのような立ち位置であるか確認できるのです。今回、ご指摘をいただいたりノウハウが知りたいと言っていただいたりということが非常に嬉しかった。このような場所を継続することで、一般の人達にも考えを浸透していけるのではと思いました。

石榑(青井研):さっき山崎さんが、事例が少ないから、なかなかみんな悩んでいるのではとおっしゃっていましたが、プロジェクト展という枠組みをつくっていただいている。もしこういう場でアーカイブ化がきちんとできていくと、もうワンステップ進んだところで、いろいろな問題提起ができると思います。

谷口(小島研):そして、地域の住民の方というのは僕ら以上に事例を知らないと思うんです。今日、僕らはこうして集まってそれぞれのプロジェクトを持ち寄った状態で、これだけ全国でやっているんだということをはじめて理解したわけですよね。こういう機会がなければ、建築を学んでいる僕らでさえ事例をたいして知らない。ということは、メディアをうまく使ってその地域の住民の方へ事例を伝えることが、僕らがまずやるべき仕事なのかもしれません。

「食べていくこと」

佐藤(岩佐研):持続的にプロセスを継承すること、そのプロセスをどのようにアーカイブ化していくかということの一方で、地域のニーズに対

して、建築をやっている人間としてどのように気づいていくのかというのが大事なんじゃないかと思いました。ほとんどのプロジェクトは研究室単位でやっていますよね。おそらく先生や行政からの話がきっかけで始まったというのが正直なところだと思います。そこで、どうやって自分たちが問題そのものを見つけて、そこに入っていくかということを、もうちょっと議論できたらいいなと思っています。

藪谷（あぐりんご）：今、私たちは学生という立場だから、学校などから予算が下りて調査研究ができますよね。しかし卒業したあとこういった研究スキルや問題解決力が職能として認められないと、これで食べていくのは難しいと思います。私たちの間ではそれを話しあう機会がよくあって、アーカイブ化というのがひとつのきっかけにはなると思うんですが、こういったことが職業として認められる必要があるのではないかと。いまはそれが確立していないので、そういった方向の人が就職に困ったりすると思うんです。先生がたは今後どういった可能性が考えられますか。

韓：これだけみなさんの意識の中では、建築家の職能がもっと拡大されていき、さまざまな可能性があって、いまだからこそ必要とされている——そういう確信をもっているにも関わらず、就職の選択肢は住宅メーカーだとか、設計事務所だとか——ちょっと数えたら終わっちゃうぐらいの幅しかないという大きな乖離が存在するんですね。これは、良いわけがない。意識ある人材とそれを必要としている、課題を抱える場とのマッチングを機能とした、なんらかのプラットフォームが必要だと思います。ちゃんと職業としてやっていけないという状況があるのは、何とかしなきゃいけませんね、山崎さん、どうですか?

山崎：さっき、加茂さんと韓さんから、最終的に空間をつくることができるというのが建築学生のもっている魅力、あるいは力だというお話がありました。それとも関係しているのですが、逆に、私たちは空間をつくらない、という宣言を行なったとき、それだけで対価が発生するようなこともある。僕の事務所はスタッフ10人の小さなところなんですが、「次はうち、次はうち」みたいな青田買いのような状態になっています。そういう事務所がほかにないってことなのですね。5年前に自分で決意したのは、「空間をデザインしないと宣言する」ということでした。そう表明して仕事を取ってこない

と、どうしても今までのフレームの中に押し込まれてしまう。たとえば基本設計の業務を受注したとすると、その前にワークショップを3回、サービスでやってくれ、となる。一旦狭い意味での「建築設計」をやらない、と表明して、僕の仕事はこれです、これだけで食っています、というと、その見積もりが正当に評価されるようになるんですね。ワークショップを1回やるとしたら、いくらかかるのって。最終的には空間をつくらない。それで今回の業務はいくらですという話ができるようになると、ちゃんとお金が発生するようになってきます。もちろんそれに対する相当なパフォーマンスが必要になってくるので、この人達に頼まないとこの状況は生み出せないよ、というようにならなければいけないですが。

「建築家の職能とは」

韓：山崎さんの事務所の見積書を見せていただきたいです（笑）。そしてクライアントに対するプレゼンテーションの時にどういう風に説得するのかをね。ところで私がさっき、建築家は場をつくったり、空間を設計するのが職能だと申し上げたのですけれど、それは必ずしも敷地があって、階高があって、というテクニカルな意味だけではありません。「場の設定」——現状を俯瞰して新しい状況を構築する力、多面的な3Dの思考回路をもって、場所そのものの雰囲気や外部との関係性をつくりあげること——が建築だと思います。たとえば、私が手がけた「工事中景」は、言ってみれば工事現場の仮り囲い1枚の話なんです。しかしそれは、そこに新たにメディアとしての「場」を実現させているわけです。昨日、鼎談（講演会II「建築家の野心」）で講演されていた電通の細川直哉さんが面白いことをおっしゃっていましたね。彼は建築学科を出ているのだけど、自分は建物を建てないし、CMやポスターをつくったりするより、街の中に出来事を起こしていくようなことをデザインするのが面白い——これは建築的な思考をもった人でないとできないと。敷地や諸条件からこういう建築をつくります、という、建築家ではないけれど非常に建築的なアプローチをしているんですね。

山崎：アーキテクチャーという言葉は、「統合化する」という意味の「アーク」と、「技術」を意味する「テクネー」が合体したものです。狭い意味での建築で、「テクネー」とは構造や設備や法規、あるいは施主の要望であったりしますが、これらをいかに美しいものとして統合化させるかが、アーキテクチャーもしくはアーキテクトの職能だと僕らはずっと習ってきたわけです。しかしそこに違うものを代入したって、建築家のバランス感覚は活きると思う。たとえば、地域に入るといろいろな意見があります。各プレイヤーのバランス関係を最終的に上手くひとつに統合化させていって美しいビジョン描ける――私たちがやりたかったのはこれよね、という共感を得て、それを進めていくバランス感覚は建築家ならではと思います。

コミュニティデザインがこれから大事だと言うと、建築の学生からはよく「いまだに美術館を設計しろという課題が出るんです」という話が出てくる。確かにこれから先に美術館なんて、100人中1人が建てられるかどうか――だけど美術館を設計する中で、諸条件を読み込んでどれを優先し、構造や材料や費用のバランスをとって最終的な答えを出すかこそ、建築学科がやっている訓練なんです。解決する選択肢がたくさんある中で今回はどの解決策にしようかっていうことを、街の人達と話し合いフレームをつくる。その訓練は建築という学問の中に、まだまだかなり含まれていると思います。

韓：どんなプロジェクトをやっていっても、絶対に自分の武器、蓄積になるわけです。みなさんが実際にフィールドワークでやったことを忘れないでください。それは自分がものをつくる場面――最初に就職した会社でなくても面白いことをやろうという時に必ずその経験が役立ちます。すぐに何かに直結するかというと、なかなか難しいかもしれません。でもプロジェクトで感じた思いは忘れないで欲しい。現状では社会の枠組みが窮屈だと感じるかもしれません。しかしそのままでは問題を解決できない。リアルで実行力のある解決のしくみを組み上げるのはみなさんたち次世代の建築家にかかっています。

加茂：今まではハコモノ行政って言われていましたが、建築家っていうのがひとつのハコモノをつくっていた時代がありました。今はもうすでにハコモノ時代ではなくなってきています。建築や建築家という概念も変わっていく必要がある――だから、建築家が行政に行くのもひとつの手かなと思います。つまり、まちの将来のビジョンをもっているのは行政

なんです。資金をもっているのも。そこで、建築の職能を使い、行政の側から俯瞰して全体像を描いていくんです。私は28年前に自分の教師から「行政に行け」と言われたのだけど、その時には意味が分からなかった。それで結局、設計事務所に就職するのだけれど、自治体の根っこの部分になるというのもこれから面白いんじゃないでしょうか。そのような自治体が増えていくと、外部の建築家と協働しながら、いろいろなことが起こっていく可能性がありますね。

山崎：個人的には、みかんぐみという事務所はかなりそれに近いと思いますよ。建築をつくっている人達のなかでは、相当理解している事務所だといつも思いますよね。人と違うところを上手くやっている事務所だなぁという気がして。機会があれば就職してみたいなと思います。

加茂：ぜひ（笑）

実行委員：本日は、韓先生、加茂先生、山崎先生、学生のみなさん、集まって下さった方々、どうもありがとうございました。議論の中で、建築家の職能だけでなく、アーカイブ化する意義なども議論にあがって、実行委員としても、とても勉強になりました。本日はどうもありがとうございました。

連続講演会

連続講演会「建築家を語る」開催概要

「トウキョウ建築コレクション2011」では、5周年の特別企画として3日間にわたり、「建築家を語る」と題した講演会を行いました。今日、建築家という職能は多様な広がりを見せています。そのような状況でこそ、今一度私たちは、建築家の職能について理解を深めるべきではないでしょうか。本企画は、全体テーマ「建築家とは何か?」という問いに対し、言葉で記述することを目的としています。今回、その答えのヒントや気づきを得られるような建築家やクリエイターに参加を依頼しました。

建築家とラグジュリーブランド｜秦 郷次郎

コーディネーター：上田真路（鹿島建設設計本部）

建築家はどのようにブランド戦略に関わっていくべきなのか、ブランド戦略を通してどのように街をつくっていくのか、現代において求められる建築家のスタンスや素養とは?　建物の設計者に青木淳氏や乾久美子氏を起用した経緯や狙いについてお話しいただくことで、建築家が対象とするフィールドの一端について可能性を示唆することを目指します。

建築家の野心｜長坂 常・NOSIGNER・細川直哉

コーディネーター：伊藤 愛（東京理科大学大学院）、國分足人（早稲田大学大学院）

学生時代に考えていたことと、現在考えていることとのつながりに焦点を当て、各氏の世界観やそれを達成する手段についてお話しいただきます。今回のトウキョウ建築コレクションの全体テーマである「建築家とは何か?」に対して、既成の建築家像にとらわれない、これからの世代の新たな職能についての視座を提示することを目指します。

身のまわりについて｜原 広司

コーディネーター：辻 泰岳（東京大学大学院）、浜田晶則（東京大学大学院）

建築はある特定の場所に建つという特性をもつため、「身のまわり」をどのように構築していくかが重要だといえます。しかし近年、情報技術により実空間とはまた異なる「身のまわり」が現れてきました。インターネット上のヴァーチャルな空間を実空間とどのように関係させていくかは、現代の建築家にとって無関係といえない状況にあります。現象学的な空間の記述不可能性を乗り越えるこれからの新たな建築の形式について、位相幾何学、複素多様体、ディスクリートネスなどの概念を用いて、原広司氏にお話しいただきました。

トウキョウ建築コレクション2011　連続講演会「建築家を語る」

建築家とラグジュリーブランド

秦 郷次郎

秦 郷次郎 Hata Kyojiro

秦ブランドコンサルティング株式会社 代表取締役。慶應義塾大学経済学部卒業後、米ダートマス大学エイモスタック・ビジネススクールよりMBA取得。1964年ピート・マーウィック・ミッチェルのニューヨーク事務所に入所。1967年東京事務所に転勤。1978年ルイ・ヴィトンの日本とアジア・太平洋地域代表。1981年ルイ・ヴィトン ジャパン株式会社設立に際し、代表取締役社長に就任。その後、ロエベジャパン株式会社、ヴーヴ・クリコ・ジャパン株式会社の社長を歴任。2003年より、ルイ・ヴィトン、ロエベ、セリーヌ、フェンディ等を擁するLVJグループ株式会社の代表取締役社長に就任。国外ではルイ・ヴィトン・ハワイ取締役会長を兼務。2006年秦ブランドコンサルティング株式会社を設立。2001年フランス共和国よりレジオン・ドヌール勲章シュヴァリエを叙勲。2003年『私的ブランド論——ルイ・ヴィトンと出会って』を日本経済新聞社より出版。

今日は「建築家とラグジュリーブランド」というテーマですが、実際に私が関わったのはルイ・ヴィトンのプロジェクトです。ですからルイ・ヴィトン ジャパンの社長として、実際に協働し知り合いになった建築家を中心に話をしたいと思います。人間は走っている時、脳が活性化するといいますが、私の場合は歩いているといいので、今日は歩き回って講演をします。

私自身の建築家とのつながりは、偶然にも、義理の兄が圓堂政嘉という建築家だったというのがはじまりです。彼は日本建築家協会の会長まで務めた人で、私がニューヨークでピート・マーウィック・ミッチェル会計士事務所に勤務していたころ、よく話しをしました。日本の建築家はアメリカに比べてステータスが低い、なんとかしてそれを高めたい、というのですね。それは、日本の公認会計士にも同じことがいえるのです。1964～65年のことですね。私がルイ・ヴィトン（以下、LV）と出会ったのは1978年で、青木淳さんの設計で最初の建物が名古屋・栄にできたのが1999年ですから、それよりずっと前のことです。原点はそこにあります。経営者としては異常に建築に詳しいといっていただいたりしますが、そんなことで今でもずっと興味をもっています。

建築家を起用することの効果

「LV名古屋栄」（1999）です（fig.1）。私がLVと関わってから20年が経っています。2000年にLVの売上が一千億円になりました。一ブランドとして一千億円というのは驚異的で、朝日新聞の朝刊一面に記事が載ったりしました。ブランドの認知度はすでに高かったのですが、ブランドビジネスというものは、そんなに大きな規模になるのかと驚かれましたね。

LVのイメージ戦略、ブランド戦略には、できる限りの手を尽くしてきました。1978年にLVジャパンを立ち上げた時は、男性からはハンドバッグの会社だと思われていました。その歴史にあるクラフツマンシップなどはほとんど知られていなくて、ただ流行っているから、持っていないと遅れてしまうといったイメージが先行していたんです。それをなんとか直そうと、コミュニケーション戦略を続けてきたともいえます。そして最終的にたどり着いたのは、一般の広告ではなく、建築家が設計した店舗でした。建築に強く関心をもって、「LVというのは、こんなこともやるのか」と感じてもらう。一般の人々における建築家のイメージというのは非常に高い。LVは芸能人もスポーツマンもあまり広告に起用しなかったのですが、建築家は、アーティストであることを別にしても、実務的であると同時に、コンセプチュアルで創造的であるという二面の魅力をもっています。店舗を通じてのイメージアップが達成できるのではないかと。

それまでも内装については、全店共通にモノグラム（「L」と「V」を重ね合わせた幾何学文様）を使用したり、LV独自のものはありました。しかし、ビルの外観までデザインしたのははじめてで、私の建築家に対する興味が発端となっています。美術館やアート作品を

fig.1 | ルイ・ヴィトン 名古屋栄(設計:青木淳建築計画事務所)

fig.2 | ルイ・ヴィトン 表参道ビル(設計:青木淳建築計画事務所)

つくるブランドもありますが、よりインテレクチャルな、よりソフィスティケートされたイメージを効果的に広げるには、建築を媒介させよう。LVを持つのは恥ずかしいという人もいますが、「そんなことはない」という人を増やしたい。それには、建築に興味のあるような人たちを増やしていくべきではないか。建築家の参加は、LVのイメージを変えて進化させるのに大きな効果があったと思います。

このプロジェクトでは、はじめてインターナショナルなコンペティションで設計者を決めることになりました。といっても、有名な建築家というのは我々の頭にありませんでした。有名な建築家はあまりコンペに参加しないし、仮に参加しても、その人のデザインをLVの方で変更するのは失礼でしょうから。そこで、海外の建築家2組、日本の建築家5組によるコンペをしました。そのなかに青木淳さんがいて、彼の設計案がダントツだった。誰が見ても、これしかないというくらいの差があったと思います。彼は「建築を通じてLVのブランドイメージをどうやって上げるか」という我々の意図を理解し、目に見える形、建築として提示してくれた。建築家としての主張だけをしていても、商業建築というのはできないんですね。公共建築のような税金を使うプロジェクトと、自分のお金で自分のビルをつくるのとは、まったく違います。いかにクライアントの意図に合ったものにするかを配慮しながら、建築としてもすばらしいものをつくる、というチャレンジが、ここでスタートしたのをよく覚えています。

ルイ・ヴィトンの歴史とコンセプト

「LV松屋銀座」(2000)で、ファサードは青木淳さんの設計です。松屋百貨店に2階までが食い込むようなかたちで、道路から直接入れるお店になっています。商業施設というのは、上の方の階は使いにくいので、われわれにとっては理想的な条件でした。

ファサードには「LV名古屋栄」に続き、ダミエ柄(市松模様)が使われています。これはLVでは、モノグラムより前にあった柄で、1888年に商標登録しています。モノグラムをファサードにするのは、いやらしくなる危険がありますね。しかし市松模様というのは、LVでありながらユニバーサルなものです。それを見た時に、多くの人がLVを連想してくれれば、我々にとって大成功。つまりこのファサードは、LVの伝統に的確に応えているわけです。LVのコンペに勝とうと思ったら、LVの歴史につながることをコンセプトのなかに組み入れることが大切ですね。

その後、松屋全体のファサードがこのイメージを踏襲したものになって、今では周囲の緑とすっかりなじんでいます。

そして「LV表参道ビル」(2002)です(fig.2)。何人かの建築家でコンペをしました。青木淳さんとばかり協働していると、うちとなにか関係があるようにいわれますしね。結果的には、青木さんの案で実現しました。このファサードは、トランクを重ねているんですね。先ほどいったように、創業以来、旅行鞄をつくってきたという歴史につながることがコンセプトに入っています。床面積の割には威圧感がないように、小さな箱を積み重ねるコンセプトですね。表参道にあって、「オレが、オレが」という感じがしません。7階はもともとイベントホールですが、最近は文化スペースとしてアーティストが展覧会を開いています。パブリックで入れますから、ぜひ行ってみてください。とても幻想的な空間です。

LVMHをめぐる作品の数々

「LV高知」(2003)です(fig.3)。青木淳さんの事務所から独立した、乾久美子さんにデザインしてもらいました。コストが厳しいなか、石のスクリーンでシンプルな表情をつくっている。今までの店舗との一貫性も

fig.3｜ルイ・ヴィトン 高知（設計：乾久美子建築設計事務所）

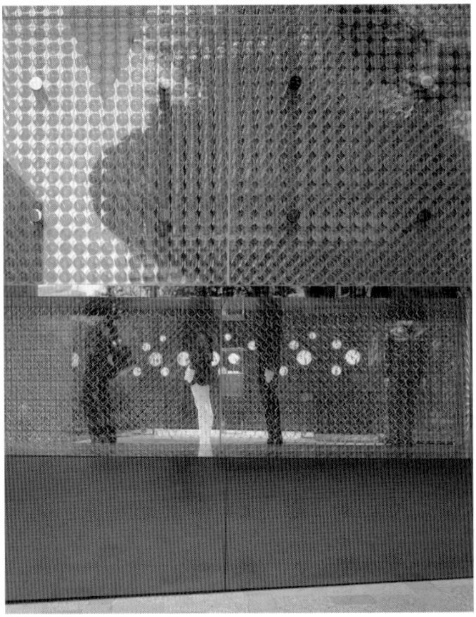

fig.4｜ルイ・ヴィトン 六本木ヒルズ（設計：青木淳建築計画事務所、Louis Vuitton Malletier、Studio Aurelio Clementi、エイチアンドエイ）

fig.5｜ルイ・ヴィトン ニューヨーク（設計：青木淳建築計画事務所、Peter Marino+Assoc、Louis Vuitton Malletier）

fig.6｜ルイ・ヴィトン 大阪ヒルトンプラザ（設計：乾久美子建築設計事務所）

あって、すばらしいものですね。

「LV六本木ヒルズ」(2003)は、世界で一番コストのかかった店舗です(fig.4)。青木淳さんのほか、アウレリオ・クレメンティなど3人ほどの建築家が関わっています。六本木は夜の街なので、バーとディスコをイメージしたコーナーがあります。オープンの時、『インターナショナル・ヘラルド・トリビューン』紙の文化面に大きな記事が載り、絶賛されました。これはすごい広告効果、イメージ効果がありました。

「LVニューヨーク」(2004)も青木淳さんの設計です(fig.5)。ニューヨークのど真ん中の建築に日本の建築家が関わるというのは、歴史的な快挙といえます。昼夜でガラッと表情が変わります。

「ディオール銀座」(2004)、「LV大阪ヒルトンプラザ」(2004、fig.6)は乾久美子さんの設計。前者は非常にローコスト、後者は高価と対照的なプロジェクトでした。乾さんと一緒にパリへプレゼンテーションに行きました。思い入れの激しい建築家たちのなかにあって、彼女のシャイで訥々としたしゃべり口は本社に好印象を与えたようです。

fig.7 | LVMH大阪(設計:隈研吾建築都市設計事務所)

「LVMH大阪」(2004)の設計は隈研吾さんにお願いしました(fig.7)。3ブランドの店舗と、貸しオフィスが入っています。上部は大理石を使ったファサードで、夜間もとても美しいものです。

「LV大丸京都」(2004)です(fig.8)。これも青木淳さんの事務所から独立した、永山祐子さんが設計をしています。ファサードは縦格子に見えますが、じつは目の錯覚で、平面の偏光板でつくられています。

表参道の街並み

冒頭に言ったように、義理の兄から「日本の建築家のステータスを上げる」という夢を引き継いで、表参道を日本の建築家の活躍するストリートとしたい、と考えていました。さまざまなコンペに外国の建築家が参加し、リカルド・ボフィルの「青山パラシオタワー」(1999)もありましたが、なぜ日本の建築家が設計できないのか、と。

しかし、青木淳さんの「LV表参道ビル」(2002)、隈研吾さんの「ONE 表参道」(2003)、妹島和世さんと西沢立衛さんの「ディオール表参道」(2003)、黒川紀章さんの「日本看護協会ビル」(2004)、伊東豊雄さんの「TOD'S表参道ビル」(2004)など、建築家による作品が次々に建てられていきます。そして、安藤忠雄さんの「表参道ヒルズ」(2006)が完成した時に、思い出深い、表参道の完成という印象を受けました。

fig.8 | ルイ・ヴィトン 大丸京都(外装設計:永山祐子建築設計)

表参道という街並みは、もともと並木がまっすぐに続いて、道幅があり、なだらかな坂があって、明治神宮に行き着く。その全体が醸し出す雰囲気はすばらしいですね。そこに建築家が新しい建物をつくる時、その雰囲気を壊さないようなコンセプトでつくるという、ある程度の見本はできたと思います。今、日本では一番レベルの高い街並みだし、建築に関わる人は全世界から表参道を訪ねてきます。日本の著名な建築家の建物が全部見られるわけですから。

建築家のもつ「人柄」

さて、今日はぜひお伝えしたいと思ったことがあります。建築家というのは、いろんなタイプの人がいます。デザインにすごく凝る人、だけど口下手でデザインについては作品を見てもらえば分かるというタイプの人、逆に社交的な人、また両方を備えた人もいる。建築家にとって一番大切なのは、その人のもつ「人柄」だと思います。建築上の技術や才能をもっているだけではなく、人柄がにじみ出るような教養と経験と育ちが大事です。たとえば乾久美子さんからは、朴訥で誠実という人柄が伝わってくる。それがデザインにはっきりと出てきます。

公認会計士、医師、弁護士など、国家試験を通った人はたくさんいても成功するのはごく一部です。今から建築家を目指す皆さんにとっても、良い大学を出た、一級建築士を取ったというのは本当にスタート地点です。そこからが勝負です。自分自身の教養とか、交際範囲とか、人に対する心配りとか、いろいろなものを身につけていかなければなりません。それには時間がかかるし、簡単にできることではない。自分はそういう人になりたいと、心して努力しないとダメですね。

以上です。ありがとうございました。

トウキョウ建築コレクション2011
連続講演会「建築家を語る」

建築家の野心

長坂 常
NOSIGNER
細川直哉

長坂 常 Nagasaka Jo

1971年大阪府生まれ。1993年明治大学中途退学。1998年東京藝術大学美術学部建築科卒業。スタジオスキーマ(現:スキーマ建築計画)開設。2007年事務所を上目黒に移転。ギャラリーなどを共有するコラボレーションオフィス「happa」を設立。

NOSIGNER ノザイナー

「見えない物をつくる職業」という意味をもつ、NOSIGNERとして、匿名でデザイン活動をする。科学・教育・地場産業など社会的意義を踏まえたデザイン活動を通し、幅広いデザイン領域で国際的な評価を受けている。

細川直哉 Hosokawa Naoya

クリエーティブディレクター。1970年生まれ。1995年早稲田大学大学院修了。1995年電通。2011年よりドリルを率いる。2011年カンヌ国際広告祭審査員。広告クリエイティブ、デジタル、アウトドア、ソーシャルメディアを駆使し、革新的なコミュニケーションを数多く手がける第一人者。

想像力の空間へ

長坂 常

僕はもともと建築とは別の大学に行っていて、まわりのアーティストや演劇をする人をどんなイベントによっておもしろく見せるかに夢中になっていました。20歳のころのテーマは予定調和を打破することで、日常の中にすばらしいものを発見したり感動できるような状況をつくれないかと考えていた。ただそこで自分には何の技術もないことに気づいて、芸大（東京藝術大学）の建築科を受験します。

　これは卒業制作で、駅から都心に向かうベクトルをもつ都市構造に疑問を感じて、360度、自由に行き来したくなる町をつくりたいと考えました。最終的には、大量の農場をつくって、その真ん中に宿泊施設をつくりました。都心部の大きな力に対して、大きな抜けを近くに置いたわけです。この1998年のプロジェクトは、先ほどのテーマの意識にすごく近いものだと思います。

　「Sayama Flat」という2008年の作品です。結局、卒業制作で意識していたことと、仕事とが接点をもちはじめたのは10年後なんですね。これは築38年の集合住宅の改修を、原状回復と同等の、すごく安い金額でオーダーされたものです。ここでやったのは、ただ剥がすだけ。一切足すことをせずに、すべて解体だけでデザインをしようと。おもしろいと思ったのは、普段何気なく見ていたものが、ちょっとした操作で、形を変えずに、かっこよく見える。たとえば、この襖は見慣れたもので、お金があればすぐ壊したと思うんですが、

卒業制作（1998）
上：都心へ向かうベクトル。駅から半径1.5kmの部分を白い丸で囲み、そこからはみ出した部分に計画する。
下：すり鉢状に掘り込まれた畑が接しながら全長3kmほどの敷地内に点在する。その中央にゲストハウス（宿泊施設）。

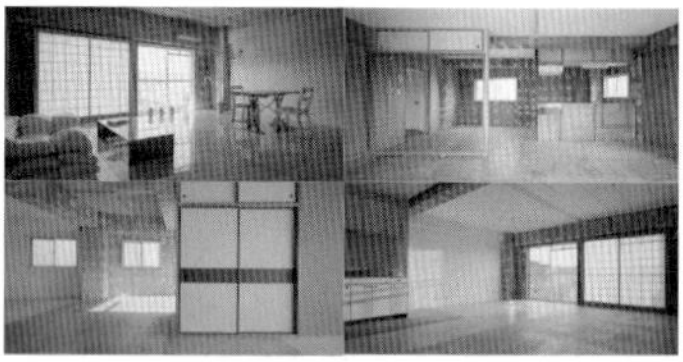

Sayama Flat（2008）
上：既存の仕上げを剥がしていったインテリア。
下：長坂氏の家のベランダから見た東京の風景。

手を加えず、まわりを間引くことで、魅力あるものになる。つまり、この東京の風景にしても、良い風景だと思える状況にもっていけるんじゃないか。それがすごく新しいことのように思えました。

なにか、新しい敷地がきれいに与えられて、そこに新しいものをつくって、そこを最高のものにすると幸せな空間ができるというのではとても数が追いつかない。すでに美しさは存在していて、少し操作を加えることで皆が美しいと感じられる。それこそ、今の東京の風景を変える方法じゃないかと思う。そして、それを確信するためにも、1年間ほど許されるところで同じテーマのプロジェクトを大小行いました。

「奥沢の家」という木造住宅の改修です。これはいわゆる昭和の時代、ちょっとお金持ちの人が住むような家でした。木造ですが、タイルはバリバリに貼っていますし、パラペットがあって鉄筋コンクリート風に見せているし、木造ならあるべきところに柱も壁もない、鉄骨造のようなリビングがありました。その見栄っ張りな感じが、今見ると切ないんですけど、そんな情けないけど、どこか人間味を感じる衝動に優しくつっこみを入れてみました。

「Aesop《イソップ》 Aoyama」で、昨年12月にできたオーストラリアのコスメブランドのお店です。ここは世界中に店がありますが、ひとつのプロトタイプに押し込むのもいやだし、毎回新しいものを生むのも苦しい。もう少し状況に委ねながら変化し得る型を考えてみました。実は工務店の担当者が、自宅の前にある家が解体されるというので、材料をもらいに行って、店舗のスケルトンはなるべくいじらず、まるまる一軒分の材料を挿入しました。これが韓国とかイタリアなら、また家は違うから形も変わってくるという方法論です。

完成とともに風化していく最上級なものを目指すより、まあまあな身の丈のものをつくる。「Space for the imagination」と呼んでいますが、見る人にデザインを押しつけるのではなく、参加したくなる想像の余地を残した空間をつくっていきたいと思っています。

奥沢の家(2009)
上:左上は改修前の外観。
下:昼間の外観はパラペットのみが見えるが、夜間はミラーガラスが反転して三角屋根の木造架構が見える。

Aesop Aoyama (2010)
上:ほぼ既存のまま使われた躯体と、廃材を利用した店舗什器。
下:上段は改修前の様子。下段は解体前の住宅と、その廃材。

デザインの方向性

NOSIGNER

僕の修士論文のテーマは「デザインと言語は似ている、であるなら、言語としてデザインを読み解いたらデザインはもっと分かりやすいものになるのではないか」という内容でした。デザインと理解とは不可分なんです。言語は理解の構造そのものなので、ふたつが似ているのは自然なことかもしれません。Designの語源はラテン語のsignareで「記号に記す」という意味。一方で、NOSIGNERは見えないものをつくるものという意味です。

デザインとは何か。デザインは見えるものでしたが、今はどうやら違う。現代のデザイナーは、社会問題や人の感情など見えない課題に取り組んでいるのだと思います(fig.1)。

これは香港で行ったインスタレーションです(fig.2)。水がなみなみと入ったコップは見慣れたものですけど、それが一千個集まると、ちょっと見たこともない景色ができる。先ほどの長坂さんの話に近いものがありますね。

これは羽田空港・第二ターミナルにある、アルボリズムというテーブルです(fig.3)。ここでは家具の仕組みをつくりたくて、規格材のロッドを同じ方法で継いでいき、植物のように育てる。フラクタルという柔軟性のあるルールのままにつくって、勝手にデザインができる。デザインの自律性に興味があります。

誰にデザインが必要なのか。誰かが世界を支配するのではなく、僕らが自ら発言権をもち社会を変えてい

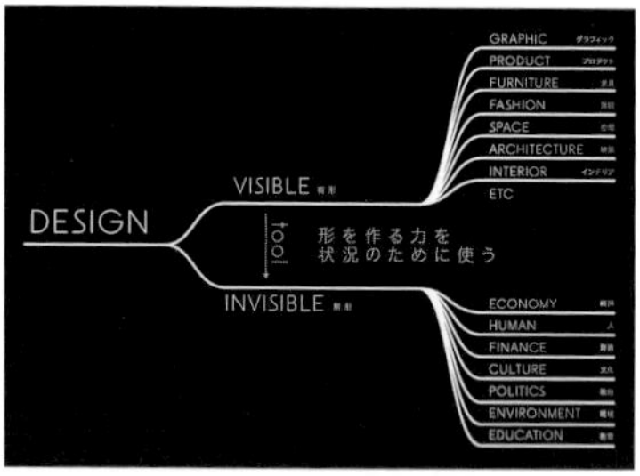

fig.1

fig.3 | Alborism

fig.2 | WATERFUL

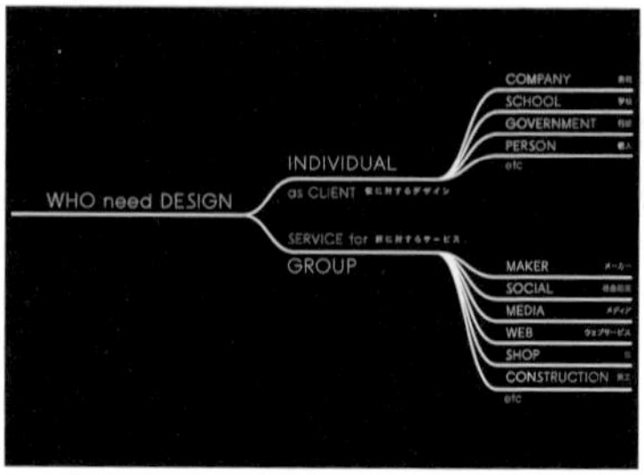

fig.4

くようになってきました。デザイナーが社会起業する、建築家が工務店をはじめる、などなど。クライアントという個のためのものから、群のためのものへと移っています(fig.4)。

卵の殻を集めてつくったランプです(fig.5)。今、資源と思われていないものから何か素敵なプロダクトができるのではないか。それを自分でつくってもいいじゃないかと思うんです。百年前には「買わずにつくる」選択肢はもっとあったはずで、僕らはつくる豊かさを失ってきた。

デザインはいつ役立つか。デザインは結果だけでなく、プロセスにも働くようになる。タイムラインをもったデザインが大事になります。(fig.6)。地場産業のプロジェクトなどはまさにそうです。徳島では二方向に引ける引出しの機構を共同開発しました(fig.7)。二方向の引出しならあのブランドだといわれるように、ブランドを構築することは、彼らのタイムラインを考えることです。これは、かんぴょうの粉でできたうどんで、「ゆるキャラ」のパッケージをデザインしました(fig.8)。それは最終的に、かんぴょうの作付面積を増やすという目的につながっています。

今日お話ししたような方向に、デザインはどんどんシフトしている。それは建築にもいえることだと思いますね。クライアントを儲けさせることより、隣にいる友達をハッピーにすることが大切になるかもしれない。デザインという言葉は百年くらい前にできたものですが、僕らは有史以来デザインしている。ラスコーの壁画も弥生土器もデザインです。僕らは何かを編集したり、何かを効率化するデザインのその本能をあらかじめもっています。

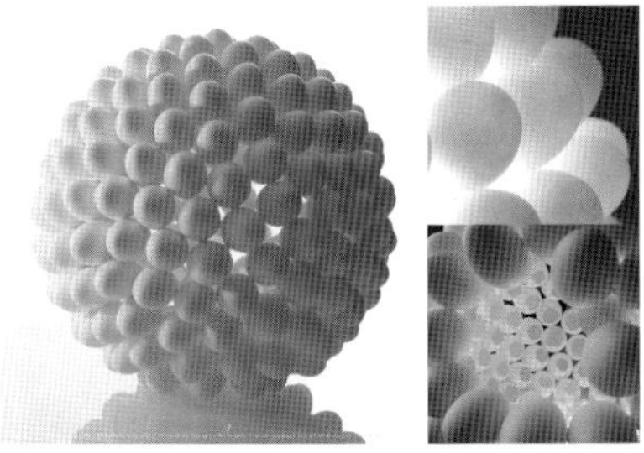

fig.5 | Rebirth

fig.7 | Cartesia

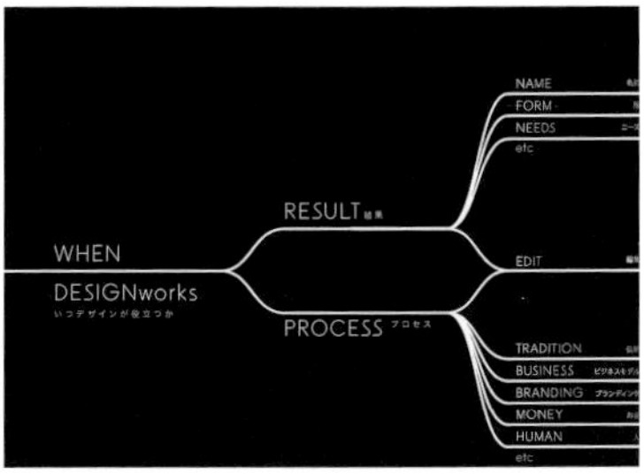

fig.6

fig.8 | Kanpyo Udon

コミュニケーションを生み出す

細川直哉

僕は16年前に建築から飛び出して、広告のクリエイティブディレクターをやっています。その動機は大学時代に、建築のデザインよりも、その建築が建ち上がることでどんなコミュニケーションが起こるかに興味が移っていったことにあります。そこでどんなコミュニケーションを起こすかという実験がしたくなって、広告の世界を選びました。

建築と広告、僕は非常に似ていると思います。具体的には、まずクライアントがいて、彼らの希望と僕らのやりたいこととを、さまざまな条件をくぐり抜けて、最終的にひとつの形に定着させる。この思考プロセスは同じですね。違いはスピードとスケールです。人間のコミュニケーション、特にメディアがこれだけ変わってくると、広告のクリエイティブには非常に速いスピードが要求されます。僕らは2週間で企画をつくり、1カ月で世に送り出していくのが日常です。CM、グラフィック、サイト、イベント、映画、店、社会貢献とか、いろんなものをつくる。でも目的はものをつくることではなくて、そこにコミュニケーションをつくることなんですね。それをもっとも劇的に達成するアイデアを繰り出すことが、広告クリエイティブの仕事です。

常に新しいアイディアを生み出す必要があって、ソリューションはたくさんもっています。それは、デザインの送り手側、コミュニケーションのつくり手側である僕らよりも、受け手側である一般人の方がはるかにスピードが速いからです。一回見たものは飽きてしまう。その人たちのアテンションをつかむために僕らはたくさんの引出しをもっていますが、建築はもちろんそのひとつになり得ると思っています。

これはトヨタのiQという車のキャンペーンです(fig.1)。銀座のビルの壁面で空中ミュージカルをやりました。それをみんなが写真や動画に撮って、ブログやYouTubeなどで広めてくれる。ショーが広告に変わったわけです。最近は、このようにメディアアートを有効活用したものが増えています。コミュニケーションを生むようなコンテンツをデザインして投げ込めば、世の中に

fig.1 | TOYOTA iQ, Theater in the Air
ビルの壁面に垂直な道路をつくり、そこに車を取り付けて、ワイヤーで3名のダンサーを吊す。「私とiQ」というテーマで毎晩5分間のショーを、全40回公演した。

fig.2 | UNIQLO, "Human Vending Machine" World Tour
ニューヨーク、ロンドン、パリ、北京、ソウルの5都市で行ったプロジェクト。実物を配って着てもらうだけでは、話題にならない。配る行為自体が大きなコミュニケーションを生み出す方法を考えた。タイムズスクエア、新凱旋門前、オックスフォードストリートなど多くの人が集まるところで行い、CNNなど大手マスコミの取材を受けることになった。

どんどん波及していくという手法です。

ユニクロのヒートテックを売るために、世界5都市でキャンペーンをしました（fig.2）。サーモグラフィカメラを用意して、青く映った人にはヒートテックの服を配って着てもらう。みんなが温かい服を着て、本当に幸せそうな笑顔になる。テレビや新聞のニュースで取り上げられ、爆発的な売上げにつながりました。

これは数年前、東京へのオリンピック招致のプロモーションです（fig.3）。都民のオリンピック熱を短期間に上げるというミッション。都営大江戸線の全30駅を、オリンピックの全競技30のスタジアムにしました。

これはオーガニック素材専門のインテリアショップです（fig.4）。何万枚もの落ち葉を拾ってきて商品を印刷し、街中にバラまいてそれを持ってきた人にはエコバッグをあげる。バラまいたらゴミになると思われるけれど、いいえ、これは落ち葉ですから土にかえりますという仕掛けです。

ロンドン・ピカデリーサーカスの屋外広告で、TDKのデジタルサイネージです（fig.5）。昨年の大晦日にカウントダウンをして、ハッピーニューイヤーをみんなで祝うというもの。広告はものを売る時代じゃなくて、もっとソーシャルなコミュニケーションを生み出すものですよ、というロジックで実現しました。

僕が建築の外に出てみて感じるのは、建築的な思考のできる人は新しい人間のコミュニケーションを生み出す力があるということ。これからコミュニケーションが多様化していくなかで、この領域には大きなチャンスがある。建築デザイン、広告クリエイティブと境界をつくるのではなく、そのチャンスを生かしてほしいと思います。

fig.3

fig.4

fig.5

fig.3｜TOEI STATION STADIUM
オリンピックに対する都民の関心が低いと、IOCの調査で候補地から落とされてしまう。そこで、都内を一周する地下鉄・大江戸線の駅数とオリンピックの競技数とが一致することから、駅をスタジアムに変えた。いろいろな競技が体験でき、スタンプラリーも実施。近所に相撲部屋の多い清澄白河駅では相撲取りがウェイトリフティングを、神楽坂駅では芸子さんがバレーボールをと、殺風景な地下鉄駅が一変した。

fig.4｜BONMAISON
自然に優しいものばかりを扱っている店なので、広告も自然に優しくなければいけない。世界初、土にかえるプロモーション。

fig.5｜TDK, London Piccadilly Circus Project
広告コミュニケーションには、人をハッピーにする力があるという実証。みんなで新年のカウントダウンをしよう！　とデジタルサイネージで呼びかけ新しい「行事」をつくり出した。

時間軸とデザイン、他者性とデザイン

会場：時間軸についてお考えを聞かせてください。

細川：コミュニケーションをデザインする世界に入って、最初に考えたのは時間です。人は常に移り変わるから、当然コミュニケーションは変わりつづける。かつてはコンタクトポイントといいましたが、今ではコンタクトタイミング。時間をどうデザインするかを考えないと、人に届かない。その意味では、建築はなぜ時間の流れに乗っていなかったのかと思います。

長坂：僕なりにデザインを定義すると、「知の更新」なんです。デザインという辞書をみんなで共有して、そこに一ページもしくは一行だけでも書き加えていく。当然それは流用可能でなければならない。生きていくなかで僕が感じていることを、みんなにも感じてほしい。もうひとつ気になるのは、ここ十年ほどで管理社会が進んで、どんどん息苦しくなっていることです。大事なゆとり、間《ま》が確実になくなっている。そこに向かい合って、ズラして、少しでも余地をつくろうという意識で自分はデザインをしています。

会場：こういう人と一緒に仕事をしたらおもしろそうだというのはありますか。

NOSIGNER：研究者とよく仕事をしています。科学者・研究者がその仕事を表現するのにデザインがどう寄与できるか。彼らもコミュニケーションしたいし、僕らもうまく協働できればコアのおもしろい部分が引き出せる。いろんな分野のプロと協働したいですね。

細川：個人的には教育に興味があります。日本の教育はすごくつまらなくて、子どもたちが醒めてしまっている。デザインや建築の力で、そこを活性化できると思うんです。

NOSIGNER：僕も、普通の人をいかにデザイナーにするかということに興味があります。それは教育なのかもしれない。

細川：昨年、名古屋でCOP10（生物多様性条約第10回締約国会議）が開かれましたが、あのキーデザインはプロのデザイナーのものではないんですよ。日本には折り紙という伝統文化があるから、万物は折り紙一枚でつくれるということで生物多様性を表現した。本当に普通の人でも世界的な大会のロゴデザインをつくれる。それは新しいデザインの考え方で、すごくおもしろいと思うんです。

NOSIGNER：触覚技術の研究者との展示会「Techtile #3」の空間デザインでは、触覚を感じる空間にしようと思いました。それで参加者みんなに1mくらいの長さのアルミ箔を配り、街中にあるデコボコにあててごしごしと手でこすってもらった。マンホールの蓋とか、小学校のピアノの鍵盤とか。その素材で空間をつくると、僕はルールを決めただけだから、最終的なテクスチャーというのは誰がデザインしたのか分からないですよね。協働からできるデザインはおもしろい。

長坂：さっきの「Sayama Flat」で素敵な体験をしました。普通、入居者が空間に手を入れるといやな思いをするものなんです。しかしSayamaはものを省いただけで自分ではつくっていない。至らないところもいっぱいあるので、入った人は自由に手をつけられるという条件で貸し出した。だからみんなが自由に壁をつくったりしたんですが、それを見た時、あっ、いいじゃん、と感じた。はじめて他人のものを受け入れられたんですね。

会場：今日のお話は、デザインに対して他者性をどう取り入れるかということのように感じました。

細川：そのデザインがどれだけ人をハッピーにしたか、どれだけ人を感動させたか。その笑顔の数が増えるほど、良いデザインだと思います。さっきの折り紙の例にしても、ソフィスティケートされているかどうかは分からないけど、たくさんの人たちが楽しんで、最終的に人を幸せにしている。見た目というもの以上に、どれだけ人を動かしたか、そこが僕の判断基準です。

トウキョウ建築コレクション2011　連続講演会「建築家を語る」

身のまわりについて

原 広司

原 広司 Hara Hiroshi

1936年神奈川県生まれ。1959年東京大学工学部建築学科卒業。1964年同大学数物系大学院建築学専攻博士課程修了（工学博士）。同年東洋大学工学部建築学科助教授。1969年東京大学生産技術研究所助教授。1982年同大学生産技術研究所教授。1997年同大学を退官。同年同大学名誉教授。1970～98年設計活動はアトリエ・ファイ建築研究所と共同。1999年原広司＋アトリエ・ファイ建築研究所に社名変更。2001年ウルグアイ国立大学Profesor Ad Honorem。

黎明期の原 広司

講演会の企画について

辻 泰岳 Tsuji Yasutaka

1982年生まれ。東京大学大学院工学系研究科建築学専攻博士課程在籍。浜田晶則（東京大学大学院修士課程）とともに、本講演会を企画。

本論文は、2011年3月6日に行われた原広司氏による講演会「身のまわりについて」の企画、および講演内容についての記録である。

企画趣旨

私たちは情報に囲まれている、と言われている。もはや当り前のように受け止めている、私たちのこうした〈身のまわり〉、情報空間という風景は、どのように表すことができるのだろうか。そして、いつから自明のものとして扱われるようになったのだろうか。

いわゆる文明開化の時代、国産第一号の電話機は、1877（明治10）年に輸入されたグラハム・ベルによる電話機をもとに模造されている。はじめて手にした受話器を思わず離し、目を白黒させる人を想像すると、新しい技術には説得力がある。情報空間という主題の前で思い浮かぶのは、明治の役人のどっきりした顔。

かたや建築家の横顔。情報という技術を使って、こんなに新しい建築ができる、私たちは歴史の転換点にいる、という台詞は、時に錬金術師の口上のようにも聞こえる。新しい技術は、建築という言葉の原義を問い直しつつ、先人たちの手で日々取り込まれてきた。近代と技術という大きな過程とその認識は、そう簡単には揺らがない。

だからこそ先人が振り返る過去の足跡と、その言葉の過程は尊い。原広司は1995年の「デジタル・アーキテクチュアへの視線」（註1）という雑誌の特集において、コンピュータ・テクノロジーとネットワークの発展による、サイバースペースの出現について言及している。ここで原はその技術の必要性の背景を、世界人口の増加によって派生する問題の解決に見い出している。ここでの言及は後に『DISCRETE CITY』（註2）などを通じて展開していくのであるが、原による情報空間への言及は、経歴の当初にあたる1960年代から展開される理論と結びついている。

原広司の足跡から、列伝としての建築史の記述を試みる。それは途方もない作家論でもある。建築家という創造主体へのロマンティシズムと、その定式化した記述は批判的な検討が必要である。だがひとりの建築家の経歴をたどれば、なるほど通時的な記述となり得る。戦後の建築史はいまだ無色透明のままであり、住む時代を背景として、建築家の職能と言葉も書き替えられていく必要がある。原とともに立ち返る「建築に何が可能か」という問いを携えるための場として、今回の講演会は企画された。

〈身のまわり〉について

原広司と企画者、および若い聴衆とは、約50年の年齢差がある。本講演は、原と若い聴衆との対話の場であることが望まれた。第一部の原による講演は、50年という時差にふれながら、これまでの活動と理論の展開、そして現在の取り組みについて、バトンを託すかのように展開された。

はじめに本講演会のテーマである〈身のまわり〉、自分を取り巻く環境をどのように捉えるかという問いとともに、現象学と数学をめぐる状況と、原がこれまで活動の主軸としてきた空間の記述にまつわる背景が語られる。続くプレゼンテーションは、ドローイングを主としたスライドを利用して行われた。部屋とあずまやという、ふたつのタイプの建築の起源を示す大空と大地のドローイングが提示され、「有孔体の理論」、「多層構造論」、「様相論」、「離散性」という、これまでの原による理論の展開が説明される（註3）。講演の最後に提示されたのは複素数平面である。複素解析と格闘しながら、現実の場所とコンピュータによる仮想的な場所との、虚実入り混じる世界を説明しようとする。抜

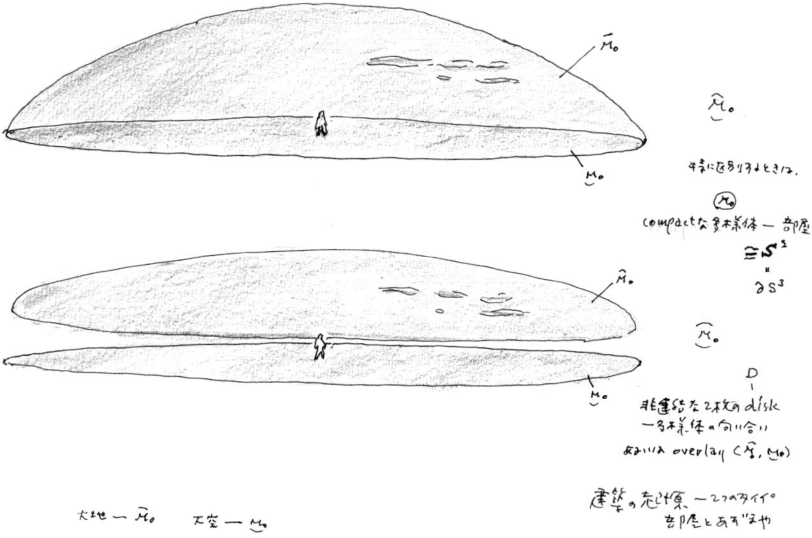

fig.1｜大空と大地のドローイング。建築の起源を、部屋とあずまやのふたつの形式で説明する。大空には孔が穿たれ、変形した被覆として表されている。「有孔体の理論」、およびその補完としての「浮遊の思想」が読み取れる。

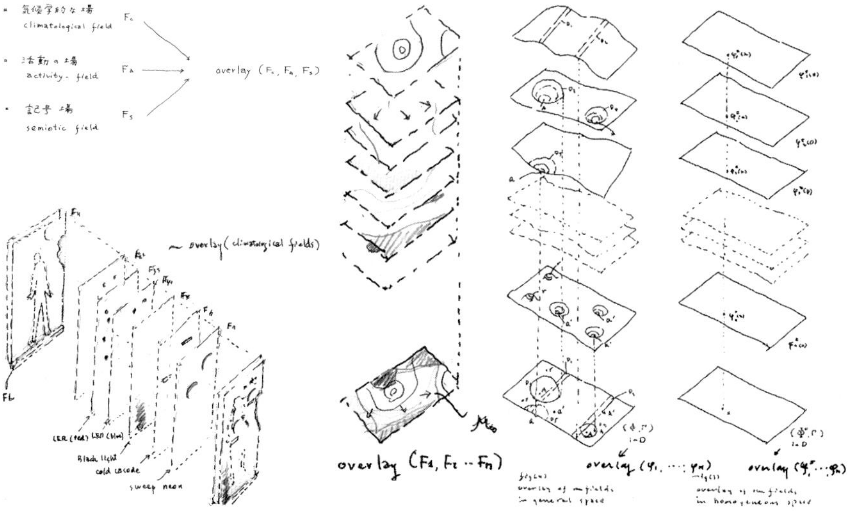

fig.2｜「多層構造論」を示すドローイング。これを経て「様相論」の図式が説明される。
ここでは気候学的な場、活動の場、記号場の〈重ね合わせ／オーバーレイ〉が表されている。

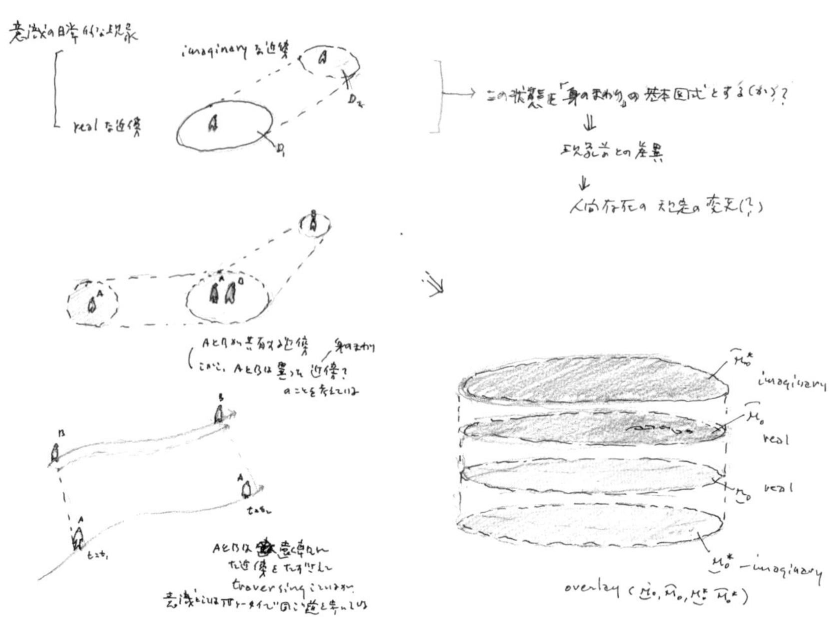

fig.3｜〈身のまわり―近傍〉の基本図式を示すドローイング。リアルな近傍とイマジナリーな近傍の〈重ね合わせ〉によって、現実と仮想が同時存在する〈身のまわり〉が表されている。

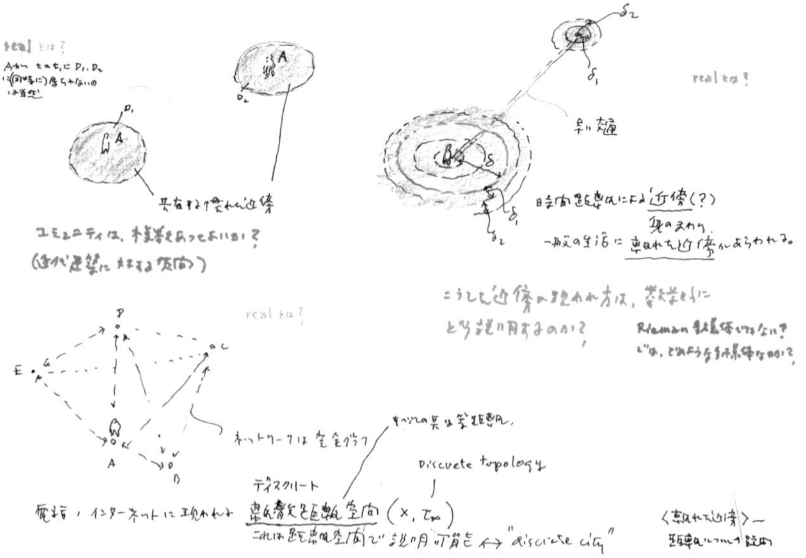

fig.4｜「離散性（ディスクリートネス）」を示すドローイング。電話、インターネットによって遠く離れた2点が結ばれ、すべて等しい距離である離散距離空間が表されている。

身のままに聴衆に託された原の講演は、やがてまとめられるであろう「空間の文法」という建築理論に向けて、線的に展開された。

これを逆にたどる（註4）。「離散性」は『DISCRETE CITY』で語られる離散空間、都市が物理的な距離を乗り越えられるかという問題を扱うための概念である。『空間〈機能から様相へ〉』でまとめられる「様相論」（註5）は、身体／意識と機能／様相という図式で説明される、刻々と変化していく建築を捉えるための理論である。また「多層構造論」（註6）は「意識の様相論的空間」という展示作品を通じて、〈重ね合わせ／オーバーレイ〉という手法とともに、時間の空間化のための図式として説明される。さらに「有孔体の理論」（註7）は、閉じた空間単位に孔が穿たれ、その連結と制御によって変形した被覆として構成された空間概念を示す建築論である。初期の実作とともにある「有孔体の理論」は、30歳を機にまとめられた著作『建築に何が可能か』（註8）に収められた、1960年代の原にとって代表的な理論的枠組みであった。

原による理論の展開はこれら以外にも、「住居集合論」、「均質空間論」、「境界論」など多様であり、講演の内容とドローイングをこれらと短絡的に結びつけることはできない。だがこうして発表をさかのぼると、原の活動の原点にたどり着く。指導教官であった内田祥哉のもとで取り組んだ博士論文「ビルディング・エレメントに関する基礎的研究」を失敗作であると振り返り、建築とは“もの”ではなく、“出来事”であると断定する。建築の要素を部位、部品、部材に関する工学的な構成原理にもとづいて理論化する、このような研究に携わる一方で、空間体験は“もの”で記述できるのかという大いなる疑問も同時に携えていた。この疑問は原自身の原点であると同時に、情報空間を考える上でも、現在と地続きの問題であるといえるだろう。

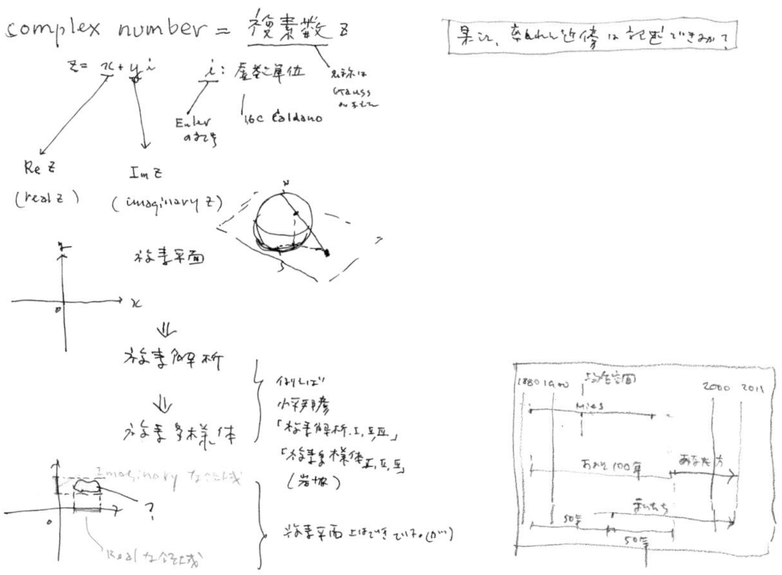

fig.5｜複素数平面、複素解析、複素多様体についてのドローイング。〈身のまわり〉における、離れた近傍の記述のために、「空間の文法」へとつづく理論的枠組みが説明される。年表には「Mies」、「均質空間」といった記述とともに、原と聴衆との時差が示されている。

黎明期の原広司

第二部は、こうした原の経歴の初期にあたる1950年代中盤から1970年代前半の時期に焦点をあて、原がこれまで自身として語ることのなかった歴史を探るために、企画者からの質問によって構成された。

はじめに、1954年に東京大学に入学し、駒場寮に入寮していた学部生時代における三鷹でのデモと、全学連での1960年の安保闘争への参加が語られた。原自身は『空間〈機能から様相へ〉』の序（註9）において、『建築に何が可能か』を60年安保の書と位置づけており、同書の解題とした内藤廣のインタビュー（註10）などでも、少しずつこのころの活動が語られはじめている。

次に1960年のメタボリズム発足に代表される、アーバンデザインを背景とした時期の活動について語られた。丹下健三研究室に所属した学部4年生のころは、丹下の博士論文執筆の手伝いのために自邸に通っていたこと、大学院進学については、東大内部にて進んでいた都市工学科の設立に際して、建築に対し責任的な部分で身につけるべく、内田祥哉による建築構法研究室に入室したこと、内田研にて海外からの新技術を紹介する冊子の翻訳に携わり、それによって口を糊するようになったことなどが語られた。ここでの冊子の翻訳は、『アルミニウム建築』（註11）などの出版につながっており、当時の内田研が取り組んでいた建材の規格化、ビルディング・エレメントによる構法計画と、西欧の生産技術との関係性を考察する上で注目される。またメタボリズムについては、川添登の文章を通じて間接的に知る距離にあり、修士課程の際に磯崎新らとともに行っていた勉強会では、すでに世に出ていた菊竹清訓、黒川紀章と磯崎との関係を考慮し、メタボリズムに関する話題は口にしなかったと説明した。この月一回の勉強会は磯崎、奥平耕造、川上秀光が音頭をとり、唐崎健一、曽根幸一、森村道美らが参加した、近代建築史をまとめるために開催された会であったと記録されている（註12）。

5歳年上である磯崎から、すべてを教えてもらったと原は語る。磯崎と原との並走は、雑誌媒体にて1960年代から展開されており、磯崎と原は建築を他領域の表現、インタージャンルに開く役割を担ってきた。磯崎に声をかけられ原が参加した展覧会に「空間から環境へ」展（1966）がある。「絵画＋彫刻＋写真＋デザイン＋建築＋音楽の総合展」という副題のこの展覧会にて、原は「有孔体の世界」というパネル状の作品を出展する。1961年の修士課程修了時に、三井所清典、香山壽夫、宮内康、北川若菜らと設立したRAS建築研究所同人での実施設計である「伊藤邸」（1967）などの模型を集め構成されたこの作品は、粟津潔、一柳慧ら「エンバイラメントの会」の作家たちの作品とともに展示された（註13）。こうした活動について、ジョン・ケージ、武満徹といった音楽家の名前をあげながら、読売アンデパンダン展の企画に

貢献した、読売新聞の海藤日出男の名前に原がふれたことは印象的であった。総合芸術運動としての建築のあり方を知る上で重要なこの展覧会に出展した作家たちは、1970年の大阪万博へ直接的、間接的に関わっていくことになる。原は「均質空間論」を、1968年を頂点とする文化運動を背景にした論と位置づけており、Architectural Front(建築戦線)への参加や大阪万博についての言及(註14)は、原の理論に通底する関係性がある。本企画にて焦点をあてている時期の、原によるこうした建築運動、批評活動は、引き続き明らかにされる必要がある。

〈1人都市〉へ

以上、本企画を通じて原の現在から活動の原点までをたどり、再び情報空間をめぐる冒頭の問いに戻る。「離散性について」(註15)という小論において、原は都市や建築における連結と分離、離散空間に言及しながら、「建築は“出来事”であるとしても、“もの”を使わざるを得ない。それは都市であり、建築であることの条件である」と述べる。原による理論の展開はビルディング・エレメント論から一貫しつつも、大いなる疑問は解かれぬままである。

原は疑問を抱え込みながら、言葉によって、建築をめぐる想像力の前に立ちはだかる“もの”に関わってきた。それは「建築に何が可能か」と問い直しながら、あくまでも“もの”に賭けてきた姿勢だといってもよい。だが私たちが「都市と建築」と対で語る際、「都市」が地域や社会、文化、世界と歴史を認識する枠組みまでをも含む“ことば”であるのに対し、「建築」が住宅をはじめとする記念物(モニュメント)としての建築物に限定して使用する“ことば”となってはいないか。原は前述の小論の中で、他者との共有を許さず、それぞれの個人だけで所有する社会を〈1人都市〉と呼んでいる。〈1人都市〉の清々しさを謳歌する人々の裏側で、自動的かつ惰性的につくられた都市をさまよい、放浪しつづける人々がいる。いつの間にか私たちは“ことば”の広がりを失い、電話を片手に〈1人都市〉にいるようだ。

会場との質疑応答の中で原は、情報空間という言葉は1960年代から言われていたが、現在のものとはまったく異なると説明した。だとすれば、どう変化してきたのか。その歩みは地続きである。都市と建築の変容過程を考察するためには、かつて「都市住宅」と呼ばれた住宅の系譜とは別の“もの”についても検証する必要がある。原の理論展開は、住宅をはじめとする建築物に託される一方で、「有孔体パネル」や「意識の様相論的空間」といった展示作品としても表現されてきた。規定されている〈身のまわり〉を再度検討し、都市と建築の境界線を引き直すことは、次の空間の表現となり得る。建築をめぐる想像力は、“もの”を始点とした“ことば”の広がりをもっている。「建築に何が可能か」という問いは、いつも広く開かれている。

[註]

1) 原広司「デジタル・アーキテクチュアへの視線」『SD』1995年6月号。
2) 原広司『DISCRETE CITY』TOTO出版、2004年。
3) 大空と大地、部屋とあずまやなど、本講演と関連した趣旨の先行する論文がある。原広司「「身のまわり」についての注釈」『住宅特集』2009年5月号。
4) ここでの各理論との同定は、原による初出の論文とともに、先行する布野修司による作家論を参照している。布野修司「原広司の建築理論 機能から様相へ」『建築ジャーナル』2010年2月号。
5) 原広司「機能から様相へ」『空間〈機能から様相へ〉』岩波書店、1987年。この小論はいくつかの文章の集積として書き下ろされていることが説明されているが、初出については割愛する。
6) 原広司「多層構造論のためのノート」『建築文化』1984年12月号。
7) 原広司「有孔体の理論とデザイン」『国際建築』1966年6月号。
8) 原広司『建築に何が可能か』学芸書林、1967年。
9) 前出『空間〈機能から様相へ〉』。
10) 対談「著書の解題 時代を画した書籍——3 原広司×内藤廣」『INAX REPORT』No.169、2007年1月号。
11) パウル・ワイドリンガー編著;内田祥哉、原広司訳『アルミニウム建築』彰国社、1961年。
12) 原広司「磯崎新論——弁証法考」『新建築』1966年10月号、および前出『INAX REPORT』。なおこの勉強会と同様の趣旨の雑誌連載がある。磯崎新、原広司「近代建築入門・序」『都市住宅』1971年2月号。
13) 「特集・空間から環境へ」『美術手帖』1966年11月号および原広司「パネル〈有孔体の世界〉」『国際建築』1967年1月号。
14) 原による大阪万博に関する文章を挙げる。原広司、加藤好弘、成田克彦、服部岑生、有村桂子ほか「座談会 われわれは不可能に挑戦する」『デザイン批評』No.8、1968年、および原広司「万国博の意義」『建築雑誌』1967年4月号。
15) 原広司「離散性について——連結可能性と分離可能性をめぐる小論」、前出『DISCRETE CITY』。

トウキョウ建築コレクション2011
全国修士設計展
1次審査採点表

氏名	所属大学	作品タイトル	伊東	大野	手塚	長谷川	古谷	六鹿	山本	計
洲崎 海	大阪市立大学大学院	光から影までのあいだ					△			1
小沼慶典	千葉工業大学大学院	見立てのケンチク / Allusion Architecture —見立てから設計手法を導き出す研究—		△				○		4
上野宏岳	法政大学大学院	玩具的建築思考—フレーベルの恩物による空間構成—					△			1
小松秀暢	東北大学大学院	Porosity—変様するダム						○		3
村上敬祐	神奈川大学大学院	織り重なる路地 —高密度商業地域における住宅と商業施設のあり方—	△						△	2
砂川慶太	日本大学大学院	Babel	△							1
松本透子	東京理科大学大学院	**Dancing With Plate** —身体に応答する構築物の研究—				◎				5
池谷高浩	工学院大学大学院	『鏡花水月』The Design of Phenomenon Experiment		○						3
内藤まみ	大阪市立大学大学院	空白地の境界				○				3
清水忠昭	東京工業大学大学院	Clsterd Warehouses		○						3
大中愛子	昭和女子大学大学院	**1^{7}つ屋根の下**		○	○				△	7
吉田清人	筑波大学大学院	メイド・イン・サバーブ/MADE IN SUBURB		△				△		2
遠藤孝弘	日本大学大学院	豊洲音楽都市 —江東区豊洲再開発におけるポップミュージックセンターの設計—					△			1
福本 遼	和歌山大学大学院	鎌滝庵—未完の建築と行為の完成—	△			△				2
飯塚さとみ	工学院大学大学院	みえないかたち—視覚以外の感覚から建築を考える—	△							1
小松拓郎	工学院大学大学院	**酪農家の家**—さくらんぼ畑と最上川と六畳倉庫小屋	◎	◎	○				◎	18
山田明子	東京工業大学大学院	**Cathedral for Social Activities** —市民活動の集積が生みだす新しい公共的な建築の提案—	◎						△	6
日野晃太朗	広島大学大学院	∀rchtecture—建築的アイコンによる設計手法の提案—			△					1
藤本直憲	前橋工科大学大学院	**偶然性を有する建築空間の可能性**—紙屑から建築への空間試行—				◎				5
渡邉拓也	東京理科大学大学院	現象としての皮膜—衣服の「触媒性」を用いた建築設計手法—		△				△		2
義基匡矢	大阪産業大学大学院	**Self-Conversion Buildings**—自己変換ビルディング	○			○				6
中山佳子	横浜国立大学大学院	**現代的村落共同体** —農漁業の所有構造と結びついた地域共同体の設計—	○						○	6
海野太一	首都大学東京大学院	透視図法に基づく複合的手法に着目した設計提案					△			1
工藤浩平	東京藝術大学大学院	**小説に変わるいくつかの日常**—向こう側とこちら側の意識のなかで		○		△	△			5
西野安香	早稲田大学大学院	**観察、ふるまいの場所**	△	△		△	◎	△		9
井上雄貴	金沢工業大学大学院	Architecture Aging—間伐材による組積造建築の生成—			△				△	2
石毛貴人	千葉大学大学院	空気を纏ったスパ施設 —線的集合体による「間」の再考を通して—			○					3
角 大輔	近畿大学大学院	旦過市場再生計画					○	△		4
今城 瞬	東京理科大学大学院	**4000000000kg**—土木力学の建築への変換	○			△		○	○	10
中野千尋	東京理科大学大学院	なりたち—編む技術による空間生成—				△				1
吉良貴之	明星大学大学院	大きな屋根の送る場所—光庭を用いた火葬場の設計—						△		1

氏名	所属大学	作品タイトル	伊東	大野	手塚	長谷川	古谷	六鹿	山本	計
田中了太	神戸大学大学院	**融即建築** 〜白川静の漢字論に見られる漢字の抽象と象徴を手がかりとした空間〜	△		○	○	△			8
田持成輝	神戸大学大学院	**水の皺** 大阪市福島区0m地帯におけるGLのリノベーション計画	○	○				◎	△	10
矢尻貴久	早稲田大学大学院	**公営住宅再考** 縮小社会下における建替スキーム提案	△			○			△	5
原田孝子	東京藝術大学大学院	知覚する建築の幾何学―凝縮された都市と街の公共空間―		△						1
永澤一輝	京都工芸繊維大学大学院	ARCHISCAPE LANDTECTURE	△							1
真庭 綾	京都工芸繊維大学大学院	層―六角における水脈より―						△		1
渡辺安結	東京藝術大学大学院	いきあたり、ばったり　設計手法として用いる連歌						△		1
高山祐毅	東京理科大学大学院	極小に潜む幽玄			○					3
熊谷浩太	法政大学大学院	Parasitic Wood RCラーメン造における木造置換		△						1
山本悠介	東京都市大学大学院	**集落の学び舎**―ベトナムの小学校建設プロジェクト	○		◎		○		◎	16
高木秀太	東京理科大学大学院	敷地形状変遷プロセスを用いた設計手法の提案 ―吉祥寺ハーモニカ横丁を事例として―		△						1
水野悠一郎	東京藝術大学大学院	**空本**―空間の形と姿　The Space of the Figure and Shape			△	△	◎		○	10
伊坂 春	早稲田大学大学院	満たされない事で知る					△	△		2
塩原貴洋	千葉工業大学大学院	こどもが中心の風景―児童施設を街につなげる提案―						△		1
太田健裕	東京都市大学大学院	巣窟回帰―地上300m の居住―			△					1
城市 滋	東京理科大学大学院	コラーゲン分子の形状特性を援用した建築形態研究				○				3
南川大輔	熊本大学大学院	サインレスサイン建築					△			1
前田大輔	早稲田大学大学院	あそびのすすめ					○			3
芝山雅子	武蔵野美術大学大学院	**隙間の集落**					△	◎	△	7
塩井一孝	福岡教育大学大学院	身近な森を題材とした環境造形の研究 ―場のテクスチャーと身体―		△	△		△		△	4
長島綾子	前橋工科大学大学院	知覚の透明性に関する考察 ―渋川駅前商店街83街区のリデザイン―	△				△	△		3
藤岡佑介	信州大学大学院	髣髴とさせる空間				△				1
大橋彰太	東京都市大学大学院	郊外住居群研究―住み続けるための建築―					○			3
金田未来	武蔵野美術大学大学院	ONE ROOM Youth Hostel 浅草の川沿いに、大きな家を建てる			△				○	4
中村達哉	前橋工科大学大学院	共同ビルの時代に即した建築的更新の可能性についての研究 ―前橋市における共同ビルの実態調査を通して―	△	△						2
武智大祐	熊本大学大学院	車と建築			△					1
徳田直之	芝浦工業大学大学院	**未完の空間**―篠原一男の射程を超えて―		◎	◎			○	○	16
村山 圭	東京理科大学大学院	transmission space―線形が生み出すパースペクティブとして―				△				1
菅野直樹	東北大学大学院	漂泊のまち―地方水産港湾都市の再開発に関する研究―			△					1
杉田 想	早稲田大学大学院	多摩ニュータウンにおける近隣エリア単位を基礎とする自律型再編計画						○		3
花輪貴一	芝浦工業大学大学院	形態学的建築の形成―catastropheによる動的プロセス―				△				1
川端美絵	早稲田大学大学院	守り継ぐ 〜能舞台を中心とした農村ネットワークの提案〜					△			1
大野佑太	日本大学大学院	「共同化のまちづくり」―押上通り沿道密集市街地更新計画―				△				1
金光宏泰	早稲田大学大学院	**連鎖空間研究**―所与との対峙を通して―		△		△	○			5

※◎=5点、○=3点、△=1点として集計　計118作品
※全応募118作品のうち得点を獲得した作品のみ掲載

トウキョウ建築コレクション2011
全国修士論文展採点表

採点結果（1回目）

氏名	所属大学	作品タイトル	今村	上野	斎藤	佐藤	平沢	布野	三宅	計
鈴木元彦	多摩美術大学大学院	教会堂建築の空間における光に関する研究		1		1				2
菱田哲也	東京大学大学院	戸建住宅におけるライフステージ等の住民属性を考慮した省エネ手法の研究 ―全国アンケートと居住実験による検討―				1				1
中谷 文	東京大学大学院	近世の民家と農村		1						1
渡邉啓太	東京工業大学大学院	現代日本の建築家による光を主題とした設計論に関する研究				1				1
渡邉純矢	芝浦工業大学大学院	**立体的用途複合都市における交通ネットワーク構成に関する研究**	1				1			2
矢後亮介	東京工業大学大学院	大学キャンパスへの路線マップの描画表現にみる東京の空間イメージ		1						1
千葉美幸	京都大学大学院	**アルド・ロッシの建築思想における〈断片〉**	1						1	2
奥山浩文	東京工業大学大学院	**関西国際空港旅客ターミナルビルにおける「ジオメトリー」と 「環境制御技術」による長大空間の設計プロセス**			1					1
後藤礼美	東京大学大学院	**相隣と都市**―パリにおける共有境界壁の実態と軌跡―				1		1	1	3
森中康彰	東京工業大学大学院	現代の町家型住宅作品の構成形式		1						1
門間正彦	明治大学大学院	**鹿島論争（設計施工一貫分離論争）に関する歴史的研究** ―建築家の職能を軸として―			1	1				2
贄川 雪	早稲田大学大学院	**Christopher Alexanderの建築理念** ―THE NATURE OF ORDERの読解を通じて―	1				1			2
大塚慶一	工学院大学大学院	街路空間の印象、構成要素と人の記憶の相違が与える 時間感覚に関する研究		1						1
中島成隆	慶應義塾大学大学院	非矩形平面の一室空間における空間特性に関する研究 ―掘削住居から見る現代日本住宅―					1			1
熊崎納緒	工学院大学大学院	幼児の保育環境における質的内部環境評価指標の開発				1				1
善野浩一	東京大学大学院	低層賃貸アパートの建築的特徴に着目したストック活用に関する研究 ―商品としての変遷を通して						1		1
市川紘司	東北大学大学院	戦後日本における建築専門誌の表紙に関する研究							1	1
飯村健司	千葉大学大学院	**アルゴリズミック・デザインの建築の設計への適用に関する研究**			1		1			2
飯田敏史	滋賀県立大学大学院	**フィリピン・ヴィガンの都市空間構成とその変容に関する考察**		1				1		2
石榑督和	明治大学大学院	**闇市の発生と整理からみる新宿駅近傍の形成過程** ―都市組織の動態分析―	1					1	1	3
森 稔	九州大学大学院	**螺旋形木造シェル形架構の開発研究**			1		1			2
中西智也	滋賀県立大学大学院	最適化手法を用いて設計された木製面格子壁の 構造特性の把握と工法の提案			1					1
磯部陽一	慶應義塾大学大学院	現代日本の住宅における平面図のポシェを用いた量感に関する研究				1				1
原友里恵	日本大学大学院	学校建築をコンバージョンしたアートセンターの展示空間に関する研究 「3331 Arts Chiyoda」を事例として				1				1
藤井さゆり	日本大学大学院	劇場外演劇における上演空間の研究				1				1
小川武士	芝浦工業大学大学院	**商業美術と建築運動の関係性について**―1920〜30年の活動―	1					1		2

投票結果(2回目・無記名投票)

氏名	所属大学	作品タイトル	A	B	C	D	E	F	計
鈴木元彦	多摩美術大学大学院	教会堂建築の空間における光に関する研究				1			1
中谷 文	東京大学大学院	近世の民家と農村		1				1	2
渡邉純矢	芝浦工業大学大学院	**立体的用途複合都市における交通ネットワーク構成に関する研究**	1	1		1	1	1	5
千葉美幸	京都大学大学院	**アルド・ロッシの建築思想における〈断片〉**	1	1			1		3
奥山浩文	東京工業大学大学院	**関西国際空港旅客ターミナルビルにおける「ジオメトリー」と「環境制御技術」による長大空間の設計プロセス**	1	1		1		1	4
後藤礼美	東京大学大学院	**相隣と都市**—パリにおける共有境界壁の実態と軌跡—	1	1	1	1		1	5
門間正彦	明治大学大学院	**鹿島論争(設計施工一貫分離論争)に関する歴史的研究** —建築家の職能を軸として—	1		1	1		1	4
贄川 雪	早稲田大学大学院	**Christopher Alexanderの建築理念** —THE NATURE OF ORDERの読解を通じて—	1		1		1		3
飯村健司	千葉大学大学院	**アルゴリズミック・デザインの建築の設計への適用に関する研究**	1		1		1	1	4
飯田敏史	滋賀県立大学大学院	**フィリピン・ヴィガンの都市空間構成とその変容に関する考察**		1	1	1	1		4
石榑督和	明治大学大学院	**闇市の発生と整理からみる新宿駅近傍の形成過程** —都市組織の動態分析—		1	1	1	1	1	5
森 稔	九州大学大学院	**螺旋形木造シェル形架構の開発研究**	1	1	1		1	1	5
小川武士	芝浦工業大学大学院	**商業美術と建築運動の関係性について**—1920～30年の活動—			1	1	1		3

多分野にわたる作品を審査するため、二回の投票と議論を経て出展作品を決定した。
まず、第一回投票で議論の対象とする作品を選出。その後議論を経て、各審査員の専門分野外にある作品についても理解を深めた上で無記名投票を実施し、11作品を選出した。
※全応募作品中、得点を獲得した作品のみ掲載

あとがき

御陰様で「トウキョウ建築コレクション」も無事5回目を迎えることができました。今回は5周年の節目として、社会における建築家の役割を再考すべく、「建築家とは何か?」というテーマを掲げ過去4年間で培ってきた4つの企画の再構築を試みました。なかでも「特別講演会」は「連続講演会『建築家を語る』」として当展覧会の核となるべく形式を改め、「全国修士設計展」「全国修士論文展」「プロジェクト展」と同様にさまざまなスタンスで建築と関わるゲストから多様な視点を提示していただいたように思われます。そこで交わされた議論は、将来実社会において建築に携わる我々にとって建築との関わり方、その職能を再考する際の手掛りとなったのではないでしょうか。

本展覧会を開催するにあたり、多くの協賛企業各位、ご協力いただいた鹿島出版会、清野運送、代官山ヒルサイドテラス各位、ご後援いただいた建築業協会、新建築社、東京建築士会、日本建築家協会、日本建築学会、日本建築士会連合会、UIA2011東京大会日本組織委員会各位、特別協力として本記録集を出版して下さった建築資料研究社には多大なるご支援とご厚情を賜り、心より御礼申し上げます。また審査員、コメンテーター、講演を引き受けてくださった先生方をはじめ、数多くの方々のお力添えを賜り、このような素晴らしい展覧会の実現に至ることができました。並びに、ご出展、ご来場いただいた皆様にも心より感謝申し上げます。誠に有難うございました。また、この展覧会を共に企画・運営してきた素晴らしい仲間たちにも深く感謝します。

5周年という節目を終え、「トウキョウ建築コレクション」は来年度以降も建築に携わる、また興味をもつすべての人々が互いの立場と専門分野を越えて、より濃密な議論ができる場を目指し続ける所存です。今後とも「トウキョウ建築コレクション」をよろしく御願い申し上げます。

トウキョウ建築コレクション2011実行委員会
代表　伊藤周平

「トウキョウ建築コレクション2011」は、
以上21社の企業の皆様からの協賛により、
運営することができました。
また、次の企業・団体様からは後援、協力を頂きました。

[後援]株式会社 新建築社、社団法人 日本建築学会
[協力]代官山ヒルサイドテラス、建築資料研究社／日建学院、
株式会社 鹿島出版会、株式会社 竹尾

この場を借りて深謝いたします。

トウキョウ建築コレクション2011実行委員会

日建学院
―就職への道のりを一緒に。―
オフの時間も大切に
毎日を私らしく
楽しく頑張るために
まだ知らない新しい私
少しずつでも
きっと近づいているはず
やりたいことも、やるべきことも
あなたのペース、あなたのスタイルで。
いつでも通学可能な個別学習教室を完備。
バラエティゆたかな資格＆スキル指導。
あなたの夢を強力にバックアップします。
法律系・IT系・医療系・事務系など
幅広いジャンルの講座を開講！
全国の日建学院で
個別教室が好評稼働中！
基金訓練認定コース
開講中！
就職・転職支援！
訓練生特典で各資格もバックアップ！
詳しくは、いつでも、どこでも
日建学院 検索
日建学院コールセンター
株式会社建築資料研究社 東京都豊島区池袋2-50-1
0120-243-229
受付／AM10:00～PM5:00（土・日・祝日は除きます）
あなたには、夢をみる資格があります。
業界実績 No.1
平成22年度 1級建築士 最終合格占有率
合格占有率
1級建築士 最終合格者数 4,476人中
当学院生 合格者数 2,243人
50.1%
合格者の2人に1人は、日建学院の受講生です。
平成22年度 2級建築士 最終合格
当学院生合格者
2級建築士 全国合格者
7,706人中
2,949人
合格者の3人に1人以上は日建学院の受講生です
※日建学院合格実績には、模擬試験のみの受講生、教材購入のみの方、及び無料の役務提供者は一切含まれておりません。

建築資料研究社の本　http://www.ksknet.co.jp/book

〈建築ライブラリー・7〉
A・レーモンドの住宅物語
三沢 浩

A5　208頁　2625円
モダニズムの先駆を経てレーモンドスタイルを確立し、さらにモダニズムの超克へと至る物語。

〈建築ライブラリー・9〉
集落探訪
藤井 明

A5　280頁　3045円
40数ヶ国・500余の集落調査を集大成。驚くべき多様性と独自性の世界がここにある。

〈建築ライブラリー・12〉
住まいを語る
体験記述による日本住居現代史

鈴木成文

A5・240頁・2730円
前著『住まいを読む—現代日本住居論』に続く共同研究の成果。住居研究の基本文献。

〈建築ライブラリー・16〉
近代建築を記憶する
松隈 洋

A5・312頁・2940円
前川國男を中心に、近代建築の核心部分を抽出する。現代建築が立ち戻るべき原点とは。

〈建築ライブラリー・18〉
復元思想の社会史
鈴木博之

A5・240頁・2625円
変化する社会・歴史観と建築の「復元」との関係を、豊富な例証をもとに読み解く。

〈建築ライブラリー・19〉
建築への思索
場所を紡ぐ

益子義弘

A5・176頁・2100円
場所を読み、場所をつむぐこと。具体的思考のプロセスを叙述した、独自の建築原論。

〈造景双書〉
日本の都市環境デザイン（全3巻）
①北海道・東北・関東編
②北陸・中部・関西編
③中国・四国・九州・沖縄編

都市環境デザイン会議

各巻A4変・128頁・2625円
全国の地域・都市を網羅。都市を読み解くための、包括的ガイドブック。

〈造景双書〉
「場所」の復権　都市と建築への視座
平良敬一

A5・324頁・2940円
安藤忠雄、磯崎新、伊東豊雄、大谷幸夫、内藤廣、原広司、槇文彦ら15人の都市・建築論。

〈造景双書〉
復興まちづくりの時代
震災から誕生した次世代戦略

佐藤 滋＋真野洋介＋饗庭 伸

A4変・130頁・2520円
「事前復興まちづくり」の方法と技術の全容。来るべき「復興」のためのプログラム。

フランク・ロイド・ライトの帝国ホテル
明石信道＋村井 修

A4変・168頁・3360円
旧・帝国ホテルの「解体新書」。写真と実測図から、あの名建築が確かな姿で甦る。

建築プロジェクト・レビュー
電通本社ビル
早稲田大学建築マイスタースクール研究会＋大林組「電通本社ビルプロジェクト」設計・施工チーム

A5・256頁・2940円
企画から設計、エンジニアリング、施工まで全行程の記録を通して、大型プロジェクトの実際を詳述。

建築再生へ
リファイン建築の「建築法規」正面突破作戦

青木 茂

A5・232頁・1890円
前著『リファイン建築へ』から9年。建築を見事に再生させるリファインの手法は、さらに進化を遂げた。

小屋と倉
干す・仕舞う・守る
木組みのかたち

安藤邦廣
＋筑波大学安藤研究室

A4変・160頁・3990円
開かれた小屋と閉じた倉の研究を通し、日本民家の本質を炙り出す。2011年日本建築学会賞（論文）受賞。

トウキョウ建築コレクション2009
全国修士設計展・全国修士論文展・プロジェクト展・「東京」を語る

トウキョウ建築コレクション2009実行委員会

A5・368頁・2000円
新企画「プロジェクト展」を加え更に進化した「トウキョウ建築コレクション」、6日間の全記録を完全収載。

トウキョウ建築コレクション2010
全国修士設計・論文・プロジェクト展・特別講演会

トウキョウ建築コレクション2010実行委員会

A5・384頁・2000円
建築の現在に対し発信する、瑞々しい感性としなやかな思考。所属・専攻の壁を越えて集結した建築の宴。

※表示価格はすべて5%の消費税込みです。

建築資料研究社
171-0014
東京都豊島区池袋
2-68-1-7F
tel.03-3986-3239
fax.03-3987-3256

photo credit

阿野太一：p.370左上、p.370右上、p.370右下、p.371
磯 達雄：p.12、pp.268-269上、pp.290-295、pp.320-325、pp.350-355、p.366、p.369、p.373上、p.374上、p.376上、p.378上、p.380
伊藤周平：p.168
勝見一平：p.1、pp.8-10、pp.159-167、p.170、p.259、pp.260-267、pp.356-363、p.392、設計展・論文展出展者顔写真（p.171を除く）
高木伸哉：pp.364－365、p.381、p.386
中川敦玲：p.368上
Dan Bibb：p.370左下
Louis Vuitton ／ 阿野太一：p.368下

編集協力

設計展：境 洋人、阪口公子、平塚 桂、田口友子
論文展：大家健史、豊田正弘、石黒雅之
連続講演会：豊田正弘、辻 泰岳

トウキョウ建築コレクション
トウキョウ建築コレクション2011実行委員

代表：伊藤周平（早稲田大学大学院）
副代表：伊藤 愛（東京理科大学大学院）、池上晃司（日本大学大学院）、浜田晶則（東京大学大学院）
運営：長崎知彦（早稲田大学大学院）
企画：國分足人（早稲田大学大学院）、金光宏泰（早稲田大学大学院）、鈴木康紘（筑波大学大学院）、伊坂 春（早稲田大学大学院）、
中山友里（工学院大学大学院）、熊崎納緒（工学院大学大学院）、
小川武士（芝浦工業大学大学院）、高橋晴彦（東京大学大学院）、須賀友里恵（早稲田大学）
会計：菅野 圭（工学院大学大学院）
会場：奥山浩文（東京工業大学大学院）
協賛・広報：山本香織（日本大学大学院）、久保木修平（日本大学大学院）、野村綾子（早稲田大学大学院）、内田亜理紗（早稲田大学）
出版：石黒雅之（早稲田大学）、田口友子（早稲田大学）
制作：吉田清人（筑波大学大学院）、加瀬美和子（東京藝術大学大学院）、斧田裕太（芝浦工業大学大学院）、友枝 遥（東京大学大学院）、
横山勇貴（東京都市大学大学院）、北見友太（国士舘大学大学院）、香月 歩（東京工業大学大学院）
Web：三橋正則（フリーランス）

トウキョウ建築コレクション2011
全国修士設計・論文・プロジェクト展・連続講演会

トウキョウ建築コレクション2011実行委員会編
2011年7月30日 初版発行

編集：フリックスタジオ／ 高木伸哉、石田貴子、宮畑周平、山田 愛
アートディレクション&デザイン：為永泰之（black★bath）
発行人：馬場栄一
発行所：株式会社建築資料研究社
〒171-0014 東京都豊島区池袋2-68-1 日建サテライト館7階
TEL 03-3986-3239 FAX 03-3987-3256
http://www.ksknet.co.jp
印刷・製本：大日本印刷株式会社

ISBN978-4-86358-129-6